I0130011

EL COMPAÑERO QUE ME ATIENDE

Enrique Del Risco Arrocha (La Habana, 1967). Graduado de Licenciatura en Historia de Cuba (Universidad de La Habana, 1990) y de Doctor en Literatura Latinoamericana (New York University, 2005). Su tesis de doctorado fue publicada en forma de libro con el título de *Elogio de la levedad. Mitos nacionales cubanos y sus reescrituras literarias en el siglo XX* (Madrid, 2008). Coeditó la antología *Pequeñas resistencias 4: Antología del Nuevo Cuento Norteamericano y Caribeño* (Madrid, 2005). Es autor de libros de narrativa como *Pérdida y recuperación de la inocencia* (La Habana, 1994), *Lágrimas de cocodrilo* (Cádiz, 1998), *Leve Historia de Cuba* (Los Ángeles, 2007), *¿Qué pensarán de nosotros en Japón?* (Sevilla, 2008, V Premio Iberoamericano Cortes de Cádiz) y *Siempre nos quedará Madrid* (Nueva York, 2012).

Enrique Del Risco (ed).

EL COMPAÑERO QUE ME ATIENDE

De la presente edición, 2017:

© Enrique Del Risco
© Editorial Hypermedia

Editorial Hypermedia
www.editorialhypermedia.com
www.hypermediamagazine.com
hypermedia@editorialhypermedia.com

Selección y edición Enrique Del Risco
Diseño de colección y portada: Herman Vega Vogeler
Corrección y maquetación: Editorial Hypermedia

ISBN: 978-1-948517-10-2

Quedan prohibidos, dentro de los límites establecidos en la ley y bajo los apercibimientos legalmente previstos, la reproducción total o parcial de esta obra por cualquier medio o procedimiento, ya sea electrónico o mecánico, el tratamiento informático, el alquiler o cualquier otra forma de cesión de la obra sin la autorización previa y por escrito de los titulares del copyright.

... todos le llamaban así, «el compañero que atendía», y todos sabían quién era, pues parecía importante que todos supiéramos de su existencia difusa pero omnipresente...

Leonardo Padura, *El hombre que amaba a los perros*,
Tusquets Editores, Barcelona, España, 2009

PRÓLOGO

—¡Dios mío, Dios mío! —dijo el guardián—. ¡Cómo le cuesta entrar en razón! Se diría que solo busca irritarnos inútilmente, a nosotros que, sin embargo, somos en este momento las personas que mejor le quieren.

Franz Kafka, *El proceso*

¿Cómo se escribe en un mundo en el que cada escritor, cada ciudadano incluso, tiene un policía secreto de cabecera? La respuesta en el caso cubano está en cada libro escrito en la isla a partir de 1959, en cada compromiso estentóreo, en cada silencio, según lo que imponga el momento. Este libro trata de responder algo levemente distinto. Intenta exponer cómo se escribe sobre ese policía de cabecera, un ser que presume de invisibilidad. Si la obligación más constante de un escritor fuera hacer visible lo invisible, concordaríamos en que describir a ese ente encargado de vigilar nuestros pasos —sobre todo los pasos en falso— es un esfuerzo esencialmente literario.

Porque —lo aclaro de antemano— este libro no es un memorial de agravios. En el caso cubano, en la lista de los agraviados por un régimen que está cerca de completar su sexta década, los escritores puntúan más bien a la baja. Comparados con otros sectores de la sociedad, hasta podría decirse que han recibido un trato preferencial, escrupuloso. Lo que intenta este libro es recopilar una mínima parte de las aportaciones cubanas a un género anunciado ya por Kafka desde las primeras páginas de *El proceso*. Esa primera oración que informa que K., «sin haber hecho nada malo, fue detenido una mañana». Un género caracterizado por la ausencia de crimen y por lo difuso, al menos en sus etapas iniciales, del castigo. Y por las peculiares relaciones entre los supuestos criminales y los agentes de la ley, agentes menos preocupados por el castigo de sus perseguidos que por su salvación. Hasta donde sé, nadie se ha tomado el trabajo de definir el género. Bauticémoslo de momento como *género totalitario policiaco*. No confundir, por supuesto, con el policiaco totalitario, versión totalitaria del policiaco occidental o, si se prefiere, versión policiaca del realismo socialista. Fue este muy popular donde quiera que se instaurara la dictadura del proletariado. A ese realismo socialista policial o policiaco totalitario —como prefiera llamársele— se le encomendaba convertir en narrativa los sueños del Estado sobre su propia invulnerabilidad: un género que concebía todo crimen común como ataque al pueblo en el poder y, por consiguiente, un acto contrarrevolucionario.

El género totalitario policiaco, en cambio, parte de la convicción (estatal) de que toda disidencia contra el Estado socialista no solo es criminal y punible sino contra natura. En este género, el agente del orden no persigue el crimen, sino su posibilidad. O dicho con las palabras de uno de los guardianes de K.: «El organismo para el que trabajamos, por lo que conozco de él, y solo conozco los rangos más inferiores, no se dedica a buscar la culpa en la población, sino que, como está establecido en la ley, se ve atraído por la culpa y nos envía a nosotros, a los vigilantes». Más que el delito, lo que investiga y persigue es una culpa preexistente al delito mismo. Esa culpa (o «pecado original» al decir del Che Guevara) consistía en «no ser revolucionario». O si nos remitimos a una terminología todavía más refinada y condescendiente que marcó época, dicha culpa radicaba en «no estar integrado». Si no se les podía exigir a todos los ciudadanos que fueran revolucionarios («el eslabón más alto que puede alcanzar la especie humana» Che *dixit*) lo menos que podía pedírseles era «estar integrado». Integrado, se sobreentiende, a los rituales políticos y sociales del Estado.

¿Alguien dijo «totalitarismo»?

Antes de internarnos en la descripción de este género, demos explicación del continuo uso de términos tan desagradables como totalitario y totalitarismo. Aquí se entiende totalitarismo en la económica definición de Umberto Eco que lo describe como «un régimen que subordina todos los actos individuales al estado y su ideología». O que, añado, si no logra tal subordinación, al menos la pretende. Es justo en esa incapacidad de desentenderse de asuntos tan triviales como escuchar música o cortarse el pelo que estriba su vocación totalitaria. Más allá de la satanización que han sufrido estos términos (con los millones de muertos de Stalin y Mao en nombre de la revolución mundial y los de Hitler en nombre de la superioridad de la raza aria) nos interesa el totalitarismo en su aspecto utópico y positivo, precisamente por la aspiración a la totalidad y a la perfección que el término sugiere. (Del negativo se encargan multitud de volúmenes, como si pudiera atribuírsele la invención del mal. Y sabemos que no es así: el totalitarismo no ha creado el mal, apenas lo ha organizado como nunca antes). Hablo del siempre estremecedor intento de crear mundos en los que, al decir del poeta Emilio García Montiel, «Todo era hermoso: desde el primer ministro hasta la muerte de mi padre. Y perfecto, como debían ser los hombres y la Patria». Debe recordarse que el objetivo primordial de estos regímenes no era la opresión o el exterminio de personas o grupos, sino la emancipación y el bienestar, ya fuera de una raza o de toda la humanidad. La opresión o el exterminio serían apenas un subproducto doloroso, pero inevitable, del avance hacia dicho objetivo. Y el primer obstáculo con el que debe lidiar un régimen que aspire a una perfección tan completa son las imperfecciones y la corrupción humanas. O como dijera el fallecido paladín Fidel Castro: «el primer derecho de la Revolución es el derecho a existir. Y frente al derecho de la Revolución de ser y de existir, nadie —por cuanto la Revolución comprende los intereses del pueblo, por cuanto la Revolución significa los intereses de la nación entera—, nadie puede alegar con razón un derecho contra ella».

Es obvia la ventaja del ideario comunista frente al provincianismo nazi. Siendo los comunistas la vanguardia de la humanidad en su marcha hacia la Tierra Prometida de la sociedad sin clases, resistirse a su avance era sencillamente inhumano: una inhumanidad creada y estimulada por las sociedades basadas en la explotación del hombre por el hombre. Así que ,una vez instaurado el Estado socialista, cualquier tipo de oposición o resistencia era inconcebible. Inconcebible por ser contraria a la propia naturaleza humana, una naturaleza que el socialismo había conseguido restablecer.

No pretendo decir que alguna sociedad totalitaria funcionó realmente así. Solo intento resaltar la naturaleza paternalista de cualquier régimen totalitario, su dedicación profunda al bienestar de la humanidad. Aunque esta no lo quiera. De ahí que, una vez eliminada la clase opresora, corrupta sin remedio, la policía secreta insista en la bondad intrínseca de los sospechosos, achacando sus desvaríos a simple y pura confusión. Esa concepción totalizante explica que la policía secreta racionalice sus acciones como un intento de redimir a sus investigados, devolverlos a su natural pureza. Aunque hubiese que castigarlos. (En *1984*, un clásico del género totalitario policiaco, el interrogador le advierte al interrogado: «Eres un caso difícil. Pero no pierdas la esperanza. Todos se curan antes o después. Al final, te mataremos»). El problema de los culpables no es la ley, puesto que la ley no legisla qué música debe oírse, qué chistes deben contarse o con quién puedes reunirte. Su culpa radicará en ellos mismos: en sus distracciones o desvíos, en su falta de atención hacia sí mismos y hacia su entorno. Uno de los agentes que participan en el arresto de K. trata de «aconsejarle que piense un poco menos en nosotros y que se vigile a sí mismo un poco más». Al fin y al cabo, si a lo que aspira una ideología es a la perfección social e individual, no hay mejor vigilante que uno mismo. Pero por muy buena opinión que un Estado tenga de sí y de la población a la que asiste y encamina, a veces la voluntad de sus ciudadanos no es suficiente: los elementos descarriados necesitan atención y estímulo. Ahí es donde entra en escena la figura legendaria del compañero que nos atendía. Que probablemente nos siga atendiendo.

Un personaje mitológico

Allí donde los personajes de Kafka actuaban a ciegas, los del socialismo real (o del totalitarismo real) se manejan con bastante más seguridad, asistidos por una sólida red de sobreentendidos. No se preguntan, como lo hacía Joseph K.: «¿Qué clase de hombres eran aquellos? ¿De qué hablaban? ¿A qué servicio pertenecían?». Ni al reunir un poco de valor le espetan a su interrogador: «¿Quién me ha acusado? ¿Qué organismo tramita mi proceso? ¿Es usted funcionario?». Tampoco se cuestionan la ausencia de uniforme. Todos saben que se trata de «el compañero que te atiende». «En Cuba [explica el poeta Manuel Díaz Martínez en un texto que es parte de este libro], cada escritor o artista de alguna significación tiene asignado un policía, un «psiquiatra», especie de confesor a domicilio, por lo general con grado de teniente, que vigila, analiza y orienta a su oveja para salvaguardarla de las tortuosas seducciones del lobo contrarrevolucionario». Solo que, llegado a un punto, no se requería ser escritor o artista ni tener «alguna significación». Ya ellos se encargarían de decidir si uno tenía o no significación alguna. A sus «atendidos», en cambio, no les cabía duda lo que significaba la presencia del «compañero». Quien tenían enfrente ya se había anunciado antes por alguna de las tantas series televisivas, películas y libros destinados a exaltar la labor del Departamento de Seguridad del Estado. Que no tuvieran la galanura y prestancia de los actores que encarnaban los agentes ficcionales era lo de menos. Su mera presencia hacía redundantes casi todas las preguntas de K. Ni siquiera tenía sentido preguntar por el delito cometido. En un Estado tan urgido de perfecciones cualquier cosa es delito y, en

14

el gran esquema de las cosas, todos somos de alguna manera culpables. Y la mejor prueba de la culpabilidad propia es que el compañero que te atiende ha decidido hacerse visible. Porque hubo una época —época mucho más espiritual que la actual, queridos jovenzuelos— en la que cada región o institución del Estado estaba atendida por algún compañero de camisa a cuadros o guayabera y bigote espeso. Agentes que no disimulaban demasiado su presencia. O más bien personajes que trataban de hacerse todo lo visibles que podían dentro de su supuesto anonimato. Eran parte de nuestra realidad, como los árboles a la entrada de una escuela: igual de inadvertidos, solo que con más movilidad y menos sutileza. Hasta que les llegaba la ocasión —que iba desde una minúscula pintada disidente en el baño común hasta la urgencia del agente por cumplir sus cuotas de reclutamiento— de hacerse visible ante algún elegido. Por lo general, no se hablaba de arresto, esa instancia claramente definida en la nebulosa novela de Kafka. Para ello siempre habría tiempo, parecían decirte con su estudiada paciencia. Sus palabras iban más bien en sentido contrario. Trataban de convencerte de que no eras culpable, al menos no demasiado. Que el Estado o la Revolución, decían, confiaba en ti, que conocía todos tus pasos y era comprensivo con tus faltas y, precisamente por eso, solicitaba tu ayuda. «De vez en cuando, este «hermano de la costa» [nos advierte Díaz Martínez] confía alguna misión sencilla a su pupilo o pupila para comprobar su fidelidad a la patria, es decir, a Fidel, ya se sabe».

Sin pretender ser experto en el tema, conozco de suficientes casos en los que la esperanza de colaboración era lo bastante baja como para dudar de que se la tomaran en serio. Simplemente buscaban advertirte de su presencia. Evitarte que los obligaras a actuar de manera más drástica. De ahí que los que escogían como «objetivos» no fueran ni los que consideraban inofensivos ni los que ya imaginaban en el campo enemigo. Para los primeros bastaba con la guía y consejo de organizaciones públicas. En cuanto a los segundos, suponían que las advertencias no servirían de mucho, de modo que esperaban la ocasión de darles un buen escarmiento bajo la forma de detención preventiva o algo peor.

Muchos de los que no hayan conocido el sistema y no se hayan visto arropados por su manto protector, se sentirán tentados a compararlo con el que impera en las sociedades llamadas democráticas o, con algo más de razón, en los regímenes autoritarios no totalitarios. Pero las diferencias entre un sistema y otro son abismales. Por mucho que Foucault se haya empeñado en descubrir en las llamadas democracias liberales una suerte de Auschwitz metafórico, dotado de panópticos y vigilantes invisibles, la cotidianidad totalitaria hace inservibles las metáforas del francés sobre la vigilancia y el control. No solo porque el vigilante en las sociedades comunistas se haga visible de vez en cuando y extraiga de esa visibilidad momentánea buena parte de su poder coercitivo. Téngase en cuenta que al hacerse visible se asiste a la revelación de lo que constituye la base del poder, ese *iceberg* que en la superficie se manifiesta en forma de desfiles multitudinarios, frenéticos apareamientos entre el líder y la multitud, y en la incansable esperanza en un futuro mejor.

En contraste con las manifestaciones públicas la base del *iceberg* totalitario está constituida por un entramado de secretos, de delaciones, del conocimiento íntimo que tiene el poder de ti y de los que te rodean, de tus miedos y paranoias. A ello se añade el asfixiante estado de indefensión frente a ese poder, la desesperanza ante la posibilidad de cambio y la sospecha de que cualquiera podría ser informante o colaborador del sistema. El panóptico de Bentham y Foucault es multiplicado en el Estado totalitario por miles de ojos que vigilan cada uno de tus gestos, miles de lenguas que hacen llegar toda esa información a oídos del compañero que te atiende. Y por el temor omnipresente a la existencia del algún micrófono oculto. No por gusto comenta Gerardo Fernández Fe que «el micrófono —incluso el que deviene mental— ha quedado para nuestra historia nacional como ese punto diminuto que favorece la relación de poder que va del tirano hasta el poeta, penetrándolo, para luego domarlo o expulsarlo». Pero más abrumador que todo lo anterior resulta la convicción que intentan inocularte de que solo hay dos campos posibles: el territorio amigo, que está encabezado por el líder y custodiado a retaguardia por los compañeros que te atienden, y el enemigo, encabezado por el presidente de turno de los Estados Unidos y apoyado en la sombra por agentes encubiertos que al menor descuido podrían captarte. De modo que la mejor manera de inmunizarte contra los avances del enemigo será convertirte en informante de los órganos de seguridad. Lo que en circunstancias normales parecería hundirte en la perdición (consumir productos prohibidos, reunirte con gente equivocada), como informante significa avanzar hacia la primera línea de defensa de la patria. A partir de ahí, cualquier liviandad ideológica que te permitas será vista, en el universo paralelo de la contrainteligencia, como un sacrificio en pro del bienestar común. Ni la Iglesia medieval conoció de tantas sutilezas teologales.

Lo anterior es la descripción del funcionamiento de la sociedad bajo la perspectiva ideal de la Seguridad del Estado. No obstante, en el mundo ideal de la propaganda totalitaria, no serían necesarios siquiera los órganos de inteligencia. En condiciones ideales, el pueblo mismo se bastaría para dar cuenta de cualquier avance del imperialismo. (Esa misma lógica ideal domina todavía el tratamiento a los opositores. La primera línea de defensa es negar su existencia. Cuando no queda más remedio que reconocerlos, se les declara mercenarios al servicio del enemigo: en un sistema que es todo justicia no se concibe que haya gente que disienta radicalmente de este si no es alentada por el enemigo externo. Por los motivos más sórdidos e interesados posibles. Bajo esa misma lógica del absoluto, los cuerpos represivos denominados Brigadas de Respuesta Rápida representan al pueblo organizado espontáneamente en defensa de sus intereses. Los malabarismos a que se acude para mantener tales ficciones son increíblemente ridículos y poco convincentes. Sin embargo, sirven para proteger otras ficciones bastante más decisivas, como la de un poder que se justifica en la defensa del país frente al ataque de mercenarios apoyados por sus enemigos externos).

FICCIONES

Y, hablando de ficciones, volvamos al objetivo fundamental de este prólogo: explicar y justificar el género que intenta reunir esta antología. Aclaremos que el género totalitario policiaco se distingue del policiaco totalitario (o socialista, si lo prefieren) en haber sido una experiencia que, por lo regular, demoró bastante en convertirse en literatura. El policiaco totalitario, en cambio, es una literatura que aspira a convertirse en realidad. Ni más ni menos que lo que pretende la ideología que lo inspira.

Excepcionales por su precocidad son algunos de los títulos más emblemáticos del género totalitario policiaco como *El proceso* de Kafka o *1984* de Orwell. Después de todo, como reconoce el personaje K., este vive en «un Estado constitucional». Por su parte, el autor de *1984* lo más cerca que estuvo de conocer un régimen totalitario por dentro fue durante las represiones comunistas contra los anarquistas en la retaguardia republicana de la Guerra Civil española. Pero, a pesar de su brillantez, ambos textos pueden parecerle, a quien ha vivido en el interior de un régimen como el que describen, inconsistentes a la hora de representar la verdadera textura totalitaria. Incapaces de captar esa mezcla entre una vigilancia y control eficaces con la chapucería inherente al sistema en su conjunto. En cambio, dicha textura sí se percibe en los cultores autóctonos del género. Ya sean rusos, checos, polacos, rumanos o alemanes orientales. (Resulta paradójico que los norcoreanos, quienes han alcanzado un mayor grado de perfección totalitaria, hayan contribuido tan poco al género. Paradójico, pero perfectamente explicable). Desde los libros de Mijaíl Bulgákov a los de Vladímir Voinóvich y Mijaíl Kuráyev o el monumental *Los archivos literarios de la KGB* de Vitali Shentalinski en la Unión Soviética; de las obras de teatro de Sławomir Mrożek a las películas de Andrzej Wajda en Polonia; de los libros de Kundera, Iván Klíma, Havel o Vaculik —su título *Una taza de café con mi interrogador* resume muy bien esa pegajosa textura totalitaria— a varias películas de la Nueva Ola en Checoslovaquia; desde la escritora Herta Müller al cineasta Cristian Mungiu en Rumania. En fechas más recientes, el cine alemán ha producido ciertas obras que incursionan en el género, pero a la más famosa de ellas, *La vida de los otros*, vuelve a escapársele la fórmula exacta de la textura totalitaria, su rara excelencia en un sistema esencialmente chambón, una película que termina debiéndole más a Orwell —si creemos a Orwell capaz de tanto sentimentalismo— que a la realidad de la desaparecida RDA.

Entre cubanos ocurre algo parecido. Textos precursores de este género, como el cuento «Aquella noche salieron los muertos» (1932) de Lino Novás Calvo, o la obra de teatro *Los siervos* (1955) de Virgilio Piñera, publicados antes de que el totalitarismo se instalase en la isla, padecen de limitaciones similares. Así, a pesar de la brillantez con que Novás Calvo dibuja la dinámica totalitaria, o la descripción del absurdo de sus pretensiones ideológicas en el caso de la obra de Piñera, a ambos se les escapa algo del sabor esencial, del tejido de la rutina totalitaria. Pasarán unos cuantos años para que consigan describir dicha textura autores como Heberto Padilla (*Fuera del juego*, *La mala memoria*, «otro de esos libros atestados de micrófonos y de suspicacias que los estados policiales terminan generando» comenta Gerardo Fernández Fe), Guillermo Cabrera Infante (*Mapa dibujado por un espía*), Reinaldo Arenas (*El color del verano*, *Antes que anochezca*), Eliseo Alberto (*Informe contra mí mismo*), Jesús Díaz (*Las palabras perdidas*), Juan Abreu (*A la sombra del mar*), Roberto Valero (*Este viento de cuaresma*), Miguel Correa (*Al norte del infierno*) o hasta el propio Piñera. Este lo intentó primero en su obra teatral *La niñita querida* y, poco después, en la novela *Presiones y diamantes*. Todos coinciden en incluir los componentes centrales del género totalitario: la vigilancia ubicua, el miedo, la sospecha y la paranoia generalizados, la relación pegajosa y muchas veces ambigua entre vigilados y vigilantes («somos en este momento las personas que mejor le quieren» dice un guardián de *El proceso*), el contraste entre la miseria del sistema y la opulencia de la represión, su absurdo inagotable.

Aviso, no obstante, que el esfuerzo de esta antología por convertir lo totalitario policiaco en género literario pasa por reconocer que, más allá de la unidad temática, del similar recuento de vicisitudes, poco tienen estos textos en común. Lo totalitario policiaco, tal como lo concibe esta antología, incluye cualquier variante de lo literario: de la poesía a la prosa, de la ficción a la no ficción, del cuento a la novela, a la obra teatral o a las memorias. También habrá que reconocer que pese a lo extenso de la experiencia, son relativamente pocos los cultores del género a nivel mundial. Y eso se explica por lo poco rentable que siempre ha resultado abordarlo en medio de un régimen totalitario (pregúntenles a los norcoreanos) y lo anacrónico que resulta una vez que este ha desaparecido, dejando un rastro de pesadilla tan ardua de explicar como de comprender. En ese sentido, la extensa antología que presento a su consideración es, cuando menos, una anomalía.

Esta antología

Debe aclararse de entrada que esta es una antología voluntaria. O sea, fueron los propios autores, no sus familiares o albaceas, los que en pleno uso de sus facultades mentales (es un decir) enviaron sus textos. Fueron los autores quienes encontraron alguna afinidad entre sus textos y el tema propuesto. Este requisito de la voluntariedad excluye automáticamente a:

1. los muertos
2. los que incluso habiendo escrito textos que pudieran entrar con pleno derecho en esta antología no desearon participar en ella
3. los que por mero descuido del antologador no fueron invitados

Esta antología incluye textos escritos para la ocasión y otros que ya habían sido escritos o incluso publicados antes. Esta antología cumple así con dos necesidades distintas pero no incompatibles entre sí: la de reunir bajo un mismo marco temático textos dispersos y la de ofrecerles la oportunidad a ciertos autores de compartir historias que esperaban una ocasión como esta para ser contadas. Esta antología no solo resalta por la variedad de géneros (relatos cortos, fragmentos de novelas, poesía, ensayo, teatro) o de estilos, sino por la diversidad de perspectivas sobre un tema en apariencia tan restringido. Entre tanta queja acerca de la decadencia de la literatura nacional, anima descubrir que maneras tan uniformes del acoso encontraran respuestas tan distintas, tan personales. Así, estas páginas también ensayan una defensa de la individualidad, tanto en el plano sensible como en el creativo. Nos permiten ver cómo, ante la invasión continua de lo privado y lo íntimo hasta casi anularlo, los escritores han respondido como mejor saben hacerlo: con esa mezcla de obstinación y orgullo que les permite enfrentarse a sus miedos con plena confianza en un sentido (estético o hasta ético) que trasciende las rutinas de la opresión.

El orden a que se atiene esta antología intenta ser cronológico. No se trata de ordenar los textos de acuerdo a la edad de los autores sino al proceso de construcción de dos sujetos: el de los compañeros que atienden y el de los atendidos. Porque por mucho que nos empeñemos en ver una continuidad sin fisuras en el sistema cubano, al menos respecto a los sujetos en cuestión habrá que reconocer una evolución histórica. En la primera parte (1959-1979) se da cuenta de una época en que el sistema daba sus primeros pasos y le eran ajenas ciertas sofisticaciones. Los agentes no tenían otro encargo que la vigilancia y la represión directa («Impala»). De lo que se trataba era de definir si el sujeto se encontraba «dentro» o «fuera» de la Revolución. Si se determinaba que estaba «fuera», no cabían otras opciones que la cárcel, los campos de concentración al estilo de las UMAP o el exilio («Prólogos»). Fue más tarde, cuando el sistema se sintió lo suficientemente fuerte como para no concebir siquiera un exterior a sí mismo, cuando ya la Revolución lo era «todo», que empezaron a cobrar sentido las «atenciones» de los «compañeros». Ya no se trataba solo del oficial operativo que decide el momento adecuado de actuar contra determinado sujeto, de sacarlo del juego. «El compañero que atiende», ese eufemismo que a la vez sirve de sinécdoque totalitaria, es un momento posterior y superior de la llamada Revolución Cubana. El momento en que, delimitado con claridad el campo amigo del enemigo, y tras el práctico exterminio del segundo a través de la cárcel, el exilio o la marginación programática, todavía queda una zona que, sin dejar de ser considerada parte del campo propio, necesita ser reencauzada, recibir de vez en cuando un llamado de atención.

Tomemos como fecha tentativa los inicios de 1971, cuando casi simultáneamente ocurren la detención del poeta Heberto Padilla y el Primer Congreso de Educación y Cultura. En dicho congreso se lanzó una ofensiva contra el llamado imperialismo cultural, el elitismo, el apoliticismo, «el esnobismo, la extravagancia, el homosexualismo y demás aberraciones sociales», ofensiva enfilada «a la erradicación de los vestigios de la vieja sociedad que persisten en el período de transición del capitalismo al socialismo». Allí se clamó por la exclusión de todos los elementos corruptores del sistema educativo y cultural a través del famoso proceso de «parametración». En cambio, el revuelo causado por el «Caso Padilla» (ver «Edwards, Padilla, los micrófonos y los camarones principescos») alertó sobre lo indeseable que sería que se repitiese un escándalo similar y la necesidad de resolver situaciones parecidas con mayor discreción. El congreso preparó el camino a los procesos encaminados a separar los frutos podridos de los sanos. Pero eso no sería suficiente. Junto a la desintoxicación pública debía conducirse una labor de profilaxis. Lo que hoy, incluso en los círculos más oficiales cubanos, se llama con desdén «Quinquenio Gris» fue en realidad la década dorada del régimen. Aquella donde más se acercó la sociedad a lo que promulgaban los textos programáticos del partido comunista. Al menos en la superficie. No fueron esos años un desvío momentáneo de los puntos de vista más bien liberales y heterodoxos de los dirigentes de la Revolución, sino la culminación de un largo y complejo proceso de concentración de poder político, económico, social, cultural y simbólico. Años en que, gracias al reforzamiento de la alianza con el Bloque Soviético y al distanciamiento de los aliados de la izquierda occidental en el plano externo y al máximo control social en el interno, el régimen estuvo más cerca de parecerse a la idea que tenía de sí mismo. Mientras que para los elementos considerados contrarrevolucionarios o antisociales se habían diseñado instrumentos legales como la Ley contra la Vagancia o posteriormente la Ley de Peligrosidad (ver «Prólogos 2, 3 y 4») para el resto de la sociedad quedaba la obligación de definirse en un sentido o en otro. Fue en ese momento en el que le dieron los toques finales a un sistema en el que al decir de Daniel Díaz Mantilla «uno va cediendo espacio y libertad mientras la barbarie engorda y los rufianes se adueñan de su mundo, hasta que un buen día descubre que la cárcel se hizo ubicua. Al final, uno termina arrinconado, vencido, demasiado débil ya para luchar, convertido en mero juguete a merced de los salvajes». Y en esas labores de domesticación social la Seguridad del Estado iba tomando cada vez mayor importancia.

Sospecho que fue su confianza en lo mucho que había avanzado su Revolución en el pastoreo de almas lo que llevó a Fidel Castro a cometer uno de los mayores errores de cálculo en su larga carrera de estadista. Me refiero a su decisión de retirar la custodia de la embajada peruana en La Habana cuando su embajador decidió acoger a un grupo de solicitantes de asilo que habían empotrado un autobús contra la sede diplomática. ¿Qué cifra habrá calculado que entraría en la embajada? Si acaso una cantidad —¿200? ¿500?— suficiente para incomodar al embajador, pero muchos menos que los más de diez mil que ante los ojos del mundo sacudieron la apacible realidad oficial y forzaron a las autoridades del país a recurrir a la ya probada fórmula del éxodo masivo. Hacia Perú unos centenares (como lo refleja «La isla de Pascali» de Ronaldo Menéndez) y luego, a través del puerto de Mariel hacia los Estados Unidos (ver «Departures», «Una mujer decente») alrededor de 125 mil.

A juzgar por los textos reunidos aquí fue en los años ochenta cuando se hizo más visible y ubicua la figura de «el compañero que atiende» al cubano promedio.

Años en que, a falta de organizaciones opositoras a las que vigilar y castigar, pero sobre todo, ante una sociedad expectante de que se reprodujeran los cambios que estaba trayendo la perestroika a Europa del Este, se hizo más necesaria la intimidación profiláctica, el susto preventivo. En aquellos años surge el grupo literario El Establo (representado en esta antología con los textos de Raúl Aguiar, Ronaldo Menéndez, Daniel Díaz Mantilla, Verónica Pérez Kónina, Ricardo Arrieta, Yoss) que conoció muy de cerca la atención de la Seguridad del Estado. Dicho grupo pagó su osadía de existir independientemente de las instituciones oficiales con una persecución que se refleja de manera directa o indirecta en varios textos de esta antología. (Que en los siguientes años acapararan la mayoría de los premios nacionales a jóvenes escritores puede servir a la vez para valorar el peso literario del grupo y las sutilezas de la Seguridad del Estado en tiempos tan complejos). En aquellos años ochenta, apacibles si se los compara con lo que vino después, los «compañeros» padecían de una avidez infinita por crear nuevos casos y captar informantes como muestran «Rubén», de Francisco García González o «Un verano en la barbería» de Antonio José Ponte. Como si se tomaran en serio la posibilidad de controlar cada partícula de la vida nacional.

En el último año de la década se produjo uno de los eventos más intrigantes y menos comentados de las relaciones entre las fuerzas del orden y los intelectuales. El 26 de marzo de 1989, el ministro del Interior decidió celebrar el treinta aniversario de la creación de los órganos de la Seguridad del Estado en compañía de una representación de la intelectualidad cubana. Eran, les recuerdo, los meses previos a la caída del Bloque Soviético, meses convulsos en Europa del Este, que en Cuba transcurrían con relativa tranquilidad. Una de las pocas señales de agitación social eran los frecuentes choques entre los artistas plásticos y la Seguridad del Estado. Resultaba extraño, por tanto, que el encargado de aquellas persecuciones dijera: «no podemos ceder a la tentación facilista de ponerle un rótulo político [se sobreentiende que disidente] a cualquier fenómeno que tenga lugar en la sociedad y que pueda desagradarnos e impactarnos. Muchas veces las cosas no son tan sencillas. El tratamiento tampoco puede ser en la mayoría de los casos esquemático o represivo». Francamente provocador parecía su llamado a los intelectuales a ejercer «una más auténtica y profunda libertad de pensamiento». O su ofrecimiento de «contar en este esfuerzo con la confianza, la comprensión y el respaldo sinceros del Ministerio del Interior». Poco antes del final de su discurso el Ministro recalcaba:

> *Estamos y estaremos siempre abiertos al diálogo, en la disposición de escuchar y de discutir cualquier idea, cualquier problema que pueda preocuparles, en el cual consideren útil nuestro conocimiento o par-*

ticipación. No me refiero solo a los compañeros que tienen relaciones de muchos años con el Ministerio, ni me refiero tampoco exclusivamente a los que puedan opinar más cercanos a nosotros, sino también a los que tengan ideas distintas o que vean los problemas con otros matices y enfoques.

Estremecimiento aparte por la alusión a los intelectuales con «relaciones de muchos años con el Ministerio», el discurso podía servir lo mismo para alimentar el cinismo que la esperanza. ¿El jefe de los represores invitando a expresarse con auténtica y profunda libertad de pensamiento? ¿Se había contagiado con la ola de cambios que sacudía a Europa del Este o se trataba de una trampa? ¿Había sido enviado por el *capo di tutti capi* o hablaba a nombre propio? La respuesta a esas preguntas llegaría primero en forma de palabras y luego de hechos concretos. «¿Y cómo se puede suponer que las medidas aplicables en la URSS sean exactamente las medidas aplicables en Cuba o viceversa?» dijo Fidel Castro en presencia del líder soviético Mijaíl Gorbachov el 4 de abril, apenas nueve días después del discurso de su ministro del Interior. Como si acabara de descubrir que la URSS y Cuba no eran el mismo país. Pero no se trataba de mero desajuste oratorio. Tres meses después de su discurso, el 28 de junio, Abrantes era cesado como titular del Ministerio en vísperas de la llamada Causa Número 1 en la que se condenarían a varios oficiales del MININT y del MINFAR a penas que incluían fusilamiento para el general Arnaldo Ochoa y el coronel Antonio de la Guardia. Pero la caída de José Abrantes no terminaría con su destitución. El mismo ministro que en marzo se había manifestado a favor del diálogo y el entendimiento sería condenado en agosto a veinte años de prisión en la llamada Causa Número 2. Veinte años de los que cumpliría apenas uno y medio: el 21 de enero de 1991 el ex ministro moría de un infarto en la misma prisión especial de Guanajay cuya construcción había supervisado personalmente. Evito añadir la coletilla insidiosa de «murió en extrañas circunstancias». Extraño hubiera sido que saliera vivo de allí.

Durante los revueltos noventa, con la caída del Bloque Soviético y la crisis que recibió el ocurrente título de Período Especial, cambiaron las reglas del juego. Podría decirse incluso que con la contracción del presupuesto nacional y del propio Estado a niveles de mera supervivencia y el abandono discreto del marxismo-leninismo a favor de un nacionalismo agresivo y difuso, el régimen cubano deja de ser totalitario para convertirse en un fascismo común y corriente. No es que abandonara su vocación totalitaria sino que carecía de medios para ponerla en práctica. Desaparecida la Unión

Soviética, cuna de la ortodoxia ideológica que se había transplantado al país, el afinado instinto de supervivencia del régimen aconsejaba «el descoyuntamiento ideológico» de que habla Eco para caracterizar al fascismo. Un descoyuntamiento que apela al nacionalismo y al culto múltiple al pasado, al heroísmo, a la austeridad y al estoicismo para que tanta incoherencia conserve un orden y la confusión se mantenga dentro de cierta estructura.

Con las sucesivas explosiones de descontento y la aparición de grupos opositores cada vez más numerosos, a los compañeros —ahora bajo nueva administración— no les quedó más remedio que ser más pragmáticos y concentrarse en los casos más urgentes y peligrosos. No quiere decir que dejasen en paz a los escritores o aspirantes a serlo, sino que decidieron establecer prioridades. Si antes el apoliticismo les resultaba sospechoso, a partir de entonces el alejamiento de las realidades sociales empezó a ser visto con aprobación. De la incesante sospecha ideológica se pasó a una vigilancia más pragmática. Tal pragmatismo lo sufrieron en carne propia los intelectuales firmantes de la famosa *Carta de los Diez*. Mientras el poeta Manuel Díaz Martínez sufriría un acoso continuo que lo llevaría al exilio, otros firmantes como María Elena Cruz Varela, Jorge Pomar, Fernando Velázquez, Roberto Luque Escalona, Jorge Crespo Díaz y Marco Antonio Abad irían a prisión. Posteriormente, otros autores incluidos en este libro como Amir Valle, Ángel Santiesteban u Orlando Luis Pardo Lazo también conocerían de cerca el nuevo pragmatismo *seguroso*. El primero por su *Habana Babilonia*, resultado de sus investigaciones sobre la prostitución en la Cuba de los noventa. Santiesteban y Pardo Lazo, por complementar el sentido crítico de sus textos con acercamientos a grupos disidentes, que es algo más de lo que puede soportar la probada paciencia de los que velan por la seguridad de la Nación.

Pero en general, y a diferencia de los ochenta, la presencia de dichos compañeros se hizo más discreta y puntual. Emergen en casos extremos, como cuando se trata de decidir quién viaja al exterior (ver los textos «Memoria de un teléfono descolgado» de Norge Espinosa y «Monstruo», de Legna Rodríguez Iglesias). No obstante, buena parte de los escritores más jóvenes confiesa no saber si alguna vez han sido objeto de vigilancia. Que no sea parte de su experiencia vital no quiere decir que les sea ajena como tema literario y creativo, como en el caso de la premiada novela *La noria* de Ahmel Echevarría o de *Archivo* de Jorge Enrique Lage. (En el cine nacional puede también notarse un creciente interés en el tema, desde el cortometraje *Monte Rouge* del director Eduardo del Llano a el censurado largometraje *Santa y Andrés* del realizador Carlos Lechuga. O el documental *Seres extravagantes* de Manuel Zayas —inspirador de *Santa y Andrés*—, con esa escena impagable en donde, en medio de una entrevista al poeta Delfín Prats, un policía irrumpe en su vivienda para pedirles documentos de identidad a todos los involucrados en la entrevista, mientras la cámara recoge su estupor).

Reconocimiento

Este libro demuestra exhaustivamente que la vigilancia y la atención de los compañeros no solo han infundido temores de todo tipo en los escritores patrios sino también una profusa y variada creatividad. Creatividad que incluye incursiones en el género fantástico («Ganas de volar», «La ciudad de las letras»), en la ciencia ficción («El co. que me atiende», «Mi comisario del otro mañana»), el humor («Lengua», «Universos paralelos») y la recreación de realidades paralelas («Un día en la vida de Daniel Horowitz», «Nuevas revelaciones sobre la muerte de mi padre»). El punto de vista de la narración no se limitará al del vigilado o al de un narrador omnisciente: a veces aparecerá el del vigilante («Un verano en la barbería», «El agente Ginger») o el de testigos confundidos sobre su papel en la historia que se desarrolla ante sus ojos («Los hombres de Richelieu»). Pero dentro de esta variedad vuelve a haber coincidencias que podrían considerarse como ejes temáticos del género: la vigilancia («La Carta de los Diez», «Seres ridículamente enigmáticos con nombres simplones», «Un día en la vida de Daniel Horowitz»), el interrogatorio («Honecker en la campiña», «Mississippi tres», «Infórmese, por favor»), la intimidación («Cállate ya, muchacho», «Controversia»), la invitación a «colaborar» («Interrogatorio con música de fondo», «Rubén»), el reencuentro con los vigilantes muchos años después, casi siempre en otras funciones distantes de la original («El cabrón rampante», «Opuscero», «De vez en cuando la vida») y los arrestos («Los hombres de Richelieu», «Nada de "compañeros"»). En este libro se intenta incluso entender al compañero que alguna vez nos atendió. Al fin y al cabo, con todo y que su oficio es incompatible con «la dignidad plena del hombre», son también víctimas de un sistema que ve en ellos meras herramientas represivas. Un sistema que no se compadece de la humanidad que puedan conservar. «Nunca le tuvimos odio» dice Rafael Almanza de su represor particular: «algo en esa persona era valioso, el escritor de las décimas se imponía al soldado, por mucho que él se esforzara en reprimirlas. Él no lograba reprimir con eficacia, porque él mismo reprimía lo mejor de sí, las décimas y las críticas que le acudían a la garganta, y tal vez ya se había dado cuenta, demasiado tarde, que había perdido lo mejor de sí mismo».

He decidido dejar para el final el texto del poeta Nestor Díaz de Villegas («Cargaré con la cruz del compañero») no solo por ser un caso paradigmático de la represión en Cuba: el de un adolescente que sufre cinco años de prisión por un poema en que se disculpa con una calle a la que han cambiado su antiguo nombre por otro más acorde a los nuevos tiempos. Amerita que su texto cierre la antología el que consiga conectar viejas vigilancias y represiones con otras nuevas, nacidas en sociedades democráticas, algo que yo definiría como totalitarismo por cuenta propia. Cuando el poeta ha creído dejar atrás para siempre los fanatismos laicos que lo atormentaron en su juventud, los descubre echando raíces en los más frívolos terrenos del capitalismo tardío (me refiero, por supuesto, a las universidades).

Hela aquí, otra vez, la certeza inconmovible, la convicción cuasirreligiosa. Su ropa cuenta la consabida historia de falsa modestia, de recato militante (¿no es cualquier uniforme la expresión de la entrega a la causa de moda?), también una historia de rebajas, no comerciales, sino espirituales, el deseo de ser menos, de creerse menos —y hacérselo creer a los otros.

Al contrario de lo que sugiere Nestor Díaz de Villegas en su texto, esos nuevos brotes totalitarios no parecen obedecer a ninguna ideología concreta sino a la fe difusa en alguna forma de pureza. Eso que George Steiner llama *La nostalgia del absoluto*. Si el compañero que nos atiende en los estados totalitarios concentra papeles surgidos en sociedades previas (el policía, pero también el maestro, el confesor, el psicoanalista, el testigo de Jehová, el crítico literario, el verdugo: la poeta María Elena Hernández lo describe como «lector./ Corrector voraz./ Casi un padre./ Casi una patria»), estas nuevas encarnaciones del espíritu totalitario se vuelven a multiplicar en variantes menos profesionalizadas, más fanáticas y menos cínicas del compañero que atiende. Vuelven a perseguir con saña el menor diversionismo, el más mínimo desvío del sentido (histórico, social) que asumen como inevitable. Su objetivo no es el de la sociedad sin clases como pretendía el ideal comunista, sino construir un mundo libre de toda incorrección política. Y lo intentan con la misma convicción medieval sobre la necesidad de la erradicación absoluta del mal que exhibían los viejos vigilantes totalitarios.

Esta antología, por otro lado, aunque la suponga pionera en su especie y envergadura (al menos entre los escritores cubanos), no aspira a la originalidad, como originales no fueron las circunstancias que engendraron sus textos: recuerden que en los últimos cien años un tercio de la población mundial padeció alguna forma de totalitarismo. (El poeta alemán Hans Magnus Enzensberger anota en su *Tumulto* —otro libro atiborrado de micrófonos— la reacción de su esposa soviética al llegar a Cuba: «Muy al contrario de mí, Masha comprendió desde el principio cuáles eran las reglas del juego que imperaban en la isla. Se sentía a sus anchas»). Esta antología no será muy distinta de otras sobre el mismo tema en cualquier sitio donde la realidad totalitaria se instaló. Este libro es —como hemos dicho— un reconocimiento al aporte que han dado los órganos de la Seguridad del Estado cubana a nuestra literatura más allá de la detención e internamiento de Jorge Valls, Heberto Padilla, Belkis Cuza Malé, Reinaldo Arenas, José Mario, Rogelio Fabio Hurtado, Manuel Ballagas, Ángel Cuadra, Juan Abreu, Nestor Díaz de Villegas, René Ariza o Ángel Santiesteban entre tantos otros. Es una manera de agradecerle haber puesto a prueba nuestro carácter como seres humanos, pero también como escritores, de permitirnos conocer cuán resistente era nuestro impulso creativo al miedo y la intimidación. Y también agradecerles su perseverancia como lectores y críticos porque, como escribe Verónica Pérez Kónina, «¿Quién sino ellos se hubiera leído nuestras primeras obras, tan imperfectas, tan ilegibles? ¿Quién hubiera seguido con tanta atención todo lo que escribíamos? ¿Quién otro podría haberle dado ese aire de azarosa aventura al oficio de escribir?». ¿Quiénes —añadiría yo— sino los compañeros que nos atendieron, podrían haber insistido en darnos una idea desmesurada, pero por eso mismo estimulante, de la importancia de nuestra escritura, al conectar cualquier hoja garrapateada por nosotros con la estabilidad del todopoderoso régimen que defendían?

Se agradecerá de antemano la respuesta de estos órganos por boca de sus literatos de guardia. Sus previsibles reclamos de que los hechos que se mencionan en este libro son absoluta invención de los autores. Es por ello que no me he tomado el trabajo de deslindar los testimonios de las obras de ficción, como mismo la realidad totalitaria es indistinguible de las paranoias que produce. Declarar —como sospecho que harán muchos— que lo que se describe aquí es mero producto de la imaginación será una manera de reafirmar la índole literaria de este libro. Un libro que, de inicio, quedará condenado a perdurar más que la realidad en la que dice inspirarse. Y eso no es poca cosa.

Enrique Del Risco
West New York, New Jersey, Julio del 2017

1959-1979

FÉLIX LUIS VIERA

IMPALA*

Tocaron a la puerta con tal autoridad que ni la Policía. Debían ser de esos vendedores clandestinos que a veces tocan así para que uno se sobresalte y les abra sin más ni más y ahí mismo ya están ellos proponiendo su material de la bolsa negra.

Eran policías. Al menos dos. Vestidos de civil. Del Departamento de Seguridad del Estado. Me van a decir ahora, en cuanto abra la puerta.

Los otros dos no son policías, se identifican: uno es de la dirección del Gobierno que tiene bajo su égida las viviendas y el otro de una dirección de lo mismo que incauta los bienes del pueblo. Dijo así: Los Bienes del Pueblo.

Los cuatro me han enseñado sus identificaciones, solo por un instante, como si yo debiera creer que son lo que son, sin que sea necesario que lea lo que dicen sus identificaciones.

Como aquella tarde que visité a Magalí por primera vez, es esta, también, una tarde de noviembre. Por la carretera Central corre un frío leve, como es el de este mes en Cuba; un frío que, más que marcar el inicio del invierno, será algo así como el aviso de un invierno que nunca habrá de llegar. Hace dos días con dos noches que Magalí no está; se fue a La Habana a un seminario de las emisoras de radio, una semana. Esta madrugada yo he cumplido por ella la guardia del Comité de Defensa de la Revolución de la cuadra, junto con la otra mujer a la cual le correspondía. Hazme ese gran favor, que ya coordiné con el presidente del CDR para que tú me sustituyas, no quiero incumplir. Me pidió ella. Estoy esperando el telegrama que me

---

* Texto perteneciente a la novela *El corazón del rey* (Lagares, México, 2010).

31

prometió. Se fue, casi al amanecer, con unos colegas suyos que iban a lo mismo y que vinieron a buscarla en un carro de la emisora.

Los dos policías se sientan en el sofá, yo en una butaca, y me piden, ambos a la vez, que me calme. No tiene sentido que me pidan esto, si yo todavía no estoy nervioso.

Los otros dos despliegan cada uno un rollo de formularios y me solicitan permiso para pasar hacia las habitaciones. Ya han pasado cuando todavía no les he respondido. Andan con sendos portafolios, negros, gruesos, que tienen en la tapa una calcomanía roja y negra, con forma de escudo, que dice: Viva la Revolución Socialista.

Uno de los dos policías vestidos de civil me dice que debo irme con ellos. Ya lo sabrás, me responde el otro cuando les he preguntado adónde, por qué. Este mismo me requiere la llave de la casa. Aquí está la llave, grita hacia donde los otros dos, que se asoman desde el comedor, y la pone con un movimiento lento, como didáctico, para que aquellos lo vieran bien, en la meseta del bar portátil.

Nos fuimos en un Chevrolet Impala de 1959, rojo y blanco, que se hallaba estacionado en la gasolinera. Me indicaron que yo viajara en el asiento trasero.

El que iba manejando constantemente me miraba por el espejo retrovisor; o más bien me revisaba, me auscultaba con la vista. Casi siempre que miré hacia el espejo, ahí estaba su mirada, de esa forma. El otro iba con la cabeza baja, como si estuviera adormecido.

Fuimos hacia la salida Este de la ciudad, por la carretera a Camajuaní, un poco más allá del Capiro. Entramos en unas instalaciones rodeadas de cercados de alambre. En la entrada había dos guardias, uniformados de verde militar y con armas largas. Entonces sí pareció invierno: me llevaron a una oficina que tenía el aire acondicionado muy intenso.

Me preguntaron varias veces si yo no sabía lo que pensaba hacer Magalí. Yo no sabía, siquiera, qué había hecho, qué estaba pasando, les respondí. (El que había venido manejando me ofreció cigarros; al parecer, había visto muchas de esas películas en las que los interrogadores ofrecen cigarros al interrogado). Me lo volvieron a preguntar. Llegó el anochecer. Como al azar, se alternaban tomando notas de lo que yo respondía o decía en papeles con un membrete verde cuyas letras me propuse no ver. Me contaron, ellos a mí, mi vida. Los hitos de mi vida. Yo no trabajaba; si bien ya hacía tiempo que había terminado los estudios de nivel medio, había decidido no inscribirme en la universidad. Ahora, qué pena, tendría yo que regresar a mi columbina sumergida entre libros allí en la sala de mi casa, y convivir entre más gente: par de sobrinos más habían venido al mundo. Pero entre gente buena, desde mis padres hasta mis hermanos, pasando por mis cuñadas, eran personas honestas y cumplidoras, si bien no se pudiera decir que estuviesen en la vanguardia de la Revolución. ¿Cómo estaban de salud la Samaritana, Robertón Pérez, Benito de Palermo, Maritza? Ah, Maritza, ojalá que ella sí lograra influir en mí. ¿Desde cuándo no veía a fulano, mengano, zutano, esos conocidos míos del barrio El Condado, del Capiro? Yo me había propuesto contestar lo menos posible y en general hablar lo menos posible. Pero de pronto me sorprendía dando respuestas muy largas.

¿Y dónde estaba Magalí? A estas horas ya debía estar en el Norte, en Miami, respondieron. ¿Por qué ellos lo sabían? ¿Por qué lo aseguraban? Porque habían «capturado» a una de las dos lanchas en que intentaban salir. Deletrearon el punto exacto de la costa por el que habían partido. Los nombres de seis o siete pescadores involucrados, unos en el grupo de los capturados, otros no. El que había venido manejando me preguntaba con más saña, y no dejaba de mirarme como antes, como si quisiera convertirme en virutas con la vista; pero el otro, que evidentemente, era el jefe, lo llamaba a control.

—Y se fueron también esos dos guajiros puñeteros... —resoplé, con amargura, como quien acaba de descubrir lo que tenía delante de sus ojos.

Entonces tú sabías algo, dijo dando un manotazo en el escritorio el que había venido manejando. Sí, se habían ido también las primas Elva la rubia y Amarilis la trigueña con sus maridos, afirmó el otro.

Nada. Yo no sabía nada. Magalí había salido vestida como quien va para un seminario, con una maleta con ropas, caireles y maquillajes como la mujer que asistirá a reuniones. Con una carpeta con documentos como quien va a asistir a reuniones. Pero ya ves, no iba para ninguna reunión de trabajo, se iba para el Norte, dijo como mascándose los dientes el que había venido manejando, quien, además, en todo momento había tratado, más que el otro, de darme a entender cuánto sabían ellos. Y fue quien me preguntó:

—¿Por qué tiemblas?

—De la emoción —respondí.

De esa casa no se puede sacar nada, nada, ni entrar nadie. Ya esa casa en estos instantes está sellada y solo podrán entrar las autoridades cuando la ley lo determine. Me respondieron invariablemente. En uno y otro momento yo les había pedido, les había rogado, que al menos me dejaran sacar unos libros. Precisé, rebajé la petición: solo estos ocho libros, por favor, y les había relacionado los títulos.

Me entregaron unos documentos para que los firmara y me pidieron que los leyera bien. En la página final, decía que yo estaba de acuerdo con que en ningún momento me habían maltratado de hecho ni de palabra. Que estaba yo de acuerdo con que Magalí era una traidora de su pueblo y, por lo tanto, me comprometía a poner en manos de la Revolución, donde quiera que yo estuviese y cuando fuera, cualquier información que recibiera de ella o acerca de ella. Que ellos me habían aconsejado sobre la importancia de llevar una buena conducta en la nueva sociedad y me habían pedido que, sobre todo por ser un joven inteligente, debía colaborar con el proyecto revolucionario que significaba el bienestar para todos los cubanos. Pero esto no me lo han aconsejado, les dije. Ahora te lo vamos a aconsejar, dijo el que había venido manejando y entre los dos me lo aconsejaron.

Hacía un frío terrible en aquella habitación. Ellos estaban sentados tras un escritorio, uno en medio y el otro en un extremo, y unos diez minutos después de llegar se habían puesto unos abrigos verdes que tomaron de un estante. Los dos eran más bien gordos y trigueños. El que había venido manejando, de mayor estatura que el otro, quien tenía la dentadura como tienen la dentadura los leones y, sin embargo, era el más manso. Yo estaba sentado en una silla al lado de acá del escritorio.

¿Ahora me iban a llevar de regreso en el Impala? Les era imposible, tenían mucho que hacer, y en cualquier caso yo estaba cerca de mi casa, podía esperar una guagua o aun irme a pie, respondió el jefe. El que había venido manejando tomó del escritorio un papelito impreso y lo firmó. Es un pase para que puedas salir por la posta, dijo.

Este capítulo nunca lo hablé con nadie. No se lo dije a nadie. Ni a mi familia. A nadie. Así debía ser, constaba en los papeles que había firmado. Ahora, en estos momentos, es primera vez que lo digo.

Como cuatro o cinco meses después recibí un sobre con el matasellos de Sevilla. No traía remitente. Adentro, en una hoja de papel pequeña, solo una línea, sin firma, escrita con máquina de escribir eléctrica: «Todo bien. Buena suerte».

JUAN ABREU

PRÓLOGOS*

PRÓLOGO DOS. DÍA 20

Alejándose cada vez más de Marcelino Menéndez y Pelayo era el título de un libro de ensayos que Reinaldo tenía en proyecto. Ya había escrito uno sobre la novela *La espuma de los días*, de Boris Vian; y otro sobre dos libros de poemas titulados *Un rasgar ululante* y *Destrucciones*, el primero mío y el segundo de mi hermano José. El título del ensayo no tenía desperdicio: *Entre ululantes destrucciones o invocación a Pedro el Malo para que desentierre un manuscrito encontrado debajo de una teja.* Ayer me acordé de eso ya acostado. Las figuras, las sombras en la pared, se desplazan periódicamente, al paso de los automóviles. Otra vez. ¿Serán ellos? Sigue la vigilancia. Han apostado un Alfa-Romeo de forma casi permanente en las esquinas de F y G, a cincuenta y cien metros, en ambas direcciones. A veces llegan otros vehículos y los ocupantes se ponen a conversar. Poey es un barrio muy pobre, con la mayoría de sus calles sin asfaltar, por lo que no está acostumbrado a este trasiego. Si siguen así van a tener que inaugurar un parqueo por aquí cerca, o algo por el estilo. La presidenta del CDR, que vive en la casa de al lado, está eufórica estos días. Parece que alguien la ha visitado para solicitar informes sobre nosotros, o pedirle que vigile nuestras entradas y salidas. El caso es que se pasa el día apostada afuera con cara conspiradora y sonrisa triunfante. Sueña con una condecoración o un bono

---

* Fragmentos del libro *A la sombra del mar: jornadas cubanas con Reinaldo Arenas* (Editorial Casiopea, Barcelona, 1998).

que le permita el derecho a aspirar a un televisor ruso. Ha llegado el invierno. Traído por uno de esos frentes, añorados e imprevisibles. El invierno llega aquí cuando le da la gana. Las estaciones no existen. Así que ha llegado de súbito y se ha estrellado contra la puerta. Pongo mi mano en tus pechos y los hallo calientes, meto mi cabeza entre ellos para dormir. El tiempo transcurre y seguimos sin saber nada. Estos han sido días muy duros, sobre todo porque pienso en los libros que la inminencia de un registro o de una delación nos hizo destruir. Esto también se hizo por consenso. Aprobado por todo el grupo. El recuerdo de los papeles quemados no me abandona, fue estúpido destruirlos. Y si no fuera porque es necesario reescribirlos, por mí y por mis personajes perdidos, me suicidaría. Me siento cobarde, miserable y traidor. Pero abandonados de Dios y de todos, solo nos queda la palabra. Así que hay que ponerse a trabajar cuanto antes. En cuanto se normalice la situación. Si es que se normaliza. ¡Si pudiéramos escapar a algún sitio! Adonde fuera. Lo de la vigilancia nos tiene desconcertados porque si, como creo, detuvieron a Rey cuando la movilización en el Parque... ¿por qué continúan con ella? Es posible que tengan alguna prueba en contra nuestra, pero, si es así, ¿por qué no la usan? Resulta increíble cómo los seres humanos, en ocasiones, pueden acostumbrarse a cualquier cosa. Están ahí afuera, pero ya me he acostumbrado y me cuesta trabajo, en ocasiones, pensar mucho en ellos, preocuparme por ellos. Es como si estuvieran muy lejos, a pesar de que apenas distan cien metros. También recordé hoy el día aquel en que llegué muy temprano. La tierra empapada, una neblina gruesa en la que costaba avanzar. Arribé al sitio convenido y no estaba. Me senté a esperar. Dejé la botella de vino que le traía y el pan con tortilla escondidos entre dos piedras. Oculté el paquete con una penca y algunas ramas diseminadas por el lugar. Estaba en una hondonada, resguardado de las miradas de los que pasaran por la carretera. Reinaldo me había dicho que en cuanto se levantara iría a encontrarse conmigo. Esperaba hallarlo allí a mi llegada. Pero no me preocupé. A veces se quedaba dormido muy tarde, por el frío, y luego se rendía hasta que el sol estaba ya bastante alto. Demoraba. Al rato decidí caminar a lo largo de la carretera, hasta el lugar convenido, para dejar un mensaje si ocurría algún imprevisto. No encontré ningún mensaje. Regresé. Ya los quioscos del Parque estaban abiertos, así que me comí un queso de crema con galletas y me bebí dos vasos de leche y cuando volví me lo encontré sentado junto a la penca. Tenía los tenis y las medias secándose al sol. Estaba leyendo *La Ilíada*. En su rostro se acumulaba la fatiga, las huellas de la tensión perpetua, el desgaste producido por el hambre y el mal dormir. «Estaba asustado porque no venías», me dijo, «pensé que había pasado algo». Andaba con su jabita a cuestas, como de costumbre. Dentro de ella llevaba lo imprescindible, los utensilios de aseo personal, los libros, sus cosas de valor. No dejaba nada en el escondite por si tenía que salir huyendo súbitamente. Como siempre, le pareció que todo lo que le llevaba era maravilloso. Había algo más: ese día yo me casaba a las cuatro de la tarde. Por eso me escapé temprano a verlo. La boda nos parecía una magnífica cobertura. Prometí guardarle cake y bocaditos de los del racionamiento. Solo me dio un consejo cuando se enteró de que me casaba: «Ahora no te vayas a cundir de hijos». Luego pensó un poco tratando de hallar algo positivo en el hecho, y añadió: «Al menos ahora no tendrás que salir por ahí cuando tengas ganas de templar». El sol empieza a calentar. «Ya empecé a escribir la autobiografía, no he escrito mucho, leo un poco y escribo otro poco, y así, será breve, porque ahora no puedo ponerme a escribir esas parrafadas... figúrate». Y hace una mueca como pidiendo excusas. Sonrío y le digo que no se preocupe, que es perfectamente comprensible. Hablamos del frío que es uno de sus grandes problemas. Trataré de conseguirle una colcha aunque sé que es casi imposible. Ha adelgazado y parece más joven. Pienso que está irreconocible. Si la policía se guía por una foto reciente de él, jamás lo encontrará. Me cuenta algo que lo dejó asombrado. Cuando fue, como casi todas las noches antes de acostarse, al quiosco más cercano al escondite en las alcantarillas, la empleada le dijo: «Tú debes de vivir por aquí cerca, porque todos los días vienes a la misma hora, por el mismo trillito, y luego haces así, y coges y te vas por ahí mismo». Para él resultaba asombroso que aquella mujer se fijase en eso. «Yo no me fijo en nadie», repetía una y otra vez. Le recomendé no volver a aquel sitio. Debía cambiar de lugar aunque tuviese que caminar un poco más. Abrimos la botella del horrendo vino búlgaro y brindamos por la boda y por una feliz fuga. Estaba muy consciente de su papel y aceptaba aquella situación desesperada sin alterarse demasiado. De vez en cuando volvía sobre lo insólito de la situación: «Es increíble la resistencia de un ser humano. Yo pienso en todo lo que ha sucedido y no lo creo. Tú sabes lo que es que yo he atravesado esta isla de allá para acá, llegué hasta cerca de la base naval de Guantánamo, intenté entrar dos veces en medio de rayos infrarrojos, bengalas que convertían la noche en día. Fue uno de los momentos más emocionantes de mi vida, cuando vi aquellas luces giratorias y enormes de las torres del aeropuerto de la base, allí, cerca, y saber que si lograba llegar, sería de nuevo un ser humano. Entonces regreso y me para la policía en la estación de trenes y me dice: tú sabes que te pareces cantidad a uno que estamos buscando... y fueron en busca de dos de seguridad que iban de civil y los trajeron y no eché a correr ni nada, los esperé allí, llegan y me dicen, ponte de perfil, a ver, ponte de frente; se parece, pero este no es, ¡y me dejan ir...!». Después de eso es cuando decide esconderse en el Parque Lenin y la madre me trae su nota para que lo vea en el anfiteatro. Voy y lo veo. Está sentado en la última fila de asientos, arriba. Llego y le saludo con la mano. Me cuenta a grandes rasgos lo sucedido. Está muy preocupado por la madre, a quien trató de convencer para que no se quedara en casa de la hermana, Orfelina, que es un verdadero monstruo, pero no sabe si lo hará. Se ha escondido aquí para esperar la llegada de alguien que vendrá con el propósito de sacarlo del país. «Aquí estoy bien, encerrarme dentro de una casa no lo soportaría, aquí hay árboles y el cielo, y puedo caminar y todo». Nos ponemos de acuerdo para vernos en unos días en otro punto del Parque. No cabe duda, en estos tiempos violentos y grotescos, la única forma digna de ser un artista es estar dispuesto a respaldar con la vida cada palabra que se pone sobre el papel. Cuando ya me iba me dijo que al hacer el brindis dejara caer unas gotas de licor sobre la tierra, que hiciera eso en su nombre, que su espíritu estaría a mi lado sin falta. «Si está tu espíritu no faltarán los policías», le contesté. Y ciertamente no faltaron. Estoy acostado, esperando. Sin noticias. Sus pechos duros me hincan. Pienso: ¿qué le estará sucediendo, qué estará padeciendo en este instante? ¿Qué esbirro le interrogará, en qué mazmorra se desesperará? Este calor bajo las sábanas me hace olvidar. Nadie puede acompañar a nadie. A lo sumo, tal como repetía Reinaldo, «lo más grande que puede existir entre dos seres humanos es una confrontación de soledades». El viento amontona las hojas de este falso invierno, del 20 de diciembre de 1974, delante de mi puerta. El juicio por corrupción de menores (el incidente en la playa que se supone que lo inició todo) ha sido fijado para el próximo miércoles. Si lo detuvieron lo tendrán que llevar, aunque nunca se sabe con esta gente. Y allí lo veré si no nos detienen antes. Si no lo han atrapado, existe verdaderamente esa posibilidad, quizás lo digan al suspender la vista. Lo catalogarán como un prófugo de la justicia o sabe Dios qué. En otros lugares del mundo en estos días hay fiestas. Supongo que la fantasía tiene aún un lugar reconocido entre los hombres. Entre nosotros el festejo es muy realista, claro. Todos esperaremos arrobados y agradecidos el advenimiento de otro aniversario de la llegada del Fifo y sus verdes, y ahora rojizos, apóstoles. Todas las estaciones de radio y televisión y otros medios de propaganda desbordan euforia y alegría. Veo a las gentes salir de los trabajos, luchar a brazo partido por un puesto en las guaguas repletas y correr a refugiarse en las casas. A disfrutar de los breves instantes que les quedan fuera de las espantosas fábricas.

Ahora, en el momento en que redacto estas notas estoy en una de ellas. Aprovecho un receso para escribir a toda prisa en un cuaderno que me he traído. Bueno, hay que hacerlo a pesar del cansancio.

Prólogo Tres

La boda. Los policías acudieron al Palacio de los matrimonios, pero no les hicimos ningún caso. ¿Pensarían que Reinaldo iba a venir a la boda? Me aburrí un poco, aunque no lo pasamos tan mal. Estaban los muchachos del barrio, Bernardo, Raulito, Marcos, el Yeyo... y estaban los bocaditos, el cake, los refrescos, la cerveza y el ron. Algunos de los policías fueron tan descarados que quisieron tomarse un trago a nuestra costa. No se lo permitimos. Mi padre, encargado de la barra, los identificaba al instante y, muy serio, les preguntaba quién los había invitado. Luego añadía que sus caras resultaban verdaderamente desconocidas. Que era la primera vez que los veía. Que la cuota era estricta y apenas alcanzaba. Que si eran nuevos en el barrio... Y por ahí. Pedí a mi madre que no olvidara guardar cake y bocaditos para llevárselos a Reinaldo al Parque. Juré fidelidad eterna y todo lo demás y brindé y bailé. Luego me fui al hotel que el gobierno nos permite usar, tres días, a los recién casados, para la luna de miel. Nos tocó una habitación en el piso diecisiete y nos pusimos a hacer el amor en el balcón, frente a la ciudad aferrada al mar. Todavía eres hermosa, Habana, dije, contemplándola desde aquella altura. Y pensé en Rey en su alcantarilla.

Prólogo Cuatro

Todavía es de noche cuando me levanto a trabajar. El cielo, como siempre distinto, distante. Si faltas tres veces durante un mes te hacen un juicio y te encarcelan, condenándote a trabajo forzado. Eso se llama Ley Contra la Vagancia. Si no te cogen por esa, pueden hacerlo por la Ley de Peligrosidad, que te condena no porque hayas cometido un delito, sino por la presunción de que puedas cometerlo. Pienso en los muchachos fuera de esta isla jaula y los imagino despreocupados caminando bajo el sol. Me gustaría decirles que se cuiden, que no permitan que nadie, en nombre de no sé cuántos futuros y no sé cuántas libertades e igualdades, les prive de poder hacer con sus vidas lo que a cada uno de ellos se le antoje. El único valor real es la vida. Nadie, en nombre de nada, tiene derecho a sacrificárnosla. Y fíjense bien que siempre sacrifican la vida de los demás, no las suyas propias, que por otra parte disfrutan todo lo que pueden. No pierdan nunca de vista que todo hombre es un monstruo en cuanto puede. Añadido el poder ya no hay salvación posible. En estos 22 años de miserable existencia lo único que he conocido es la persecución, la esclavitud y la estupidez ascendida a canon ideológico. Veo a los muchachos de aquí conducidos como ganado a la última locura que han dispuesto por decreto. Convertirnos en el primer productor de café del mundo; capaces de abastecer de carne a media humanidad; disecar la Ciénaga de Zapata. Eternas zafras, y producir más arroz que China. Conducidos todos como alegres esclavos a esos mataderos de tiempo. ¿Quién paga esa vida no vivida? Crecí entre gente humilde, en un barrio pobre. Tuve una infancia espléndida, larga. Luego me puse a leer a la sombra de mi hermano. Toneladas de libros: Salgari, Verne, Blyton, Karl May, y más tarde Balzac. Después me puse a escribir, también a la sombra de mi hermano. Entonces conocí a Reinaldo Arenas, artista, homosexual, hombre poseído por un destino creador, un guajiro de Holguín, en la provincia de Oriente, con un talento enorme brotado de las piedras y de la tierra. Fuimos amigos, lo somos. Me ayudó de la única forma en que se puede, guiándome a través de mis lecturas. Nunca frecuenté los ambientes literarios. Un escritor lo es en el momento en que escribe, eso decíamos. Valía para toda la tropa. Creo en el arte porque me ha permitido experimentar breves momentos de algo que debe de ser la felicidad, la plenitud, unos segundos de permanencia, de indefinible sensación de pertenecer, de ser parte de un cuerpo intemporal y trascendente. Por la búsqueda de esos instantes vale la pena sacrificarlo todo. De vez en cuando nos íbamos de pesquería a Peñas Altas. En ese sitio de la costa, cerca de Santa Cruz del Norte, los farallones caen sobre el mar. Es agua profunda. Bajábamos colgándonos de los salientes y nos lanzábamos desde allí. El mar nos acogía, nos amparaba, nos limpiaba. En una ocasión vimos un tiburón a pocos metros. Nunca he visto algo tan esbelto. Tan perfecto, tan rítmico, tan poderoso. Pura poesía. No hicimos el menor movimiento. ¡Era tan hermoso el peligro! Días felices en que no teníamos idea de lo que se avecinaba. Ahora que los recuerdo me alegro de haber vivido (de seguir viviendo así) desesperadamente. Devorando la vida como si sus últimos jirones fuesen esos que nos apresurábamos a tragar.

GERARDO FERNÁNDEZ FE

EDWARDS, PADILLA, LOS MICRÓFONOS Y LOS CAMARONES PRINCIPESCOS·

Si La Habana que redescubrió Guillermo Cabrera Infante cuando regresó en 1965 a despedirse de su madre muerta era un escenario de sujetos cansados, aparentemente «agobiados por un pesar profundo», una ciudad donde crecía para siempre la bolsa negra y donde abundaba la mirada perspicaz hacia y entre los escritores, la esencia y el decorado atisbados por Jorge Edwards apenas aterrizó en el aeropuerto de Rancho Boyeros el 7 de diciembre de 1970 resultaban igualmente opacos. El fracaso de la publicitada Zafra de los Diez Millones de ese mismo año podía incluso respirarse, a modo de energía, entre los figurines que pululaban por el bar y la planta baja del Hotel Riviera, a donde el diplomático chileno fue conducido.

De esta manera, los jardines modificados que Cabrera Infante descubre en no pocas casas de El Vedado («plátanos en lugar de rosas», apunta), pues la gente siembra en dos metros cuadrados para intentar comer mejor, son los mismos ante los cuales pasará el escritor santiaguino con aquellos amigos intelectuales que conociera dos años atrás. La ciudad —relata Edwards— «se presentaba ahora sin afeites, regenerada, desafiante en su pobreza».

En muy pocas historias nacionales un año se diferencia de otro, en muy pocas postales una ciudad difiere de lo que fue incluso cinco años atrás, salvo en Beirut, Gaza o Sarajevo... Es esto lo que ocurre con el relato, los

---

· Este texto apareció publicado por primera vez en *Cuadernos Hispanoamericanos*, No.787, Madrid, enero 2016.

personajes y la topografía misma de *Mapa dibujado por un espía*, el legajo que Guillermo esbozó, ya en Londres, en su Smith Corona, y que permaneció en un sobre cerrado por más de cuarenta años; así como en *Persona non grata*, el libro que Jorge Edwards empezó a secretar durante sus días habaneros y que marcó indefectiblemente, como las uñas de una amante resentida, su recorrido de escritor.

Era el mismo trópico, pero también el mismo frío que cala los huesos. El mismo ojo que lo observa todo. De ahí que, tanto el del chileno como el del cubano, sean dos libros policiales —más que policiacos. Es la misma Habana, que *se «monotoniza»* y se depaupera, el mismo país que asume a golpes de exclusiones, dictámenes, movilizaciones y escuchas telefónicas el tempo gris que impone toda máquina policial.

A la par, serán los mismos personajes, secundarios o simples siluetas, los que determinarán las andanzas de este Encargado de Negocios, muy poco encopetado, recién enviado por el gobierno de Salvador Allende para que encaminara el restablecimiento de las relaciones diplomáticas entre ambos países.

Las autoridades cubanas habrían preferido «un tigre de salón y de coctel», apunta Edwards, a la vieja usanza de la diplomacia británica, o un camarada ideológicamente más afín y sólido en sus convicciones de izquierda —como ocurrió tras su salida de La Habana el 22 de marzo de 1971— no un escritor incómodo que gustaba de la charla con quienes a esa altura eran percibidos como chupatintas con marcadas tendencias pequeñoburguesas, gente apática o poco dócil, a fin de cuentas, «conspiradores de café con leche», como había retratado Cabrera Infante al hombre que él mismo era antes de 1959.

Para muchos, se había ido diluyendo la idea de la revolución como una ilusión trascendental; todo lo que quedaba entonces era acto obstinado y bárbaro, una ciudad que se ajaba y un entorno de exigencias a la fidelidad, de cara a la felicidad para todos. Solo eso: poco valía, por ejemplo, el buen verso; ser fiel era mucho más importante y necesario; ser fiel y apostar con su propia vida en una especie de inversión fáustica a la esperanza, a la que la Revolución cubana apelaba.

Sin embargo, aquellos compañeros de *whisky*, supuestos infieles con los que Edwards departía en el bar del Hotel Riviera, terminaron engullidos por un mecanismo truculento que los expulsó, a unos como exiliados, a otros como escritores reciclados en gendarmes de la palabra o en simples fantasmas —afásicos, *insiliados*— que han bregado a la sombra de alguna institución puntual de la cultura y de la Institución mayor. Pensemos también que otros se mantuvieron firmes por convicción, por fe religiosa (recordemos que Stalin había sido seminarista ortodoxo y Fidel Castro alumno del jesuita Colegio de Belén), ese raro fenómeno de la mente humana que hace que creamos en algo cuya única garantía en la práctica es que nunca nos conducirá a la felicidad.

Al decir del propio Edwards, sin darse cuenta «había puesto el dedo en el ventilador». La resultante había sido obviamente la sangre; solo que la sangre en un estado policial no siempre se concretiza en un tiro en la nuca: también existe, según el caso, el interrogatorio, la exclusión, el silencio institucional, la simple y *bulgakiana* muerte civil, o el escarnio ante los millones de seguidores de la simbología cubana en medio mundo.

«Como usted comprenderá —cuenta Edwards que le confesó Fidel Castro aquella noche de marzo de 1971, antes de su vuelo definitivo, en el salón del Ministro de Relaciones Exteriores— habría sido una estupidez nuestra no vigilarlo».

Esta anécdota nos conecta con una sensación que recorre el espinazo de *Persona non grata*: la de la necesidad, la urgencia que tiene este tipo de sistemas de vigilar, por la vía que fuere, al ajeno y al devoto, al curioso y al oficiante.

En el mismo año de 1968 en que Jorge Edwards había visitado La Habana en condición de jurado del Premio Casa de Las Américas —aunque después de la entrada de los tanques soviéticos en Praga y del apoyo de Fidel Castro a aquella invasión—, el cineasta cubano Fausto Canel quedó convencido con un escalofrío de que sus pasos en la ciudad y sus ideas políticas habían sido pesquisadas por la Seguridad del Estado. El propio Alfredo Guevara, presidente del Instituto Cubano del Arte e Industria Cinematográficos, le había mostrado los hierros de la tortura en forma de un expediente: copias de cartas de y a su novia francesa, «con frases o párrafos subrayados en tinta roja», según narra Canel en su novela *Ni tiempo para pedir auxilio.*

—¡Ya ves! —dijo Alfredo—. Hay también cintas grabadas con tus conversaciones.

A Canel le quedaría todavía un mes de espera y zozobra, antes de recibir el permiso de salida del país y volar definitivamente de la isla.

Pero alarmarse por lo anterior a estas alturas del juego sería un acto de ilusos. En algún momento contó Gabriel García Márquez una escena que compartió con Carlos Fuentes, en Praga, a finales de 1968, cuando Milan Kundera los condujo a una sauna pública para poder contarles los pormenores de los primeros meses de la ocupación de los ejércitos amigos en aquella Checoslovaquia que se había descarriado. Solo allí, a 120 grados centígrados, sentados en una banca de pino fragante, se encontraban en «el único sitio sin micrófonos ocultos en toda la ciudad». No nos quepa duda de que treinta años más tarde, al propio autor de *Crónica de una muerte anunciada* le dieron su seguimiento —discretico, pero pertinaz— en su casa habanera del reparto Siboney. Tal vez algún día se sepa, tal vez no, pues las revoluciones no confían ni en sus muertos.

De manera que la reacción final de Jorge Edwards cuando tocó suelo español y se apareció de madrugada en el apartamento barcelonés de Mario Vargas Llosa queda sobradamente justificada. «¡No habrá micrófonos aquí!» —exclamó el chileno mientras escudriñaba en los rincones.

Desde su «estado de inocencia pre policial», concluye Edwards, su amigo soltó una carcajada en medio de la noche fría de finales de marzo. «Quizás era yo el deformado por la experiencia, mientras él mantenía el equilibrio».

Precisamente una de las funciones del micrófono, de quien lo escucha del otro lado del hilo, de quien ordena que se active el botón de encendido y de quien toma medidas al respecto, es romper ese equilibrio que necesitamos para seguir viviendo.

«Después de salir de Cuba —leemos al inicio de *Persona non grata*— me he pasado semanas atando cabos. Mucho de lo que parecía accidental ha encontrado un sentido a menudo siniestro». En efecto, desde el lejano 1961 todo había sido concebido para atentar contra la soñada República de las Letras cubana: la censura al corto *PM*, el fin de *Lunes de Revolución*, las reuniones en la Biblioteca Nacional… Cuando por segunda vez Edwards llega a La Habana, a finales de 1970, y es conducido esa misma tarde a presenciar un discurso de Fidel Castro, la República de los aedos, esta dama antiquísima, hace rato que es un caparazón perversamente penetrado, asaeteado, por un sinfín de micrófonos. La Nación está en vías de ser reevangelizada. Y Edwards estorba: es la mosca en la leche.

De ahí esta idea de que forma parte de los conjurados, de quienes —tanto desde el extranjero, como en el interior del país— ven las cosas de otra manera, y a la vez son escrutados por una especie de ojo de brujo omnipresente. Treinta años después, en un lúcido balance sobre los tejemanejes de la izquierda mundial a finales de los sesenta e inicios de los setenta, titulado «*Persona non grata*: Prólogo para generaciones nuevas» (*Letras Libres*, febrero de 2001), el chileno se refería a quienes estaban claros de «la atmósfera represiva de las sociedades comunistas» como «una minoría ínfima, sospechosa por definición, que tenía necesidad de esconderse y de funcionar como masonería, como sociedad de iniciados».

Encima de estos confabulados contra la grandiosidad de la Revolución Cubana se había erigido, pues, el empeño de una entidad de inteligencia que combinaba tanto la reeducación del espacio intelectual natural (Heberto Padilla regañado por Haydée Santamaría en su propio despacho de la Casa de las Américas, Fausto Canel tutelado, supervisado por Alfredo Guevara, mediante interminables sesiones nocturnas de persuasión en su oficina del ICAIC, entre otros...), como la acumulación de datos, nimios y trascendentales, sonoros, visuales y escritos, con el único fin de emplearlos en caso de necesidad y/o Razón de Estado para manipular el recorrido personal de una persona, y con él también la Historia. Suerte de inducción genética, casi siempre en secreto, del corpus de una Nación.

Jorge Edwards se anticipó, vio como nadie antes esta situación, y sobre todo la llevó a la página en blanco, a modo de apuntes diarios que de manera infantil escondía en algún sitio supuestamente seguro de su habitación, en un estante para la ropa, detrás de una maleta vacía, que meses más tarde convirtió en libro, en testimonio de la abyección y, a la vez, en vector de un mal mayor, de una enfermedad: la paranoia. Por su afán de no callar y de pretender hacer letras con su propia miseria, el escritor era consciente desde entonces de que resultaba «materia disponible para la destrucción o el suicidio».

Esto explica que a lo largo de todo su libro esperemos entrar de golpe al ambiente de la lámpara baja que se bambolea en el centro de una habitación pequeña e impersonal, donde hay una mesa y dos sillas frente a frente, una para quien lanza preguntas pugnaces o incluso amables («no creerías cuán difícil es evitar responder preguntas amables», aclara el checo Ludvik Vaculik en «Una taza de café con mi interrogador»), y otra silla para quien mueve insistentemente su nuez de Adán e intenta disimular que su garganta no ha dejado de convertirse en un entramado de piedras secas que chirrían... Hay nervios, pues, en este libro, aunque sepamos que al escritor chileno lo protege una supuesta inmunidad diplomática, aunque estemos conscientes de que han transcurrido más de cuarenta años de aquellas peripecias, aunque esté más que claro que Edwards regresó a París y que, gracias a la reacción de Pablo Neruda y al poco hierro que le puso al fin a su caso el canciller chileno, Clodomiro Almeyda, nunca fue amonestado ni reubicado por el gobierno de Allende en un consulado del desierto de Gobi, como cree Edwards que deseaba el alto mando cubano.

Quien sí conoció la celda aislada y el interrogatorio espeluznante fue el poeta Heberto Padilla, la otra pieza clave en este parteaguas entre la izquierda democrática y la izquierda totalitaria que tiene entre sus antecedentes más sólidos el apoyo de Fidel Castro a la entrada de los tanques soviéticos en Praga, en agosto de 1968. *La mala memoria* es otro de esos libros atestados de micrófonos y de suspicacias que los estados policiales terminan generando.

Ya en Moscú, en el otoño de 1962, según relata, el poeta estaba consciente del «singular embrujo» de los países totalitarios, allí donde «hasta el sitio y la mujer con quien fornicas tienen una posteridad asegurada en los archivos policiales». Luego, tras su regreso de Praga, en 1967, Padilla encontraba en La Habana una ciudad «dominada por la reserva y por el miedo». Esa «moral de la sospecha» a la que se refiere —que Edwards calificará como «desconfianza generalizada»— sería comprobada incluso de labios de un probado comunista como Juan Marinello, cuando ese mismo año Padilla lo encuentra a la salida del Hospital Nacional. El hombre tenía 69 años y evidentes signos de nerviosismo. Aquel día le haría saber que sus viejos compañeros del Partido Comunista estaban siendo vigilados. Muchos eran críticos de los movimientos políticos y económicos trazados por Fidel Castro desde la punta de la pirámide, pero igualmente todos admitían que «Castro estaba al tanto de cada movimiento del viejo partido».

Idéntico peso tuvo el consejo que Padilla recibió de parte de Vitali Voroski, corresponsal del diario *Pravda* en La Habana, veterano de la Segunda Guerra Mundial, miembro del partido comunista soviético, pero sobre todo alguien que solía visitar a Raúl Castro con frecuencia. «Ten mucho cuidado de lo que hablas, ten mucho cuidado», le advirtió en plena Avenida del Puerto quien años después el escritor sospechaba que había sido un «importante agente de los servicios de inteligencia soviéticos». Por mucho que el cielo habanero fuera, como casi siempre, altísimo y despejado, libre de nubes, el lastre de la paranoia podía percibirse encima de todas las cabezas.

En fin, que la detención finalmente se produjo y Padilla permaneció sus treinta y siete días entre Villa Marista y el Hospital Militar; fecha tras la cual los micrófonos se mantuvieron encendidos. Al día siguiente de su excarcelación, el poeta corría hasta la casa de un José Lezama Lima aterrado, pero altamente claro sobre el don de la ubicuidad de la policía política en nuestros predios: «Ellos no tienen que pedir permiso para meterse en nuestras casas —replicó—. Están siempre dentro. Tú lo sabes».

Los ejemplos no faltan, porque estos son libros definitivamente policiales: desde la advertencia que les hiciera a él y a su esposa el ex Comandante y ex Ministro Alberto Mora, amigo íntimo suyo y de Cabrera Infante, pocos días después de su liberación, «Supongo que ustedes no hablarán nada en este apartamento»; hasta el denuedo con que Alejo Carpentier le hablara, cervezas mediante, en un bar del hotel Habana Libre, consciente de que el contenido de su diálogo sería conocido sin demoras por la policía de las almas. Para Padilla, había sido definitorio que, para esa fecha, ya Carpentier, otro viejo militante con capacidad para flotar en varias aguas, fuera un hombre gravemente enfermo, «que en el mundo comunista es el único salvoconducto de valor».

«Habla bajo. ¡La policía se mete en todo!» —le aconsejó el poeta Enrique Lihn a Edwards durante su primera visita a La Habana, en 1968, según relató este último en una entrevista de 2006 con el diario español *El País*.

De manera que el micrófono —incluso el que deviene mental— ha quedado para nuestra historia nacional como ese punto diminuto que favorece la relación de poder que va del tirano hasta el poeta, penetrándolo, para luego domarlo o expulsarlo. La capacidad que este artilugio ha tenido para controlar y disciplinar a fieles, a díscolos y a visitantes reacios al adocenamiento merece páginas más austeras y puntillosas. Como se ha visto, Padilla sabía de la eficacia y la omnipresencia de los micrófonos, pero una especie de *hybris* lo condujo a desoír los consejos que le llegaban de todas las partes del bosque. Y una bestia atroz no dejaba de observarlo.

«Echo de menos tu corrosivo labio, tu constante irritar, tu voz insoportable, tus insultos». Que estas palabras provengan de la sensibilidad de Calvert Casey, en carta enviada de La Habana a Moscú en febrero de 1963, resulta un marcador de peso si pretendemos configurar un retrato del poeta que más encuentros tuvo con Jorge Edwards durante aquellos tres meses y medio; el mismo que se retrató a sí mismo como «el terco polichinela» del que el chileno no podía despegarse.

El Heberto Padilla que es retratado por Edwards en *Persona non grata* es casi siempre el mismo que otros testigos de aquellos años han evocado. «No hables nada. No confíes en nadie —cuenta el chileno que le aconsejó Padilla—. Ni siquiera en mí. Pueden sacarme la información en cualquier momento». A lo que el diplomático agrega: «Por lo visto, Padilla conocía la situación y se conocía, además, a sí mismo. Él no resistió mucho tiempo la embestida policial».

Cuarenta años más tarde, Edwards evocaría el consejo que le había dado el viejo Neruda: «Mira, está muy bien estar en un hotel de Moscú, tomar copas. ¡Pero no hables, es muy peligroso!».

De cualquier manera, poco había que agregar, como confesión, a la hora de los interrogatorios. Los micrófonos, las cámaras y los informantes habían hecho ya su abnegada labor. Solo quedaba conducir al poeta bocón al simulacro de ergástula y abrir las ventanas para que el gremio escuchara.

El propio Padilla no tuvo reparos al transcribir lo que el subteniente Álvarez le dijo cuando le anunció su inminente liberación: «...se ha llegado a la conclusión de que tú eres un comemierda con ínfulas de grandeza. Toda tu prepotencia verbal es flojera. Te gusta la guerra, pero le tienes miedo a las balas».

Con otras palabras, Edwards tiende a coincidir esta vez: «Padilla era muy temperamental, tendía a ser escandaloso —apuntó en el citado diálogo con *El País*—. Era una persona deslenguada, imprudente, muy divertido, y era un ser absolutamente solitario e inofensivo».

Pero sucede que la Razón de Estado nunca tuvo ojos, ni siquiera antes de dejarlo partir al exilio, para calibrar cuán inofensivo era en realidad este escritor. Muestra de ello son las palabras de Castro cuando lo citó al Palacio de la Revolución a inicios de 1980. «No pienses que te está esperando la felicidad en el extranjero —advirtió entre conciliador y amenazante—; con ese exilio tú nada tienes que ver. Acuérdate lo que le pasó a Nikolái Berdiáev cuando salió de la URSS. (...) Lenin entendió más a su adversario Berdiáev que los exiliados rusos que lo esperaban cuando el Gobierno soviético le pidió que se fuera a París. Era un temperamental que no entendió la Historia... como tú».

Un rato después, Castro evocaba la figura de Jorge Edwards, intentaba poner a pelear a los dos amigos escritores: «Ahí tienes a Edwards —prosiguió—. Elogiaba tu personalidad difícil y hasta caprichosa y te consideraba un revolucionario. Después escribió un libro que le dio toda la razón a la Seguridad del Estado, que, en definitiva, fue más generosa contigo y con los demás que él».

Ahí estaba la evidencia: ¡el libro había sido leído! Por algún conducto, el comandante se había hecho comprar aquella primera edición de Seix Barral. Podemos imaginar la posición del librito en la mesa de luz, los garabatos con que fueron decoradas algunas de sus entradas, las malas pulgas con las que se levantara de la cama tras haber leído algunas de sus páginas. Sin embargo, salta a la vista la lectura que el líder le daba al tratamiento falsamente generoso que la Seguridad del Estado le había dedicado al poeta para atajar su *hybris*. Sobre esa misma cuerda de *descafeinamiento* de la represión, muchos años después el Ministro de Cultura, Abel Prieto, argumentaba para el diario español *La Razón* que, en otro país que no fuera la Cuba revolucionaria, los disidentes habrían aparecido «asesinados en una cuneta».

Lo cierto es que la actitud de Heberto Padilla lo llevó a convertirse en pasto ideal para micrófonos y allanamientos. Cuenta Edwards que cuando subía a su *suite* en uno de los pisos altos del Hotel Riviera, donde «las cabezas de los micrófonos podían estar orientadas hacia nosotros desde los cortinajes y los candelabros, concebidos como un decorado de Hollywood», Padilla podía llegar a levantar la voz, a dirigirse a los supuestos micrófonos y a increpar a quienes se encontraran del otro lado del hilo: «¿Escuchaste, Piñeiro? Y toma nota de que aquí estaba X., que guardó silencio pero no discrepó de lo que decíamos. ¿Me entiendes?». «La indiscreción y la egolatría de Padilla —concluye el chileno— se habían tornado francamente peligrosas».

Por su parte, Norberto Fuentes, otro testigo de la época, ha considerado a Padilla como «un hombre equivocado», según una entrevista concedida en marzo de 2013 al diario chileno *La Tercera*. De acuerdo con este escritor, de triste paso por las letras cubanas y bajo las sombras del más alto poder, «desde el 67 [Padilla] quiere crear polémicas. Quiere convertirse en una fuerza de poder en la cultura cubana». Al decir de Fuentes, Fidel no pretendía mantener mucho tiempo a Padilla en la cárcel, bastaba con poner las cartas sobre la mesa y definir quién era quién en el juego. «La represión en Cuba es utilitaria, no tiene sed de sangre —puntualiza—. Además, sabía quién era Padilla: en los expedientes secretos se llamaba el Caso Iluso. Eso era Padilla, un iluso».

Otro testigo, Hans Magnus Enzensberger, uno de los más notables *fellow travelers* que pasaron por La Habana y por los campos de caña donde se construía el comunismo, ha retratado a Heberto Padilla en su libro *Tumulto* como «nuestro huésped preferido», un hombre de «carácter sorprendentemente alegre y desenvuelto que oscilaba con gran facilidad entre la seriedad y el cinismo…».

Como mismo el alemán había criticado la «faceta exhibicionista» del poeta ruso Evgueni Evtushenko, ahora veía en su par cubano a un ser que «pasaba risueñamente de las preocupaciones de sus colegas de oficio, como si a él no pudiera sucederle nada grave»; algo que Edwards no deja de señalar en su testimonio.

A esa alegría eufórica se refirió también el español José de la Colina en una crónica que publicara en la revista *Letras Libres* dos meses después de la muerte de Padilla; de ahí esa imagen de desbordamiento que nos va quedando. De la Colina piensa que el cubano, «en lugar de emboscarse, cada vez actuaba con más desfachatez, diciendo lo que pensaba en cualquier parte, en cualquier momento y hasta con un humorístico exhibicionismo oral».

La suerte estaba, pues, echada. Fidel Castro jugaría a su antojo con el cuerpo, las neuronas y la simbología del poeta caído en desgracia, «muñeco parlante», al decir del escritor español.

Todo lo anterior tal vez sirva para imaginar a aquel Heberto Padilla exuberante que Edwards describe «sobreexcitado, enloquecido» durante las dos semanas que los mecanismos de la cultura —y obviamente la Seguridad del Estado— le obsequiaron en el Hotel Riviera con motivo de su casamiento con la escritora Belkis Cuza Malé. Era el último paso: para facilitar las cosas, esa «mano oculta» a la que se refiriera el chileno los había colocado a solo un piso de distancia, y con todo el tiempo del mundo (y los micrófonos) para redondear su expediente.

«Su condena fue cuidadosamente preparada con efecto retardado», sentenció Edwards en su artículo «Disidente despistado», publicado en *El País*, en diciembre de 2014. Aquel «ser desesperado y autodestructivo», como se califica Padilla en *La mala memoria*, quedaba listo para ser hervido en el caldero de la Historia. Fidel Castro, y luego la izquierda de todos los recodos, trabajaron una imagen de Padilla enfermo, contaminado, la misma que vislumbró su amigo Evtushenko hacia 1962: «Creo que te has ido enfermando lentamente, y me preocupa…», le confesó el soviético en un murmullo. En efecto, su estancia en Moscú había sido definitoria.

Padilla sucumbió a una agenda premeditada por el alto mando cubano y sus servicios de inteligencia: expulsar a un diplomático mirón e incómodo, enviar señales de humo al allendismo, a quien Fidel Castro intentaba adocenar, y de paso, tras «sacar del aire» a uno de los intelectuales cubanos de mayor calado en el país, definir el *who's who*, y a cada cual leerle las tablas de la nueva ley. Cualquier atisbo de ligereza que haya podido ser malentendido, adentro y afuera, sería definitivamente apagado, muy pocos días después, con el Primer Congreso de Educación y Cultura. Empezaba lo peor.

Lo interesante, tras la lectura de los libros de Edwards y de Padilla, será entonces constatar a través de sus propios protagonistas el modo en que se había producido en aquellos años iniciales una relación de fricción y dependencia, celo y deseo, entre la intelectualidad y el punto medular del poder. Cuando en 1984 quedaba para la Historia la famosa secuencia de fotos de Fidel Castro junto a Silvio Rodríguez, Pablo Milanés y Vicente Feliú en uno de los salones de la Casa de las Américas, y cuando en pleno y eufemístico Período Especial se supo que el caudillo celebró su cumpleaños en la casa del poeta Pablo Armando Fernández —ya para siempre redimido por la Revolución— no se estaban produciendo sino aislados fogonazos de una práctica que durante los doce años siguientes a 1959 era habitual y que algunos analistas han interpretado erróneamente como un idilio: la del cuidado suspicaz y meticuloso que el líder tenía hacia la cultura, específicamente hacia la literatura; y que con los años fue transferido a otros gestores/censores de segundo nivel.

«¡Otro escritor!» —cuenta Edwards que exclamó Fidel Castro cuando indagó sobre el oficio de Cristián Hunneus, uno de los presentes en el encuentro que se produjo en la sala privada del capitán del buque *Esmeralda*, de la armada chilena, en pleno puerto de La Habana, en febrero de 1971. Ya para esa fecha el comandante estaba advertido por los servicios secretos de las actividades «*extracurriculares*» de Edwards —el diplomático lo había notado en su saludo de «extremada frialdad»— por lo que este gesto denota su incomodo ante una *intelligentsia* —nacional o extranjera, eso da igual— poco dócil, que unas veces se le atraganta, otras se le escurre.

El mejor ejemplo de ese escurrimiento del escritor por las entretelas del poder lo muestra la escena de *La mala memoria* en la que un reducido grupo de amigos se reúne en la casa de Lezama Lima, en presencia de un oficial de la Seguridad del Estado, para ultimar los detalles de la representación que el propio poeta recién excarcelado debía llevar a cabo ante sus colegas en la antigua cochera de la mansión del banquero Juan Gelats, sede entonces y ahora de la Unión de Escritores y Artistas de Cuba.

«El oficial se movía incómodo en el asiento —cuenta Padilla—. Era obvio que estaba perdiendo la paciencia. Lezama había asegurado que aceptaba, como el resto de nosotros, el espectáculo de la autocrítica, pero le hurtaba el cuerpo a las preguntas del oficial, se envolvía en metáforas, en alusiones que iban desde los ángeles negros de William Blake hasta la casa filosófica (era la expresión que usaba) de George Simmer; siempre encontraba el modo de convertir la entrevista en una forma de anularla».

Por supuesto que aquel otro hombrecito entrenado para ver enemigos por doquier y para hacerles frente con cualquiera de las armas posibles no contaba con el denuedo verborreico de un poeta, ni con la trama embrollada de un fabulador. Lezama Lima representaba el modelo de escritor que más incómodo se volvía ante el micrófono, el interrogador, el censor. De tan *gordo* y anacrónico, de tan espeso, de tan tupido, resultaba el más difícil de domeñar.

«Yo a usted no lo entiendo» —exclamó el oficial aquella mañana. «Ni yo a usted» —replicó Lezama—. «No creo que tenga más de treinta años y ya disfruta del poder suficiente para ponernos en la picota. Usted es el poder del estado, oficial»; tras lo cual, el indignado soldado abrió la cremallera de su cartera, extrajo una grabadora, accionó el botón de encendido y dejó escuchar una de las grabaciones que se le habían realizado al autor de *Enemigo rumor*. «Es doloroso que todos los gobiernos de este país hayan encontrado en los escritores sus enemigos», concluyó el poeta.

—¿Qué le parece? —ironizó el represor, tras haber apagado la máquina.

—Un día las conversaciones de sobremesa, y hasta los espasmos de los amantes, se convertirán en figura de delito político —concluyó el otro—. (…) Usted me tiene en sus manos.

Este mismo tono de desprecio y recelo por parte de la jerarquía revolucionaria hacia la institución letrada, que se hiciera visible en las tempranas reuniones en la Biblioteca Nacional, en junio de 1961, lo experimentó Edwards en su encuentro final con Fidel Castro, y lo comprobó Heberto Padilla ante el mismo personaje, cuando el poeta fue trasladado al Hospital Militar, «con una cicatriz sangrante aún en la frente», un poco antes de su liberación.

«Salgan todos y esperen en el pasillo», cuenta que gritó el comandante. Sostenía en sus manos el espeso *file* de su caso. Más que diálogo, la escena incluyó todo un monólogo y el cruce de dos miradas huidizas. Lamentablemente Padilla no se extiende aquí lo suficiente, no abunda —ignoramos por qué—, aporta muy poco a nuestro propio relato de la Revolución —y ya sabemos, desde tiempos de Danton y Robespierre, lo significativamente tristes que son los silencios para entender este tipo de fenómenos.

Al decir del poeta, el gobernante se limitó a explayarse, a «cagarse en toda la literatura del mundo», y obviamente en los escritores, ¡en todos!, «que en este país no han hecho nunca nada por el pueblo, ni en el siglo pasado, ni en este; que están siempre trepados al carro de la Historia…».

Fidel Castro hacía uso aquí de uno de sus términos predilectos a la hora de denigrar a quienes se separaban del curso caprichoso de sus designios: el del carro de la Historia. Concebido por Carlos Marx, retomado por Iósif Stalin en *El marxismo y la cuestión nacional*, de 1913, el cubano lo utilizaría del 2 de enero de 1962, en la Plaza de la Revolución, en su discurso por los tres años de la toma del poder. Entonces decía: «Como uno de esos tanques que avanzaba por ahí, ¡como uno de esos tanques es la Historia!, y sobre el carro de la Historia marcha la Revolución Cubana, y bajo el carro de la Historia quedará aplastado el imperialismo, el colonialismo, y la reacción en todo el mundo».

A estos últimos, como era de esperar, se sumaban también los intelectuales críticos del proceso. «En nuestros países —le espetó el mismo Castro a Jorge Edwards, durante la ceremonia de despedida del buque chileno *Esmeralda*— siempre había un poeta que no había tenido nada que ver con la Revolución y que más tarde se subía al carro desde afuera, y componía el himno nacional».

Unos días después, aquella medianoche del invierno nacional, mientras Heberto Padilla pasaba sus primeras horas detenido en la sede nacional de la Seguridad del Estado y Edwards era citado para la oficina del canciller Raúl Roa, el propio comandante lanzaba al aire una pregunta retórica y reveladora: «¿Y usted cree que hay verdaderos poetas en Cuba?». El despotismo revolucionario llegaba, pues, a su pináculo.

«La razón de Estado y la poesía se contradicen», le había adelantado el chileno. «El socialismo tendrá que aprender a convivir con los escritores», remataba, consciente hasta la médula del sembrado de micrófonos que habían dado testimonio de sus pasos en medio de aquel «socialismo policial» sobre el que la izquierda mundial, «encerrada todavía en el zapato chino del maniqueísmo», no había querido reflexionar.

Cuando nueve años después, en marzo de 1980, Padilla es llamado al Palacio de la Revolución, Fidel Castro, al tiempo que se refiere a la autorización de salida del país, se lamenta de que el poeta no haya visitado los planes agropecuarios, las fábricas, ¡toda la obra de la Revolución!, una manera que el caudillo consideraba eficaz para tocar la fibra humana de los díscolos dentro de la tropa, para conminar una vez más a los poetas a que se subieran en el inexorable carro de la Historia; exactamente el mismo ardid que no pocas religiones habían empleado para coaccionar a fieles y castigar a impíos: esta vez el Paraíso tomaba la forma de un vehículo en movimiento... Más allá de los eufemismos, se trataba, de manera concreta, del mismo castigo solapado pero ejemplarizante que se le impusiera en 1972 al ex comandante Alberto Mora, tras una carta crítica sobre la detención de Padilla y sobre los manejos del gobierno en materia de represión a la intelectualidad. Al también ex diplomático no le quedaba sino incorporarse a un plan agropecuario, convivir con el cubano de a pie y mantenerse lejos de los centros de poder. Defraudado de todo, en septiembre de ese año, Mora se pegaría un tiro en la sien.

Pero Jorge Edwards, acusado poco tiempo después de «intelectual burgués», sí había escudriñado en la realidad cubana, había visitado los planes productivos, megalómanos y delirantes, definitivamente inoperantes, del Líder Máximo, y, como era de esperar de un diplomático, había advertido a sus pares en Chile de lo delicado de una operación de calcado del sistema cubano para el recién nacido proceso encabezado por Salvador Allende.

De ahí su estado de cuerpo y espíritu cuando llegaba el *Esmeralda* a las costas cubanas y él podía acceder a ese pequeño espacio flotante de independencia. Edwards llega a preguntarse si hasta en el buque chileno ya habían sido colocados los micrófonos; una idea que desecha por extravagante, pero que da cuenta del calado que la sensación de «vigilancia policial continua» estaba teniendo en su fuero más íntimo.

Lo anterior explica el alivio que experimentara entre aquella «marinería ingenua, sonriente» que pretendía confraternizar con la gente común en La Habana, y la actitud del capitán de navío Ernesto Jovet Ojeda, comandante del buque escuela, protagonista de la célebre escena en la que impidió a la escolta de Fidel Castro la entrada a su salón privado en el barco.

De estos cinco días, de acuerdo con el relato de Edwards, debería ser rotulada la escena en la que Castro, Jovet Ojeda y el propio diplomático-escritor se engarzan en un partido de golf en las exquisitas instalaciones de la aristocracia habanera, para luego realizar un recorrido por el faraónico Parque Lenin y terminar en una de esas granjas especiales en las que el Comandante encapsulaba sus pretensiones ególatras. «Vamos a lograr un camembert mejor que el francés» —les anunció el Líder Máximo a sus invitados, en el mismo «proyecto de altos vuelos» al que Hans Magnus Enzensberger fuera igualmente conducido por esos meses.

De acuerdo con el alemán, en su texto «Recuerdos de un tumulto (1967-1970)», unos días después de aquella expedición hacia la utopía, él y su esposa, la soviética María Makárova, recibirían en su habitación del Hotel Nacional un camembert en forma de tarta, «esmeradamente embalado», que tras 24 horas había perdido todas las características de lo que ha sido concebido para la ingestión humana. «La fabricación de esa exquisitez —remata Enzensberger— debió costar lo que cuesta un tractor nuevo».

Aquella jornada de golf y de exhibicionismo revolucionario se cerraba con la imagen de unos «cafetales raquíticos, abandonados», a los que el comandante no hizo referencia alguna, tristes vestigios de uno de sus más recientes proyectos para el desarrollo, el célebre Cordón de La Habana.

Por último, quedará en la retina del escritor chileno la lectura que oficiales y marineros del *Esmeralda* realizaban de la realidad cubana y la sensación de temor que dejaba, incluso en aquellos jovencitos salidos de las clases menos pudientes, de cara a los cambios que se estaban produciendo en Chile.

Fue entonces que, el día de la partida del buque, se apareció nuevamente el comandante —especialmente interesado en la atención a los chilenos— e hizo balance de los manjares, las naranjas, los tamarindos, los enormes quesos y hasta los camarones gigantescos con que había ordenado habilitar las recámaras de la cocina del navío, una manera de agasajar a los visitantes y de recordarles su sana hospitalidad cuando se encontraran nuevamente en altamar.

Pero otra era la imagen que partía con ellos cuando enfilaron por el Puerto de La Habana. Aquella ciudad visitada entregaba a los tripulantes del *Esmeralda* «un espejo poco halagüeño de lo que podía ser el Chile socialista que proponía el compañero Allende». Era la misma Habana de bolsa negra y rostros ajados que descubriera Cabrera Infante cuando vino a por su madre muerta; la misma Habana «dominada por la reserva y por el miedo» a la que Padilla se enfrenta tras su regreso de Praga en 1967; la Habana «decadente», cuyos solares son equiparados por Enzensberger con el Barrio Español de Nápoles y con las *kommunalkas* soviéticas que tan bien conoce.

Jorge Edwards tiene noticia entonces de que los guardiamarinas se habían extrañado de aquellos regalos cortesanos, vistos desde entonces «como expresiones de un poder excesivo», injustificado, en medio de tantas carencias. En aquel momento —y así lo deja signado en su libro— el escritor habría dado un brazo con tal de poder zarpar con los suyos hacia un mar igualmente revuelto, pero lejos de políticos, de diplomáticos, de micrófonos.

Pero no. A Edwards le tocaba regresar a sus funciones, constatar el retorno de la suspicacia en el trato que el Máximo Líder había determinado para él, percibir las cabezas de los micrófonos —incluso los mentales— apuntando hacia sus labios. Su ámbito dejaba de ser el de las degustaciones de camembert criollo, el de los camarones principescos o el de los faisanes del Escambray con que en 1966 se había agasajado al periodista mexicano Mario Menéndez, director de la revista *Sucesos*, al inicio de la primera gran exclusiva que Fidel Castro concediera a un medio de prensa latinoamericano. La Revolución le retiraba su acceso a la exclusividad verde olivo, lo empujaba con una patada del carro de la Historia, multiplicaba sus retratos como el réprobo al que hubo que vigilar por sagrada e imperiosa salud pública. A poco de zarpar el *Esmeralda*, con sus marinos y sus camarones, Edwards recibiría indicaciones del gobierno de Allende para que hiciera las maletas. «Sabía vagamente de la existencia de la máquina —apuntaría luego— pero lo que yo no sospechaba era su extraña sutileza».

¿Y en cuanto al libro mismo? ¿Dónde está, pues, la adenda? ¿En qué archivo polvoriento se encontrará ahora mismo el expediente del «caso Jorge Edwards», ese libelo que complementaría, que redondearía el libro que conocemos como *Persona non grata*? ¿Qué nombre le habrán dado los diligentes escrutadores de vidas al caso del diplomático y escritor chileno? ¿Acaso *Operación Camarón*?

Si algo le falta a este libro es su contraparte secreta, su manual para el uso, el detalle de sus entrelíneas, las fotos que le fueron tomadas a Edwards a la salida del Hotel Habana Riviera, en la entrada deslavada del edificio de clase media de alguno de sus amigos escritores; las medallas, secretas o no, que les fueron concedidas a los mejores informantes; las fotos del que el chileno no podía despegarse, la de Lezama Lima, pastosa, tras relamerse durante la suculenta comilona de un pavo asado, el murmullo de Pablo Armando Fernández de camino a la cinemateca…

Porque aquí todo es posible. Como mismo fantaseó Edwards en el apartamento barcelonés de Vargas Llosa apenas aterrizó en Europa, los micrófonos podrían haber estado en todas partes: en los soquetes de las lámparas de la *suite* que le servía de oficina en un hotel frente al mar, en el taxi que por momentos el diplomático tomó sin pensarlo dos veces donde años más tarde fuera erigida la luminosa Fuente de la Juventud; en el bolsillo coaccionado de cualquiera de los escritores díscolos con los que charlaba con frecuencia, y hasta en ese hoyo trasero de un pavo crudo y desmesurado para los tiempos que corrían, a través del cual era introducido —como apunta con asombro— «un instrumento arcaico, como de lavativas medievales», cargado de jugos y condimentos.

Lo más razonable a estas alturas sería seguir pensando que aquellos camarones principescos con los que se quería adornar la abulia y el estado de control ante los visitantes del *Esmeralda* también llevaban cada uno sus propios microfonillos en su interior, en esa tripa exigua e inofensiva por donde, en algún momento, corrió la savia y el desecho, la sangre y el excremento.

MANUEL BALLAGAS

LA CONFESIÓN*

La confesión era larga, como de tres o cuatro páginas mecanografiadas a un espacio, y él no quería firmarla.

Del otro lado de la mesita, el teniente le tendió el bolígrafo chino.

—Fírmala, Manolito, que te conviene —le dijo.

—¡Pero si todo es una mentira! —protestó él.

Lo acusaban de traición, sabotaje, mantener correspondencia con escritores extranjeros y difamar a las madres de varios dirigentes de la Revolución.

—¿Y tú crees que nosotros traemos a alguien aquí por gusto? —preguntó el teniente, alzando la voz— ¿Que el Alto Mando no se documenta muy, pero muy bien, antes de mandar a los compañeros a buscarte? ¿Tú crees que somos comemierdas?

—No voy a firmar una mentira, no puedo —repuso él.

—Te vas a podrir aquí, por mi madre —dijo el teniente.

Manolito se encogió de hombros y miró hacia otra parte. El aire acondicionado se disparó entonces. De pronto, sintió mucho frío y se erizó de pies a cabeza. También tembló un poco. El mono sin mangas que vestían los detenidos hacía que cualquier cambio de temperatura se sintiera el doble.

—Yo nunca hice ningún sabotaje —dijo al fin—. Tampoco soy traidor. ¿No pueden quitar eso por lo menos?

—No se puede —dijo el teniente con firmeza—. Pero no te van a echar más años por eso.

---

* Este texto forma parte del libro de relatos *Malas lenguas* (2012).

—¿Usted cree?

El teniente le tendió otra vez el bolígrafo. Manolito lo tomó y pasó revista a las páginas, como si no las hubiera leído nunca. Eran un montón de cargos. Había incluso algunos nuevos.

—¡Cuánta exageración! —exclamó, después de leerlos.

El teniente se cruzó de brazos y sonrió, viendo cómo empezaba a firmar al pie de cada hoja.

—La verdad siempre suena exagerada —dijo.

José Fernández Pequeño

DE VEZ EN CUANDO LA VIDA*

*Tal vez mi vida es una hipótesis
que alguno se cansó de imaginar...*
Cintio Vitier

Quizá porque mi niñez sigue jugando en tu playa..., arranca, y el público lanza una exclamación unánime. El hombre sonríe. Ejecuta un rasgado de cierre sobre las cuerdas de la guitarra y detiene la canción, al final... no sean impacientes. Los espectadores exclaman en bloque otra vez, aunque ahora las voces se van haciendo más y más graves, caen por su propio peso hasta golpear el piso de ladrillos, en una reverberación final que escapa a esconderse entre las plantas ornamentales sembradas en toda el área alrededor del patio. No hay público tan entregado como los turistas. Igual pueden fingir lo que no sienten, como sacarse cuanto llevan adentro y mostrarlo sin pudor; a fin de cuentas, en algún momento partirán, y entonces esta calurosa tarde santiaguera será liviana materia de olvido. ¿Qué hacemos aquí?, parece preguntarme Yonito desde el otro lado de la mesa con sus ojos de becerro inconforme alternando entre mi silencio y el hombre que desafina, *juro por lo que fui que me iría de aquí...*, a todo galillo frente al micrófono. Aunque quisiera explicárselo, Yonito no entendería. Ignora demasiadas cosas: quién es el hombre que se abraza a la guitarra para recibir los aplausos del público, en qué circunstancia invadió mi camino, y cuánto tuvo que ver con mi decisión final de irme. No muy lejos, es cierto, pero sí para siempre. De hecho, ahora mismo se me ocurre que quizás

---
* Texto escrito expresamente para la antología. Formará parte del libro de cuentos *Sopapete*.

mi visita, pospuesta año tras año, ha tenido el único propósito de entrar por casualidad a este patio de la calle Heredia y encontrar al hombre que sonríe con su ancho rostro de *jabao* buena gente, mientras dentro de mi cabeza la voz de Flavio vuelve a decir, Era de tranca.

❧

Apoyado con ambos antebrazos en el balcón del edificio D, Flavio observaba cómo la ciudad iba siendo arropada a lo lejos por una gasa de luz amarillenta. Brillos aceitosos, guiños insistentes, aunque demasiado efímeros para ascender la colina y tocar la penumbra en Plan de Becas. Su perfil ensimismado y las sombras de los edificios en descenso acentuaban ante mis ojos el parecido de Flavio con José Martí. Un José Martí nuevo. De frente despejada, bigote breve, barbilla en punta y dientes ligeramente botados. Un Martí apesadumbrado por los tragos y la madrugada.

—Era de tranca —lo dijo con voz sorda—. Abrían el audio a la una en punto de la tarde y lanzaban los nombres de quienes iban castigados para Camagüey, a trabajar dos años en la caña. Nunca sabíamos cuándo ocurriría, así que a la una todos en los cuartos andábamos alelados, simulando ocuparnos de cualquier mierda, pero en realidad pendientes de si encendían el transmisor. No puedes hacerte una idea justa de cómo era; para eso, tendrías que haber escuchado el ruido del trasmisor al ser encendido y luego aquella voz goteando nombres con el mismo tono indiferente que usaban en la radio cuando yo era niño para cantar los números ganadores de la lotería. Cada nombre, aunque fuera de alguien desconocido, se te metía en las tripas como un puñal porque el próximo podía ser el tuyo... Dejaron de hacerlo hace ya tres años y mira cómo me pongo todavía.

Me mostró su antebrazo derecho, que dejaba al descubierto una camisa de cuadritos verdes remangada por encima del codo. Quizás fuera cosa de la penumbra, o del sopor con que los edificios, ahora quietos y apagados, destilaban las últimas energías del ajetreo que los había estremecido durante el día, pero sentí que había una conexión viva entre su antebrazo poblado de vellos negros y la intensidad con que me miraban sus ojos. Flavio regresó a su posición acodada en el balcón.

—Viendo las cosas como son ahora, seguro piensas que exagero; y no, créeme que no. Una racha de notas no muy buenas, cualquier problema de disciplina, una simple discusión fuera de lugar o una opinión que molestara a alguien inadecuado, y ya estabas recogiendo para irte.

60

—¿Los homosexuales también?

—No, a los homosexuales sorprendidos *in fraganti* los expulsaban después de celebrarles juicio público en el teatro universitario —tosió, carraspeó y escupió. Se quedó mirando hacia abajo un rato, como si pretendiera seguir la trayectoria del escupitajo a través de las sombras—. Fui citado para presenciar varios de esos juicios, ya sabes la fama que tenemos los de Humanidades, y prefiero no hablar de eso.

Extendió su brazo más distante de mí, el izquierdo, y tomó el libro que yo había dejado sobre el muro. Para hacerlo, tuvo necesariamente que inclinarse hacia el vacío y rodearme por delante, con lo que su olor me penetró violentamente. Un vaho chisposo, mezcla de alcohol regurgitado, perfume en proceso final de evaporación, y sudor. Tras volver a la postura erguida, observó un momento la portada (horrorosa, por cierto) de *La piedra lunar* y luego pasó las hojas del libro a toda velocidad, como interesado en comprobar la consistencia del papel. Era mejor dejar intacto su silencio. Desde que llegó, supe que estaba triste por la forma desmedida con que celebró encontrarme sentado en el pasillo, leyendo a esa hora de la madrugada. Pero mi intuición se había quedado corta. Estaba tristísimo, y eso lo hacía parecerse todavía más al Martí doloroso y vulnerable que siempre he preferido.

—No sé por qué te cuento estas cosas... o sí sé... —hizo silencio. Ladeó la cabeza y me miró a la cara—. Te he cogido estimación porque eres muy maduro para tu edad y luces realmente interesado en la carrera. Quería hacerte saber lo afortunado que has sido de entrar cuando aquel infierno se acabó... Seguro que sí, me hubiera gustado tener un primer año como el tuyo, sin todos aquellos sustos.

¿Por qué suponía que los suyos eran los únicos sustos importantes? ¿Podía ver acaso dentro de mí? La cercanía entre nosotros se desinfló de golpe. El Martí sensible y sexi había cedido su lugar al estudiante de término y con ínfulas de mentor que las autoridades universitarias habían designado para compartir cuarto y clóset en Plan de Becas con el estudiante recién ingresado y aún por evaluar; es decir, conmigo.

❧

La voz del hombre carece de flexibilidad para atrapar incluso los matices menos sensibles de la música, pero el público lo acompaña decidido cuando ataca, *te acechan detrás de la puerta, te tienen tan a su merced como...*, conquistados por la seguridad con que él pasa por encima de sus limitaciones, por su entusiasmo, y más que nada, por el hecho de que las canciones no guardan sorpresas para ellos, o al menos así lo creen después de haberlas escuchado tantas veces y durante tantos años. Solo yo, en trato abierto con mis demonios, consigo descubrir ferocidades inusitadas donde ellos no perciben sino palabras sabidas. Yonito sigue mirándome desde el otro lado de la mesa, ahora en el papel de sufridor resignado a la interrupción de nuestro recorrido por el centro de la ciudad. Es apenas un par de años mayor de lo que yo era cuando entré a la universidad y, acostumbrado a disfrutar sin demasiados remilgos cuanto el presente le pone delante, se deja ir confiando en el efecto que causa su cuerpo hermoso, en la simpatía que emana de sus ojos oscuros y sus cejas anchas. Saco un billete de veinte y le digo que vaya a ver si le gusta algo en los mostradores situados a la entrada de la vieja casa colonial en cuyo patio el público corea el final, *nos hacen que lloremos cuando nadie nos veeeee*, y aplaude eufórico, mientras el hombre se echa hacia atrás, coloca la mano derecha tapando el micrófono y vuelve a sonreír. Hago una seña al camarero para que traiga otro mojito.

❧

Aunque no ríe, en su expresión despejada la risa sombrea como una posibilidad. Arístides no logra rescatar la imagen del hombre joven que lo esperó hace más de treinta años en el salón de reuniones de la Facultad, sentado ante una mesa redonda y de oscura madera. Este tiene la cara mucho más gruesa y el cabello canoso del que ahora mismo comienza a cantar, *de vez en cuando la vida nos besa en la boca…*, para un rebaño de turistas exaltados y grajientos en un patio de la calle Heredia.

Arístides estaba en la clase de latín, *miles-milites-militi-militem*, amodorrado por la letanía de las declinaciones y el sueño que le había robado la lectura de *La piedra lunar* la noche anterior, cuando la profesora se acercó y le entregó un papel pequeño y bien doblado. Un papel común de libreta donde le hacían saber que era esperado en el salón de reuniones y debía presentarse de inmediato. Un papel sin firma ni ninguna otra marca de origen. Mientras recogía sus cosas, la profesora le guiñó el ojo izquierdo, y lo coqueto del gesto, inesperado y vertiginoso, terminó por descolocarlo. En cuatro meses de clases, nunca había logrado acercarse a aquella profesora, la negra más hermosa que él recordaba haber visto en su vida, pero dueña de un carácter insufrible, *milites-militum-militibus…*

El hombre ante la mesa redonda y oscura no se pone de pie a la llegada de Arístides. Simplemente gira el cuerpo hacia su izquierda, separa la silla más próxima, y se la indica con un gesto. Intrigado y nervioso, Arístides cumple la silenciosa orden. Si lo ha visto antes, no recuerda al hombre que le extiende una mano regordeta y notablemente blanda.

—Mucho gusto, Arístides, yo soy José Armando, el compañero que atiende a la Facultad por la Seguridad del Estado.

Lo primero que pasa por la cabeza de Arístides es que le han llamado para dar información sobre alguien o sobre algo, y en ese momento se percata de que no está preparado para una situación tan probable, nunca ha pensado en cómo llenar una solicitud semejante sin que nadie, empezando por él mismo, salga lastimado. El hombre abre un portafolio gris y de él saca una hoja de papel corta y resguardada dentro de un protector de plástico. Se la extiende:

—¿Reconoces esto?

Claro, es una hoja de su agenda, la agenda que Arístides usa desde hace años. ¿Cuántos? No recuerda exactamente... varios. Y vuelve a inquietarse. Seguramente sería necesario recordar ese dato...

—Sí, es mi letra. Copié en mi agenda esa cita del Che para aprendérmela de memoria. Teníamos un acto y era ideal para...

—Seguro —interrumpe el hombre sin alterar un ápice la suavidad de su expresión—, es una cita muy conocida, al contrario de lo que está escrito por detrás.

Arístides sostiene la mirada del hombre, y ese esfuerzo le permite recuperar el aro amarillento que circunda el iris de sus ojos. ¿Mantendrá ese detalle gatuno el hombre que en el patio sofrena el timbre de su voz para entonar, *de vez en cuando la vida nos gasta una broma y nos despertamos sin saber qué pasa...* ante un público que esta vez se muestra menos entusiasta, apatía que lo deja prácticamente a solas con sus enormes dificultades para domar los tonos graves?

Arístides da vuelta a la hoja:

—Ni recordaba haber escrito esto, fue algo que se me ocurrió de momento... apuntes para un poema que después no escribí —y sin poder contener los nervios, comienza a leer en voz alta—. Hoy se me ha muerto la mano izquierda...

—Gracias, pero sabemos muy bien lo que dice —interrumpe el hombre. No se percibe enfadado, es más, la risa sigue siendo una posibilidad en su rostro, y sin embargo...—. Son versos un poco pesimistas para haber sido escritos por un estudiante universitario cubano, pero eso es *peccata minuta*, como dicen ustedes, los intelectuales. Lo que nos preocupa seriamente es la intención que tuviste al escribirlos en ese lugar.

Arístides observa el patio delimitado por las plantas ornamentales, el cielo que pierde luz, los rostros sudorosos de los turistas, y vuelve a estar seguro de que no hay otra respuesta:

—Eso fue cuando todavía estaba en el pre, un día en que amanecí triste por... —y se siente ridículo explicando algo tan tonto, tan personal. Pero tiene que continuar y lo sabe—. En cuanto al lugar, no sé, lo escribí donde primero encontré... ni me fijé en lo que había al otro lado de la hoja...

Y enrojece todavía más cuando el hombre extiende la mano sin dejar de mirarlo, pero también sin proferir algún sonido, y toma la hoja apresada dentro del plástico. La regresa al interior de su portafolio y luego cambia la posición de su cuerpo, se pone de frente a la mesa y coloca ambos antebrazos sobre la oscura madera. Arístides observa el perfil bonachón del *jabao*, la forma despaciosa en que pasea su mirada por los estantes atornillados a las paredes del salón de reuniones y repletos de libros... un recorrido visual que termina en sus manos enlazadas sobre la mesa.

—Tú estudias Literatura y, por lo que se ve, aspiras a ser poeta —dice al fin con la lenta voz de quien está obligado a informar lo que debería de ser obvio—, y sabes que no hay palabras ingenuas. Cada una expresa algo que llevamos dentro aunque a veces no lo sepamos. ¿Por qué la muerta es precisamente la mano izquierda? ¿Qué significa eso al compararlo con las ideas del Che copiadas al otro lado de la hoja? —Silencio y mirada que se sostiene al frente, sobre las manos—. No te estamos acusando, Arístides, estamos haciéndote un llamado de atención para ayudarte, para ponerte en guardia contra posibles desviaciones que te alejarían del pueblo y del país que hoy te permiten estudiar una carrera universitaria sin pagar un centavo... ¿comprendes?

Al Arístides que ahora mismo bebe un trago de su mojito le fascinaría responder ese ¿comprendes?, pero entonces era otro tiempo, otro Arístides, y el hombre ante la mesa no aporreaba una canción de Joan Manuel Serrat para turistas felices de comportarse como turistas. Solo miraba sus manos con la insistencia de quien está obligado a soportar una ofensa inmerecida.

—Claro —asiente Arístides, y ahora es él quien mete los ojos en el librero que tiene enfrente. Hace un esfuerzo para tragarse la bola que insiste en cerrar su garganta—, pero le aseguro que no lo escribí ahí con mala intención, fue... —y se le apaga la voz.

El hombre se pone de pie:

—¿Podrías hacernos un pequeño informe donde expliques lo ocurrido? No tienes que mecanografiarlo ni nada, bastaría con un par de párrafos escritos a mano.

Arístides también se pone de pie y asiente con la cabeza.

—Eso sí, tendremos que informar a las organizaciones políticas de la Facultad...

Arístides vuelve a asentir con la cabeza, se siente obligado a levantar la mirada hasta el rostro del hombre, donde la sonrisa brota por fin.

No puede regresar a clases en ese estado de ánimo. Arístides se ve subir otra vez las larguísimas escaleras hacia Plan de Becas bajo un sol brutal, que exprime el concreto hasta extraerle un vapor hirviente, pegajoso. Lo que más le duele después de tanto tiempo es que aquel joven delgado y cabizbajo, de melena cuadrada al estilo Serrat, avanza preguntándose si realmente no habría escrito aquello dejándose llevar por un ánimo inconfeso de burlarse o quién sabe si de algo peor. Pero el Arístides jovencísimo que pisa cada escalón como si pudiera esconder algún peligro no percibido hasta ese momento padece otros desgarramientos más inmediatos.

Al llegar al cuarto, abre el clóset. La agenda está donde siempre, sobre los libros de texto que no necesita llevar a clases, y él ni siquiera hace el intento de tocarla. ¿Para qué? Sabe que falta una página, una página sustraída a pesar de que la agenda permanece todo el tiempo dentro del clóset y el clóset tiene candado y el candado tiene su llave. Dos copias de esa llave, para ser exactos. Cierra la puerta con la misma violencia que le gustaría sacar de su cerebro la certeza de que solo Flavio pudo tener el tiempo suficiente para revisar la agenda, leer todas las sandeces anotadas allí, y arrancar precisamente esa página...

Sale a deambular por los pasillos del edificio D, desiertos a esa hora de la mañana. Llega hasta el balcón donde estuvo conversando con Flavio la madrugada anterior, y cumpliendo una incontrolable necesidad de lastimarse, apoya ambos antebrazos sobre el muro. Deja ir sus ojos hacia la ciudad distante, que el sol agrede sin conmiseración, la misma ciudad en uno de cuyos patios el hombre de la guitarra ataca más de treinta años después el final de la canción, *nunca es triste la verdad, lo que no tiene es remedio.*

§.

Se acaba el tiempo antes de que comience la próxima canción y sigo dudando, algo dentro me empuja y algo dentro me detiene. La figura de Yonito viniendo de regreso hacia la mesa me da el último impulso para levantarme y avanzar hacia el hombre concentrado en rectificar la afinación de la guitarra en medio del ruido ambiente, y su postura desprevenida agudiza mi sentimiento de culpa por estar ejecutando un acto intolerablemente infantil. No me recordará. Ha pasado demasiado tiempo y sus oficios —el de antes y este de ahora— de seguro han hecho desfilar ante sus ojos a millones de personas. Tampoco ayuda la hora, la penumbra que se apropia de la tarde y las luces del patio que todavía no logran conquistar el espacio. Pero ya no puedo detenerme. Llego hasta la mesita haciendo un esfuerzo para no mirar al hombre sentado en su banqueta, a mi derecha, saco diez dólares, y los dejo caer en el pozuelo donde hay varios billetes de procedencias y denominaciones diferentes. Al dar la vuelta, mis ojos barren sobre el hombre que me observa sonriente, con la mano derecha tapando el micrófono. Gracias, dice, y todavía mi pie izquierdo no ha concluido el primer paso de alejamiento, cuando agrega, felicidades por tus libros, siempre supimos que tenías mucho talento. Me detengo sin volverme hacia él. Muy poco tiempo, el necesario para que concluya, lástima que la Universidad Autónoma de Santo Domingo todavía no quiera homologar tu título. Enfilo hacia la mesa con la intención de pagar la cuenta y salir de allí con Yonito, en el momento en que rompe la música a mis espaldas, *quizá porque mi niñez sigue jugando en tu playa…*, lo que provoca un aullido de satisfacción en el público. ¡De tranca!

LOS OCHENTA

MARIELA BRITO

DEPARTURES (FRAGMENTO)·

ESCENA IV

(La actriz se sienta en la tercera fila de sillas, junto a las fotos de Reinaldo Arenas, Raúl Chibás, Nicolás Guillén Landrián y Fernando Legón)

En 1980 yo tenía 11 años y estaba en 6to grado. En la escuela tenía un amigo muy especial al que me unió una amistad muy fuerte desde muy chiquitos. Desde primer grado nos sentamos juntos y nuestra amistad estaba determinada por la fatalidad: él era gordo, yo era gorda y bizca. Y esas «desgracias» nos unieron muy fuertemente, y de alguna forma nos protegíamos un poco del escarnio del resto de la escuela.

Pero nuestra amistad tenía sus inconvenientes. La familia de Papillo (que era, o es, el nombre de ese amigo) era muy decente, muy correcta, muy fina, pero no era una familia integrada. Su mamá no trabajaba en la calle, era ama de casa; su papá trabajaba de manera particular manejando un almendrón, iban a la iglesia, tenían familia en Estados Unidos, con quien mantenían relaciones. Todo eso indicaba que era una familia a la que había que mantener a cierta distancia.

Mi familia también era muy correcta, muy decente, muy fina, pero era una familia integrada. Mis padres y hermanos pertenecían a todas las organizaciones de masas, mi padre era militante del partido, mi familia participaba en todas las actividades políticas y sociales de la comunidad.

· Texto perteneciente al performance *Departures*, presentado por la compañía El Ciervo Encantado bajo la dirección de Nelda Castillo.

Entonces, en la amistad de Papillo y mía siempre estuvo presente esa tensión entre las dos familias que entendían que nuestra relación podría perjudicarnos mutuamente. Recuerdo escenas de mucha violencia cuando, en alguna ocasión, mis padres me sacaban a rastras de casa de Papillo porque llevaba muchas horas ahí, o los padres de Papillo inventaban alguna excusa tonta para que yo me fuera. Pero nuestra unión era muy fuerte y sobrevivió y se hacía más fuerte ante esos inconvenientes.

Un día Papillo no vino a la escuela. Eran los días de los sucesos de la embajada del Perú y el éxodo por El Mariel, que duró 159 días, de abril a septiembre del 80. Ya nos habían llevado por la escuela a hacer algunos actos de repudio, que se les hacían a las personas que tenían que esperar en sus casas la notificación para trasladarse al Mariel. En esos actos se les gritaba, se les ofendía, les tiraban huevos, los golpeaban…, en ocasiones les cortaban el agua o la corriente a las casas…

Ese día iríamos a casa de Papillo a hacer un acto de repudio. Una casa donde yo había estado el día anterior haciendo las tareas, comiendo las meriendas que nos hacía su mamá, jugando con Papillo y su hermana…

Pero ahora estaba afuera, dentro de la turba, y viviendo dos terrores: el terror de que las maestras vieran que yo estaba llorando y que no gritaba con suficiente fuerza los insultos y las consignas, que no acababa de tirar el huevo que me habían puesto en la mano, y el terror de pensar en Papillo dentro de la casa: si estaba asustado, si se había escondido debajo de la cama o dentro de un escaparate, si estaba llorando…¿Qué pasaría si la turba rompía la puerta y entraba en la casa?, ¿qué haría Papillo?..., ¿qué haría yo?...

Unos días después me escapé de la escuela y fui a la casa de Papillo que estaba herméticamente cerrada. Toqué la puerta, también aterrada de que me vieran y les dijeran a mis padres o a las maestras. Entonces el papá de Papillo abrió un filo de la puerta y me botó de allí de forma muy grosera. No sé si lo hizo para protegerme o porque realmente pensaba que yo era una amenaza para los suyos. Pero me dijo cosas muy feas, fue muy duro...

Nunca más vi a Papillo, nunca más supe de él.

Mi familia era integrada, mis hermanos eran militantes de la Unión de Jóvenes Comunistas, y eran muy activos en su militancia. En 1980 mi hermano tenía 22 años. Y en una conversación entre amigos muy íntimos, de mucha confianza mi hermano preguntó ¿cómo era que hacía la gente para irse por El Mariel?, ¿cómo hacían para irse en esos botes gente que no tenía familia que viniera a buscarlos? Porque existían varias formas para irse por el Mariel; una era la de los familiares que venían de Estados Unidos a buscar a sus parientes con nombres y apellidos y otra era que las personas podían ir a la estación de policía y decir todo un rosario de horrores de sí mismas y, si calificaba como escoria, la persona era apuntada en una lista y montada en uno de esos botes junto a las familias que salían. A los pocos días de esa conversación mi hermano sufrió un violento acto de repudio en la escuela donde trabajaba como profesor. Lo sacaron del aula donde estaba impartiendo una clase y todos los alumnos, maestros y trabajadores de la escuela (que era una escuela de deportes), le gritaron, lo insultaron, le tiraron huevos, lo escupieron, lo pincharon con jabalinas, lo patearon... y lo arrastraron varios kilómetros desde la escuela hasta la carretera de salida de la ciudad donde lo dejaron tirado.

Mi hermano llegó a mi casa de madrugada en un camión donde lo trajo un extraño. Llegó lleno de sangre, de tierra y con una ropa que no era de él. La suya la traía en un cartucho hecha trizas.

Fue una situación muy complicada en mi casa, mi madre daba gritos, yo estaba paralizada en la puerta del cuarto sin entender qué pasaba, sin saber qué hacer, mirando a mi hermano y mi madre abrazados llorando sentados en el borde de la cama. Mi padre daba vueltas como un loco dentro de la casa sin decir una palabra, hasta que salió, y luego regresó con unos palos y un martillo y empezó a tapiar todas las ventanas por temor a que vinieran a hacer un acto de repudio.... Y así fue. Al otro día llegó la turba, e hicieron un acto de repudio a mi casa... Desde adentro... es...aterrador.

Muchos años después supe que esto había ocurrido porque en ese grupo íntimo de amigos donde mi hermano hizo la pregunta había uno que trabajaba para la Seguridad del Estado, y que informó que mi hermano quería irse por el Mariel.

Ese amigo... era el mejor amigo de mi hermano, y muy querido por mi familia. Se criaron juntos, crecieron juntos y estoy segura de que se querían mucho. Tengo un recuerdo muy nítido de Samuel (que es el nombre de ese amigo), siendo yo muy pequeña, cuando se escondía con mi hermano en un cuartico de desahogo que había en el fondo del patio, se llevaban el radio de la casa (cuando no estaba mi padre), y sintonizaban las emisoras americanas para oír música en inglés, y movían la boca como si se supieran las letras, y se contorsionaban..., aquello a mí me resultaba muy simpático...

Samuel era hermoso, tenía una sonrisa preciosa. Siempre se sentía cuando Samuel estaba en mi casa. O al menos lo sentía yo. Porque yo hacía con Samuel todo lo que mis hermanos no querían hacer conmigo.

Aquí tengo una foto con Samuel, *(saca un sobre de fotos de la mochila)*, aquí estamos en un potrero que había al lado de mi casa y Samuel me estaba enseñando a empinar papalote.

71

(La actriz se acerca al público y enseña la foto. Los espectadores se pasan la foto y la actriz se pone los audífonos, se escucha la banda sonora All you need is love de The Beatles hasta el final).

Yo creo que yo estaba enamorada de Samuel.

(La actriz regresa al escenario, vuelve a sentarse en la misma silla y guarda la foto).

Nunca supe más de Samuel, unos meses después de estos sucesos él y su familia se mudaron para Camagüey.

MIGUEL CORREA

UNA MUJER DECENTE[*]

Sí, sí, teniente, anótelo como se lo estoy diciendo: en nuestra familia todos somos homosexuales. ¡Lo homosexual que somos todos! Yo misma soy una tortillera empedernida. Pero de las cosas que yo soy, teniente, tortillera es la más leve. He ejercido la prostitución ya por dos décadas. Qué me dice, ¿eh? Y soy proxeneta. La más proxeneta de la ciudad soy yo. Ay, sí, yo, la proxeneta. He estado presa en varias ocasiones y siempre por el mismo delito: me masturbo por las noches en la Plaza de la Catedral, frente a un retrato de Vilma Espín. Y me meten presa cada vez que lo hago. Y me sueltan. Y yo misma creo que no lo voy a hacer más, y a las dos semanas voy directico otra vez para esa Plaza y me masturbo de nuevo con el retrato de esa mujer. Y yo no me doy cuenta. A veces voy por la calle comiéndome un helado con una mano y masturbándome con la otra. Y mi esposo es un caso lastimoso. Estamos casados por cubrir nuestra verdadera identidad, pero en el fondo lo que somos es eso, basura, basura homosexual. Lo mejor que usted hace es deshacerse de nosotros. Si yo fuera presidente de este país, ya los hubiera mandado a todos para allá, para el Norte, para infectar aún más esa sociedad decadente. Se lo juro. Es más, yo creo que mientras usted nos tenga a nosotros aquí y a personas como nosotros, jamás podrá sacar este país del subdesarrollo. Nosotros, robándoles a los demás lo poquito que usted les da, lo poquito que ellos logran robar. Usted tratando de desarrollar esto con nosotros aquí metidos. No se da cuenta, teniente, de que esto cada día se vuelve más indesarrollable, de que cada día las penurias son mayores y

---

[*] Texto que pertenece al libro *Al norte del infierno* (Miami, 1984).

73

que el atraso crece como la hierba. Porque usted se pone a recoger papas y nosotros a tirarlas. Usted limpia las calles y yo paso y me masturbo sobre ellas. ¡Qué ingenuidad, teniente! Sáquenos de aquí y verá. El niño mío más chiquito es un caso perdido... y usted está trabajando con él, inculcándole cosas o tratando de inculcárselas, y él, si lo viera, haciendo daño y más daño. Este niño mío, todos los días, antes de masturbarse siquiera, va y arranca todas las matas de maíz que el propio padre sembró. Y las arranca para hacer maldad, para que nada progrese. ¿Lo ha anotado todo, teniente? Que no se le quede nada, por Dios. Nosotros no nos merecemos tanta bondad. Ahora cuando usted me dé esa carta con su firma y con los cuños pertinentes, yo no me voy a sonrojar. Porque todo es verdad. Descarada que soy, proxeneta china, tortillera insaciable, presidiaria vieja, chula mala. Pena debía darme que yo le tenga que decir todo esto aquí en su cara. ¿Ya lo tiene todo, teniente? No olvide nada. Pues sí, así somos todos. La niña mía camina con los extranjeros, se cambia por ropas a la moda. Sale de casa un lunes y no regresa hasta el lunes siguiente. Una sociedad como esta se avergüenza de tener estas criaturas aquí dentro. Le voy a repetir, teniente, todo lo que nosotros somos por si le faltó algo. No sé si usted entienda que debo ser más explícita. Esto ha sido a grandes rasgos, porque si me pongo a detallar todo lo que yo soy, o que he sido, es posible que no termine en una semana. Anote ahí mi afiliación al partido nazi en 1945. Yo también fui teniente, teniente. ¡Más buena teniente que era! Anote también que cartereaba en los ómnibus, que era amiga de Clarita, la carterista más grande de la ciudad. Fíjese que salíamos juntas a carterear y una noche yo carteré a Clarita. Anótelo todo, teniente. Cuatro somos nosotros; dos niños y dos mayores. ¿Ya cogió los números del Carné de Identidad? Y no crea que los niños no son tan malos, porque son los peores. ¿Usted ve la cicatriz que yo tengo en la mano? La niña mía, con un hacha, el año pasado. Fíjese que cuando lleguemos allá, yo me voy para un estado y ella para Puerto Rico. ¿Usted cree, teniente, que debo ser más explícita? Juana es que yo me llamo. Juana La Mala me dicen en el barrio. Juana Palangana me dicen en la calle. ¿Más, verdad, teniente? Sí, más. No trabajo. Me ha cogido la ley de la vagancia, la de la extravagancia, la ley de la peligrosidad y algunas otras leyes. Yo creo, teniente, que usted va a confundir los delitos que nosotros tenemos en el núcleo familiar. La predelincuente no soy yo, sino la niña mía. Y los campos de caña no los quemó el padre del niño como usted dice, sino yo. ¡Fíjese usted! Con lo acabada que yo estoy y un día me dio por dar candela y los quemé todos. Y mire, teniente, las croquetas esas quien las envenenó no fue el niño, sino el padre del niño. Sí, los del camión contra la embajada sí fueron los muchachos, pero no yo ni el padre. Ordene todo eso, teniente. Y que no se le escape ni una de nuestras fechorías. Los coreanos fueron asaltados por... (¿por quién fueron asaltados los chinos esos, madre mía?), por la niña mía. Sí, por la niña, teniente. Esa niña mía es mala. Anótelo, teniente. Yo voy a ir más despacio ahora. Anótelo así: «camión-niña», «coreanos-padre», «res-yo». Ay, teniente, yo misma me estoy confundiendo. «Croquetas-niño», «bicicleta-padre del niño». Ay, teniente, yo me siento mal. Déjeme refrescarme, pero no deje de escribir mientras yo me refresco. Hubiera sido mejor que nos hubieran agarrado cometiendo esas fechorías porque así tuviera todos los reportes bien claros. Yo fui la que envené las croquetas. Yo fui quien maté la vaca. Ay, teniente, que estoy muy nerviosa. Yo fui la que quemé los campos de caña. Ay, teniente, estoy muy enferma. Estamos al quedarnos sin salida. Teniente, la que fue teniente fue la niña mía. Ayúdeme, teniente. Ay, teniente. La vaca la maté yo. O la vaca se murió sola y nosotros aprovechamos su muerte para echarnos el delito encima. Ya me siento mejor. ¿Lo ha anotado todo, verdad que sí, teniente? Ayúdenos, que lo vamos a invitar a comerse un puerco. Sí, sí, ya está invitado. Mañana mismo. Y le voy a dejar todos los tarecos que nosotros tenemos, que ya son muchos. Y todo el dinero que tenemos ahorrado será suyo, teniente. ¿Firmó la carta, verdad? Gracias, teniente. Mil gracias. Hombres y tenientes como usted son los que el pueblo necesita. Gracias. Cada vez que pueda le voy a mandar cosas desde allá afuera. Se lo prometo. El lechón se lo vamos a regalar y si usted quiere se lo lleva para su casa y se lo come allá. Nosotros ya estamos aburridos de ese tipo de carne. ¡Qué asco esa carne para nosotros! ¿Ya está bien firmada la carta, verdad? Ay, sí, qué bueno. No, no creo que necesitemos más cartas, pero si algo pasa, yo les digo que venimos de parte suya, recomendados por usted. Gracias, teniente. No, ya no más cartas. Yo creo que con una baste. Pero un señor al lado de mi casa necesita una. Ellos son como diez de familia y tienen más de cien puercos. Yo se lo voy a decir. Que nos veamos pronto, teniente. Pase mañana por la casa. A la hora que usted llegue ya le tendremos la mudada recogida. Esto entre usted y yo. Nadie lo va a saber. Yo soy una mujer decente.

ROBERTO URÍA HERNÁNDEZ

INFÓRMESE, POR FAVOR*

> ... y hay que nacer en cualquier estación
> Alexei Montojo

—*¿Nombre? ¿Sexo? ¿Domicilio? ¿Número de carné de identidad?*
—William Shakespeare, Francisco de Quevedo, Lorca, Charles Chaplin, Van Gogh o Goya, Bola de Nieve o Bach. Silvio Rodríguez o Chopin. José Martí. Y, ¿por qué no? Isadora Duncan, Katherine Mansfield o Gabriela Mistral... Pero, ¿cómo se llamaría el abuelo de mi bisabuelo? ¿Y la madre de mi bisabuela? ¿Y el lechero que alimentó los primeros gritos del padre de todos los padres míos? ¿Quién sigue el curso de la gota de agua que toca la tierra o aumenta los mares? Aquí, allá, por aquel entonces: por el volcán extinguido, en la isla por nacer.
—*¿Integración política?*
—Yo iba en la ruta sesenta y uno. Hacía un calor horrible y todo el mundo sudaba a chorros, unos contra otros. Estaba sentado con cierta comodidad; solo el bendito hipogastrio de un señor me incrustaba las costillas contra el flanco del otro próximo. Entonces subió él. Fue dando tumbos, comiéndose los tubos y los asientos; tropezó con todo género de humanos. Yo solo le dije: Mire, siéntese... Métase el asiento, imbécil. No me hace falta, rugió. Viajó todo el tiempo de pie. Su bastón y su bolso me rozaban como tizones. Pero yo no existía. Me devoraban las carcajadas y los comen-

---

* Texto tomado de la antología *Los últimos serán los primeros* (La Habana, 1993) realizada por Salvador Redonet.

tarios de la gente, que oyó la coz que me soltó aquel... Bueno, todavía no sé... ¿En qué habré ofendido al ciego?

—*¿Practica alguna religión?*

—Fue justo a finales de diciembre. ¿El veinticuatro? Ese día rompió un norte, y el frío fue de espanto. Nunca he vuelto a temblar como entonces... Tuve que ir. Durante cuarenta y cinco días tenía que estar sirviendo en el ejército. ¿Quién? ¿Yo? La necesidad... Improvisaron una fogata para cocinar y allí me calentaba; el humo que desprendía la leña ardiendo me hacía llorar (o era el silencio del vacío). Nos recluyeron en unas casas de burgueses emigrados. Eran fantásticas; algunas tenían hasta piscinas; otras, eran de dos o tres plantas. Solo que aquellas mansiones ya no poseían —¡mi madre!— ni puertas ni ventanas, ni luz eléctrica ni agua corriente; los baños no se podían utilizar porque les habían arrancado literalmente todo; en su defecto construyeron, en los ex jardines, letrinas con sacos de yute a modo de puertas. En solo unos minutos fui del modesto calor de mi vieja casa a la opulencia miserable de aquellas residencias por las que había pasado no sé qué suerte de ciclón. Y todos con los mismos uniformes y el mismo olor; y para todos las mismísimas bandejas de aluminio con la anticomida nuestra de cada día. Y mosquitos voraces. Y órdenes y disposiciones estúpidas. Y: dos uno cero onda expansiva quemaduras trincheras insondables como tumbas vuelos rasantes cantimploras secas los «de pie» el valle iluminado por las palmas reales como cirios en desvelo el mar sonoro y amargo... Quiero poder quiero poder resistir quiero mi casa quiero morir quiero... Sonapax, diazepán, amitriptilina. Posición de cochero, ojos cerrados. Y tardes enteras cortando lingotes de plomo para las radiografías y verá, doctor, yo no sirvo. Sí, pero hay leyes... y la necesidad... Yo no sirvo: solo sé morirme, pero no quiero aún. Hay que sobreponerse, muchacho. Doctor, tengo ganas de llorar...

—*¿Ha sido juzgado por algún delito común?*

—«Los amorosos callan./ El Amor es el silencio más fino,/ el más tembloroso,/ el más insoportable./ Los amorosos buscan/ los amorosos son los que abandonan/ son los que cambian, los que olvidan./ Su corazón les dice que nunca han de encontrar,/ no encuentran, buscan». ¿Lo conoce? Es de Jaime Sabines. Es la primera estrofa de un poema escrito por él para mí. Yo lo rehago de vez en vez; mientras lo leo siento que lo hago renacer. ¿Sabe? Me lo regalaron un día de mi cumpleaños. Es descojonante, ¿verdad? Y pasan cientos de años y lo esencial humano resuena con fuerza en cada ser diferente. ¿No conoce a Arquíloco de Paros? ¿Podría abrir un poco la ventana, por favor?

—¿Ha cometido relaciones homosexuales?

—Sí, sí, ¿cómo no? En eso consiste todo el arte: mezcla. Al fin y al cabo, todo termina quedando en el mismo género o familia. Las condimentarias son, a la vez, fitoncídeas; las sustancias biológicamente activas que tienen son casi infinitas: ácidos orgánicos, aceites etéreos, glicocidas, vitaminas… Por suerte, desde hace milenios, el hombre descubrió los efectos beneficiosos y no solo el placer que producen. Yo soy fanático del ecumenismo: cebollas, ajos, pimientas negras, nuez moscada, anís, canela, vainilla, perejil, menta… ¿Ha probado relacionar, en la misma infusión, el té con la canela? Tiene propiedades afrodisíacas; es una bebida ideal para las largas noches de amor. Si lo que desea es dormir a pierna suelta, entonces prepare la infusión de anís con jazmines de cinco puntas: buena digestión y cero estrés. ¿Qué le parece?

—¿Qué países le gustaría visitar?

—¿Usted ve? Esto sí que es difícil de responder porque el tiempo nunca será suficiente y se termina por priorizar. Deberíamos llegar a ser mamíferos sin prioridades establecidas, pero habría que ser inmortal. La solución es como el recorrido de un péndulo, de un extremo al otro pasando por un justo medio. De todo un poco para evitar tiranías, y mucho valor para tener los ojos siempre abiertos. Con la pistola en la sien, termino enumerando: *El Quijote,* de Cervantes; *Tiempos modernos,* de Chaplin; *Vista de Toledo,* por el Greco; *La piedad,* de Miguel Ángel; una cantata de Bach…

—¿Estado de salud actual?

—¿Por qué la gente se lava la boca antes de desayunar y después de hacerlo, no? ¿Por qué usan relojes de pulsera que no funcionan? ¿Y los brazos de la Venus de Milo? ¿Y la voz del David? ¿Y la batuta de Beethoven? ¿Y la sutil poesía de Engels? ¿Y el olor del sexo de Marilyn Monroe? Palabras, palabras, palabras…

—¿Está dispuesto a servir para lo que sea y donde sea cuando las razones o la necesidad lo exijan?

—¿No se ha preguntado por qué se suicidan en masa las ballenas?

RONALDO MENÉNDEZ

LA ISLA DE PASCALI*

PRIMER DÍA

En los tiempos que corren, cada particular considera que ofender a su per-
sona es un escarnio a la sociedad entera, escribió Nikolái Gógol en una de
sus *Historias de San Petersburgo.* Y se me ha impuesto, sin gratuidades ni
deslumbramientos, sucumbir a la tentación de esclarecer sobre el papel el
sentido de la vida de Pascual González.

Mi personaje, además de hablador y cabeza de caucho —como solíamos
decirle—, pertenece a la estirpe de los que consideran que la vida de un
individuo es una sucesión de momentos históricos.

Es tu deber hilvanar este fiel testimonio, me dijo, cuando me puso delante
la ilegible bolsa de nylon llena de casetes. A ver, pregúntame lo que quieras.
Yo, decepcionando una vez más la efusividad intermediaria de mi amigo J.V.,
aduje el exceso de trabajo (impúdico lugar común) para redondear una eva-
siva, pero no cabe duda de que nos veríamos más adelante. No ensombreció
su rostro de cabeza de caucho el más mínimo estigma de contrariedad, sino
que celebró mi pérfida negación con la ingenuidad de un esquizoide que me
consideraba una bien proporcionada mezcla de escritor y *gentleman.*

Cuando abandonamos el Larco Herrera, ese lóbrego tópico limeño que
en La Habana tiene su homólogo denominado Mazorra, observé cómo se
extinguían una a una las líneas biomagnéticas del aura de mi amigo J.V.
Decidí aceptar con estoicismo su cariñosa reprimenda.

---

* Este texto es parte del libro *De modo que esto es la muerte* (Madrid, 2002)

—Estás loco, compadre. Con todo el trabajo que pasamos para que te autorizaran a entrar, y tú dejas pasar la oportunidad de entrevistarlo. —Trato de eclipsar las evidencias de mi desinterés enarbolando la bolsa de nylon llena de casetes, pero J.V. es todo un periodista—. Hay cosas que tú puedes obtener que te aseguro que no están en los casetes. —Publico en mi rostro la convicción de quien no tiene fe en aquel sujeto—. Oye, ese hombre está ingresado, pero no es un loco de remate, y te vas a perder una tremenda historia.

J.V. corta sus observaciones según su costumbre en estos casos, demostrando con su tosecita nerviosa que es el hombre más insatisfecho de Lima. Le digo, subestimando groseramente su entendimiento de mi psicología:

—No te preocupes, cuando escuche los casetes sabré bien qué preguntarle...

—Allá tú, compadre, si no quieres hacer nada. Pero si te decides, me avisas para ayudarte.

Pienso que un cubano, convencido como estaba J.V. de que mi relación con la bolsa de nylon no se iba a prolongar más allá del tiempo en que el taxi nos conduciría a Miraflores, me hubiera dicho: allá tú, compadre, pero de ahora en adelante, arréglatelas cómo puedas.

No dudé en dejarme atrapar. Se invertía la lógica de mi escurridizo procedimiento: J.V., descreído de mi interés, insiste en ayudarme si llegara el caso (es necesario consignar que la ayuda de un periodista del diario *El Comercio*, sobre todo tratándose de J.V., resulta invaluable); y el caso es que yo, en consideración a su ayuda, decido concederme la audición de uno de los casetes.

Resonaron, entonces, en la casa miraflorina donde J.V. reincidía en alojarme, las sílabas firmes con que Pascual González informaba a un oído sin rostro:

«Ingresé oficialmente como agente de la Seguridad del Estado cubano en el año 1979, pero ya llevaba cuatro años como informante voluntario...».

En los tiempos que corren, cada particular considera que ofender a su persona es un escarnio a la sociedad entera. De donde se derivan dos consecuencias: si el ofendido decide defenderse con las garras, con un hacha petaloide, con un revólver o con el filo de su lengua, está realizando un acto de justicia en nombre de toda la comunidad. Por consiguiente, su agresor es relegado al estatuto de sabandija y merece el aniquilamiento.

Ideas como esta nublaron la vida de Pascual González. A partir de cierto momento comenzó a sentirse agredido por todo aquel que no coincidiera con él en materia de política, y decidió defenderse con el doble filo de su lengua. Haberme tropezado con esta idea en un relato de Gógol escrito en el siglo pasado, demuestra que estas cosas pasan desde que el mundo es mundo, solo varían las circunstancias, el tiempo y uno o dos nombres propios.

Le he dicho a J.V., inaugurando mi interés en la vida de Pascual González:

—En todos los sistemas han existido agentes secretos, es decir, tipos que son como monedas, cara y cruz, nunca las dos al mismo tiempo, que muestran la cara y ocultan la cruz donde terminarán clavando a quien tienen delante, en nombre de ciertos principios ante los que nada importan los fines particulares.

Segundo día

—Despierta, compadre, hoy es doce de agosto y son las nueve de la mañana, día y hora en que empiezas a tramar tu literatura cubana en el Perú —me dice J.V.

—Aaay, coño…

No puedo evitarlo. Desde hace varios años es mi manera de decir que me dispongo a vivir un día más. Una vez me quedé dormido mientras hacía la guardia en la radio base de la Universidad, y nunca llegaré a entender cómo fue que el equipo de audio estaba encendido al despertarme. Percibo que la punta del brazo de mi anfitrión desaparece en forma de jarra de café. Luego me informa:

—Cómo puedes seguir durmiendo si yo estoy despierto y está cantando Frank Sinatra… Ya ves cómo cito a Bryce, compadre. Pero fíjate que hoy es un atípico día limeño, no solo porque vas a empezar a escribir el cuento de tu vida, sino además porque hay sol.

—Yo siempre he querido vivir del cuento, así que ya es hora de hacer el cuento de mi vida.

No hay nada más cierto que esto. Creo que es lo único estrictamente cierto que he compartido con J.V. desde ayer.

Acto seguido, empuño el control remoto y activo en la caja tonta el 46: MTV. Le digo:

—Bryce no siempre tiene razón. No está cantando Frank Sinatra.

Pasan un corto de *Beavis and Butt-Head*. Según parece, han ido a una clase práctica de carpintería y Beavis está como hipnotizado ante el poder diseccionador de la hoja de la sierra. Se dedica a experimentar con todo lo que encuentra a mano, de modo que divide uno a uno los cajones de la mesa del profesor, luego la mesa y las sillas, el teléfono, la carpeta, los *files* llenos de documentos…

—A trabajar, compadre, ahí tienes la computadora.

Tengo tantos dilemas en la cabeza que me distraigo ante uno falso: ¿Cómo nombrar el *file* del texto que J.V. quiere que yo escriba? Desde ayer no he hecho más que mentir. Le digo a J.V. que estoy intrigado por ver cómo acaba esto, cuidándome bien en definirle lo que significa esto. Beavis ha decidido cercenarse el dedo índice (la fascinación de la hoja de la sierra y todo eso). En la siguiente secuencia aparecen en una enfermería, pero Butt-Head insiste en obstaculizar el trabajo quirúrgico maniobrando dentro de sus fosas nasales con el índice solitario de Beavis.

En la isla nadie se imagina lo reconfortante que resultan tales animados. Recuerdo que en los años setenta pasaban esos animados-llenos-de-optimismo, telesovietizados, supuestamente didácticos y penitenciarios. Fue a finales de los años setenta que conocí a Pascual González, cuando uno podía darse el lujo de tener dieciocho años. Pascual no me ha reconocido gracias a la generosa confabulación de varios factores: con treinta y cinco años me he permitido el pelo sobre los hombros, ya que no pude hacerlo a los dieciocho; he adelgazado según la magnitud del hambre en la isla, ahora soy un hombre alargado y estrecho, como la forma de la isla; Pascual está enfermo, le han diagnosticado esquizofrenia, corroborada por su persistencia en el hospital siquiátrico Larco Herrera.

Pascual era el más viejo de todos. Su historia, según su propia referencia, estaba ligada a Los Hongos, entretejida de tal manera que se hacía difícil discernir dónde empezaba la fabulación de su melancolía y dónde empezaban Los Hongos, que eran una cofradía *hippie* no contaminada, de esas que en cierto momento comenzaron a pulular bajo el puente del río Almendares, antes de ser desterradas y reconcentradas en las Unidades Militares de Apoyo a la Producción. Según él, escapó lanzándose al río en el momento de la redada. Era preferible tragarse la mierda anónima del río que tener que tragarse la otra mierda. Desde entonces, Pascual se convirtió en un fantasma que recorría el mundo habanero con la trasnochada esperanza de fundar otro grupo, no ya como Los Hongos, sino, decía, uno más intelectual. Era irresistible cuando se hundía en el rasgueo de su guitarra, entonando con su voz empírica: Los Hongos son espectros, la flor de la calle,

> *la flor de la calle*
> *por favor no la pises*
> *con tus zapatos*
> *mediocres y tristes.*

Así lo conocí, y así me ganó para su grupo que se llamaría: Ejército desnudo de sombras sin alojo. Pero ni la épica espectral ni la promiscuidad errante, tan sonoramente anunciadas, llegaron a consumarse.

En seguida aparecieron otros cofrades. El Fuelle, cuyo apodo completo era Fuellescuplex (más onomatopéyico que significante), mantenía su pelo largo contra viento, marea y terremotos oficiales, tanto como su inmunidad ante el realismo socialista, amén de cierto padre agregado cultural en no sé qué embajada. Los libros que llevaba al grupo caían como bloques de hielo en el agua ardiente de nuestra ignorancia, provocando hondas concéntricas y luego disolviéndose en sofísticas discusiones sobre la narrativa del *boom* y la estética de Sartre. Otro de los cofrades era El Ruso, que nunca pudo evitar seguir siendo ruso por la línea materna, y prefería su gentilicio por el solo hecho de que tapaba su inquietante nombre. Se llamaba Iosef y le gustaba repetir constantemente que esto era una mierda, aunque nunca aclaró lo que significaba esto. Él creía que lo sabíamos. Nosotros también. El quinto de los fundadores se llamaba Fidel Navarro, y además de su devoción por Roque Dalton, su considerable nombre y su estrecho vínculo con la marihuana, era el quinto, con lo cual solíamos decirnos que éramos el Pentágono con Fidel al frente.

Durante los primeros meses, el líder fue Pascual y sobrepasamos el quíntuplo. En lugar de llovernos gatos y perros, nos caían encima aguaceros de muchachas con sus ojos de luna a asombrarse ante tanta genialidad alternativa, a hacernos el amor en lugar de la guerra, y a cantar nuestras canciones que eran espantosas. Al principio solo nos propusimos divertirnos y matar el estrecho tedio insular, con la convicción de que no tardaríamos en desplegar la mejor literatura cubana, para asombro de toda la sociedad, que además del pan, terminaría viviendo de nuestra literatura. Por supuesto, para que la sociedad supiera aprovechar cada resquicio del sentido de nuestras obras, tendríamos que cambiar primero su educación estética, pero esto sería, como hubiera dicho tendenciosamente mi amigo J.V., la parte *light* del asunto.

La primera vez que fumamos hierba la trajo Fidel Navarro. Solía decir: No pise la hierba, fúmela. Y he aquí que se aparece con un ejemplar de *The Naked Lunch*, dice, inobjetable coincidencia; y extrae de su interior tres hojas secas, falsamente treboladas, que según él pertenecían a su cosecha personal. Pascual aplaude. Otros nos ponemos nerviosos en un círculo que se muerde la cola. Acerquen la lámpara para hacer la picadura, dice, la montaña mágica. Jorobar. Jorobar es un arte difícil, sobre todo para neófitos. Pascual se adelanta con una cinta de papel *craft*, distribuye la picadura en un surco diminuto y nos explica: es como si estuvieras acariciando un clítoris, pero a continuación arma tal chapucería que pensamos más bien en las manos de un violador, el papel se retuerce, la picadura salpica hacia afuera, Fidel reclama su derecho a jorobar, dar al Cesar lo que es del Cesar, y pasa de la potencia al acto. El prajo de la paz. Lo hace circular, y nosotros nos peleamos decorosamente por la posesión del incandescente. Luego olfateamos, famélicos, la humareda que hace anillos lentos. Mi turno es detrás de Pascual, al que el Ruso observa desde el fondo de un pozo. Me entierro un humo ácido en los pulmones. Es el papel *craft*, alecciona Fidel, tienes que engancharte con algo para que no te pierdas. Poseo mi humo recóndito y lo valoro, es poca cosa, solo una acidez imprecisa que enrojece.

Aquel día se nos ocurrió, obnubilados y sedientos, publicar un boletín. Pascual dibujó la idea: cuatro o cinco páginas mimeografiadas, dos o tres poemas, un artículo, un manifiesto estético. Lo repartimos en las calles con la mano de Mayakovski, con la risa de Jim Morrison, con la sabiduría de Diógenes. No buscamos el camino. Somos de algún modo el camino, y tenemos algo muy claro, clarísimo como el temblor de la luna contra el agua: ¿de qué sirve el camino, si no conduce al Templo?

En algún momento, imposible de medir en los relojes, aparecieron tres de nuestras muchachas. Recuerdo que todos vimos un sombrero de copa, y luego dos conejos que el Ruso convirtió en botellas de ron. Recuerdo el mar. Recuerdo una frase: el mar es tiempo que perdemos buscando la otra orilla. Recuerdo que no nos importó descubrir ocho animales desnudos, ni el agua apretada en el pecho de las hembras, ni los muslos de las hembras apretadas en las caderas de los hipocampos. Recuerdo otra frase: ¡es el hipocampo negro de Rimbaud! No importaron los peces ciegos que habitan en el fondo de los agujeros del cuerpo. Recuerdo la sombra de los corales bajo el agua. Recuerdo que hablé con Pascual acerca de los recurrentes paraísos del olvido.

Viéndolo tras el peso riguroso de la acumulación de los días, he llegado a pensar que aquella noche ocurrió todo. Alguien gritó: no nos une el amor sino el espanto, será por eso que los quiero tanto. Lo demás, en el grupo, fueron variaciones a partir de aquella noche arquetípica. Diez meses después, cuando el grupo comenzó a ostentar el privilegio de su decadencia, pude cifrarme una imagen de mis amigos en aquellas actitudes definitivas.

Fue el boletín lo que provocó que alguien nos aconsejara que estábamos pasando a una especie de romanticismo peligroso. Y yo fui el camino (al menos eso creí entonces), ya que había conseguido que mi madre accediera a imprimirlo en los talleres de su trabajo. Aparecieron dos agentes que para empezar le enseñaron a mi madre casi todo lo que podía saberse de nosotros. Ella, por defendernos, creyó oportuno hacer la historia universal de la inocencia. Pero aquello no era una acción policial, sino un voto de confianza que estaban a punto de concedernos.

Mi padre empleó la palabra clave: FICHADOS. Ya están fichados. Eso quiere decir que en alguna oficina irrespirable, frente a algún archivo ordenado alfabéticamente, alguien cobraba un sueldo por ubicar, cuando fuera necesario, una fichita cuyo contenido pesaba lo mismo que mis dieciocho años. Te van a venir a ver dos compañeros, me dijo, quieren tu ayuda, si te decides y das el paso vas a ganar mucho. El paso consiste en abrir los ojos, detenerse, incitar y luego delatar. Acepté. No por principios. No en nombre de un ideal. He aquí mi razonamiento: de vez en cuando, les digo algo que no perjudique mucho a los otros, y ellos, que todo lo pueden y lo han prometido, me ayudan a entrar en la Universidad. Empecé a sentirme un Raskólnikov, sin sentido de culpa, sustituyendo el asesinato por la delación, y mi delación trataría de ser regulada hacia el ámbito de lo inofensivo, de la simulación. En todo caso, aquello era un sacrificio necesario para que mi literatura, que siempre estaba por escribirse, ocurriera definitivamente. Una historia como esta sería mi venganza.

—Lee, viejo. Esto es lo que he escrito hasta ahora —le digo a J.V.

Es de noche. Él se sienta frente al *display* y comienza a leer en pantalla como si todo el día hubiera estado pendiente de mis dedos. Me va corrigiendo erratas, me consulta para decidir algo de puntuación, y siempre sonríe. Yo activo la caja tonta en el 46: otra vez *Beavis and Butt-Head*. Están mirando algún *clip* de Smashing Pumpkins sentados en el sofá de su departamento. Pero enseguida Beavis se pone compulsivo, y Butt-Head, para calmarlo, decide asestarle un Golpe Formidable en medio de la cara, sobre el sitio donde suele permanecer la nariz. Beavis vuelve en sí sangrando gota a gota: *I'm bleeding*, dice, *I'm still bleeding*. Entonces Butt-Head, siempre diligente, va en busca de un trapo de cocina para detener la hemorragia. La cocina es el ámbito de las moscas y las cucarachas. En la secuencia siguiente Butt-Head aplica con una Presión Formidable el trapo sobre la nariz del desconsolado Beavis. *I'm bleeding, I'm still bleeding* vuelve a decir, y además ahora tiene toda la cara manchada de rojo. Yo observo la cara aún sonriente de J.V. Beavis ha quedado solo en medio del terror, ya que Butt-Head, más preocupado que nunca, decide telefonear a Emergencias. La operadora le pregunta qué ocurre, y él le responde *Beavis is bleeding*, pero luego comete el error de aclarar, *Beavis' nose is bleeding* con lo cual la operadora cuelga, no sin antes advertir que es casi natural que una nariz sangre. Butt-Head intenta con sábanas, calzoncillos, medias, pero Beavis *is still bleeding*. La cara de J.V., corroboro yo, aún sonríe. En la siguiente secuencia, Butt-Head ata un cordel a la punta de la nariz de Beavis y el otro extremo lo amarra a la cerradura de la puerta que permanece abierta. Luego procede a darle un Tirón Formidable a la puerta, con lo cual se escucha el alarido de Beavis y toda la pantalla se colorea de rojo. J.V. se ha puesto serio. Sus hombros se han hundido en su cuerpo y su cuerpo en la silla. Solo falta la tosecita nerviosa.

—Esto es una mierda, compadre —me dice.

Al final, Butt-Head arrastra a Beavis hasta una farmacia, compra un par de tapones menstruales y se los introduce en la nariz. Beavis, agradecido, repite que aquello es muy *cool*.

—¿Está mal escrito? —No puedo remediarlo: cuando me avergüenzo siempre digo algo de lo más estúpido.

—Está bien escrito, compadre.

Comprendo. Decido mirar la caja tonta. Ahora Beavis y Butt-Head están de safari. Cada uno tiene una liga en la mano y cazan moscas por todo el departamento. J.V. me pregunta:

—¿Cuánto delataste?

— Mucho. Por poco que yo creyera lo que estaba diciendo, ellos lo convertían en mucho. Pero en aquel momento, yo era Raskólnikov. Solo me avergoncé de una cosa, y mira cómo terminó.

Le cuento. Me habían pedido alguna foto de Fidel Navarro fumando marihuana, asegurándome que era solo para material de archivo. No procederían contra él. Me aparecí en una de esas últimas reuniones que ya parecían un velorio, y cuando empezamos a fumar hierba subí una cámara que nadie había notado y dije: para la posteridad, frente al rostro de Fidel. Él no protestó y yo entregué la foto. Unos meses después, cuando ya no éramos el grupo, me lo tropecé en la calle y me invitó a fumar y a bebernos una botella de vodka. Cuando el alcohol nos condujo a la trampa de la sinceridad lacrimosa, le confesé lo de su foto. Tienes que cuidarte, viejo, le dije, y no te pido que me perdones. Fidel rió como un epiléptico, rió como una lombriz sobre el pavimento, rió salpicándome con su saliva, y esa fue la última vez que lo vi. Me dijo: no te preocupes, colega, yo también soy informante. Estamos a mano.

J.V. se queda mirando la caja tonta y empieza con su tosecita nerviosa. Beavis y Butt-Head han cazado una Formidable Cantidad de moscas. Butt-Head las almacena en un pomo de cristal que guarda en el refrigerador, y enseguida se reúne con Beavis que ha colocado algunas en una tela de araña. Los dos gritan de euforia cuando una Formidable Araña aparece y empieza a devorar las moscas.

No se le quedó el apodo de Cabeza de Caucho, con su nombre bastaba. Concurrían la religiosidad chata y la falta de imaginación: Pascual. Lo de Cabeza de Caucho fue casi inevitable, pues era lo primero que a uno se le ocurría frente a su sonrisa de arrugas, su rostro gruyer profanado por el acné, la elástica transición de su fisonomía alegre a la tristeza y otra vez a la alegría. A ello se agrega, ahora, su repentina declaración de ser ambivalente. Como Fidel Navarro, como yo.

Según esos casetes, cuyo mejor destino hubiera sido el fondo silencioso de la bolsa de nylon, ingresó oficialmente como agente en el año 1979, que fue cuando el grupo murió de viejo, pero ya llevaba cuatro años como informante.

Dice su voz opaca a través de la cualidad incierta de la cinta: «Me hice informante porque me gustaba, y porque la Revolución es algo esencialmente justo. Cuando hacía mis informes corregía el destino de los gusanos y defendía la Revolución. Siempre fui riguroso. Cada opinión discordante era una agresión formulada por un enemigo».

No me es dado explorar su esquizofrenia, pues supongo que me son ajenos un cúmulo suficiente de datos y los conocimientos mínimos. Sin embargo, no puedo mirar su infancia sin constatar que un hermano de su madre, su tío Severino González, era esquizofrénico paranoico.

De su infancia son las Lomas del Brujo, un sitio sin mapa en la Cordillera de los Órganos, al occidente de la isla. De su infancia son esos ríos serpentinos que aún no tienen nombre, donde su tío Severino siempre estaba a punto de ahogarse. Su tío no sabía trabajar la tierra, pero a partir de cierto momento empezó a gritarle a todo el mundo que él era comunista. De su infancia, por último, son dos memorias que no se pueden soslayar.

Uno de sus primeros recuerdos es que escuchó hablar a los perros. Puso los pies en el suelo a media noche. (La tierra de afuera se empataba con la tierra de adentro). Se asomó a la ventana, y allí estaban los tres lamentables perros de la casa sosteniendo una sigilosa charla. Con el tiempo, dice Pascual, prefirió pensar que lo había soñado. Pero siguieron siendo innegables la tierra en las plantas de sus pies y los ojos con que los perros se le enfrentaron a través de la noche.

Lo otro fue que poco antes de empezar en el colegio, tomó un libro, lo abrió y entendió lo que decía. Desde luego, cuando empezaron las clases tuvo que aprender a leer sílaba a sílaba. Pero conservaba el recuerdo de que en un libro grueso que su madre mantenía al lado de la cama, en algún lugar de las páginas finales, decía: «Después me entregaron una caña como una vara de medir, diciéndome: ven a medir el Templo y el altar, y haz el censo de los que allí adoran».

Con la adolescencia, llegaron otros recuerdos que ocultaron a estos, y así fueron cayendo los recuerdos como el agua en el agua. Tal vez, creo yo, aquellas dos memorias de la infancia son hijas de un espejismo esquizofrénico.

Su único amigo se llamó José Luis. Y es curioso que no haya sido mencionado sino al cabo de tres casetes que representan diez años, en una parte donde se refiere a su trabajo como informante. Dice: «José Luis fue mi único amigo gracias a que uno todavía no podía darse cuenta de lo que era la amistad. Él tenía diez años y yo ocho. No recuerdo su rostro, pero sí sus manos, que eran recias y siempre estaban arañadas por las espinas del marabú. Cuando llegué a La Habana y empecé a conocer gente de mi edad, me separaron de ellos mi timidez y la intuición de lo que después sería mi contenido de trabajo».

Yo fui informante. Pero mis víctimas (he querido usar esta palabra impropia, aunque parezca retórica sentimental), nunca dejaron de ser mis amigos. Lo cual redunda en mi contra, desde luego. Para Pascual González, los seres que lo rodeaban, esas entidades humanas que ponían en él su confianza, no pasaban de ser su contenido de trabajo. Digamos que prefería dejarlos ahí, cosificados, en el reino de una alteridad ajena a los sentimientos. En ese mismo casete, más adelante, dice: «Mi prójimo no es mi prójimo. Mi prójimo no debería aproximárseme».

No queda muy claro cómo fue que él y su madre se mudaron para La Habana. Pascual pasa por este accidente de su vida como si fuera un umbral, y prefiere detenerse del lado de un bullicioso colegio habanero. Al principio no fue el verbo, fue la timidez. Pero su vocación de delator lo ayudó a vencerla. Porque Pascual siempre se supo en el deber de decirle a la maestra cuáles habían sido las fechorías de sus compañeros cuando el gato no estaba en casa. Durante la adolescencia, algunos maestros le negaron este derecho (digamos que se negaron a escucharlo), pero siempre hubo un oído abierto y un aula anónima. De modo que cuando le pidieron su ojo sin párpado y su lengua bífida, ya el Agente 0-0-0 Pascual González contaba con un modesto currículum vitae. La formalización de su carácter vigilante sirvió para algo fundamental: se convirtió en un ser político. Dice, más reflexivo que concluyente: «...tal vez toda la basura que me rodea atenta contra la Revolución. Poco a poco me voy afianzando en esto. Si alguien actúa mal, hay que defender a la Revolución de esa persona que no merece ninguna consideración».

Los años más fértiles de su trabajo fueron esos sesenta en que perdió la virginidad y aparecieron las Unidades Militares de Apoyo a la Producción. Veamos primero su virginidad y luego lo otro.

Se llamaba Helena. Tenía el pelo tan negro que parecía toda pelo. También parecía que había venido al mundo enfundada en sus jeans manchados en óleo, acrílico, tempera y otras salpicaduras de empírico *avant-garde*, según el último grito de la moda callejera. Su frase predilecta era: las cosas fluyen. Y por eso conoció a Pascual merodeando cerca del Parque Almendares, le dijo qué hombre más solitario, y silabeó una canción, *where do they all come from*, lo que Pascual entendió como una exhibición de agilidad mental pues se consideraba, en efecto, un hombre solo, y solía decirse, yo que tan solo solamente he nacido, o, de dónde viene tanta gente solitaria, aunque los Escarabajos estuvieran prohibidos. Ella, por su parte, les decía esto a todos los hombres con los que quería hacer el amor y no la guerra. No la guerra de Troya, aunque ella fuera Helena. No la guerra de las ideologías, que eran muy complicadas. Sino el amor limpiamente. Y, desde luego, con aquel hombre solitario las cosas fluyeron en esa dirección. Como tantas veces para ella, en el bosque de La Habana ocurrió el intercambio de fluidos. Hubo eyaculación precoz y luego impotencia y otra vez impotencia, por lo que Helena quedó enamorada. Lo llevó a un grupo que siempre estaba a la sombra húmeda del río Almendares, bajo el puente, que eran parásitos sociales, según pudo constatar Pascual, y que se hacían llamar Los Hongos, tal vez haciendo honor a un *habitus* consagrado que incluía el consumo de esos honguitos alucinógenos que proliferan en las plastas de las vacas. Entre Los Hongos, Pascual le hizo el amor a Helena correctamente. No le quedó más remedio, pues aquellos cofrades solían decir: a hacer el amor con disciplina y calidad. Luego lo hizo con Sandra, que era un caso. Luego con Berenice, cuya boca sabía a tabaco. Luego con otras muchachas de piernas elementales.

Sus informes sobre Los Hongos eran dilatados y perplejos. Siempre advertían el hecho negligente de que en nuestra sociedad, que no tenía nada de caldo de cultivo, proliferaran especies como aquella. Por lo demás, en el grupo nunca se hablaba de política. Los Hongos solo querían estar, húmedos, pálidos, fotosintéticos. Pero no estuvieron por mucho más tiempo, ya que aparecieron las Unidades Militares de Apoyo a la Producción, y Pascual González tenía prioridad en la lista para extirpar a Los Hongos. Según su testimonio de aquel momento: «Con las UMAP, por fin, esos parásitos dejarían de serlo. Serán encerrados y aprenderán a trabajar para el bien común, cosa que nunca han hecho». Le dijo a su Helena, el mismo día de la redada: Te aconsejo que no vayas al grupo, hoy se abre el caballo de Troya. Con la metáfora, creía él, cumplía con el deber de discreción y dejaba entrever algo. Nunca más la volvió a ver. Nunca más volvieron a verse esos hipilingos caribeños y atemporales bajo el puente Almendares.

Después de esto, como diría un matemático que despeja una ecuación, Pascual quedó solo y distinto. Entonces apareció el Ejército desnudo de sombras sin alojo. Fuimos su obra, la obra de esa Revolución que ocurría a través de él. Nos dedicó sus mejores talentos, su oído abierto y su pupila insomne; un concepto más maduro de su oficio. Empieza el quinto casete: No hay que esperar que la basura lo salpique a uno para entonces señalarla. Uno puede moverse hacia ella, apartar la superficie de las cosas y encontrar la basura. A la basura siempre se le conoce por su peste y yo tengo buen olfato.

Sucumbo, ahora, a ese tipo de asociaciones capaces de adulterar la persistencia de mi memoria. Recuerdo su rostro de cabeza de caucho. Recuerdo que en su boca siempre había una sonrisa y una cautelosa indecisión. Recuerdo que de su boca salía siempre la misma pregunta cuando hablábamos de política: cómo podríamos actuar. Él nos dio a leer a George Orwell; nos habló de Solzhenitsin, de Bulgákov, de Pasternak. Lo recuerdo interrumpiendo una de las canciones que desentonábamos a coro para decir que, a pesar de todo, aquellos eran escritores menores, como los del realismo socialista, pero con signo contrario. Lo recuerdo diciendo que Padilla era un burgués, excelente poeta, pero un burgués que quiso salirse del juego. Para Pascual, salirse del juego significaba abandonar la isla. Las cosas hay que arreglarlas desde dentro, decía, sin traicionar.

Dejó una sinopsis de sus informes sobre cada uno de nosotros, pero la inefable experiencia de escuchar lo que decía sobre Fidel Navarro y sobre mí, que también éramos informantes, ha terminado por hundirme en el patetismo. El agente 0-0-0 no se imaginaba que al menos aparentemente éramos de los suyos. En uno de mis puntuales informes, dije sobre él: «Pascual es un sujeto inofensivo para la Revolución, salvo por su vocación de juntar gente para que se pongan a hablar lo que no deben y su habilidad para hacer circular libros de escritores equívocos». Al entregarlo tuve que explicar, con imposible precisión, qué cosa era aquello de «escritores equívocos», y, sobre todo, me encargaron averiguar de dónde sacaba los libros. Nunca llegué a saberlo: los libros probablemente se los suministraba la policía.

Pascual confiesa, hacia el final de su testimonio, que una sola vez presintió la futilidad de su trabajo. Fue cuando vio la película *La isla de Pascali*. Su trama se desarrolla en una de las islas del mar Egeo durante el Imperio Otomano. Pascali, el protagonista, era un delator. Toda su vida consistía en rendir laboriosos informes a un emperador sin rostro. Era observador, taimado como todos los delatores, acostumbrado a una soledad más esencial que aparente. Sus amigos eran un arqueólogo inglés y una mujer hermosa. Habían descubierto una estatua de Afrodita bajo tierra, inmune a los saqueos del Imperio. Hacia el final ocurrió la delación. El tropel de soldados. El accidente. Y Pascali vio cómo la estatua se precipitaba sobre el cuerpo de la mujer.

Sugestionado por la coincidencia de nombres, Pascual se identificó con una escena terrible: Pascali había tenido un sueño. Dentro del sueño, el delator (él mismo), vagaba atormentado por una idea fija, hundido en una abarcadora penumbra, entre calles sin rumbo. En algún momento persigue un laberinto de paredes, la profundidad de un edificio deshabitado; su mano abre una puerta y caen sobre él los papeles, sus informes, las infinitas delaciones de su vida que nunca nadie había leído.

CUARTO DÍA

—Aaay, coño.

Otra vez *Beavis and Butt-Head* en el 46. Beavis se ha puesto compulsivo porque quiere tomarse unas cervezas, pero cuando lo intentan en el bar más cercano el cantinero se niega a despacharles porque son menores. Deciden hacer más de lo posible por tomarse unas cervezas, entonces van a un club de Alcohólicos Anónimos donde hay unos tipos muy responsables dando su testimonio arrepentido.

—¿Quieres leer lo que he escrito hasta ahora?

Imagínese un espacio en blanco que significa Una Eternidad: ese es el tiempo que J.V. se toma para responderme.

—No. Prefiero leerlo todo al final.

Mientras tanto, Beavis y Butt-Head han comenzado a tentar a los tipos muy responsables, diciéndoles que sería muy *cool* irse de allí al bar más cercano a tomarse unas cervezas frías, espumosas, y cosas por el estilo, todo muy *cool*.

—Necesito ir a entrevistar a Pascual —le digo a J.V.—. Solo le haré cuatro o cinco preguntas para terminar la historia.

—Pues vamos, compadre.

Antes de salir, observo que Beavis y Butt-Head han convencido a los tipos muy responsables de Alcohólicos Anónimos para que vuelvan a ser los Borrachos Conocidos del bar de la esquina; allí, todo muy *cool*, los tipos brindan y hablan de béisbol, mientras que Beavis y Butt-Head luchan con el cantinero para que les venda unas cervezas frías. También observo que J.V. se ha convertido, a mi lado en el taxi, en el tipo más silencioso de Lima.

—A Pascual le han dado de alta —me dice J.V. cuando hace sus averiguaciones en la oficina de información del Larco Herrera.

—Tengo que entrevistarlo, viejo, averigua dónde vive.

Pachacamac es un lugar peligroso, esto no es nuevo. Es tenerse que sentar en un taxi durante una hora y media para ir estudiando las variaciones del paisaje mientras uno se aleja de Lima. Pachacamac es un lugar turístico y algo peor que un Pueblo Joven. El lugar turístico fue el primer periplo que me otorgó J.V. cuando yo era un recién llegado a Lima. Me sentí en la gloria de la arqueología, pero le dije, taimado y malicioso después de haber fatigado los Templos de la Luna y del Sol: así que estas eran las montañas de barro donde se metían los indios, por eso se extinguieron. Los exterminaron, compadre, me dijo J.V., siempre riéndose. Los tiempos cambian. El paisaje cambia a medida que uno se aleja de Lima. Hay vendedores como postes en la longitud de la autopista. Ofrecen choclos, toallas de playa, piezas de automóviles, diarios de *El Comercio* y *La República*. A la izquierda, sobre un polvo sediento, florecen los hacinamientos suburbanos denominados Pueblos Jóvenes. Le señalo a J.V.; hay un cartel gigantesco que consigna: Asentamiento Comunitario Cesar Vallejo. Trato de imaginarme un enorme solar cubano llamado Alejo Carpentier, pero entonces recuerdo que en Trocadero #162 existe un solar donde vivió Lezama.

Hemos llegado. Pachacamac no parece un sitio peligroso: es un sitio peligroso. Es un desperdicio metafísico por su forma de laberinto, por su irrespirable olor a fritanga, traspasado por la mirada veladamente hostil de sus pobladores.

—Son cubanos —me dice J.V.—. Habla con ellos.

Les pregunto la dirección. Soy un amigo de Pascual González. Me enseñan una calle de polvo, luego un tinglado de barro y esteras que se repite indistinto hasta que llegamos a la vivienda de nuestro hombre en Pachacamac.

Nos recibe sin emoción y yo le lanzo mi primera pregunta:

—¿Me reconoces?

Cuando me mira, imagino que busca en el fondo de mis ojos, y luego me dice:

—Sí, claro que te reconozco, tú eres el escritor que fue a verme al hospital para contar mi historia. Te estaba esperando.

Comienza aquí mi desesperación de periodista apócrifo, pues debo meter en camisa de fuerza el contenido útil a mi historia, y no las recurrentes digresiones a que nos sometía Pascual González como si ese fuera el precio que debíamos pagar por escucharlo.

Desaparece y aparece trayendo tres tazas.

—Café a lo cubano —anuncia.

Le formulo, entonces, mi segunda pregunta:

—¿Cómo viniste a parar al Perú?

—Es una tremenda historia —me dice.

Le arranca el filtro a un cigarro Camel, que son los más fuertes que venden aquí. Luego le da fuego en una de sus puntas (su encendedor es de lata y tiene forma de pistola). Parece fumar contra el cigarro, dilata el abdomen en una oscilación que no se corresponde con el movimiento deliberado del antebrazo, y empieza a hacerme su tremenda historia.

Después de trabajar en aquel grupo, el Ejército desnudo..., sus superiores comprendieron que ya podía hacerse agente de la Seguridad del Estado y llevar a cabo una verdadera misión. Imagínense, dice, lo que yo pude haber sentido cuando me hicieron un reconocimiento moral, me enviaron a descansar a unas instalaciones en el Escambray, y luego me impartieron un curso de preparación. Era ese año 1980 que todo el mundo recuerda porque la escoria cubana, que eran varios miles, tomaron por la fuerza la Embajada del Perú, me dice. Su misión consistía en saltar la cerca de la embajada, como un gusano más, salir de Cuba a través del Perú, e ir a parar a Miami donde recibiría nuevas instrucciones. Nunca he sentido tanto odio, me dice, como durante aquellas tres semanas que estuve en la Embajada. Imagínense lo que es convivir con miles de personas y odiarlos no a todos, sino a cada uno por separado, con un odio distinto para cada uno, soportando sus dos mierdas, la que cagaban a todas horas y en todos los lugares, y la que hablaban. El odio continuó dilatándose hasta lo insoportable, hasta no parecer odio, cuando llegó a Lima y tuvo que convivir varios meses bajo las carpas del Parque Túpac Amaru. Según Pascual, ocurrió, entonces, una revelación. Robó una Biblia que alguien había descuidado, la abrió al azar, y leyó con fijeza el pasaje del *Génesis* donde Abraham está dispuesto a sacrificar a su hijo. Su hijo le pregunta, ante la aparición del cuchillo: *¿Quién pone el cordero para el sacrificio?* A lo que Abraham responde: *El Señor pone el cordero, hijo mío.* Fueron noches que parecían una sola noche soñando con ese pasaje sin llegar a entenderlo. Hasta que no pudo más y pidió ayuda en la embajada cubana. Le ubicaron un cuartico en la zona del Rímac y le dieron algún dinero. Fueron días y noches divididos únicamente por el miedo con que Pascual saltaba una vez por semana a la bodega de enfrente. Entonces ocurrió su primera gran crisis, que él insiste en llamar fatalidad...

Toma su encendedor de lata, apunta a mi entrecejo y aprieta el gatillo. Estas palabras deben ser escuchadas en su voz, no leídas:

—Como ven, se trata de una imitación. He aquí la inofensiva llama, dosificada para calcinar apenas la punta de un cigarro Camel, que son los únicos que un cubano puede fumar en este país además de los mapachos... Dormía yo en mi cuartico del Rímac, víctima de un sueño donde persistían ininterrumpidamente las palabras evangélicas de que la fe todo lo puede. De pronto, me despiertan los gritos de las barras bravas. Había terminado el partido y los hinchas de Alianza Lima festejaban no sé qué goleada sobre la U. Los muchachos querían divertirse según esa antigua tradición implantada por las langostas. No hay deporte que un cubano pueda detestar más que el fútbol. Es la antítesis del béisbol. La pelota es enorme, la tiran sobre la hierba, y todo el mundo empieza a caerle atrás de un lado para otro, tratando de colarla en una jaula. Bien. Ya está ocurriendo en la calle el despelote. Los é-olé-olé-olé, que si a la U le pateamos el culo, etcétera. El automóvil del vecino navega sobre un mar de chicos que solo quieren divertirse un rato. Yo doy vueltas y vueltas en la cama, me acuesto de tal modo que uno de mis oídos se silencia contra el colchón y al otro lo taponeo con la mano. Pero crece el despelote, el entusiasmo deportivo (ya en este momento el auto del vecino parece una alfombra mágica sobre la que pretenden elevarse una veintena de chicos). Doy vueltas hacia el otro lado e intento asfixiarme bajo la almohada pero no lo consigo. Comienzan los ruidos de cristales rotos, las multicolores explosiones de cohetes. Es importante, en este punto, imaginarse a los cohetes reventando en el vacío, tal vez a través de ciertas ventanas. Salto de la cama (Dios sabrá por qué), como si estuviera todavía en sueños: la fe todo lo puede. Empuño el encendedor y a través de una ranura de la ventana apunto a un chico cuya función parecía ser la de soliviantar a los rezagados. Aprieto el gatillo y el chico queda sobre el pavimento. Algunos elevan la vista consternados, siguen reventando los cohetes, me marea el olor de la pólvora. Vuelvo a apretar el gatillo dos, tres, cuatro veces, y quedan tendidos sobre el asfalto, silenciosamente, igual número de hinchas. Luego dormí como supongo que pueden hacerlo los ángeles exterminadores. Al día siguiente era once de agosto de 1981. Pueden revisar los periódicos de ese día. Fue una fatalidad.

Después de esto, según Pascual, perdió la razón. Anduvo por las calles y sin saber cómo vino a parar a Pachacamac con los cubanos. La razón lo siguió traicionando como un ave Fénix en las cenizas de la cordura. Por miedo, postergaba su visita a la embajada cubana, hasta que el miedo se hizo definitivo y le fue imposible volver. Han pasado quince años.

Le formulo mi tercera pregunta:

—¿Por qué te impresionó tanto la escena del sueño en *La isla de Pascali*?

La cara de Pascual parece hundirse en una dolorosa negación

—No me gusta hablar de eso —me dice—, no quiero que lo pongas cuando escribas mi historia... Se me metió en la cabeza la idea de que el sentido de la vida de un informante no es lo que pone en sus informes. A sus superiores no les interesa nada de esto. Les interesa que uno esté ocupado y nada más. Es una idea absurda que se me ocurrió entonces.

—Es una idea terrible —le digo.

—Sí, pero es mentira. No sé los demás, pero mis informes eran importantes.

No me atrevo a contradecirlo y le hago la última pregunta:

— ¿Por qué quieres que alguien escriba tu historia?

Me ofrece una sonrisa rústica.

—Muy sencillo. Si publicas mi historia aquí en Lima (y esa es mi condición), alguien de la embajada cubana va a leerla y entonces sabrán que no he traicionado. No veo las santas horas de regresar a la isla. Ningún cubano puede acostumbrarse a este cielo sucio.

Nos damos las manos y las gracias recíprocas. Le aseguro, por segunda vez sin ninguna convicción, que pronto volveremos a vernos.

De regreso a Miraflores, J.V. ya no es el hombre más silencioso de Lima, sino de todo el Perú. Es un silencio cuajado, triste e inquisidor. Decido refugiarme en la caja tonta. Esta vez Beavis y Butt-Head están ponderando la personalidad de cierto sujeto mayor que ellos, que maneja un auto descapotable, y que al parecer es el tipo más *cool* del barrio. Pero resulta que el sujeto, cuando Beavis trata de saludarlo, le dice *mocoso cara de culo*, y sigue su camino. Beavis contempla a Butt-Head, extasiado, y le manifiesta que ese es el tipo más *cool* que ha visto en su vida. En la secuencia siguiente el sujeto está borracho perdido y Beavis y Butt-Head lo remolcan hasta su casa. El tipo no logra articular una sola palabra, pero se nota que los quiere en ese momento. Cuando le vomita encima una sustancia granulada y multicolor, Beavis manifiesta que aquello es lo más *cool* que le ha ocurrido en su vida. J.V. me observa con un silencio tan hablador como el de Sor Juana y luego me dice:

—Me gustaría que te mudaras esta semana, compadre. Yo no te juzgo, pero alguien se tenía que molestar contigo por haber sido delator. Es una pena que me haya tocado a mí.

—Te comprendo —le digo—. Ya es hora de que vaya pensando en vivir solo.

En la última secuencia, el sujeto amanece con una terrible resaca, y cuando Beavis y Butt-Head van a saludarlo, el tipo les dice *mocosos cara de culo*, y sigue su camino. Pienso que esta va a ser la última escena de mi historia. Le digo a J.V.:

—¿Puedo visitarte de vez en cuando? Voy a extrañar la televisión por cable.

Raúl Aguiar

CONCIERTO*

I

«... Pink Floyd es conocido como un grupo enigmático que desaparece muy fácilmente, incluso hubo momentos en que las grabaciones se realizaban por separado, prácticamente sin encontrarse los músicos y Roger Waters llegó a concebir antes de hacer este disco, *The Wall*, la posibilidad de establecer un muro que separara a los músicos del público y que incluso tratara de separar a los músicos entre sí, buscando hacer físicamente posible lo que de forma conceptual considera la gran incomunicación que existe no solo entre el público y los músicos, sino entre la gente en general. Con esto vamos a dejar este trabajo que hemos estado realizando para ustedes sobre el grupo Pink Floyd y los invitamos a que estén próximamente la próxima semana en este su programa de la Historia del Rock. Hasta entonces, compañeros».

Pablo se sintió decepcionado. Parecía que al locutor le habían hecho una seña sobre el poco tiempo que le quedaba y por ello pasó de largo sin siquiera mencionar los nombres de los discos intermedios *Animals* y el de *Wish You Were Here*, que para el joven nada tenían que envidiarle a *The Wall* o *The Dark Side of the Moon*. También había pasado por alto la película hecha con el disco *El Muro*, una tesis musical en contra de la incomunicación y el neofascismo.

_____

* Fragmento de la novela *La hora fantasma de cada cual*, ganadora del premio David 1989 y publicada en 1994.

Pablo maldijo en voz baja a su padre por haberle borrado el casete con las canciones de uno de los discos, precisamente *Atom Heart Mother*, uno de los que casi nadie tenía. Tampoco podía explicarles a sus amigos el porqué de esa fijación en un grupo tan antiguo. Ahora tendría que llorarle de nuevo al Jonny para que le pidiera el resalado CD a su hermano, con lo tacaño que era.

II

—Coñó, muñequitos y todo, asere, ¡qué volao!

Pablo se había puesto a leer una de las historietas cómicas que el Jonny hacía de vez en cuando, mientras esperaba que este terminara de vestirse para ir al concierto. Desde el cuarto le llegó la respuesta del amigo:

—El otro día le presté una a Betty y no entendió nada.

—Esa nada más que entiende la pornografía.

Pablo siguió leyendo durante un rato hasta que se aburrió y lanzó la libreta hacia el sofá. Prendió un cigarro y habló:

—Jonny, ve a ver *Asesinos íntimos*, para que veas nada más a la jeva esa que trabaja ahí.

—Compadre, yo no me gasto un peso en eso.

—Yo te recomiendo que vayas. Coño, de verdad, asere, está buenísima, ¡tremenda película, pa' que tú sepas!

Silencio desde el cuarto. Pablo aspira dos bocanadas de humo y de pronto siente que tocan a la puerta. Va a abrir. Es el Duque.

—Coño, asere, pensábamos que ya no venías.

—¿Y el Jonny?

—Vistiéndose.

El Duque aparta las libretas y se sienta en el sofá. Luego se vuelve hacia el cuarto y grita:

—¡Dale Jonny, no te pintes más las uñas y acaba!

—¡Vete al carajo!

El Duque y Pablo se ríen. Al poco rato sale Jonny, le mete un puñetazo al Duque en forma de saludo y salen de la casa. Mientras caminan hacia la parada, Pablo aprovecha para pedirle los fósforos al Jonny.

—Compadre, no fumes tanto que no vas a crecer —dice el Duque. Pablo sonríe y enciende el cigarro.

—Yo fumo para no coger otros vicios.

—Ja, ja —la risa del Duque es un poco artificial. Pablo vuelve a la carga:

—Cada uno debe tener un vicio. Este es el mejor de todos.

—¿Por qué?

—Porque te jodes a ti mismo pero no jodes a los demás.

Por fin llegan a la parada. Saludan a dos conocidos que también van al mismo lugar y luego se apartan. El Duque murmura:

—Eso es lo que no me gusta. Esa gente son los que van a joder en todos los toques que se dan de rock. Esos tipos con caras de aberrados y las cejas sacadas y todo eso; esos tipos son todos maricones.

Por fin llegó la guagua y ellos montaron. Se mantuvieron callados durante casi todo el viaje, soportando las incomodidades de la superpoblación habanera y Pablo se entretuvo en observar a una trigueñita que cambió miradas con él. Pensó por un momento —casi cuando faltaban solo dos paradas— en invitarla a que fuera con ellos, pero al ver su vestimenta —un pulóver *surfing* de esos, con el ratón Mickey por detrás y por delante, y el peinado agarrado por un pellizco— no se decidió. Seguramente era una niñita de su casa, de la onda esa de Enrique Iglesias, los BSB y otras mariconadas, y no la dejaban salir sola. Por fin llegaron a su parada y desmontaron. Pablo echó una última mirada a la muchacha y se lanzó en pos del Jonny. Una gran cantidad de jóvenes faunísticos —pulseras llenas de pinchos, cabello por los hombros, ropas negras— se bajaron en esa misma parada. Pablo sintió que la tensión aumentaba a medida que se acercaban al anfiteatro. El Duque sacó una cajita metálica del bolsillo de su chaqueta y se acercó a Pablo.

—Mira, en esta caja guardo yo los eufóricos.

—¿Qué cosa es la euforia? —De vez en cuando el Duque salía con una palabrita de estas, recién estrenadas del ambiente, y Pablo no entendía, se sentía un poco inseguro, pero preguntaba de todas formas para apuntarlas en el diccionario personal.

—La coca o la yerba, viejo. —El Duque sonrió despectivo al ver que Pablo se encogía de hombros y quiso jaranear un poco—. Dale, llévatela para que la vean los socios tuyos esos del Técnico.

—Vete al carajo. —Pablo se llevó la cajita al rostro y la olió, pero no pudo notar nada anormal.

—No, no. —El Duque la cogió de nuevo y la guardó—. No huele a nada. Yo la llevaba aquí dentro del bolsillo y el negro haciéndose el muerto, diciéndonos: «No, piedra fina…».

Trataron de sentarse en una de las primeras filas, pero todo estaba ocupado, así que tuvieron que conformarse con el lugar que encontraron. De todas formas, desde allí se veía bien el escenario. El Duque siguió relatando:

—… Un negro descarado, asere, grande. Estaba zumbado como un perro. Fíjate si estaba zumbado que le dio el material al Linx y se iba sin coger la astilla. Y el Linx se paró y nos dijo «Eh, vamos echando» y nos mandamos a correr por el terraplén, pero el negro nos cayó atrás y dijo: «Pásenme los baros, se me olvidaron; no me hagan eso». El negro estaba arrebatado de verdad.

Sonó un rasgueo de guitarra y dos acordes de bajo. Ellos prestaron atención inmediata. El grupo por fin había llegado y estaban afinando los instrumentos. El Jonny se volvió de nuevo hacia el Duque:

—Sigue, sigue contando pero habla bajito. Aquí uno no sabe nada.

El Duque tomó aire, saludó con un gesto a una muchacha que lo había llamado y prosiguió:

—El barrio Santa Irene ese es un oeste, viejo. Es un terraplén así, y una pila de gente durmiendo en los portales. El caso fue que pasamos entre todos los tanques aquellos con la cosa en la mano. Yo guardé la nieve en mi cajita y el Linx cogió la yerba y la llevaba en la mano apretada, y una pila de policías de tránsito y motos y tanquistas y del carajo.

—¿Y la coca cómo te la dan?

—En un *naylito* que parece de preservativo, o si no en un papelito brillante de esos como si fuera chocolate.

—¿Y lo otro? ¿Hechos cigarros ya?

—No, no, el buche como te lo dan. El buche te lo dan envuelto en un papelito de esos de hacer cigarros.

—Traza. Coñó, tremendo nivel. Aquí te lo dan en un cartucho y vete echando.

—Sí, y despés con eso es que tú haces el «prajón».

Pablo ya se sentía mal con toda esa conversación y quiso cortarla de una vez.

—¿Y qué se siente con la nieve?

—Bueno, haz la prueba, socio. —El Duque volvió a sonreír despectivo.

—No, yo no voy a hacer la prueba. No soy tan comemierda como tú.

—¿Y por qué comemierda?

—Eso es una estafa, asere. Doscientos pesos por cuatro rayitas mierderas que para lo único que sirven es para ponerte un poco alegre. Yo, para ponerme en órbita, nada más me hace falta alcohol y música y no tengo que pagar tanto. Lo mío es estar en la onda y no desconectarme, viejo. La coca te desconecta, por eso es que no sirve.

—Coño. Como habla mierda el Pablo este, compadre. —Ya el Duque estaba enojado—. Que eso me lo diga un cretináceo con carnet y eso está bien, o un policía, pero que me lo diga este…

El Jonny decidió de pronto ponerse de parte del Duque.

—No sé por qué este dice eso. Si toma pastillas, él no puede hablar.

Pablo sintió como si le hubieran abofeteado el rostro y optó por callarse. El Duque aprovechó para remachar su victoria y acabar la conversación de una vez.

—Tú tomas pastillas y por eso decías lo del vicio. ¡Eso es más mierda todavía, asere! Nada, y seguro que tomas parkisonil y mierdas de esas.

—Clordiazepóxido *on the rocks*. —El Jonny se divertía.

—¿Tú sabes a la niña que tienes que echarte para que no critiques más? Una friqui que anda por ahí a la que le dicen La Loba. ¡Esa jeva es la mejor, *brother*, es una niñita pero ¡qué clase de cultura farmacéutica tiene!

—Ja, ja. —El Jonny seguía riéndose.

—…Se sabe todas las pastillas: los pacos, la efedrina compuesta, el nulip, las dronas, todas las variantes. Se sabe la que te sirve para mojar, la que te sirve para dormir, para arrebatarte pa'llá, pa' casa de la pinga, para deprimirte, para todo, ¡es una salvaje!

Pablo no pudo dominarse más y se levantó con los puños cerrados. Silabeó entre dientes:

—Váyanse al carajo los dos, ¿me oyeron? —Y acto seguido se fue de allí con paso hosco y se sentó en una de las filas de atrás, junto a unos desconocidos. En eso, el grupo de rock comenzó a tocar y todos empezaron a silbar y aplaudir frenéticamente. Pablo se concentró en la música y trató de no pensar más en la conversación aquella. Al poco rato se olvidó de todo y comenzó a cantar y aplaudir él también.

Ah, no te preocupes
Nunca pasa nada
Todos son buenos y son felices
¿Por qué será que me siento triste?
Triste
Loco
Yo

III

El grupo era bueno, bastante bueno, y eso que Pablo era muy crítico para esa clase de música. Tenían hasta composiciones propias y con buena letra y Pablo se preguntó entonces por qué no ponían a este grupo por la televisión en vez de la cantidad de tipos supermediocres con sus letras ridículas del majá y el potaje de frijoles qué rico y la cebollita y los plátanos, o panfletarias que eran peores todavía.

Reconoció al gordo que ya se había hecho famoso en los toques porque era uno de los mejores bailando *kansas* con las friquis más ricas del anfiteatro. Ahora tenía entre sus brazos a una de las garrapatosas —les decían así por su afición a llevar un pomo lleno de pegamento y olerlo durante el concierto para marearse un poco— y al lado de estos dos a un mariconcito sin camisa trazando filigranas con los brazos y piernas, esbozando mensajes —el vuelo del águila, la esfera, la serpiente— y otros menos conceptuales pero a todas luces referidos al amor y al sexo, que Pablo no tuvo más remedio que admirar y envidiar en parte —él no bailaba muy bien ni muy seguido—; y luego de vuelta a sus pensamientos.

El grupo tocó tres canciones más. Algunos bailadores comenzaron con su paroxismo a engancharse alfileres en los párpados y mejillas. Por suerte, hoy los organizadores no habían tenido la brillante idea de poner juntos a un grupo de salsa con uno de rock, como otras veces. Parece que por fin iban entendiendo que aquello sería problema y bronca segura.

Después de otra canción, los músicos pararon y le dejaron el micrófono a la que parecía ser una de las organizadoras principales. Se armó una rechifla y un abucheo multitudinarios y por eso Pablo no pudo oír lo que decía. Por fin hicieron un poco de silencio —el mínimo— y Pablo se concentró en las palabras: «A partir de hoy las entradas serán cobradas a peso». De nuevo la gritería del público y ella que pese a todo continúa: «¿Ustedes oyeron por qué se cobra a peso?». Gritos de «¡No!, ¡no!». Pablo no sabía si ese «No» se debía a que no habían entendido o a que estaban horrorizados con la proposición. «Vamos a repetir para que entiendan: Para poder brindarles a ustedes una mayor calidad, para poder alquilar transporte porque, si ustedes supieran todo lo que hemos pasado para poder dar la actividad, para poder poner mejor audio, mejores luces… por eso es que la entrada se cobrará a peso. El viernes 27, los Provos nuevamente aquí, en el anfiteatro…».

Pablo pensó que la idea era justa. «Y ahora continuamos con…» y el rasgueo atronador de una prima llena el anfiteatro y Pablo se desliza nuevamente en la música.

Flor de la calle
por favor no la pises…

—Oye…

Pablo se sorprende. Frente a él se encuentra una muchachita arrodillada que lo mira fijamente. Tendrá a lo sumo trece o catorce años y está vestida de negro con un collar de huesos de pollo o algo por el estilo. El pulóver tiene dibujado el logotipo de Black Sabbath.

—¿Sabes bailar?

Pablo sale poco a poco de la sorpresa. La chiquita es muy bonita —quizás terriblemente bonita—, como una muñeca rubia medieval, y no parece drogada o algo parecido, pero cierto nerviosismo incontrolable bien podría indicar una carga de adrenalina impuesta al estilo pinchazo —sobreenergía— y Pablo comprende que nunca la ha visto por allí o al menos nunca se ha fijado en ella. Demasiado peligroso. El SIDA está que arde.

—No sé bailar —contesta Pablo. Por un momento se recrimina su cobardía. Luego trata de remediarlo.

—¿Cómo te llamas?

—Arianne —ella sonríe—, y tú te llamas Pablo.

—Eh, ¿y cómo lo sabes?

—Pregunté por ahí.

—¿Y por qué ese interés?

—Pensé que eras más inteligente. No me decepciones.

Especial. La niñita era especial, de eso no cabe duda. Estaba a punto de decirle que sí, que iba a bailar con ella, pero en eso la música se interrumpió de pronto.

—Esto se está maleando. —Oyó que decía alguien al lado suyo y siguió la mirada de Arianne. Sin duda, eran la gente del échate pa'llá, del botellazo. Esa gente.

—Seguro son provocadores —siguió diciendo el otro. Pablo buscó a los dos policías que había visto al principio del concierto, pero estaban conversando cerca de la plataforma y parecían no haberse dado cuenta de nada. Los tipos estaban buscando a alguien en específico y por ahora se contentaban con ir mirando fila por fila los rostros de toda la gente. Al poco rato dejó de prestarles atención. No valía la pena, parece que hoy estaban calmados, menos mal. Y siguió conversando con la muchacha.

El rostro de Arianne era toda una invitación. Dos canciones y ya él le había pasado el brazo por encima de los hombros y la había besado en los labios. La muchacha era de Alamar. Vivía en uno de los edificios cercanos al anfiteatro y estudiaba en la secundaria que estaba al lado de la facultad de Geografía.

—Sí, chico, el edificio ese como de becas, rojo y blanco. —Y Pablo que se encoge de hombros y la besa en la mejilla.

Dos canciones y no pasó nada.

A mitad de la tercera canción sintió un codazo del tipo de al lado: «Mira, te lo dije», y observó el tumulto que siempre se forma en caso de pelea. De pronto, aparte de los dos policías, habían aparecido tres más y corrían abriéndose paso al centro de la multitud. Pablo se levantó picado por la curiosidad y se acercó un poco, después de decirle a Arianne que lo esperara en ese mismo lugar. Entonces vio que la gente llena de pánico abría el paso porque los muy cabrones estaban echando espray y dando golpes a diestra y siniestra y salían corriendo sin que nadie los detuviera, y en el brillo de cierto objeto que llevaban comprendió que habían sacado sus pistolas. Los provocadores corrían detrás y todos los siguieron hacia la salida del anfiteatro. Allá fuera estaban los carros jaulas esperando y ya tenían acordonada toda la zona. Trató de buscar a la muchacha con la vista pero había desaparecido. Por supuesto, el concierto terminó allí mismo en una riña tumultuaria. Golpes, gritos, piedras lanzadas contra los boinas negras, luego los perros, todavía con el bozal, por suerte, y varios disparos al aire. «Ahora sí se jodió esto», pensó Pablo. Caos total. Un punk se había adueñado de un aparato de espray y le rociaba con saña el rostro a un policía sin importarle los golpes de tonfa mientras que otros seis intentaban volcar uno de los autos. Pablo pudo ver cómo introducían a una muchacha en el camión y ella insistía todavía en amenazar a alguien: «Te lo dije cabrón, que no me tocaras». Y la respuesta áspera del policía: «¡Te me callas la boca, puta!».

En el otro carro, ya casi repleto, montaban a uno de los Provos, que parecía herido, con la camisa llena de sangre y que trataba de explicar algo pero sin éxito. Pablo sintió que la rabia le subía y lamentó no tener a mano una botella con gasolina para hacer una molotov. Esquivó a dos boinas negras que venían por él y pudo golpear a uno de los provocadores con una pedrada. Llegaron refuerzos. Él se alejó prudentemente ¿cobardemente? De todas formas, desde el principio se sabía que era una batalla perdida. Poco a poco, las cosas se fueron calmando, por lo visto la monada se había dado cuenta de que no podrían montarlos a todos y decidieron largarse con la cosecha. Solo dejaron a cuatro policías para que pararan cuanta guagua o camello pasara por la calle y así rellenarlos con los friquis sobrevivientes para que se largaran de Alamar de una buena vez.

Ya cuando los camiones jaula se ponían movimiento, pudo ver el rostro del Duque sentado detrás en el último carro y luego de la sorpresa inicial se prometió que llamaría a algún pariente de este en cuanto llegara a la casa.

Luego lo pensó mejor. ¿Qué pariente? Todos eran de otras provincias. El Duque no tenía más remedio que joderse. Y por supuesto, él no iba a ir a la estación. No quería cuentos con la policía.

Prendió un cigarro y buscó al Jonny entre la gente, pero no pudo encontrarlo. Quizás ya se habría ido antes de que pasara todo. Esperó a fumarse el cigarro hasta que se quemó los dedos, pero no aparecieron ni su amigo ni la muchacha. «Al carajo», se dijo y comenzó a caminar hacia la parada.

VERÓNICA PÉREZ KÓNINA

CARTA DE AGRADECIMIENTO A LOS CENSORES*

Debo confesar que mis mayores agradecimientos los guardo siempre para los censores. Sin ese Ejército Secreto, ¿quiénes seríamos nosotros, los que aspirábamos y aspiramos a ser escritores? ¿Quién sino ellos se hubiera leído nuestras primeras obras, tan imperfectas, tan ilegibles? ¿Quién hubiera seguido con tanta atención todo lo que escribíamos? ¿Quién otro podría haberle dado ese aire de azarosa aventura al oficio de escribir?

En estos tiempos, cuando la literatura se vuelve cada vez menos popular, añoro a esos despiadados críticos que se veían obligados a leer nuestras obras, a esos lectores anónimos y mal pagados que debían revisar cuanto relato presentáramos en un taller o enviáramos a un concurso. Les debo buena parte de mi éxito, de mi perseverancia en la escritura.

Nací en una familia de escritores, más bien de escritoras. Mi abuela por parte de padre, Carmen Lovelle, escribió en 1961 una novela corta que se publicó en *Lunes de Revolución*. Se llamaba *Diario de una mujer*. Tuvo mucho éxito, y mi abuela se hizo famosa de la noche a la mañana, por lo menos en Oriente, donde vivía. Incluso le propusieron que escribiera guiones de radio para una emisora de La Habana. Pero ella no se atrevió a dejar aquel pequeño pueblo cerca de Palma Soriano, Palmarito de Cauto, donde vivía. Hubiera tenido que cambiar completamente su vida.

Siguió escribiendo, pero no eran relatos de su vida, sino cuentos costumbristas, sobre guajiros, a los cuales conocía más bien de lejos. Influen-

---

* Texto escrito especialmente para esta antología.

105

ciada por Samuel Feijóo, hizo un libro entero de relatos costumbristas. Sus padres habían sido dueños de tierras y bodegas, nunca trabajaron la tierra; se hicieron pobres con el paso del tiempo, pero nunca cultivaron ni un huerto. Cuando llegó a terminar aquel libro, ya nadie se acordaba de su novela en *Lunes de Revolución*, y a nadie le interesaban los relatos sobre guajiros ocurrentes y graciosos.

Pienso que lo que le impedía escribir de la realidad a su alrededor era un sentimiento muy fuerte de autocensura. Cualquier cosa que describiera podía interpretarse como una queja, como una crítica, y mi abuela era una persona muy revolucionaria. La única crítica que se permitía contra el Gobierno era un chiste que solía repetir mucho, y que de niña yo no lograba entender. Carmen decía que las cosas en Cuba andan como andan porque antes (entiéndase antes de la Revolución) en Cuba gobernaban los blancos, y los negros les hacían caso. Ahora, según ella, gobiernan los negros, pero los blancos no les hacen caso.

Mi madre era rusa, y vivió más de 20 años en Cuba. Al volver a Rusia, a finales de 1992, estuvo unos diez años escribiendo un libro de memorias sobre su vida en la isla, que nunca llegó a terminar. Es por eso que mi padre decía, a veces con tristeza, a veces con enfado, que las mujeres de su familia eran escritoras, pero escritoras de un solo libro (yo misma había publicado en ese entonces un libro, *Adolesciendo*, a los 18 años, y luego durante más de 10 años no había vuelto a escribir nada en español). Por cierto, en el mismo concurso literario donde obtuve el primer lugar en el género de prosa, mi abuela ganó una mención, así que competí con mi propia abuela sin saberlo, y para colmo, ¡le gané!

Como futura escritora había decidido ingresar en la Facultad de Periodismo de la Universidad de La Habana, me parecía que lo más importante era escribir algo, sin importar el tema, y así irme perfeccionando poco a poco en el oficio. Pero muy pronto comprendí que aquello que nos enseñaban en la Universidad no tenía nada que ver con la literatura, con el periodismo ni con la vida en general.

Recuerdo que cuando estaba en el primer curso, el único primer curso que había en la Facultad de Periodismo, leí una entrevista en un periódico muy importante (nada menos que en el *Granma*) con un estudiante que supuestamente debería estudiar con nosotros (en el texto aparecían su nombre y apellidos). Era un estudiante inventado, que nunca había aparecido siquiera en nuestro grupo, el único grupo de primer año que existía en la Facultad. O sea, se trataba de una entrevista inventada, completamente falsa, publicada en el periódico más importante del país. Un buen comienzo para mis estudios, sin duda.

Mi primer matrimonio fue parte de aquel proceso de aprendizaje literario, la verdad, éramos más bien cómplices y amigos, pero nunca llegamos a formar una familia.

Antes de conocer a Ricardo Arrieta, quien había ingresado ese mismo año en la misma *alma mater* para estudiar Física, nunca me había encontrado a ninguna persona que apreciara la literatura al mismo extremo que yo (por supuesto, salvo mis padres y mi abuela).

Ricardo era miembro de dos talleres literarios, el de Playa, municipio donde vivíamos ambos, y el taller de Ciencia Ficción del Vedado. Para ese entonces había escrito solo una obra de teatro al estilo griego, o sea, una especie de tragedia de Esquilo, con coros y personajes muy extraños que decían cosas incomprensibles. Era un texto ilegible, la verdad, pero precisamente la dificultad del estilo de Ricardo lo hacía, ante mis ojos, completamente genial. En ese entonces pensaba que era a mí a quien le faltaba cultura y *background* para comprender aquella obra.

Comenzamos a salir, y nos hicimos asiduos del taller de Playa, donde conocí a Raúl Aguiar, a Ronaldo Menéndez y a otros escritores más que luego se convertirían en nuestros amigos más cercanos.

Comenzamos a reunirnos en mi casa, pues poco después Ricardo y yo nos casamos, ya que mi padre solo bajo esa condición aceptó que viviéramos juntos.

En esa época estábamos todos muy entusiasmados con una novela del escritor guatemalteco Arturo Arias, que había ganado años antes el premio Casa de las Américas. Se llamaba *Itzam Na*, y en ella aparecía un grupo de *hippies* que se autodenominaban «El Establo». Decidimos llamar así a nuestro grupo, sobre todo porque Ricardo y yo considerábamos en aquel momento que ser *hippie* era la única forma posible de existir.

Pensábamos que solo podíamos aspirar a ser *hippies*, pues nunca lograríamos pasar de todo como lo hacían los *hippies* verdaderos. Por lo menos en mi caso, estaba claro que, por muy *hippie* que me considerara, estaba obligada a estudiar y a terminar la universidad. En caso contrario, tendría un problema muy grave con mis padres, que me mantenían.

Además de *Itzam Na* teníamos otras lecturas preferidas, entre ellas *El maestro y Margarita*, la novela de Mijaíl Bulgákov. Al inicio, en nuestras reuniones, lo que más hacíamos era intercambiar libros y comentar lo que habíamos leído durante la semana.

En una de las paredes de mi habitación estaba escrito a mano un poema de un poeta cubano caído en desgracia, Heberto Padilla. Su libro fue recogido poco después de ver la luz, y el poeta cayó preso más de un mes.

Algún tiempo más tarde se vio obligado a emigrar a Estados Unidos. De alguna manera logramos encontrar un ejemplar de ese libro censurado, *Fuera del juego*.

Estábamos a un paso de convertirnos en disidentes, aunque, en realidad, éramos seguidores de las ideas comunistas y pensábamos que el problema del socialismo radicaba en que alguien había tergiversado las ideas de Marx, Engels y Lenin, y solo había que retomar el rumbo inicial, que nos parecía a todos completamente correcto.

Yo llegué un poco más allá en mi admiración por Padilla, al escribir su poema en la pared, a mano. Era un poema bastante provocativo, que se titulaba «Poética». Las iniciales de ese poeta son HP, lo cual le daba a lo que adornaba mi pared un aire de doble sentido.

Estaba dispuesta, por lo visto, al igual que el autor del poema, a que me cayeran a pedradas o me derribaran a patadas la puerta, y algo por el estilo no tardó mucho en ocurrir...

En nuestras reuniones debatíamos además ideas filosóficas, sobre todo de los autores que además estábamos obligados a leer en la Universidad, pues en cualquier carrera debíamos estudiar Filosofía Marxista-Leninista, y las ideas de otros pensadores cuyos libros pasaban por nuestras manos de vez en cuando.

Uno de los más activos miembros de nuestro taller, un estudiante de Física que, por cierto, no escribía nada, se dedicó a leer todas las obras de Lenin con el objetivo de demostrar que sus seguidores fueron los que tergiversaron sus ideas.

Para mí, la época de mi «adoración» por Lenin ya había quedado en el pasado. De niña leí muchos libros en ruso sobre la infancia de «Ilich», donde los autores describían en tonos edulcorados sus encuentros con campesinos, su participación en una fiesta de Año Nuevo con niños que fueron al Kremlin, cómo Lenin compartió un pan con alguien en la época de hambruna y cosas por el estilo. Gracias a mi madre rusa yo estudiaba en la escuela soviética, y llevaba de pequeña un prendedor con un retrato de un Lenin de unos seis años en mi blusa escolar.

Cuando más tarde, motivada por mi abuela Carmen, comencé a coleccionar sellos postales, una de mis colecciones estaba dedicada a Lenin. Sabía tanto de su vida que llegué a ganar, a la edad de 12 años, una olimpiada sobre Lenin que organizó la escuela soviética. Me sentía muy orgullosa, pero descubrí con asombro que para mis padres ese premio no resultó un motivo de alegría, sino todo lo contrario. Me miraban asombrados, como tratando de descubrir de qué virus extraño me habían contagiado en el colegio ruso, que me obligaba a amar al creador del partido bolchevique.

Otra de las cosas que me llamó la atención era que mi padre, que además de dar clases de Psicología, también a veces impartía en la Escuela de Medicina los cursos de Comunismo Científico, solía burlarse de una manera bastante mordaz del líder bolchevique. Así, me contaba con frecuencia que, cuando Vladímir Ilich era pequeño, tenía la cabeza muy grande, y además era un poco torpe, a menudo se caía y siempre se daba golpes muy fuertes en la cabeza. Mi padre aseguraba que fue la hermana de Lenin, María Uliánova, la que contó eso en sus memorias. Se trataba de una imagen demasiado ridícula del autor ideológico de la Revolución de Octubre, y poco a poco perdí todo interés por Lenin.

Otro de los libros que cayó en manos de los miembros de El Establo se llamaba *La espiral de la traición de Solzhenitsin*, del checo Thomas Rezac, un texto muy desagradable y difícil de leer, pero que nos atraía precisamente por el nombre del escritor contra quien iba dirigido. Por algún extraño motivo, cuando leíamos *La espiral de la traición*, que denigraba totalmente a Solzhenitsin, ese panfleto nos causaba a todos un efecto contrario, pues nos creaba un mayor deseo de leer la obra del propio escritor.

Un buen día, por pura casualidad, yo logré descubrir en la librería de libros viejos de Obispo *Un día en la vida de Iván Denísovich*, editada en la colección cubana Cocuyo en los años 60, novela con la que Solzhenitsin ganó el premio Stalin y se dio a conocer en la URSS.

Ese libro nos sumergió en el más profundo desconcierto, pues esa imagen idealizada que teníamos de la Unión Soviética se desvaneció sin remedio, sobre todo para mí, que había tenido la posibilidad de visitar ese país en varias ocasiones junto con mi madre. ¿Cómo podían haber ocurrido semejantes injusticias en un país que imaginábamos ideal?

Después de Iván Denísovich, resultaba un poco difícil seguir creyendo en los ideales comunistas o socialistas, pero el capitalismo nos seguía pareciendo el mayor mal del mundo.

Recuerdo que en una reunión de nuestro grupo en casa de los padres de una amiga llegué a decir que debía «morir una generación» para que en nuestro país cambiara algo. Cuando lo dije me refería, por supuesto, a que esa generación tenía que morir de muerte natural, o sea, que debían pasar no menos de 40 años, pero mis interlocutores comprendieron, por lo visto, que me proponía eliminar violentamente a toda una generación de cubanos para lograr esos cambios. Me imagino que en esa conclusión influyó mucho el hecho de que su padre hubiera participado en la «lucha contra bandidos» en el Escambray…

En realidad, yo me estaba refiriendo a la salida de los judíos de Egipto. Las lecturas constantes de *El maestro y Margarita* (libro que mi abuela Carmen se robó con anterioridad de la biblioteca de Palma Soriano) provocaron en mí un interés enorme por la figura de Jesucristo. La novela de Bulgákov era la única fuente de información sobre Cristo que estaba a mi alcance.

Movida por la curiosidad, compré en un puesto de libros viejos una Biblia, y me dedicaba a desentrañar el Viejo Testamento, aunque mi paciencia alcanzara a veces solo para leer unas pocas páginas de un tirón. Como es sabido, los judíos estuvieron 40 años vagando por el desierto antes de entrar en la Tierra Prometida, porque antes debían morir los últimos judíos que vivieron en la esclavitud en Egipto.

Esa era mi idea, que solo cuando muriera esa generación que hizo la Revolución, que luchó en la Sierra Maestra o en el Escambray, podría haber un cambio en Cuba.

El padre de mi amiga y todos los representantes de la vieja generación que estaban presentes se escandalizaron, y esa noche quedó claro que resultaba inútil intentar explicarles nuestras preocupaciones.

Más o menos en esa época, Ricardo escribió un cuento con fuertes influencias *hippies*, un relato sobre un roquero que es detenido por la policía después de un concierto de rock y termina en un calabozo, donde, para colmo, le cortan el pelo. Se llamaba «La horma».

El tema del pelo largo era otra de las cosas que nos preocupaba mucho, sobre todo a los chicos. Que un hombre llevara el pelo largo era señal, sobre todo para los policías, de que el susodicho pertenecía a una minoría sexual que estaba bastante mal vista en esa época.

Por supuesto, una de nuestras películas preferidas, junto a *The Wall*, de Pink Floyd, era *Hair*, de Milos Forman.

Volviendo a «La horma». Discutimos el relato en nuestro taller, que ahora también se reunía en el Parque Lenin, y luego Ricardo decidió que era hora de dárselo a leer a sus compañeros de clase, que estudiaban junto con él en la facultad de Física.

Le dio por un día el relato a un muchacho que consideraba muy amigo, y al día siguiente su compañero de clase le dijo que todavía no había tenido tiempo de leerse el texto, y que se lo devolvería después.

Así pasó casi una semana, al cabo de la cual resultó que el cuento ya lo había leído la jefa de la Juventud (organización comunista para jóvenes) de su curso, y otros personajes más, que decidieron que resultaba perentorio organizar una reunión y debatir ese relato y la actitud de Ricardo con todos sus compañeros.

Los encargados de seguir de cerca todo lo que escribían los jóvenes no solo controlaban los talleres oficiales y todos los periódicos y revistas, también contaban con informantes voluntarios que enseguida les hacían llegar cuanto texto «problemático» caía en sus manos.

Por supuesto que, en la reunión, que fue a puerta cerrada, los compañeros de Ricardo aseguraron que todo eso que él había relatado era mentira, y que los amantes del rock en Cuba podían escucharlo sin ningún problema en sus propias casas.

No sería la única vez que el tema del rock nos causara serios problemas, pero renunciar a él nos parecía completamente imposible, era la base de nuestra ideología *hippie*. Esta vez Ricardo tenía que ser expulsado de la Universidad, pero no por haber escrito el problemático cuento, sino por razones puramente disciplinarias, pues había faltado a más de seis horas lectivas durante un trimestre.

Por cierto, toda esa campaña contra su cuento no impidió que el mismo fuera publicado, pocos años después, en el libro *Alguien se va lamiendo todo* que escribieron a dos manos Ricardo y Ronaldo, y que resultó merecedor del premio David de 1990.

Por suerte, mis padres lograron conseguirle un certificado médico psiquiátrico que afirmaba que mi marido estaba padeciendo una fuerte depresión y necesitaba un año sabático para restablecerse. Lo más increíble fue que en su facultad aceptaron ese papel y le otorgaron un año de total libertad.

Lo único que tenía que hacer Ricardo era asistir durante un mes a un hospital psiquiátrico de día, donde toda una serie de personajes, muchos de los cuales se encontraban en su misma situación, debatían temas de interés común y jugaban al parchís y otros juegos de mesa.

Más o menos en esa misma época, al final del curso, yo tuve una práctica en el periódico Juventud Rebelde. Se suponía que en los primeros años de la carrera debíamos hacer prácticas en la prensa escrita, en tercer año en la radio y en cuarto en los canales de televisión, que eran dos.

En la redacción nos dijeron que teníamos que escoger un tema y escribir algún artículo. Decidí escoger la esfera más neutra, y me centré en la contaminación ambiental y la protección del medio ambiente.

Comencé a buscar material en las publicaciones hechas en el mismo diario, y al final presenté un artículo bastante grande que reflejaba la contaminación del puerto de La Habana. Al parecer, las pequeñas notas que aparecían de vez en cuando sobre su contaminación no resultaban tan llamativas, pero todo ese material recopilado en un mismo texto tenía un efecto contundente para los lectores, así que me dijeron que ese artículo era completamente impublicable.

Eso no me afligió mucho, pues ya estaba convencida que hacer periodismo en Cuba me resultaría imposible. Además, comenzamos a hacer nuestro propio medio de prensa, una revista maltrecha a la que le pusimos, como era de esperar, el mismo nombre que llevaba nuestro grupo, *El Establo*.

En el primer número aparecía un artículo mío, bastante crítico, sobre Varadero, lugar que visitaba bastante a menudo con mis padres. Por supuesto, todo en ese lugar me parecía entonces, desde mi nueva visión del mundo, detestable y aburguesado.

Salieron dos números más de la revista, y después nos enteramos de que en el grupo había varios agentes de la Seguridad del Estado infiltrados, y esos números, mucho antes de que comenzáramos a repartirlos entre nuestras amistades y en los talleres literarios, habían caído en manos del Gran Hermano.

Solo unos críos tan ingenuos como nosotros podíamos ignorar el hecho de que en Cuba estaba prohibida cualquier publicación que no fuera realizada por el Estado. Hasta mi padre llegó a enterarse, por sus propios canales, que alguien había declarado diversionista el grupo El Establo, y se rumoraba incluso que recibíamos el apoyo de ciertas personas de Estados Unidos.

Eso era lo más irrisorio del caso, pues ninguno de nosotros conocía a ningún estadounidense, ni siquiera teníamos familiares en ese país, pues todos proveníamos de familias extremadamente revolucionarias... El padre de Ricardo, incluso, fue un revolucionario extranjero, de El Salvador, que un buen día decidió volver a su país para seguir luchando por sus ideales y desapareció.

Mi padre andaba muy preocupado y hasta me llegó a exigir que dejáramos de reunirnos en lugares públicos como el Parque Lenin, donde había demasiados oídos indeseados, pero en esa época exigirme algo semejante era como ordenarme hacer lo contrario.

Por cierto, aparecieron fotos que alguien había hecho durante esas reuniones, así que resultaba evidente que los agentes estaban entre nosotros. Prefería no pensar quiénes podían ser. Sabía que algunos de mis amigos estaban sopesando hacer una labor de «topo», o sea, hacer una carrera que les permitiera llegar a un puesto desde donde podrían cambiar algunas cosas.

A mí esa variante me parecía imposible, pues siempre pensé que por el camino esa persona perdería poco a poco todos sus ideales y la voluntad de realizar cualquier tipo de cambios. No tomaban en cuenta que cuando alguien logra cierto nivel, comienza a ganar dinero o a obtener privilegios, tiene mucho miedo de perder todos esos beneficios.

Recuerdo que uno de los profesores más jóvenes de la Facultad, que, por lo visto, sentía cierta simpatía por mí, una vez que nos quedamos a solas me dijo que debía solamente «seguirles el juego» a todos esos «activistas», pero por dentro continuar con mis ideas. «Eres una muchacha inteligente, no te va a costar nada», me aseguró. Por lo visto, esa era la táctica que él mismo había elegido. Pero yo sabía que cuando llevas muchos años portando una máscara, esa máscara se adhiere a tu rostro de tal manera que te resulta imposible deshacerte de ella.

«No darás falso testimonio», decía claramente uno de los diez mandamientos.

Mi ideología *hippie* me exigía que despreciara el dinero y los cargos. Desde que Ricardo y yo nos casamos éramos extremadamente pobres, y dependíamos completamente del dinero que nos daban nuestros padres. La madre de Ricardo le daba 60 pesos mensuales, y mis padres nos daban 200, pero con ese dinero teníamos que alimentar además a una tropa de amigos de El Establo que solía venir a mi casa de Cubanacán con mucha hambre.

Mi madre incluso llegó a darme, a escondidas de mi padre, paquetes de arroz y de frijoles que siempre les sobraban, para que cada amigo que viniera hasta mi remoto barrio pudiera contar con un plato de comida.

Aunque seguíamos viviendo en la misma casa, mis padres hicieron una pared de cartón tabla para independizar mi habitación, que contaba con un baño y una cocina microscópica, y abrieron en la misma una salida a la calle.

Cuando Ricardo recibió la posibilidad de descansar durante un año, a mí no me cabía la menor duda de que empezaría a trabajar. Ni corta ni perezosa, mi madre enseguida le encontró una plaza de profesor de Física en un preuniversitario, pero los planes de mi marido resultaron ser completamente diferentes. De hecho, el primer conflicto que tuvimos consistió en descubrir su absoluto rechazo a trabajar, rechazo que provocó nuestra ruptura un año más tarde.

En realidad, el dinero no nos alcanzaba para nada. Menos mal que en la escuela soviética me habían enseñado a coser, y podía hacerme casi toda la ropa que llevaba, unas faldas anchas y largas y camisas o blusas en el estilo *boho*, que me encantaba. Mi padre, cuando me veía con esos atuendos de mi propia confección, decía que otra vez yo andaba disfrazada de «chilena pobre». Solo me faltaba el sombrero que las andinas suelen llevar en la cabeza.

Pero los zapatos era ya algo que no podía confeccionar, y siempre tenía un solo par de sandalias o de zapatillas que había que cuidar cono si fueran de oro, pues, en caso de que se rompieran, no había con qué reemplazarlas.

Aunque Ricardo y yo salíamos todas las noches y asistíamos a cuanto concierto de la Nueva Trova o de rock tenía lugar en la ciudad, yo trataba de no abandonar tampoco mis estudios, e incluso logré sacar muy buenas notas. En mi curso había una competencia constante por el mejor escalafón, y mis notas me permitían, al menos, en segundo y tercer año, aspirar en el futuro a una buena plaza de trabajo.

Por cierto, a pesar de mi estilo *hippie* y mis zapatillas rotas, recibí el calificativo de «pequeño burguesa» por parte de mis compañeros de grupo.

Ellos solían debatir mi «desviación ideológica» en reuniones de la Juventud a las que yo no podía asistir, por no pertenecer a esa organización, creada para «forjar» a futuros activistas del Partido Comunista. Pero siempre había algún «buen amigo» que me contaba todo lo que se había hablado sobre mi humilde persona en la reunión de turno, para mayor desconcierto y disgusto mío. En realidad, hubiera preferido no enterarme de nada.

Más o menos en esa época llegó a la Facultad de Periodismo un corresponsal que comentó que la emisora COCO estaba buscando estudiantes para hacer un programa juvenil.

Con un amigo de mi grupo, Alberto, decidimos ir a la emisora y averiguar. En la URSS había comenzado la perestroika, y los periódicos y revistas que llegaban de ese lejano país nos alentaban a escribir cosas más críticas y a hablar abiertamente de los problemas. Muchos profesores de periodismo debatían con nosotros en las clases las revistas soviéticas *Tiempos Nuevos* y *Sputnik*.

Me encantó la idea de hacer un programa de actualidad, que incluyera entrevistas a la gente en la calle. Recibí en la emisora una grabadora profesional y un micrófono, y junto con Ricardo salí a la cacería. El primer tema a tratar, lógicamente, era la literatura, o más bien, la lectura. Preguntábamos a la gente qué escritores conocían, cuál era su libro preferido o el último libro que habían leído.

Aunque realizamos la entrevista en pleno centro de la capital, a lo largo de la calle 23, las respuestas eran realmente desalentadoras. La gente no leía nunca, no sabía absolutamente nada de literatura, y ni siquiera se acordaba del nombre de un escritor. Algunos incluso trataron de hacer pasar por escritores a pintores famosos.

Esa entrevista se transmitió por la COCO (el periódico del aire) a una hora muy buena, por la tarde, y provocó furor. La gente llamaba a la emisora, protestaba, exigía que se realizara otra entrevista para demostrar que en realidad la lectura era muy popular.

Ante ese éxito, que me entusiasmó mucho, decidí hacer otra entrevista en la calle, esta vez dedicada al tema del rock. En esos tiempos existía un grupo cubano de rock bastante popular que se llamaba Venus, que a veces actuaba en la Habana Vieja.

Precisamente a un concierto de ese grupo decidimos dirigirnos Ricardo y yo, armados de la grabadora y el micrófono de la COCO. Esperamos a que terminara la actuación y entrevistamos a los jóvenes que habían venido al evento. En realidad, las canciones que cantaba el grupo Venus estaban todas en inglés, los músicos simplemente reproducían piezas famosas de grupos occidentales.

Uno de los primeros temas que abordaron los propios espectadores era la necesidad de escribir letras en español, que reflejaran la realidad cubana. Muchos nos dijeron que el rock, a pesar de estar de moda, era un tipo de música que casi no se podía escuchar en los espacios públicos.

En cierto momento, entre las personas que estaban hablando con nosotros, alguien gritó: «¡Abajo Fidel!». Me imagino que ese «opositor» de pacotilla pensaría que estábamos transmitiendo en directo, pero nos obligó más tarde a editar, por nuestros propios medios, la grabación para quitarle ese «fallo», completamente inadmisible para cualquier medio oficial.

Al director de la emisora le gustó mucho el resultado de nuestro trabajo, a pesar de que nos regañó por los cortes que le hicimos, que descubrió enseguida. Incluso decidió transmitir las entrevistas en el mejor horario, el sábado por la tarde. Durante toda la semana en la emisora estuvieron anunciando el programa, y a la hora señalada miles de amantes del rock, entre ellos Ricardo y yo, nos dimos cita junto a nuestros radios para escuchar.

Pero el programa número dos nunca salió al aire. Por desgracia, también perdió su trabajo el director de la emisora, me imagino que amante secreto del rock. Me sentía culpable por haber provocado su expulsión de la emisora. Por suerte, logró enseguida encontrar trabajo en una emisora que transmitía programas en inglés, y eso me tranquilizó un poco.

Cuando volví al poco tiempo a pasar por la COCO, entre otras cosas, para averiguar la causa de todos esos cambios, me encontré con una joven muy simpática que se había hecho cargo de la emisora, la cual me repitió, palabra por palabra, la canción de siempre, de que los jóvenes cubanos pueden oír rock en sus grabadoras personales, y no tienen por qué asistir a conciertos de grupos de mala muerte como Venus. Por supuesto, esa agradable joven no necesitaba que participáramos en ningún programa. Cuando le dije que en Cuba a muchos jóvenes que conocía personalmente no les alcanzaba el dinero ni para comprar un casete nuevo, sin hablar de un equipo de música, ella se rió de mis palabras.

Por cierto, la grabadora que logró comprarse poco después Ricardo fue prácticamente un regalo del cielo. Él se encontró un billete de 50 dólares cuando paseábamos juntos por la Plaza de la Catedral. Por lo visto, lo habría perdido algún extranjero, y Ricardo había llegado a la hora propicia y al lugar propicio para hallarlo. Para nosotros se trataba de una suma colosal. De ninguna otra manera hubiéramos podido comprar una grabadora.

El tema del rock nos preocupaba mucho, hasta el punto de que nos llevó a maquinar toda una estrategia para hacer llegar esa preocupación al entonces ministro de Cultura, Armando Hart.

En la Casa de la Cultura de Playa, donde Ricardo había asistido durante varios años al taller de literatura, existía también un Club de Amantes de la Música. Tras ese nombre grandilocuente se ocultaba un cero absoluto, pues se suponía que los melómanos que asistieran al club tenían que escuchar música clásica. En una ciudad donde la mitad de la población juvenil escuchaba música rock, y la otra mitad salsa, era un proyecto bastante utópico, y el único que se apuntó fue Ricardo.

Le gustaba la música clásica; además, la organizadora era bastante atractiva, joven y era su amiga. Ella recibía cierta suma de dinero mensual por su «labor» en aquel club inexistente. Pero un buen día el propio Ministro de Cultura, que era el autor ideológico del proyecto, decidió reunir a los melómanos de toda la isla para intercambiar experiencias, y nada menos que en el hotel Nacional.

A los amantes de la música clásica de otras provincias, además, se les ofrecía alojamiento gratuito por una noche en ese hotel, y todos asistiríamos a una mesa sueca al final del evento.

Al principio, Ricardo estaba totalmente en contra de presentarse en la reunión, pues se la imaginaba, y con razón, sumamente aburrida. Pero yo lo convencí de que esa era nuestra oportunidad de defender la presencia de la música rock en los escenarios y, por qué no, en los clubes de música, a los que asistirían entonces cientos de personas.

Antes de reunirnos directamente con Hart, tuvimos varios encuentros previos con representantes del Ministerio de Cultura del municipio Playa y de la Provincia. En todos nos trataban de tantear, nos preguntaban directamente si pensábamos decir algo durante la reunión con Hart, si teníamos en general alguna opinión al respecto.

Callamos como verdaderos conspiradores, pues nadie debía saber de antemano lo que pensábamos ni mucho menos lo que planeábamos decir. Si alguien se hubiera llegado a enterar, simplemente no nos habrían dado la palabra.

Al final, al vernos tan pasivos, (éramos además los únicos jóvenes que estábamos en esos encuentros), nos dieron unas preguntas por escrito que debíamos leer en presencia del titular. Aceptamos de buena gana, pues sabíamos que nunca pronunciaríamos esas frases vacías y sin sentido.

Por fin, llegó el día de la reunión. Nos pusimos nuestras ropas más formales, pues no debíamos mostrar en ningún momento nuestra verdadera esencia *hippie*. El evento se realizaba en un salón de reuniones del hotel, y todos se mostraban felices y alegres ante la perspectiva de la mesa sueca que nos esperaba.

Creo que en cierto momento me dio hasta pena ante los asistentes que habían venido de otras provincias: se notaba claramente que era la primera vez que se alojaban en un hotel de esa categoría, o incluso, para algunos, era la primera visita a la capital.

El problema del rock me pareció en aquel instante algo forzado, pues, seguramente, en todos esos pueblos y ciudades, los aficionados a esa música estridente eran muy escasos. Pero ya no podíamos dar marcha atrás. Comenzó la reunión, y, tras las palabras de apertura, apareció el propio Ministro, muy mayor.

Por supuesto, no pudo abstenerse de dar un pequeño discurso, un discurso piadoso con sus oyentes, de apenas una hora escasa, dedicado a la importancia de los logros de la Revolución.

Después les dieron la palabra a los presentes, y Ricardo y yo fuimos de los primeros en alzar la mano. Casi enseguida nos dieron la palabra, y allí fue que cambiamos el guión del encuentro, pues comenzamos a defender a capa y espada la causa del rock en Cuba. Por supuesto, la sorpresa fue muy desagradable, sobre todo para los organizadores de la cita. Recuerdo la mirada de odio que me dirigió la amiga de Ricardo que organizó el club en Playa.

El rostro no muy atractivo de Armando Hart también reflejaba cierta molestia. Pero, hay que reconocerlo, su educación no le permitió rechazar nuestros reclamos, y mucho menos ofendernos o insultarnos.

Al final, fuimos el foco de atención de todo el mundo, pues en el protocolo de la reunión quedó plasmado que, a partir de ese momento, en los Clubes de Música se escucharían no solo obras clásicas, sino además ritmos contemporáneos.

Fue una victoria, una victoria contra el sistema burocrático que nos parecía invencible, pero una victoria pírrica.

En realidad, nada cambió, el único resultado de todo nuestro plan fue el cierre definitivo del Club de Música de Playa.

Debo reconocer que en esa época era muy idealista, y estaba segura de que los cambios que estaban ocurriendo en la URSS repercutirían tarde o temprano en la vida de la isla caribeña, por muy lejos que se encontrara de Moscú.

Era además una esperanza que compartían muchos de mis amigos, muchos jóvenes que estudiaban en la Escuela de Arte, o en la Escuela de Cine de San Antonio de los Baños.

Precisamente, un muchacho que estudiaba en esa última escuela, creo que chileno, nos propuso a un compañero de curso mío, Alberto, y a mí que escribiéramos el guión de un programa dedicado al tema. Inventamos todo el programa sobre la marcha, mientras íbamos a pie desde la Facultad de Periodismo, situada en la calle G, hasta 23 y 12, donde harían la grabación.

Las ideas eran, en gran parte, mías, pero, por supuesto, pensé que quedaría mucho más orgánico si hablábamos los dos, por turno. Así que escribimos un pequeño plan, según el cual Alberto y yo debíamos intervenir en igual medida.

Al final nunca logré ver ese documental, ni siquiera nos dieron una copia, pero un amigo que llegó a verlo me preguntó después qué hacía yo al lado de Alberto, todo el tiempo callada, y si fui simplemente a acompañarlo.

El autor del documental había recortado todas mis réplicas, y dejó solo lo que había dicho Alberto… Claro que a mis escasos 18 años mi imagen podía adornar cualquier película, pero nadie creía que además yo podía tener alguna idea propia en la cabeza.

En 1986 un amigo común y uno de los padrinos de El Establo, Sergio Acevedo, ganó el premio David con un libro de relatos titulado *La noche de un día difícil*. El título hacía una clara referencia a los Beatles, y los temas de los relatos eran muy actuales.

Para mí fue como recibir una señal, decidí de inmediato que tenía que escribir un libro de relatos para enviarlos a ese concurso y, de esa forma, poder publicar algo. Fue así como apareció *Adolesciendo*.

Sergio me ayudó mucho en la etapa final, cuando ya tenía todos los cuentos que entrarían en el libro y los poemas, pero quedaban por corregir millones de errores de estilo y hasta de ortografía (como estudié toda la enseñanza media en la escuela soviética, tenía problemas no solo de estilo, sino también de ortografía).

Llegó el momento de enviar el libro al concurso. Mis amigos de El Establo, por supuesto, los habían escuchado todos, y Raúl Aguiar no dudó en decirme que todo lo que yo escribía le parecía «muy tierno», calificativo con el que me dejó completamente traumatizada.

En la Facultad de Periodismo tenía un amigo muy bueno, también Raúl, que había estudiado su primera carrera en Rusia y hablaba ruso, y fue una de las primeras personas que leyó todos los cuentos de mi libro.

Como un mes después de enviarlo al concurso, pasé por casa de Raúl. Era verano, estábamos de vacaciones, y hacía tiempo que no sabía nada de él.

Raúl parecía muy contento, y me dijo que tenía una noticia muy buena para mí, pero me la diría solo a condición de que no se lo contara a nadie. Por supuesto, se lo prometí.

«Vas a recibir el premio, eres tú la ganadora», me dijo Raúl, que no tenía nada que ver ni con el concurso, ni con el jurado. Me quedé perpleja, y aún más me asombró la explicación de dónde provenía la información que tenía mi amigo.

Aquí debo hacer un aparte para explicar algunas cosas que para un lector que no conozca la realidad de Cuba parecerían inexplicables.

Raúl era homosexual, eso yo lo sabía desde que empezamos a estudiar la carrera de periodismo. Era, por cierto, una de las personas más cultas y talentosas que he conocido en mi vida. Además de ruso, hablaba francés, inglés y portugués, y había aprendido esos idiomas sin hacer mucho esfuerzo, escuchando canciones y hablando con nativos.

Precisamente para practicar su francés, se le ocurrió un buen día entablar una relación (supongo que bastante íntima) con un extranjero, un diplomático que trabajaba en la embajada de Francia. Allí fue donde ciertos representantes de los organismos de la Seguridad del Estado se pusieron en contacto con él y le dijeron que, si no colaboraba con esa institución, su condición de gay sería informada a la Facultad, y eso representaría su expulsión inmediata de la Universidad.

Raúl ya había perdido por esa misma razón la oportunidad de terminar una carrera en la Unión Soviética, y solo gracias a que su padre era general del Ejército y contaba con ciertos contactos muy importantes en el Gobierno, había podido entrar nuevamente a estudiar en la Universidad, esta vez en La Habana.

Él no podía permitir que ocurriera otra vez lo mismo, tenía que recibir un diploma, así que aceptó, pues se encontraba entre la espada y la pared. Por cierto, dos años más tarde, Raúl se vio obligado de todas formas a dejar la carrera, así que su sacrificio no tuvo ningún sentido, pero en aquel momento él no lo sabía, por supuesto.

Raúl me confesó que era un informante de la Seguridad, y que la persona con quien contactaba le había preguntado sobre mí. Por supuesto, Raúl le contó solo lo mejor (y me consta que así fue). Él me tenía mucho cariño, y yo también lo apreciaba mucho, aunque después de mi matrimonio y la aparición de El Establo me había distanciado un poco de él, en parte, por los celos tontos de Ricardo.

Según Raúl, el oficial de la Seguridad era además el encargado de «darle el visto bueno» al veredicto del jurado del concurso David, y sin la aprobación de ese hombre desconocido no podía ser entregado ningún premio. Gracias a Dios, a aquel «agente 007» le había gustado ese libro extraño y esnob que yo había escrito, así que ya era seguro que el premio sería mío.

De ese extraño modo supe que recibiría el David un mes antes de la premiación, pero no podía contárselo a nadie...

Junto conmigo ganó el premio David de ciencia ficción otro miembro del Establo, José Miguel Sánchez, quien insistía en que lo llamáramos Yoss. Si bien el estilo con que nos vestíamos Ricardo y yo estaba sacado de las fotos de Woodstock, José Miguel se asemejaba al mismo tiempo a Rambo y a un pirata del Caribe, solo le faltaba un parche en un ojo y un puñal colgado del cinturón para convertirse en el terror de los mares.

Yoss estudiaba en la Facultad de Biología, y además de escribir cuentos sumamente ocurrentes y hasta cómicos, también cantaba (más tarde entró en un grupo de rock denominado *Tenaz*, que ya no existe). En cualquier otro país José Miguel hubiera logrado la fama, sería uno de esos personajes que aparecen constantemente en la pantalla de la televisión, pero en Cuba, al menos en aquella época, permanecía en un total anonimato.

Comenzaron las clases. En la Facultad las cosas seguían más o menos como antes, salvo que a algunas personas, entre ellas a mí, se nos ocurrió pensar que la *glásnost*, o transparencia, promulgada por Mijaíl Gorbachov, podría echar raíces también en Cuba.

Se acercaba el 20 aniversario de la muerte de Ernesto Che Guevara, que se planeaba celebrar por todo lo alto, con marchas multitudinarias en la Plaza de la Revolución y discursos.

«No te harás ningún ídolo, ni semejanza alguna de lo que está arriba en el cielo...», leía yo en mi Biblia.

Fue así como decidí escribir un poema dedicado al Che y colgarlo en un mural de la Facultad. No lo firmé, pensé que eso no tenía gran importancia. Era un poema bastante inofensivo: solo criticaba la tendencia de convertir su imagen en una especie de ídolo al que debíamos adorar como si se tratara de un dios.

En realidad, sentía una gran admiración por la figura del «guerrillero heroico», acababa de leerme el *Diario del Che en Bolivia*, el libro *Tania la Guerrillera* y hasta los discursos del propio Che.

Descubrí que el Che era una persona muy estricta, extremadamente exigente, y nada democrática. Era partidario de un comunismo militar, en el que todos debían formar Ejércitos de Trabajo y andar marchando, vestidos de uniforme.

Pero la admiración que sentía por su valentía me permitía perdonarle esos excesos...

Desgraciadamente, no conservo ese texto poético que escribí, estaba en verso libre y no creo que fuera demasiado bueno.

El poema no duró ni un día en el mural y desapareció. Decidí que algún admirador secreto de mi obra lo había arrancado para guardarlo en sus archivos. Colgué una nueva copia.

Al día siguiente me percaté de que alguien se había apropiado nuevamente de mi poema, pero no me di por vencida. Colgué una tercera copia (tenía una máquina de escribir en casa, así que podía hacer todas las copias que quisiera).

Al poco rato se me acercó la secretaria de la decana y me invitó a una reunión. Allí me esperaba nuestra decana, Lázara Peñones, una mulata alta muy poco agraciada, que había estudiado en la Unión Soviética y había escrito en su momento un libro sobre introducción al periodismo que nos servía de manual en el primer curso. Ella nos había impartido esa asignatura, y me dejó una fuerte impresión de que tenía tanto miedo de apartarse de su propio texto que lo repetía al pie de la letra.

Fue durante una de las primeras conferencias de la decana que descubrí que, por alguna extraña razón, su voz ejercía en mí un efecto totalmente adormecedor, y solo bastaba que ella comenzara a hablar sobre el emitente o el recipiente, para que a mí se me comenzaran a cerrar los ojos. Como estaba sentada en primera fila, no podía darme el lujo de quedarme dormida durante su charla, así que rápidamente me trasladé al final de la clase, donde no solo podía dormir, sino además leer ciertos libros y hasta escribir, más tarde, mis primeros cuentos.

En ese momento me encontraba nuevamente frente a la decana, y ella tenía en sus manos mi poema. Esta vez no me causó el efecto adormecedor de antaño, la verdad.

Ella estaba muy molesta, pero decidió comenzar su charla de muy lejos, de cierto período que después pasó a llamarse «el quinquenio gris», pero que ella tildó de «revancha revolucionaria», o sea, de los años entre 1968 y 1973. Para ella esos habían sido los años más fructíferos del «proceso revolucionario» desde el punto de vista ideológico, pues no se andaba con miramientos, y a una «contestataria» como yo la habrían echado de la Universidad enseguida. Así que, según Lázara Peñones, yo podía considerarme afortunada, pues había colgado mi dichoso poema tres veces, pero la Revolución, generosamente, me daba la oportunidad de rectificar mi conducta...

Fue una reunión muy larga, ella habló mucho del Che, de su importancia, yo escuché muchas cosas nuevas, y callé, pues no se me dio la palabra. Creo que en realidad la decana quería alertarme, pues había tenido la oportunidad de transmitir mi texto a aquellos que tanto interés mostraban por mi obra, pero no lo hizo. Dejé de escribir poemas y decidí que la prosa, sin duda, era más sólida y objetiva.

Poco tiempo después nos citaron a todos los estudiantes a una reunión en la Plaza de la Revolución con los directores de todas las revistas, periódicos, emisoras de radio y canales de televisión del país.

Se rumoraba que al encuentro podía asistir el propio Fidel. Todos estábamos muy nerviosos y sentíamos que de lo que se dijera en ese encuentro dependía nuestro futuro como periodistas. Después de una primera parte, en la que intervinieron algunos jefes de redacciones, el secretario general de la Juventud y otros dirigentes, en la sala apareció el propio Comandante en Jefe.

Como siempre, dio un discurso bastante largo, dirigido casi en su totalidad contra la línea soviética de *glásnost*, democratización y perestroika. En resumen, nos habían reunido en aquel salón para que entendiéramos claramente que en Cuba no habría ningún cambio.

Recuerdo que anunciaron un descanso, durante el cual pudimos salir de esa sala enorme y comer una merienda preparada para los asistentes. Yo estaba tan impresionada y desilusionada, incluso aplastada, que no podía ni hablar. Vi a algunos profesores nuestros retractarse en público, allí mismo, delante de todos. Eran los profesores que habían discutido con nosotros en sus clases *Tiempos Nuevos* y la revista *Sputnik*, medios que poco después serían proscritos.

Descubrí que, además de los estudiantes y los periodistas, en el salón deambulaba un sinnúmero de personajes vestidos de guayabera, parecidos unos a otros como hermanos gemelos. El Gran Hermano nos seguía de cerca.

Poco después Lázara Peñones perdió su puesto de decana, pero yo, para mi sorpresa, seguí estudiando en la Facultad.

Había dejado de salir con El Establo, pero no por razones de miedo, ni siguiendo las advertencias de mi padre. Me había divorciado de Ricardo. Los chicos de El Establo pintaron un parque del Vedado, y fueron recogidos por una patrulla de la policía. Algunos fueron golpeados, y los policías se encargaron de enviar cartas a sus centros de estudios o de trabajo en las que condenaban «su conducta ideológica».

Tuve la suerte de no haber participado en ese *performance*, por pura casualidad, pero poco después también resulté golpeada, además por alguien a quien consideraba mi amigo, por Alberto, mi compañero de grupo. Me imagino que él también tenía que retractarse, también en público, demostrar de esa forma que nada tenía que ver con mis ideas políticas.

Un buen día, justo antes de comenzar la primera clase, Raúl y yo estábamos hablando de algún tema de interés común. Raúl se sentaba justo delante de mí, y Alberto ocupaba la silla que estaba a mi lado. El profesor, recuerdo que era una clase de literatura, acababa de entrar en el aula.

De pronto Alberto dijo una frase que nos dejó totalmente perplejos a Raúl y a mí. «¡Váyanse ustedes dos a la p…!», nos dijo. En un primer momento, me pareció que había oído mal, y le pregunté qué había dicho. «¡Váyanse ustedes dos a la p…!», repitió.

Sin decir una palabra, me volví a Alberto (hasta ese momento solo había intercambiado miradas desconcertadas con Raúl) y lo miré atentamente a los ojos. No daba crédito a lo que acababa de escuchar. Él repitió la frase por tercera vez, y yo le di una bofetada. Acto seguido él comenzó a golpearme con todas sus fuerzas, a caerme a golpes. Me encogí y me tapé la cabeza con los brazos, así que recibí casi todos sus piñazos en la espalda.

Finalmente salí corriendo del aula y regresé a casa. En realidad, ya en ese momento no quería volver más a la Universidad, todo lo ocurrido no me cabía en la cabeza, y era una razón suficiente para dejar la carrera. Mi madre logró convencerme de que escribiéramos una carta al rector, amigo suyo (mi madre era profesora docente de la Facultad de Lenguas Extranjeras), y todo se resolvería. Para mi vergüenza, debo reconocer que en esa carta no hablamos de la bofetada que le di yo a Alberto, pues mi madre me convenció de que se trataba de una reacción normal de cualquier mujer ante una ofensa semejante, y si siquiera valía la pena mencionarla.

Pero las cosas habían cambiado mucho, por lo visto justo después de esa gloriosa revancha revolucionaria, y mi madre ni se había enterado. Para la nueva decana de la Facultad de Periodismo, que vino a ocupar el puesto de Peñones, según ella misma me explicó, si una mujer le daba una bofetada a un hombre, él estaba en todo su derecho de golpearla. Por lo visto, si un hombre mandaba a una mujer a la p..., ella debía hacer otro tanto, o mandarlo más lejos todavía. Realmente, yo no entendía cómo se podía seguir viviendo en un mundo así.

En el plazo de un mes me citaron a la Facultad, y en el secretariado nos leyeron el veredicto. Los dos, tanto Alberto como yo, habíamos cometido una infracción disciplinaria grave, según el texto de la resolución. Yo, por haberle dado una bofetada, y él, por haberme «golpeado en los antebrazos». El papel aseguraba que nosotros estábamos acostumbrados a «intercambiar palabras soeces, pero ese día yo reaccioné de pronto de una forma violenta», y Alberto tuvo que golpearme como a una niña pequeña para que yo me tranquilizara.

Como ambos éramos «estudiantes ejemplares», se tomó la decisión de permitirnos seguir los estudios, pero a la menor infracción podíamos ser excluidos. Lo más triste del caso es que prácticamente todo mi grupo, menos Raúl y otras dos muchachas más, confirmaron esa horrible mentira de que «intercambiábamos palabras soeces» y que Alberto me había «golpeado en los antebrazos».

Al día siguiente presenté una solicitud de baja por voluntad propia. No podía seguir estudiando en ese grupo, no sabía con qué cara miraría a mis compañeros de curso.

«Mía es la venganza y la retribución; a su tiempo el pie de ellos resbalará, porque el día de su calamidad está cerca, ya se apresura lo que les está preparado», le cité a mi padre el texto correspondiente de la Biblia cuando quiso salir a buscar a mi agresor para golpearlo. Yo estaba completamente en contra de cualquier tipo de violencia.

Quisiera decirles a todos mis compañeros de Universidad, si alguno de ellos llega a leer este texto, que no les guardo ningún rencor, incluido el propio Alberto, que en realidad lleva otro nombre y me imagino que actualmente defiende otros ideales, pues desde hace un tiempo vive en Estados Unidos.

Raúl y las dos compañeras de curso que me defendieron tampoco lograron graduarse de Periodismo. Los tres abandonaron Cuba, al igual que yo.

Gracias a esos esforzados trabajadores del frente invisible, mi generación atravesó el mar que rodea la isla caribeña y plantó raíces en otras tierras y continentes. No sé si habrá cubanos en el Polo Norte, pero no me asombraría. Los camaradas censores nos sembraron con mano firme por todo el mundo. Hemos descubierto que en otros países también se puede vivir y, vaya sorpresa, mucho mejor que en Cuba. Hemos aprendido otros idiomas, nuestros hijos tienen otros pasaportes, y todo gracias a ese Ejército Invisible. No quiero recordar cosas tan banales como que lo que no nos mata nos hace más fuertes, que no hay mal que por bien no venga, o que cuando se cierra una ventana, Dios nos abre una puerta, pues todo eso se ha dicho mil veces.

Solo quiero decir que tenemos buena memoria...

ALEXIS ROMAY

DIARIO (O ESPORÁDICO) DE APUNTES·

SÁBADO, 18 DE OCTUBRE DE 1986

¡Qué susto, tú! Ya sé que te dije que te iba a hablar con más detalle de la Previa, pero primero déjame contarte esto, ahora que todavía está fresquecito. Resulta que a principios de esta semana hicieron una auditoría en el trabajo de mi madre, pues no hace mucho se empezó a dar el caso de que algunas piezas que a la noche tenían en inventario, a la mañana brillaban por su ausencia. Y este brete empezó a raíz de que contrataran a dos especialistas y un jefe de almacén nuevos (para reemplazar a más de la mitad de la nómina del centro, que eran las papas podridas que había que sacar del saco seco). Y, como te imaginarás, querido, con esos truenos, la lluvia fue tremenda y los auditores estatales llegaron chapeando bajito: pidiendo referencias de Fulano, Mengana y Ciclanejo, lo mismo a sus recientes colegas de trabajo que apareciéndose en sus vecindarios a averiguar vidas y milagros de cada uno de ellos, hablando con las siempre dispuestas encargadas de vigilancia de los CDR de sus respectivas zonas. ¡Compadre, que te lo tengo que dar todo masticadito! Yo sé que tú eres de La Joya, pero no me joyas tanto ¡y tan seguido! Por esta vez, daré mi brazo a torcer, pero no te acostumbres: Comité de Defensa de la Revolución, de ahora en adelante: CDR. (Los jodedores les dicen CDS, o lo que es lo mismo: sé de ese, pero si te pregunta alguien que no se te ocurra decir que te enteraste por mí).

Ah, no te había contado: mi madre es directora de la Galería Ceiba, que es parte del Fondo Cubano de Bienes Culturales, y está ubicada —la

---

· Texto tomado de la novela *La apertura cubana* (Sudaquia Editores, Nueva York, 2013).

galería, chico, el FCBC queda en el casco histórico— en la planta baja del hotel Habana Libre, en la esquina con más sabor de toda la capital: 23 y L. El sabor lo pone el Coppelia, nuestra catedral del helado, que está en la diagonal del hotel y en donde se pueden degustar los mejores sabores del mundo (¡pero te tienes que disparar unas colas de antología, mulato!). ¿Cómo que qué venden ahí, muñecón? ¡Te lo acabo de decir! Ah, en la Ceiba. ¡De todo! Desde unos batilongos con unos horribles petos cuadrados de cuero, pasando por los consabidos cinturones hechos con piel de caimán (que en esta isla sí come caimán), sandalias artesanales (incómodas como la madre que las parió), brujitas de tela, negritos curros en cerámica, ceniceros de terracota, tabaco virgen, tabaco procesado, vino tinto de la guerra, vino en caja de Angola, vino seco del África, vino hastiado de Miami, pintura abstracta cubana, pintura cubana abstracta (je je), escultura que no es cultura, artesanía en madera (imagínate: unas negras de ébano, unas mulatas de cedro, unas blancas de aserrín de pinotea, desnudas, con narices respingadas y unas bembas gruesas, como las que les gustan a los gordos europeos) y toda una infinidad de baratijas que los turistas compran en desenfreno para luego convencerse y convencer a los incrédulos de que sí, que estuvieron en Cuba y si no que les pregunten a esos *souvenires* que están oyendo la conversación ahí mismito en la vitrina o colgando de las paredes, o dándole una vuelta y media a la cintura y ajustándoles los pantalones.

Pues, muchacho, este miércoles se aparecieron cuatro policías en casa del jefe de almacén y se la viraron abajo. Arrasaron con la quinta y con los mangos. Todo esto a plena luz del día (bueno, de la tarde), delante de su esposa y sus dos hijos. Llegaron con unos pastores alemanes y se fueron, al cabo de las horas, con un par de cuadros de López Martínez y el susodicho (no, el pintor, no; el almacenero) esposado y en el asiento trasero de la patrulla. Lo soltaron a la mañana siguiente, después de que la esposa madrugó en la estación de policía con un vale de la galería que acreditaba la compra legal de los dos cuadros del cubano abstracto. El jefe de almacén se apareció el mismo miércoles en el trabajo, blanco como papel de cebolla y, si lo que pretendían los policías era crear un estado de pánico, déjame decirte que lo lograron con creces, porque todos, incluyendo a mi madre —que es más honrada que un pan recién cocido y que, excepto a mí, nunca le ha hecho mal a nadie—, estaban temblando como hojas al viento.

El jueves le hicieron la misma gracia a Katiuska, la especialista de artes visuales. Y la pobre mujer fue a parar a la estación y todo. Y la soltaron 16 horas más tarde cuando mi madre se apareció en la unidad de policía con el comprobante que demostraba que la venta de esa acuarela preñada de mujeres con las tetas al aire del calenturiento de Fabelo había sido autorizada por ella (mi madre, que es la que tiene el sartén por el mango). Así que cuando nos tocaron la puerta de la casa a la una de la mañana del sábado, sí, hace menos de veinticuatro horas, y mi madre se asomó por las hendijas de la ventana del baño y vio a dos tipos uniformados, por poco le da una sirimba. Esa noche, Tatiana había ido a una fiesta en La Víbora y llamó a eso de las once y media para avisar que se quedada a dormir en casa del novio; por otra parte, a mi abuela le pueden amplificar el cañonazo de las nueve junto a la Orquesta de Música Moderna a un costado de la cama, que cuando esa mujer dice a dormir no hay dios que la despierte. Así que los únicos seres pensantes bajo nuestro techo (si acaso se piensa a esas altas horas de la noche) éramos mi madre y yo. Pero yo estaba entregada a los sublimes brazos de Morfeo, durmiendo este cansancio reciente que traigo de la Previa, y déjame decirte que en esas circunstancias no es nada agradable despertarse con una mano más fría que la pata de un muerto tapándote la boca. Abrí los ojos como quien abre un portón con las bisagras oxidadas y vi que mi madre se llevaba el índice a los labios. En un susurro me contó que había dos policías hombres tocando a la puerta y que le daba pánico abrir. Al principio yo no entendí muy bien qué hacía la policía, a esa hora y con ese recado, en la puerta de mi casa, pero como quería salir de mi madre y regresar a mi cita con la almohada, le dije que no les abriera, que si buscaban algo con nosotras tendrían que regresar en horario de oficina, que este edificio sería un solar vertical, pero nosotras sí que somos una familia decente. Y ese entra y sale de hombres en la madrugada no me daba buena espina. A todas estas los tipos seguían tocando, mi abuela roncaba y nosotras, aquí, en esta cama que te esconde, al otro extremo de la casa, susurrábamos las posibles salidas de emergencia a la situación. Ahí fue cuando mi madre me confesó que el temor de ella no era que nos fueran a violar, ni que fueran a encontrar ninguna pieza de las que faltaban en el inventario de su galería, sino el hecho de que teníamos carne en el congelador. Y entonces fue que me desperté de verdad y se me puso la piel de gallina. Porque una cosa es con violín y otra cosa es con guitarra, papito. Ay, Esporádico, qué poco sabes de la vida. ¡Claro que la carne es ilegal!

El vendedor ambulante tocó a la puerta en mitad de la tarde del viernes. Yo había acabado de llegar de pase y fui quien le abrió. Mi abuela, que no se pierde una, me siguió los pasos. El tipo se presentó diciendo que lo mandaba Raúl, del apartamento 812, y acto seguido desenrolló ante nuestros ojos un pedazo de papel cartucho que encubría un boliche, que a ojo de buen cubero, debería rondar las quince libras, más o menos. ¡Por poco le doy un beso y un abrazo! ¿Tú sabes cuándo fue la última vez que yo vi un pedazo de carne de ese tamaño? Yo tampoco. Así que le pegamos un grito a mamá, que dijo que no podía venir porque estaba tiñéndose las canas en el baño. Y entonces usamos la clave: «La roja». La mujer supersónica se apareció en la puerta, con unos rolos y una toalla que quería esconder el mejunje que tenía armado en la cabeza. Y por poco se le salen los ojos de sus órbitas. No quiero que te vayas a pensar que ella es una amargada (que lo es), pero nunca antes la había visto tan feliz como en ese momento. La oferta del oscuro personaje (era negro, je je) incluía pargo, aguacates, un par de malangas y el dichoso pedazo de carne de res. A ti que vives del aire a lo mejor la mención de la fibra no te despierta ya no el apetito, las ganas de vivir, pero a mí, a nosotras, que ya no recordamos el sabor de un bistec encebollado, este merolico y su mercancía nos cayó como regalo del cielo. En menos de lo que te lo cuento, y con la familiaridad de quienes se conocen de toda una vida, negociaron el precio. Mi madre le dijo que se esperara en la puerta y fue a su cuarto. Mi abuela y yo nos quedamos haciéndole compañía, soñando despiertas con el manjar que nos deparaba el futuro inmediato. La enrolada regresó en breve y le pagó con unos dólares que nos había enviado mi tía de Miami hacía menos de un mes. (No le vayas a decir a nadie lo de los dólares, que si te cogen con ellos te acusan de «tenencia ilegal» y no hay quien te libre de una temporada a dieta de luz y aire, en uno de los tantos calabozos que abundan por acá). Mi madre es muy revolucionaria y se la pasa defendiendo a Fidel, criticando la bolsa negra, el despilfarro, la malversación, el robo al estado y diciendo que el socialismo es el mejor de los mundos posibles (quizá por eso es que yo sueño con imposibles), pero cuando el asunto entra por la cocina, se hace la de la vista gorda y transa como cualquier hijo de vecino, que Dios aprieta, pero no ahoga, así que le pagó a nuestro salvador y se adentró en el apartamento con una sonrisa bendita, el boliche de carne en una mano y una jaba con un par de aguacates en la otra. Y todos felices. Comimos como reinas. Mi abuela, a quien hay que rogarle para que cocine, pero cuando lo hace se acabó el mundo, tiró un arroz con frijoles, con su ensaladita de aguacate y unos plátanos maduros fritos (que mi madre había comprado legalmente en el agro esa mañana) y ese bistec de palomilla con su sofrito secreto que por poco me como el pedazo de Tatiana. Mi madre, que siempre la está defendiendo, dijo que no era justo, que había que guardárselo, que le tocaba. Y yo a decirle que yo me pasaba la semana entera en la beca y que Tatiana no respetaba mi pan diario, el que nos toca por la bodega, y ella que no se podía comparar un filete de res con un pedazo de harina, y yo que total si quedaban todavía como diez libras de carne en el congelador, que yo no vería pasar durante la semana y que a mi regreso ya no las vería ni en pintura y así es, querido, como una cena familiar puede convertirse en un infierno en esta casa, en este país, porque siempre nos estamos fajando por la comida. ¡Pero por lo menos nos fajamos con la barriga llena! Que eso te da fuerza y argumentos y hasta ganas de discutir.

Regreso a los visitantes de la madrugada. (Eso suena a novelita de *Radio Progreso, la onda de la alegría*). Los agentes del orden (¡del desorden en este caso!) seguían tocando a la puerta con esa fuerza más que se extendía sobre los pueblos de Nuestra América y mi pobre madre, ay, siguió temblando. Y yo, firme en mis trece. Le dije que no. Que de ninguna manera podíamos abrirles. En última instancia, se me ocurrió que si no quedaba otro remedio, podíamos meter la carne dentro de una bolsa, amarrar el asa a una soga y dejarla que colgara de la ventana que daba al cajón de aire, ese cajón de aire que nos había revelado las intimidades que gritaban a pleno pulmón nuestros vecinos y que, en recompensa, les mostraba a ellos también nuestras vísceras, pero mi madre se opuso porque en el cajón hay ratas, cucarachas y demás mascotas domésticas que se podían comer o manosear el cabrón boliche, y yo le contesté que para manosearlo harían falta manos para hacer un sueño y ella que si podía controlar mis jueguitos de palabras que la situación era de cuidado y no teníamos tiempo para chistecitos, entonces, el timbre volvió a sonar sin intermitencias y mi madre dejó escapar otra lágrima y ya resignada dijo lo impensable: que había que tirar la carne por el balcón (hacia la calle) o por el cajón de aire (hacia las entrañas del edificio) y yo, que no soy magdalena, solté un suspiro y empecé a lloriquear a moco tendido. No sé qué instinto maternal se le despertó, pero, dadas las circunstancias le acepté el abrazo, que duró más de lo que recomiendan los terapeutas. Salimos de mi cuarto juntas, creo que hasta tomadas de la mano, rumbo a la cocina (que está pegadita a la puerta de la calle), decididas a no ir a parar a la cárcel por un filete de res. Abrimos la puerta del refrigerador con la misma determinación con que los gladiadores saltaban a la arena, tomamos el pedazo de papel cartucho que envolvía la evidencia de nuestro pecado original y, dispuestas a deshacernos de él, notamos que el timbre había dejado de sonar. Nos miramos estupefactas. En lugar de detenernos en el cajón de aire, con la pesada carga que, de ser descubierta, nos condenaría a entre ocho y quince años tras las rejas, seguimos hasta el baño y entreabrimos una mierdinésima las persianas. ¡Los policías no estaban frente a la puerta! Nos quedamos pegadas a la ventana, vigilando, no sé ni cuánto tiempo. Mi madre, la socialista empedernida, empezó a murmurar un Padre Nuestro. Yo me puse a cantar bien bajito: «Hipocresía, morir de sed, habiendo tanta agua». Rayos y centellas descendieron sobre mí desde sus ojos ateos. Pero ya dije que yo no creo ni en mi madre, así que no le hice caso y se le pasó.

Y hablando de pasar: pasó el tiempo y pasó un águila por el mar y a las seis de la mañana, salí del apartamento con aquella *matrioshka* que era el boliche de carne que iba dentro de una jaba que iba dentro de otra jaba que iba dentro de otra jaba (para que no goteara la sangre) que iba dentro de mi mochila. Toqué en casa de Marta, también conocida a los cuatro vientos como Marta María, que vive en el piso de abajo, apartamento 707, y es mi tía del alma, la que me crió el par de años que mi madre estuvo en Angola. (Sí, mi abuela cocinaba y me planchaba el uniforme y los vestiditos de domingo, pero la que me llevaba y traía a la escuela, la que me enseñó a jugar ajedrez, a lavarme las manos, a abrocharme los cordones y a comer con cubiertos fue mi tía Marta, que ahí mismo se ganó el parentesco. Pero lo de la aventura africana te lo cuento luego. Ahora: ¡a la carne!). Mi tía me recibió toda despeinada. Se lo dije y me felicitó por mi perspicacia y tremendo tino en el campo de la peluquería matutina, pero que quién se había muerto a esa hora de la mañana, porque más me valía que hubiera un entierro de por medio para que me perdonara haberla despertado en su jornada de descanso (que cuando hablamos de dormir ella es adventista del séptimo día). Una vaca, le dije. ¿Cómo? Una vaca, tía, despabílate. Un cuadrúpedo, mamífero, del orden de los rumiantes. Y le estamos preparando el velorio. Y, para certificarlo, tengo un pedazo de ella dentro de mi mochila. Me dio un jalón y cerró la puerta tras de mí. ¿Muchacha, tú estás loca? ¿Tú no sabes que aquí las paredes tienen oídos y los clavos sentidos y que de cualquier malla sale un ratón, oye? Y yo que sí, que por eso mismo habíamos decidido que era ella quien tenía que guardar la carne, que es débil. Y le hice el cuento de los policías y del tremendo susto que pasamos durante la madrugada. Y de las ojeras que no habrá maquillaje que haga desaparecer de la cara de mi madre. Y le dije que no tuvimos corazón para botar (con b larga) la carne (que eso es pecado), y que habíamos decidido unánimemente (y sin consultárselo, pero que no se podía negar) que hoy mismo almorzaríamos, merendaríamos y cenaríamos las dos familias de tal manera que nos iba a dar un *shock* proteico. Así que mejor que pusiera la carne a adobar y les avisara a sus hijas que las tres comidas de este sábado glorioso las tenían que hacer hoy en casa, que nos íbamos a dar banquete las siete mujeres. Y que sí, que desde ya me podía llamar mujer, que yo sería la menor de todas, pero que si era mujer suficiente como para cargar a esa hora con la carne de contrabando y pasarla delante de las narices de la policía y entregársela con instrucciones de que la preparara para hoy y todo esto sin que me temblara el pulso, mientras mi madre se quedaba en su cuarto rezándole un Padre Nuestro a Lenin, entonces era mujer suficiente como para que me llamaran mujer y no me jodieran más con lo de que si todavía tengo carita de niña. Ahí fue cuando a mi tía se le aguaron los ojos. (Estas mujeres cubanas). Me dio un beso y, a modo de despedida, me dijo: «¡Vaya la niña divina!».

Regresé a casa con la satisfacción del deber cumplido (je je) y me metí en la cama. Dice mi madre que ella sí que no pudo pegar un ojo durante el resto de la mañana, previendo que de un momento a otro se le apareciera la policía a comérsela a preguntas, pero yo me estaba cayendo rendida, así que me desconecté del mundo. Me despertó al mediodía. Me dijo que me acotejara que hoy íbamos a almorzar temprano. Rumbo al baño, para lavarme la cara y acicalarme un poco, vi que la odiosa de Tatiana estaba en su cuarto, emperifollándose para ir a comerse un bistec en casa de las vecinas. A esos niveles hemos llegado.

Verdad que cuando mi tía dice a cocinar, se acabó el dinero, Esporádico. No te voy a describir el menú por temor a que me acuses de diversionismo ideológico, pero imagínate que todo lo que te cuente es poco. El atracón fue tal que salí de su casa con un dolor en la boca del estómago que daban ganas de salir corriendo para el hospital y, de contra, con un pan con bistec de merienda para la tarde. Ay, lo que es no haber visto pasar la carne en tanto tiempo y tener que enfrentarme a ella, primero, anoche, luego, hoy, en tres tandas. ¡Claro que me tiene que dar empacho! No digo yo.

La cena fue igual de deliciosa, pero con garbanzos en lugar del consabido potaje de frijoles negros y unos tostones con ese aliño más propio de la yuca con mojo y un flan de leche (la leche la consiguió mi tía) que alabado sea Dios. Como somos melodramáticas por naturaleza, no podía faltar el sobresalto en mitad de la cena. Cuando iba por el segundo plato, en medio del entusiasmo de la masa por la masa, con la boca embutida de carne, quién si no la Tatiana para estropear lo ideal del momento. Estábamos hablando todas a la vez (que, para que lo sepas, es la forma de comunicación preferida en esta isla), cuando, de repente, Tati se quedó callada. Y le salió un hilo de sangre de una de las fosas nasales. ¡Qué mal rato, tú! Por suerte, mi tía Marta es doctora y sabía cómo lidiar con el fenómeno. La hizo levantarse de la mesa, mirando hacia arriba —mientras mi prima Ariadna iba a la cocina a buscar un trapo cualquiera con el que contener la hemorragia—, y luego la sentó en el sofá, con la cabeza recostada a un cojín, de cara al techo, mientras le preguntaba si sentía mareo y otro mar de cosas que ya olvidé. Hablando de mar, la sangre no llegó al río. Y al cabo de unos minutos ya estábamos de vuelta a la mesa. Exceso de glóbulos rojos, dictaminó la galena. (El *shock* proteico que anuncié en la mañana. ¡Dime si no soy pitonisa!). Cuando regresamos a comer, el bistec se había enfriado y los tostones estaban más tiesos que el cartón tabla, pero qué se le va a hacer a un clavel que se deshoja, ¿dárselo a una vieja coja para que juegue con él? Terminamos de comer por inercia y luego pusimos en la videocasetera de tía, una película que estaba buenísima: *Vestida para matar*. Y así mismo estaba yo —contrastando todo el tiempo con la pizpireta de mi hermana—; si alguien que no fuera de la familia me hubiera visto con los trapos que llevaba encima, se habría muerto en el acto de la pena.

Creo que el mismo exceso de proteína que hizo sangrar a mi hermana es lo que me ha mantenido despierta toda la noche. Abuela subió a casa después de la última cucharada de flan, que a ella le gusta coger cama temprano. Mi madre y Tatiana se quedaron con tía y mis primas, para ver otra peli (todavía no han regresado), pero yo me despedí y vine a ver si aprovechaba y te ponía al día ahora que nadie me molesta. No olvido que te debo los horrores de la Previa, más esta primera quincena de vida en la escuela. Pero no te preocupes, cariño, que la semana entrante te contaré más. ¿Qué por qué tienes que esperar tanto? Pues porque mañana domingo iré a la Playita de 16, con el pan con bistec (que no me pude comer hoy) y me encontraré con un grupo de camilitos, que quedamos en vernos en la esquina de Tercera y 12 a eso de las nueve. (Ay, qué obsesión con los números en esta puta ciudad donde todo se incendia y se va. No es mío, bobo, es de Fito). Regresaré ya en la tarde con el tiempo justo para darme una ducha, ponerme el uniforme verde que te quiero verde, preparar la mochila, salir para la beca y presentarme al pase de lista que hace el oficial de guardia a las 2100 horas. Y después de eso, al albergue, a ver si recupero algo del sueño perdido este fin de semana. Y el resto, coser y cantar. O, lo que es lo mismo: dedicarme a malgastar otros ridículos seis días con sus cinco ridículas noches, marchando a todas partes, formando y rompiendo filas, llevándome la mano a la sien para ejecutar el saludo militar siempre que un superior me pase por al lado. Puedes notar que casi no ha comenzado el curso como quien dice y ya estoy perdidamente enamorada de mi escuelita, mi escuelita es más bonita, porque está muy cuidadita, cuidadita. Uff, no hago más que pensar en ella y me cae una pereza que mejor ni te la describo. Ahora debo dormir. No hagas nada malo en mi ausencia, Esporádico. Pero si lo vas a hacer, ¡avísame!

ATILIO CABALLERO

HONECKER EN LA CAMPIÑA*

Luz tenue sobre el espacio escénico, donde puede verse la típica decoración de una oficina: archivos, estantes, una máquina de escribir, algún cuadro, un calendario colgado en una pared, una foto (tal vez de Benny Moré); una mesa, dos sillas, una lámpara, la puerta: entra Trujamán.
   Puede tener entre 45 y 50 años. Viste con colores neutros, y trae una carpeta debajo del brazo. Sus movimientos son precisos, resueltos, como si conociera de memoria el lugar a pesar de la semioscuridad.
   Coloca la mesa en el centro del espacio y dos sillas a los lados. Luego pone la lámpara sobre la mesa, haciendo que la luz cubra solo el área de esta.
   Se sienta en una de las sillas y deja reposar las manos encima de la madera; luego se levanta, va hasta la otra silla y repite la misma operación.
   Cambia la primera silla por otra más alta, se sienta y toma una carpeta que previamente había dejado sobre la mesa. La hojea, compara algo con su agenda, subraya con uno de los tres bolígrafos que ha alineado delante de él.
   Cada tanto mira la hora y dirige la vista hacia la puerta.
   Tocan. Trujamán cierra la carpeta y la agenda. Ensaya una sonrisa
   La puerta se abre y entra Tris. Joven, alrededor de 25 años. Tropieza en la penumbra.

TRIS. Yo soy...

---

*   Este texto apareció publicado en la revista *Encuentro de la Cultura Cubana*, números 30/31 otoño/invierno de 2003-2004.

133

TRUJA. Sí, pasa. (*Se levanta, va hasta la puerta y la cierra detrás del joven, conminándolo a entrar con un movimiento del brazo. Tris da unos pasos, mira alrededor*) Siéntate aquí. Aquí. (*Señala la silla más baja*) ¿Hace calor, eh?

TRIS. Sí.

TRUJA. Ponte cómodo. ¿Café...?

TRIS. Sí, gracias.

> Trujamán va hasta un extremo y regresa con un termo y dos vasos plásticos. Le sirve.

TRUJA. Ummm... ¿Y la familia?

TRIS. ¿La familia...?

TRUJA. La familia...

TRIS. Bien...gracias.

TRUJA. El trabajo, ¿prospera?

TRIS. Perdone... pero esto parece una escena de Ibsen.

TRUJA. *El enemigo del pueblo.*

TRIS. Mejor *Peer Gynt.*

TRUJA. (*Pensando*). Tal vez. Pero es solo una cuestión de principios... estéticos, digamos.

TRIS. Bueno...

TRUJA. Así nos sentimos más cómodos. Y... ¿la familia? (*Tris no contesta*). Veamos, ni para ti ni para mí: *Casa de muñecas.*

TRIS. ¿Le interesa el teatro? (*Mira alrededor*).

TRUJA. ¿Por qué lo dice?

TRIS. El diseño de luces es bueno, la escenografía funcional... sobria; los decorados... Ibsen.

TRUJA. (*Abre la carpeta*). Al teatro... algunas veces tengo que ir. (*Pausa. Levanta la vista y mira al joven. Se observan durante un instante. Trujamán hace como si suspirara y se hunde en la silla*). Bien, háblame de ti.

TRIS. Pero, ¿usted me ha hecho venir aquí a las once y media de la noche... ¡solo para que le hable de mí!?

TRUJA. Entre otras cosas. La hora la acordaste tú.

TRIS. Estaba trabajando.

TRUJA. ...y pongamos de antemano las reglas de juego, que son solo una y muy simple: yo pregunto y usted responde. ¿Bien?

TRIS. Qué quiere que le diga. No me queda más remedio, ¿no?

TRUJA. ¿Ve? Tres segundos después de acordada la única regla, ya la ha violado. Por eso lo he hecho venir... entre otras cosas.

TRIS. No ha habido acuerdo alguno salvo el de este encuentro.

TRUJA. Pero tú aceptaste.

TRIS. ¿Y qué iba a hacer?...Por fin, ¿me tutea o me trata de usted?

TRUJA. Cinco segundos: segunda vez.

TRIS. A la tercera cantará el Benny.

TRUJA. ¿Qué quiere decir?

TRIS. No sé... miraba esa foto.

TRUJA. Vamos, comience.

TRIS. Disculpe, pero, ¿para qué quiere oír mi historia? Contada por mí, quiero decir. Usted lo debe saber todo. Es su trabajo. Apuesto a que atesora datos sobre mi persona que a mí mismo me sorprendería recordar. La memoria de este país duerme en sus archivos...

TRUJA. No tengo por qué responderle.

TRIS. No le estoy haciendo ninguna pregunta...

TRUJA. ...pero suponiendo que así sea —y le advierto que hay mucho de mitología en eso que dicen sobre memoria y archivos—, hágase la idea de que las hago, las preguntas, digo, solo para confirmar mis suposiciones, e incluso como una muestra de confianza que me permite comprobar la honestidad del sujeto. Usted, en este caso.

TRIS. «Suposiciones» es un eufemismo. (*Pausa. Silencio*).

TRUJA. Vamos, comience.

TRIS. ¿Comienzo?

TRUJA. A hablarme de usted.

TRIS. Ah.... Sí. Bueno... Umm... Bien, soy Leo. Signo patriótico, usted sabe. Nací un día a mediados de agosto, en un pueblecito de provincias y en el seno de una familia humiiiiiiiilde. Tuve una infancia veloz, pues desde muy temprana edad me vi forzado a abandonar los estudios para hacerme cargo del sostén de mi familia, una prole de ocho vástagos huérfana de padre y madre como consecuencia de...

TRUJA. Mire, no sé si le parece obvio o no, eso no me importa, pero no obstante le aclaro que en este caso se trata de una circunstancia incómoda que ambos debemos sortear con seriedad y coraje. Por tanto, usted, para su bien, debe limitarse no solo a contestar, sino a hacerlo ajustándose a la verdad más estricta, como la confesión de un buen creyente, si quiere.

TRIS. Yo violo las reglas, y usted añade obstáculos.

TRUJA. Nuestra vista debe llegar allí donde la mirada normal se extravía. Por tanto, mientras más nítidos sean los contornos, mejor.

TRIS. Sí... El camino hacia su verdad se vuelve... aséptico en la medida en que más celosa sea la vigilancia y la frugalidad.

TRUJA. No, se trata más bien de saber elegir el punto ideal para otear en derredor y tener una perfecta visibilidad. ¿Ha oído hablar del panóptico?

TRIS. Me sorprende su retórica.

TRUJA. Continúe.

TRIS. ¿Es una conversación o un interrogatorio?

TRUJA. Continúe.

TRIS. ... como consecuencia de un accidente provocado por la explosión de una caldera a vapor en la fábrica donde, como obreros abnegados, mis progenitores trabajaban largas y fatigosas jornadas, imbuidos en el fervor patriótico que...

TRUJA. ¡Basta, carajo!!

Se escucha un golpe y la puerta se abre. Entra una Mujer. Viste una sencilla blusa blanca y una saya oscura, como una simple oficinista o una camarera. A pasos largos se dirige hacia donde está sentado Trujamán. Con una carpeta semejante a la que este tiene sobre la mesa, la Mujer le hace notar a Trujamán algo que confrontan en los respectivos textos. Intercambian algunas frases ininteligibles. La Mujer observa a Tris por un instante, y sale.

Trujamán hace un gesto de inquietud, casi imperceptible. Se levanta, camina hasta uno de los extremos en penumbras y regresa lentamente, colocándose detrás de TRIS sin que este lo note. Hace un gesto brusco.

TRUJA. ¡Las cenizas, aquí! (*De un golpe pone un cenicero sobre la mesa. Tris da un salto*).

TRIS. No tengo tabaco.

Pausa breve. Trujamán mira en dirección a la puerta, y sale a grandes pasos, para regresar enseguida dando un portazo. Deja una caja de cigarrillos junto al cenicero.

TRUJA. Van por la casa.

TRIS. Gracias.

TRUJA. Mire, hay un suceso en su vida, no muy lejano en el tiempo, que nos interesa conocer. Es de eso que debe hablar.

TRIS. No tengo idea de a qué se refiere.

TRUJA. Haz memoria. Tiene que ver con tu juventud.

TRIS. Yo soy joven.

TRUJA. Quiero decir, cuando eras estudiante.

TRIS. Imagínese, fueron tantas cosas...

TRUJA. Pero yo me refiero a una en particular, algo que nos concierne... que es de nuestro interés.

TRIS. ¿Mío y suyo?

TRUJA. Mire...

TRIS. ¿A quién debo entender por «nosotros»?

TRUJA. No se haga el bobo.

TRIS. No me ofenda.

TRUJA. No lo ofendo. Usted sabe muy bien a qué... o a quiénes me refiero cuando hablo en plural. Me identifiqué cuando hablamos por teléfono... ¿o no?

TRIS. Cierto. Pero ahora ellos son usted, eso se entiende, no tiene por qué pluralizar. Además, conservar una gota de individualidad no le hace mal, al contrario: refuerza la importancia del sujeto en una colectividad.

TRUJA. Yo soy ellos, todo.

TRIS. Aun así...

TRUJA. ¿Por qué habla tanto? ¿Está nervioso?

TRIS. No. ¿Por qué tendría que estarlo? Se supone que yo hable, y en tanto, usted hace sus preguntas, escucha, anota lo que le parece... ahí.

TRUJA. Usted debe responder, no *hablar*.

TRIS. ¿Y cómo respondo sin hacer uso del habla?

TRUJA. Mira, muchacho... (*Se contiene. Pausa*) Le voy a dar una pista, para que no se me vaya por las ramas: recuerde qué pasó, y trate de contarlo con todos los detalles posibles, en una temporada... campestre, estando usted... (*Consulta la carpeta*) en una temporada de trabajo en el campo... hace ocho o nueve años.

TRIS. Es un poco vago. Tantas cosas. Fue un tiempo muy intenso.

TRUJA. ¿Qué pasó? ¿Por qué lo hicieron? ¿Recuerda los nombres?

TRIS. Es decir, había otros...

TRUJA. Claro que había otros. Vamos, dígame.

TRIS. Supongo que usted se refiere... ¡Ah! ¡Eso! Nada... No sucedió nada. Éramos russonianos.

TRUJA. ¿Cómo?

TRIS. Russonianos. Por el pintor, claro. Amábamos la naturaleza.

TRUJA. Russonianos... (*Anota*) Anjá.

TRIS. (*Habla sin pausas*) Aunque usted no lo crea, algo tuvo que ver en todo eso lo que decía Platón, aquello de que el orden de las ideas corresponde al orden exacto de las cosas. ¡Y ninguno de nosotros sabía nada del griego! Pero creo que estaba un poco equivocado, como de costumbre... Suponiendo que sea así, ¿quiere decir que cuando en mi casa no hay comida desaparece en mí la sensación de hambre? Por supuesto que no, y no sé si me entiende, pero ahora que usted me lo recuerda, pienso que tal vez por eso fue que decidimos hacer lo que en un primer momento nos pareció una locura, pero que después, con el tiempo, ha venido a formar parte de ese compendio selecto de historia personal que de alguna forma admiro y...

TRUJA. ¿Se siente orgulloso de *eso*?

TRIS. ¿Qué es *eso*? ¿Lo que pasó, o la idea que usted se hace de lo que pasó? Orgulloso... no es la palabra, si se refiere a los hechos. No fue un acto heroico, no queda como una condecoración... aunque podría serlo, por qué no. Todo depende de cómo se le mire. Tal vez haya cosas en su pasado de las que usted pueda vanagloriarse, y que sin embargo, para mí, no significan nada. Y viceversa. Pero, ¿qué se le va a hacer? De otra manera seríamos idénticos, y ya ve...

TRUJA. Aparte de la edad, no veo tanta diferencia entre usted y yo, salvo que usted está sentado ahí y yo estoy acá.

TRIS. Ahí tiene.

TRUJA. ¿Qué?

TRIS. La diferencia. De roles, por ejemplo.

TRUJA. Eso no significa nada. Podemos cambiar de lugar, si quiere.

TRIS. Y yo hago las preguntas.

Aparece detrás la silueta iluminada de un árbol solitario, como el que se suele emplear en las representaciones de Esperando a Godot, de Beckett. Puede ser un sauce. O un guayabo. Sin hojas.

TRUJA. No había pensado en eso.

TRIS. Quien puede lo más, puede lo menos.

TRUJA. Pero, ¿peso yo más que tú?

TRIS. Eres tú quien lo dice. Yo no sé nada. Hay una posibilidad entre dos. O casi.

Los textos han sido dichos sin modulaciones, como ráfagas. La silueta del árbol desaparece.

TRIS. ¿Vio ese árbol?

TRUJA. Creo que era un sauce. Sin hojas... (*Pausa*)

TRIS. Usted tiene buena memoria.

TRUJA. No lo sabes todavía... Fue un caso difícil, esa obra.

TRIS. ¿Me tutea o me trata de usted?

TRUJA. Y, por si le sirve de algo, se me considera un especialista en la materia. Y gané ese caso.

TRIS. ¿Logró la punición, no? Bueno, felicidades al menos por lo de especialista. Me alegra, incluso. Pero no le diga «materia»... Es solo teatro. Representación, vuelo efímero. (*Se entusiasma*) ¡Sigamos el juego!

TRUJA. No es ningún juego. Yo nunca juego, solo me divierto. No lo olvide. Vamos, comience o termine de una vez, y sea lógico.

Aparece detrás la silueta iluminada de dos bancos de parque, como los que se suelen emplear en las representaciones de El cuento del zoológico, de Albee. Detrás de los bancos: follaje, árboles, cielo.

TRIS. Lógico... ¿Qué quiere? ¿Que las cosas sean lógicas? ¿Pasaditas en limpio y ordenaditas como en un fichero? Es muy fácil, yo se las aclaro. Vivo en un cuarto alquilado en la parte más vieja de la ciudad. En un cuarto tan chiquito que da risa, con una de las paredes hecha de cartón; ese tabique separa mi cuarto de otro cuarto que también es tan chiquito que da risa. De lo que deduzco que en otra época los dos cuartos eran una sola pieza, una pieza chica, pero no tan chica como para dar risa. Del otro lado del tabique vive un negro maricón que siempre tiene la puerta abierta; bueno, no siempre, pero sí siempre que se está depilando las cejas, concentrado como un budista. El negro maricón tiene los dientes negros, ¿qué raro, eh?, y usa el kimono para ir y venir del excusado que está en el pasillo, lo que no es nada raro. Quiero decir que está siempre yendo y viniendo. Nunca me molesta y nunca...

TRUJA. ¿Y por qué... y por qué vive así? No parece un lugar muy agradable... esa casa.

TRIS.   No es agradable, no. ¿Sabe lo que tengo yo? Una máquina de afeitar, un poco de ropa, un calentador —que no debería tener, pues casi no sirve—, un abridor de latas, un cuchillo, dos tenedores y dos cucharas, una chiquita y otra grande; tres platos, una taza, un vaso, dos marcos de retratos, los dos vacíos, algunos libros, un mazo de barajas pornográficas, una máquina de escribir, grande y vieja, que solo escribe en mayúsculas, y una caja fuerte chiquita y sin cerradura, en la que guardo...¿a que no adivina qué? ¡Piedras! Piedras... pulidas... por...

La silueta en el fondo se desvanece.

TRUJA. (*Como saliendo de un trance*) ¡Un momento! ¿Qué tiene que ver Platón con todo esto?

TRIS. ¿Platón? Ah, tal vez quiere decir que no necesariamente tiene que existir una relación entre lo que uno piensa y la manera en que este pensamiento se manifiesta, y mucho menos que ambas cosas sean equivalentes. ¿Me entiende?

TRUJA. Un momento... ¿Equivalentes, dijo? (*TRIS asiente*) «...mucho menos que sean equivalentes» (*Anota*) Anjá. Seguimos.

TRIS. ¿La representación?

TRUJA. Hable, hable.

TRIS. Primero tiene usted que hacer las preguntas. Fue usted quien citó. Si hubiese sido por mí...

TRUJA. Mire, le diré algo que, pese a todo, creo que aún no ha comprendido, o no quiere, pero que tal vez sirva para entendernos de una vez. Lo hemos citado aquí por consideración a usted... Como podrá suponer, estos no son los lugares que acostumbramos a utilizar para estos encuentros, no usamos este tipo de decorado, ¿ya? Pero estamos aquí, sin embargo. Eso, que no debe ver como una distinción, lo hemos tenido en cuenta para hacer más *agradable* esta charla. Pero si se obstina podemos cambiar la ambientación.

A pesar del tono de la última frase, dicha como de pasada, aparentemente sin importancia, Trujamán no puede disimular una viva curiosidad por conocer el efecto que sus palabras pueden haber causado en el joven. Largo silencio. Tris lo mira fijamente. Enciende otro cigarro.

TRIS. Vamos donde usted quiera. Da igual.

El rostro de TrujamáN se transforma. Agarra con fuerza el borde de la mesa y se levanta de un salto. La puerta se abre de golpe. Entra la Mujer, vestida ahora de camarera —le ha añadido un pequeño lazo negro a su blusa—, lleva una bandeja y le dedica a Tris una esplendorosa sonrisa. Recoge las colillas del cenicero, cambia los vasos del café y mira fijo a Trujamán. Este le devuelve la mirada, mientras se encoge hasta sentarse nuevamente. La MUJER sale y cierra la puerta. Otro silencio.

TRUJA. Mira, nosotros no pretendemos crear una controversia. Hace tiempo que te conocemos y...

TRIS. Seguro.

TRUJA. ¡Déjame hablar, carajo! ¡Déjame hablar! (*Pausa*) Te conocemos, y sé que es posible establecer contigo un diálogo... normal, sincero... lograr una colaboración franca...

TRIS. ¿Colaboración?

TRUJA. Quiero decir, tu cooperación, o mejor, para que no te sientas comprometido, tu disposición. Tenemos un interés particular en saber qué piensas sobre algunos aspectos de… la vida cotidiana, digamos.

TRIS. ¿Así de simple?

TRUJA. Sí.

TRIS. ¿Y por qué yo?

TRUJA. Hoy te tocó a ti.

TRIS. No me haga reír. Da igual lo que diga yo o cualquier otro. Al final, ustedes harán lo que mejor les parezca. Y no me adule, es un recurso viejo y gastado.

TRUJA. No, es la verdad.

TRIS. No insista, tengo veinticinco años. Casi veintiséis.

TRUJA. Usted se empeña inútilmente. *No, no, no*, siempre decir no. Otra oscura cabeza negadora. Pero bueno… (*Pausa. Consulta sus apuntes*). Sí... ¿Cuál es el problema con los chinos?

TRIS. ¡¿Los chinos?!

TRUJA. Sí, los chinos.

TRIS. ¿La versión de Borges, o la de Confucio?

TRUJA. ¡Borges no! Confucio.

TRIS. Una observación interesante, si usted supiera….. Decía el maestro que en la China de antaño, en la China tradicional, se creía que la caída de una dinastía era debida sobre todo a una progresiva disparidad entre los nombres y las cosas que servían para nombrar. Así, contaba que el último de los gobernantes dinásticos, confundido por las descripciones que le ofrecían sus cortesanos acerca del estado real de los asuntos en los dominios imperiales, descripciones que a él le resultaban sosegadoras, se encontraba, sin embargo, cegado por los nombres. O sea, que más pronto o más tarde, y sin más contemplaciones, el abismo abierto entre lo nombrado y lo real terminaba por tragárselo. Más o menos que al producirse un divorcio entre la retórica oficial y la realidad social…

TRUJA. Bien, bien, disculpe… (*Anota*) ¿Confucio dijo? Ajá. Bien. Sí, es una idea interesante. (*La puerta se entreabre*)

TRIS. Elévela. Hágala ascender.

TRUJA. Pierda cuidado.

TRIS. Que la analicen y reflexionen sobre ella.

TRUJA. Eso no es asunto suyo… Es decir, ya no depende de mí, pero seguramente sabrán a qué atenerse (*La puerta vuelve a cerrarse. Pausa*) Humm…, sí, es una idea interesante. Para una buena historia de ficción, ¿no te parece? Bueno, tú sabes más que yo de eso...

TRIS. No hay peor ciego que el que no quiere ver.

TRUJA. Son ustedes quienes tienen el don de contar historias, divertidas o fantásticas, como quieras, pero sobre todo historias, riesgos, transgresiones. Violan los límites, dominan la imaginación. Eso para no hablar de la capacidad que tienen para aventurar hipótesis, adelantarse a los acontecimientos, especular, poner en duda. Y provocar, por qué no. ¿Qué tú crees? Mira Julio Verne…

TRIS. Espero que a usted no se le ocurra relacionar eso que más o menos intuye como una brujería con la función social de esos «poderes», o el don, como usted mismo dice. No es eso precisamente lo que un artista se propone siempre.

TRUJA. No hace falta que me lo recuerde. No soy estúpido.

TRIS. Eso lo dijo usted.

TRUJA. Sí, pero cuídese de repetirlo. (*Pausa*) ¿Y de Nostradamus, qué me dice?

TRIS. Pero… ¿a dónde vamos a llegar?

TRUJA. Donde yo quiera.

TRIS. Esto se pone bueno. ¿Nostradamus, dijo?

TRUJA. ¿Cómo se pueden explicar sus predicciones? Nadie ha podido desentrañar tales misterios. Ni siquiera la parapsicología. No existe una respuesta, salvo la aproximación mágica o metafórica que, debo reconocerlo, alguno de ustedes pueda hacer. Pero ni siquiera, pues hasta tanto no se compruebe por la ciencia, todo lo dicho seguirá pastando en el jardín de la especulación, o en el de la poesía, si así lo prefiere.

TRIS. Usted me sorprende… En la próxima cita me declamará completas las «Soledades» de Góngora.

TRUJA. ¿Qué le hace pensar que habrá una próxima cita? Quizás haya solo una, y quién sabe cuánto durará… Además, déjeme decirle que esa actitud es un error típico de ustedes. Le advierto: no menosprecien nuestra capacidad.

TRIS. Ni jugando. Ustedes son como el narrador omnisciente, que lo sabe y lo domina todo. Tienen la autoridad para hacerlo.

TRUJA. (*Anota*) Se trata de una cuestión práctica. Trabajamos con evidencias, con lo que se puede ver y tocar. Y comprobar.

TRIS. ¿Como Santo Tomás, no? Ese es uno de los problemas, es decir, de *sus* problemas, los vuestros. No pueden entender que entre nosotros nadie intente probar nada, sino más bien provocar, como bien dijo hace un momento, aunque intuyo que con otra intención; poner en duda, mantener en vilo, alterar lo cotidiano, lo común de todos los días. Lo que está escrito solo debe demostrar su poder por la seducción, no por su posible capacidad de cambiar algo que va más allá de nosotros mismos.

TRUJA. ¿Quiénes son «nosotros»?

TRIS. Usted, yo, los seres humanos.

TRUJA. Un momento, vamos por partes.

TRIS. Como Jack el Destripador.

TRUJA. Deje de hacerse el gracioso. Ya le dije…

TRIS. Usted no tiene sentido del humor. ¿Cree todavía en el realismo socialista? Perdone la pregunta.

TRUJA. Creo en el arte como reflejo de la sociedad, en su evolución emancipadora, científica.

TRIS. (Riéndose) ¿Dónde leyó eso?

TRUJA. No le importa.

TRIS. No se ponga bravo. Se lo pregunto porque es una comparación inútil, «inútil como el semen de un ahorcado». Mire, la ciencia progresa, pero el arte no. Lo que existe en el arte es alternancia. La matemática de Einstein, por ejemplo, es superior a la de Euclides. Ha progresado. Pero nada demuestra que el *Ulises* de Joyce sea superior al de Homero, ¿Entiende? La idea de progreso es renacentista, emancipadora, si así quiere llamarle, pero inaplicable al arte. Entonces nace la razón. No hay más que pensar en el Argumento Ontológico de San Anselmo, que pretendía, tan hermoso, probar racionalmente la existencia de Dios por…

TRUJA. Usted delira, sujeto. Santo Tomás… San Anselmo…. Se me está poniendo religioso.

TRIS. Será por la hora. De todas formas, ahora no podrá mirarme como a un apestado por eso.

TRUJA. Se equivoca. Es un problema de coyuntura histórica. La realidad nos ha demostrado que el sentimiento religioso y el patriótico no tenían por qué ser antagónicos. Incluso, la fe acompañó siempre a muchos de nuestros luchadores más ilustres. Por eso decidimos poner las cosas en su justo sitio.

TRIS. Usted es un hipócrita ilustrado.

TRUJA. ¿¡Cómo!?

TRIS. ¿Tenían que esperar más de un cuarto de siglo para darse cuenta?

TRUJA. Más vale tarde que nunca.

TRIS. Sí, y mientras tanto incineraban por el camino. Luego desaparece el tabú pero nadie asume la culpa; borrón y cuenta nueva, el fin justifica los medios, como buenos jesuitas, y aquí no ha pasado nada. ¿Quién le restituye entonces a los «pecadores» la gracia y el trozo de siglo arrancado a su vida?

TRUJA. Mire, yo, personalmente, no tengo nada contra tales sentimientos… respeto las creencias de cada uno.

TRIS. Eso dicen todos, pero en el fondo estrangulan.

TRUJA. ...es más, admiro el sentimiento religioso cuando es auténtico. Enaltece al hombre. Lo sublima. Conozco algunos que, una vez incorporados a un núcleo partidista, han enriquecido espiritualmente a otros compañeros que antes, por torpeza, por fanatismo o simples prejuicios no conocían los valores de la fraternidad, la sencillez, la tolerancia...

TRIS. No se lo discuto, pero, de ocurrir a la inversa, quiero decir, si un militante renuncia a su ateísmo partidista y asume la fe religiosa como fundamento espiritual de su vida, ¿qué pasaría?

TRUJA. Bueno... nada. No pasaría nada.

TRIS. ¡No sea hipócrita!

TRUJA. ¿Cómo dijo?

TRIS. ¡Hipócrita! Y no lo estoy ofendiendo. ¿Puede responderme con sinceridad?

TRUJA. Pero, ¡¿cómo se atreve?! ¡Aquí para responder está usted!

TRIS. Entonces, ¿de qué igualdad de condiciones me hablaba hace un rato? ¿Puedo hablar o no?

TRUJA. ¿Qué sabe usted de fe o de conciencia? ¡Aquí solo hay una fe y una conciencia!, ¿me oyó? ¡Una sola! ¡Y usted sabe cuál es! Y si no está de acuerdo...

TRIS. ¡¿Si no estoy de acuerdo... qué?! ¿Qué me va a hacer? Vamos, dígalo... ¡Hipócrita! ¡Y lléveme a donde usted quiera!

> *La puerta se abre de un golpe violento. Aparece el rostro duro de la MUJER, que sigue siendo la misma camarera pero sin la afectada sonrisa de antes. Entra a grandes pasos, retira de encima de la mesa el termo del café y sale. Todo a una velocidad relampagueante.*

TRUJA. ¡No crea que vacilo! ¡Yo nunca vacilo! ¡Jamás, me oyó, jamás! (*Habla por encima de la cabeza de Tris, en dirección a la puerta por la que acaba de salir la Mujer*) ¡¡Jamás!! (*Se repliega extenuado en la silla*) También para mí es una prueba... también es la primera vez. Es posible que no... (*Pausa. Lee algo en la agenda*) Tu familia, su madre, exactamente, es católica, ¿no?

TRIS. De todos los domingos.

TRUJA. ¿Y tú?

TRIS. ¿Yo qué?

TRUJA. ¿También lo eres?

TRIS. ¿No lo sabe?

TRUJA. Quiero oírselo decir a usted.

TRIS. Ya no.

TRUJA. Pero participabas en los oficios como ayudante, estabas preparado para el rito, eras monaguillo.

TRIS. Me veía como un ángel con cara de vampiro.

TRUJA. (*Hojeando la agenda*) Y aprovechaste bien el catecismo… Si hubieses tenido la misma aplicación para las matemáticas…

TRIS. Pero, ¿hasta dónde sabe usted de mí?

TRUJA. No tengo que darle ninguna explicación. Es asunto nuestro. Además, no importa lo que sepamos, sino lo que pensemos. De usted.

TRIS. Se trata de mí.

TRUJA. Aun así. (*Silencio. Pausa larga. Tris enciende otro cigarro y lo fuma lentamente. Le tiemblan las manos y trata de ocultarlas bajo la mesa*). ¿Está nervioso?

TRIS. ¿Quiere que le diga que sí? Pues no. No estoy nervioso. ¿Por qué tendría que estarlo? Ya le dije: si usted se cree un confesor, yo no tengo nada de qué arrepentirme. No le insinúo que pierde su tiempo, pero por ese camino…

TRUJA. ¿Y por qué esconde las manos? ¿Por qué se queda callado?

TRIS. En silencio… Escucho el silencio.

TRUJA. ¿Y qué le dice?

TRIS. Que es tenebroso porque hace pensar demasiado rápido.

TRUJA. A mí me sucede todo lo contrario: el silencio no me deja pensar. Y ahora ni siquiera puedo decir «pasó un ángel», pues aunque sea un lugar común, volverá usted con lo del catecismo… «Una buena palabra es plata, pero el silencio es oro puro». ¿No lo ha oído decir? Qué tontería. En realidad, lo único que esta pausa me demuestra es el precio que debemos pagar por la invención de las palabras… (*Pausa*) Te voy a confesar algo… Aunque tú no lo creas, yo estoy más cerca de ti de lo que tú imaginas.

TRIS. (*Lo mira con atención*) Y eso… ¿cómo debo interpretarlo?

TRUJA. De la mejor manera posible.

TRIS. ¿Por dónde viene ahora?

TRUJA. Estoy tratando de ser lo más sincero posible.

TRIS. «Estoy tratando…»

TRUJA. ¿Y qué tú quieres, eh? ¡¿Qué cojones quieres, que sea un inconsciente como tú?! Agradece que por lo menos lo esté intentando. Tienes suerte de que haya sido yo quien te tocó en esta ocasión. Mis principios no me permiten ser de otra manera. Pero pudo o podría ser mucho peor…

TRIS. «Yo no tengo principios, solo nervios». Y si de conciencia se trata, puedo tener más que usted, si vamos a ver.

TRUJA. Pero… ¡qué insolentes son!

TRIS. ¡Qué insolente soy! ¡Yo! ¡Hábleme a mí! A mí, sujeto individual…

TRUJA. ¡Individuo!

TRIS. ¡Muy bien! Individuo, ¡ente individual! ¡Yo! ¡Yo! Y no se asuste porque reclame lo que solo es un derecho.

TRUJA. Cálmese. (*Pausa. Transición*) Entiende: solo quiero hablar, quiero que hablemos, simplemente; hablar de lo que se nos ocurra, así, normal, suave, como venga… Me gustaría incluso que fuera en otras condiciones, hablar, no sé… normal… de lo que hablan los hombres… Hablar de mujeres, fútbol, qué sé yo… Esto… esto… (*Agarra la agenda*) no es más que una formalidad.

TRIS. ¡El guión! ¡Prestemelo!

TRUJA. No me haga reír.

TRIS. ¡Solo un segundo! Por favor… ¡Déjeme verlo! Solo son papeles…

TRUJA. ¿Un segundo dijiste? ¡Mira! (*Se lo pasa por delante a TRIS*) ¿Viste?

TRIS. ¡No!

TRUJA. ¿No? ¿No? Pues te jodiste… (*Pausa*) ¿Y por qué no prestártelo? No tiene nada de particular… (*Mira hacia la puerta, que se entreabre ligeramente*) De todas maneras, es un lenguaje cifrado que no entenderás. (*La puerta vuelve a cerrarse*) Son… son… notas; eso, notas personales.

TRIS.   Es solo curiosidad. Mire, yo también tengo uno… (*Le muestra unos papeles*) Podríamos intercambiarlos. Es sobre un encuentro de dos tipos en un zoológico.

TRUJA. ¿Ves? Uno trata de simplificar las cosas, y *ustedes*, como siempre, lo joden todo con la ironía.

TRIS. Le digo la verdad. Mírelo. (*Le muestra el libreto*). Además, el humorismo de un pueblo es una de las manifestaciones de su vitalidad. Humorismo, no cubaneo. Además, la «culpa» no es «nuestra», ya que se obstina en generalizar. Son ustedes los que ponen las condiciones y le dan vueltas al troquel; nosotros, lo queramos o no, tenemos la obligación de acudir cuando nos citan y responder… Creo que no existe una ley que lo establezca, aunque sí un estado de cosas que lo ampara hasta legitimarlo. Entonces, ¿qué otra cosa podemos hacer sino acudir y reír?

TRUJA. Dichosos, yo ni eso puedo…Y esa es solo la parte visible de las cosas… ¿Ha visto alguna vez un zunzún cuando liba una flor? Así trabajamos nosotros. Nuestra faz permanece impasible, mientras el cerebro se afana a un ritmo que haría lucir ridículo el aletear del pajarillo.

TRIS.   Muy bien. Pero no se trata de eso. Pienso más bien en el exceso de celo, en la suspicacia que no cesa.

TRUJA. La suspicacia es recíproca.

TRIS. Desigual.

TRUJA. Las ideas son más peligrosas que cuchillos en la oscuridad. Eso lo tenemos clarísimo. Un pensamiento bien articulado puede exterminar en cinco minutos a un regimiento de húsares entrenados y protegidos por la niebla…

TRIS. Eso es como el miedo de los niños a dormir con la luz apagada. Un miedo inútil, a la larga. Las buenas ideas son incandescentes, cuerpos coherentes, resistentes al calor. Más que sospechar de ellas se deben ensalzar, airearles el ambiente, sacarlas a la luz y mucha leña para que ardan; de lo contrario solo tendrá... niños asmáticos... pálido fuego.

TRUJA. Nadie habla de sospecha. No sé por qué lo dice. Lo que hacemos es tomar nota de ellas, tenerlas en cuenta.

TRIS. No lo dudo. Lo que me preocupa es vuestra manera de interpretarlas, el «cómo» tienen en cuenta esas ideas, y lo que después hacen con ellas. No me vuelva a decir que no sabe por qué lo digo. Si no le gusta «sospecha» pongo «suspicacia», que es peor.

TRUJA. Tenemos nuestras prioridades.

TRIS. Y los demás, la libertad de expresar sus ideas, y defenderlas, sin temor a que luego venga un hijo'eputa y les pase un buldócer por encima.

TRUJA. ¿Quiénes son los demás? ¿Temor a qué? Si existe temor, por algo será. Tal vez sea un sentimiento extraño, de culpa, digamos. Nadie prohíbe nada.

TRIS. ¿Usted habla en serio?

TRUJA. ¿Acaso le parece que me río?

TRIS. Entonces, además de hipócrita, usted es un cínico.

TRUJA. ¡Hipócrita eres tú, so cabrón, tú!

TRIS. Dígame, ¿por qué siempre plantan una oreja donde se mueven las ideas, eh? ¿Por qué? ¿Por qué los asusta tanto que cuatro personas se reúnan a discutir ideas que no son precisamente las que ustedes desean que se discutan?

TRUJA. ¡Es usted quien tiene que decir, ¿me oyó?! ¡Usted! Está aquí para eso. ¡Ahora, hable!

TRIS.   Ahí tiene.

TRUJA. ¿Qué?

TRIS. La diferencia. (*Sonríe*) El *conflicto*, para usar términos familiares para ambos.

TRUJA. Esos textos ya se dijeron. Y deje de reír. Nosotros ni siquiera nos atrevemos a reír. Ya le dije.

TRIS. ¿Quién se lo prohíbe?

TRUJA. Sonreír solamente. Y hablar, hablar, indagar, mientras la cara se mantiene impasible... (*Se ilumina al fondo la silueta con los dos bancos en el parque*) ¿Le molesta que le haga algunas preguntas?

TRIS. (*Rápido, dándose cuenta del cambio*) No, no, no.

TRUJA. Le voy a decir por qué hago preguntas. Hablo muy poco con la gente, salvo para decir cosas como «deme el informe», o «dónde está el baño», o «¿a qué hora comienza la otra tanda?», o «¡saque las manos de ahí, compañero!». Usted sabe, esas cosas...

TRIS. Para serle franco...

TRUJA. Pero de vez en cuando me gusta hablar con alguien, hablar de verdad. Me gusta llegar a conocer a alguien, conocerlo a fondo.

TRIS. Y hoy me toca a mí.

Desaparece la silueta al fondo. TRIS parece salir de un trance.

TRIS. ¿Y los bancos? De listones verdes y hierro fundido, ¿tampoco los vio?

TRUJA. ¿Qué bancos? ¿Qué-bancos...? Así no vamos a llegar a nada.

TRIS.   ¿Quién le dijo que íbamos a llegar a algo?

Trujamán se levanta. La puerta se abre a medias. Trujamán fija los ojos allí. La puerta vuelve a cerrarse. Mira a Tris.

TRUJA. Quisiera estar dentro de esa cabeza aunque solo fuese un minuto... No sé si para estrangularla o para saber por dónde anda. (*Pausa*) También en mi caso es «solo curiosidad»... Dígame, ¿en qué piensa?

TRIS. ¿De verdad quiere saberlo?

TRUJA. Sí. Venga.

TRIS. Pienso que usted no puede reírse porque nunca, ni por un instante, puede dejar de ser quien es, o peor, lo que representa. Es como un deber que se convierte en un estigma. Y no me da lástima, más bien un poco de pena... y ni siquiera. Y me preguntaba si, en su caso particular, se le exige para estos menesteres cierta... sensibilidad, por así decir, alguna simpatía sensitiva no profesional que le facilite el camino para llegar a donde quiere.

TRUJA. Puede ser. Pero imagínese lo que significaría educar una sensibilidad particular para cada sector: la sensibilidad constructiva, por ejemplo, o la sensibilidad pesquera, muy distinta a la educacional...

TRIS. La sensibilidad minera, la sensibilidad agropecuaria...

TRUJA. (*Sonríe*) ... la sensibilidad transportista, la veterinaria, la ministerial de relaciones exteriores...

TRIS. (*Riendo a carcajadas*) ... la de comunicaciones, la turística, la deportiva...

TRUJA. (*Más fuerte aún*) ... la de comunicaciones, sí, o la sensibilidad industrial ligera, la azucarada...

TRIS. ... la tribunalicia..., la comercial interior y la comercial exterior...

TRUJA. ...la básica, la alimenticia...

TRIS. ¡la sensibilidad industrial-sidero-mecánica!

La puerta se abre como si le hubieran dado una patada. Música. Entra la Mujer, que ahora viene vestida como una corista de Tropicana. Baila. Hace algunas evoluciones alrededor de Trujamán y Tris, contoneándose, y termina el número saltando sobre la mesa. Trujamán y Tris aplauden.

MUJER. «Nuestra sensibilidad media carece del sentido de la tercera dimensión, la dimensión de profundidad. A nada reconocemos suficiente realidad para tomarlo muy en serio». Jorge Mañach, *Indagación del choteo.* (*A Tris*) ¿Usted conoce a Mañach?

Trujamán se apresura a recoger la agenda. Tris también, pero ella clava un tacón sobre los papeles, se los guarda en el regazo, y les ofrece sus brazos para que la ayuden a bajar. La Mujer salta, y en un giro rapidísimo engarza su cuerpo con el de Trujamán. Dan algunos pasos, como si bailaran un tango. Se miran a los ojos con firmeza. Ella echa una bocanada de humo sobre la cara de Trujamán, le devuelve los papeles y escapa. Silencio)

TRIS. (*Aplaudiendo*) Lo felicito. Muy original, dadas las circunstancias.

TRUJA. No... no-se-qué-pudo-haberme-pasado. Nunca me sucede... así... perder el control... porque soy frío, ¡frío!, ¡frío como la bota de un esquimal! ¿Me oíste? No te dejes llevar por las apariencias... ¡Soy frío! ¡Y duro! ¡Duro! ¡Soy un duro, chico! ¡Un duro!

TRIS. Está bien... Si usted lo dice.

TRUJA. ¿Quieres probar? ¡¿Quieres probar?! Ven, arrímate.

TRIS. ¿Vamos a bailar?

TRUJA. ¡¡Arrímate!!

Tris se acerca. Trujamán pone un brazo sobre la mesa en posición de pulseo. Entrelazan las manos y hacen presión. Luego de unos instantes TRIS comienza a reír, momento que aprovecha Trujamán para aplastar el brazo del joven contra la mesa.

TRUJA. ¡Ahhh! ¡Así! ¿Ves?

TRIS. Sí-sí.

TRUJA. Para que se lo cuentes a tus amigos... Por cierto, ¿cuál de ellos fue el que dijo... cómo era... espérate un momento... quiero ser exacto... no me gusta… (*Busca en sus papeles*) Aquí está. Dice: «como un túnel largo, al final del cual se ve un resplandor rojizo. Puede ser la aurora, puede ser sangre. Silencio. Stop…» Perdón, hasta «sangre». (*Pausa. Lo mira*) ¿Quién fue?

TRIS. Sabrá Dios. Y después no quiere que me ría…

TRUJA. Eso lo dijo alguien en un lugar donde tú estabas, y no es fácil olvidar un comentario como ese.

TRIS. ¿Qué tiene? No le veo nada de particular… y, si se trata de un poema, es bastante malo, por cierto.

TRUJA. Me interesa el poeta, no la poesía. Y tú sabes lo que quieren decir estas palabras…

TRIS. Yo no sé qué es lo que usted quiere que yo sepa.

TRUJA. Vamos, dígame, no se haga el tonto.

TRIS. No me ofenda.

TRUJA. ¡Sí, te ofendo, te ofendo bien! ¡¿Y qué?! Esto no es un juego, ¿oíste? ¡No es un juego! ¡¿Quién fue?!

TRIS. Ya le dije que no sé. Tengo muy mala memoria…

TRUJA. ¡Mentira!

TRIS. Y aunque lo supiera no se lo diría. Quién sabe cómo usará después la frase.

TRUJA. Alguien dijo que habías sido tú.

TRIS. Un viejo truco.

TRUJA. (*Silencio. Lo mira*) Fue un amigo tuyo.

TRIS. Otro truco. Todavía más viejo. Además, no sería mi amigo.

TRUJA. ¿Por qué?

TRIS. ¿A usted qué le parece?

TRUJA. Ojalá tuvieran de ti la misma opinión que tienes tú de ellos.

TRIS. Eso ya no depende de mí. Pero sepa que «desde que mi querida alma supo distinguir entre los hombres, he marcado a mis amigos con el sello de la elección. Dichosos aquellos cuyo temperamento y juicio se hallan tan bien equilibrados, que no son entre los dedos de la Fortuna como un caramillo que suena por el punto que a esta se le antoja». Hamlet.

TRUJA. Basta de simulación.

TRIS. Es solo teatro.

TRUJA. Es lo mismo.

TRIS. No esté tan seguro. Se sabe de verdad solo cuando se prueba.

TRUJA. Primero intenté sugerirlo, pero ahora se lo digo por las claras: en la confianza está el peligro, y en la subestimación, la inminencia del ridículo. (*Pausa. Transición*) Nunca se me ha ocurrido, ni en sueños, pararme en un escenario.

TRIS. Si lo hubiera hecho, tal vez no estaríamos aquí ahora.

TRUJA. Si le interesa saberlo… en alguna ocasión he… garabateado algo… No es nada, son como estados de ánimo, digamos, pequeños momentos de inspiración que pueden parecer poemas, pero no lo son. Y ahí quedan; son solo míos; los amontono en un *file* y de vez en cuando los releo.

TRIS. Ya no sé si creerle o pensar que es una nueva táctica ¿A qué tipo de «sensibilidad» pertenece?

TRUJA. ¿Qué quiere decir?

TRIS. ¿Por qué los amontona?

TRUJA. ¿Por qué? No sé… (*Pausa*) Se los doy a leer a mi mujer.

Se ilumina al fondo la silueta del parque y los bancos.

TRIS. ¡Es casado!

TRUJA. Naturalmente.

TRIS. No es obligatorio, qué diablos.

TRUJA. No, claro que no.

TRIS. Con una mujer.

TRUJA. Y… ¡sí!

TRIS. Y con hijos.

TRUJA. Sí, dos.

TRIS. Varones.

TRUJA. No, niñas… dos niñas.

TRIS. Pero usted quería varones.

TRUJA. Sí… natural, todo hombre quiere tener un hijo varón, pero…

TRIS. ¡Donde manda capitán no manda soldado!

TRUJA. Oficial.

TRIS. Siga la letra.

TRUJA. (*Sonríe*) No es lo que iba a decir.

TRIS. Y ahora no va a tener más niños, ¿verdad?

TRUJA. No, no, basta. ¿Y usted qué sabe? ¿Qué sabe si voy a tener o no?

TRIS. El modo en que cruza las piernas, a lo mejor, o algo en la voz o simplemente un presentimiento. ¿La culpa es de su mujer?

TRUJA. ¿Y a usted qué le importa? ¿Está claro? ¡No le importa! ¡No le importa! ¡No le importa! ¡¡No-le-im-por-ta-no-le-im-por-taaaaaaaaaaaaaaaaa!!

Desaparece la silueta de los bancos y el parque, y automáticamente aparece la del árbol solitario, ahora florecido.

TRIS. Está bien, está bien, intentemos hablar sin alterarnos, ya que somos incapaces de estarnos callados.

TRUJA. Es verdad, somos incansables.

TRIS. Es para no pensar.

TRUJA. Está justificado.

TRIS. Es para no escuchar.

TRUJA. Tenemos nuestras razones.

TRIS. Todas las voces muertas.

TRUJA. Es como un ruido de alas.

TRIS. De hojas.

TRUJA. De arena.

TRIS. De hojas.

TRUJA. Hablan todas al mismo tiempo.

TRIS. Cada una para sí. (*Silencio*).

TRUJA. Más bien cuchichean.

TRIS. Murmuran.

TRUJA. Susurran.

TRIS. Murmuran. (Silencio)

TRUJA. ¿Qué dicen?

TRIS. Hablan de su vida.

TRUJA. No les basta haber vivido.

TRIS. Es necesario que hablen.

TRUJA. ¡Di algo!

TRIS. Estoy pensando.

TRUJA. ¡Di cualquier cosa!

TRIS. ¿A quién esperamos?

Desaparece la silueta del árbol.

TRUJA. No «esperamos» nada. Soy *yo* el que espera. Espero que termine de contar lo que tiene que decir.

TRIS. ¿Sobre qué?

TRUJA. Sobre Platón, sobre usted, sobre cualquier cosa. Todo sirve.

TRIS. Si mal no recuerdo, usted lo anotó al principio. Platón, digo.

TRUJA. Cierto. ¿Ves? No tienes tan mala memoria como dices

TRIS. No en algunos casos. ¿Quiere saber de Platón? Una mierda de tipo, un reaccionario universal, un fascista, despreciaba a los artistas, los dejó fuera de su estructura ideal de gobierno.

TRUJA. Tal vez era un sabio. (*Pausa*) Vamos, cuente de una vez. Estoy esperando.

TRIS. Déjeme en paz por un momento. ¿No le basta? ¿No ve que estoy recordando mi dicha?

TRUJA. «*Memoria praeteritorum bonorum...; debe de ser muy triste*».

TRIS. Usted se aprendió la obra de memoria. Lo felicito.

TRUJA. Casi. Fue un caso complicado. Eran tiempos de decisiones rápidas, de definiciones. No había lugar para la espera ni para latinajos. Y no me felicite... Cerraron el teatro y disolvieron el grupo.

TRIS. Y después, ¿qué sensación le quedó? ¿No se desvelaba en medio de la noche? ¿Ni siquiera una punzada en el estómago? ¿Sigue pensando igual? ¿Ya está todo definido y sepultado? ¿No pierde nunca el apetito? ¿Sueña un comisario? ¿Nada?

TRUJA. ¿Cómo? Pues... así como...yo..., si supiera... desasosiego como tal... sí... (*La puerta se entreabre*) ¡Pues no, ¿qué le parece?! ¡Si así debe ser, siempre será no! ¡Y ahora hable, termine de una vez!

La puerta se cierra nuevamente.

TRIS. ¿Realmente, es tan importante?

TRUJA. ¡Sí! Para nosotros sí.

TRIS. Pues verá, gozábamos de una de esas cuarentenas bucólicas, cuarenta y cinco días exactos de trabajo en el campo, como era de rigor, usted sabe, para todo estudiante de bachiller en este país, en un lugar lo suficientemente distante de la ciudad como para tener la certeza de estar en el mismo centro del monte, pero no tan lejos como para olvidarse de ella. Y ese fue el origen y la causa de todo. Y aunque trabajábamos como mulos, era el reino de la felicidad. Ahí se gozaba, digan lo que digan. Sin horarios rígidos ni uniformes escolares ni formaciones en el patio y matutinos o clases aburridas. Para nosotros esa era, junto con las vacaciones de verano, la mejor temporada. Para nosotros los varones... A ver si me entiende: era la única vez en el año que podíamos dejarnos crecer el pelo. Así de sencillo. Se esperaba todo un curso para tener esa oportunidad, reprochada y reprimida todo el tiempo por padres, profesores y el resto de la sociedad mayor de veinte años. Y así andábamos, cada uno comparando su cabeza con las otras y esperando que aquellos filamentos perezosos nos taparan las orejas, saltando y divirtiéndonos entre los surcos de tomate infinito cuando llegó la noticia: el presidente de un país amigo visitaría nuestra ciudad, por lo que el día de su llegada todos debíamos trasladarnos hasta allá y formar un cordón a ambos lados de la vía principal para recibirlo. Hasta ahí estaba bien. El problema comenzó cuando nos enteramos de que, para vitorear al ilustre visitante, todo lo que fuera sexo masculino debía estar «debidamente presentable». Corte a ras, gratis, cortesía de un barbero ex-levantador de pesas capaz de desmochar en serie a todo un regimiento en veinticinco minutos... y que además se ufanaba de eso. ¿Entiende? El reflujo de la marea, el fin del sueño bimensual, el coño de su madre. Como si el camarada, a su paso, se detuviera a observar si los jóvenes que lo recibían tenían el corte de pelo adecuado o no. Bien, solo había dos caminos, y tres amigos y yo escogimos el otro... Acopiamos todo lo que quedaba de comida en nuestras maletas, restos de la visita dominical de nuestros padres; hipotecamos en la cocina un reloj pulsera a cambio de algunas libras de pan y seis cajas de cigarrillos y nos escapamos a la manigua. Que nos fueran a buscar en lo más recóndito del monte si querían. Pero de lo otro, nada. Allí nos pasamos tres días, bañándonos en un arroyo congelado y cubierto casi siempre de neblina, haciendo cuentos de aparecidos por la noche, sentados románticamente alrededor de una hoguera. Por cierto, y esto puede reservárselo como información confidencial, pero puedo jurarle que uno de esos días, al atardecer, vi pasar a pocos metros de mí un hermoso ciervo color ocre claro, con una cornamenta impresionante en la que ondeaban al viento, como guirnaldas, unas banderillas de hojas de guayaba... Bueno, al cuarto día, cuando se acabó el tabaco y la comida, decidimos regresar. El recibimiento fue apoteósico, nos aclamaron como héroes, y luego nos botaron. Nos expulsaron deshonrosamente. Abandonamos el campamento —qué coincidencia, ahora que lo pienso— entre los gritos y los saludos de los amigos, que habían formado un cordón a ambos lados del camino hasta la carretera... Lo demás se lo puede imaginar: papelones por indisciplina grave, traslado de escuela —cada uno para una diferente—, leve aumento en el grosor de nuestros expedientes, y el estigma permanente, desde entonces, de los *problemas ideológicos*. Pero óigame, había que ver cómo todos nos miraban y se morían de envidia contemplando nuestras bien surtidas cabezas en aquellas fiestas de las cortas vacaciones antes de volver al aula: nada era más importante que eso.

TRUJA. ¿Y?

TRIS. ¿Y?

TRUJAL. ¿Eso es todo?

TRIS. Fin del cuento.

TRUJAL. ¿Nada más?

TRIS. Lo demás lo ponen los demás.

TRUJA. Pero... eso no es lo que yo... Esa es solo la anécdota...

TRIS. Eso es: una anécdota.

TRUJA. No le creo. ¡No le creo! Usted oculta algo, algún dato…

TRIS. ¿Datos? ¿Datos? ¡No hay datos! Solo eso: anécdotas, historias. A partir de ahí todo es ficción, solo ficción, y esa parte me corresponde a mí, como usted ha dicho. Pero solo a partir de ahí.

TRUJA. El pelo, entonces…

TRIS. Lo clásico, por la parte se juzga el todo.

TRUJA. Esto es absurdo. Confuso… Todo es absurdo.

TRIS. Desde el principio, señor.

TRUJA. Compañero.

TRIS. Compañeros son los bueyes. Señor.

TRUJA. Compañero.

TRIS. Señor.

TRUJA. Compañero instructor.

TRIS. Señor instructor.

TRUJA. Está bien. Como quiera. Es una tontería que no merece ser discutida con usted. Bien, por ahora basta. (*Anota algo en su agenda*) Como historia está bien, ¿no crees? Pero me parece falsa. Podrías escribirla… No sé, un cuento, una obra de teatro…

TRIS. Es decir, no me cree.

TRUJA. ¿Lo lamenta?

TRIS. Tal vez.

TRUJA. ¿Por qué?

TRIS. Ya está escrita.

TRUJA. Cállese la boca. Hemos terminado. Y tenga cuidado, es mejor que se limite y mantenga las distancias.

TRIS. Cuando le digo que esta historia ya está escrita quiero decir que la hemos estado componiendo mientras transcurría. Pero si no le parece suficiente, usted también podría… «garabatear» algo, si se lo propusiera. Anímese, le cambiará la cara.

TRUJA. Zapatero a sus zapatos. Yo a lo mío, y usted a sus historias.

TRIS. Como de costumbre. De todas maneras, tal vez tenga que agradecerle que me lo haya hecho recordar otra vez.

Pausa. Silencio.

TRUJA. Es tarde. Se sabe por el silencio.

TRIS. ¿Y el árbol? ¿Los bancos, el parque…?

TRUJA. Ilusiones. Un delirio suyo. De más está decirle que todo lo que hemos hablado queda entre nosotros.

TRIS. Eso es problema suyo. Yo no tengo nada que ocultar.
TRUJA. Eso está por ver.

Se ilumina con un fuerte resplandor la imagen del árbol al fondo.

TRUJA. Encantadora reunión.
TRIS. Inolvidable.
TRUJA. Y aún no ha terminado.
TRIS. Eso parece.
TRUJA. No ha hecho más que empezar.
TRIS. Es terrible.
TRUJAL. Se diría que estamos en un espectáculo.
TRIS. En un circo.
TRUJAL. En una revista.
TRIS.   En el circo…

Trujamán golpea fuertemente en el estómago a Tris. Tris cae. Apagón.

Francisco García González

RUBÉN·

Todos sabíamos, aun los más ingenuos lo imaginaban, que la Facultad —como cada centro de trabajo, escuela o el lugar que fuera—, era «atendida» por un oficial de la Seguridad del Estado, DSE. En ocasiones uno pasaba por esas escuelas o centros y no se enteraba de quién era el tipo de la Seguridad a cargo de la atención al lugar. Era lo mejor que te podía suceder. Eso significaba que no resultabas de su interés o que no habías cometido ningún crimen a sus ojos (o a sus oídos). Después, regresaremos sobre la naturaleza de esos crímenes. Repito, lo mejor que te podía suceder era no saber quién era. No comparecer en sus oficinas, que bien podían estar donde estudiabas o trabajabas o en otro lugar. Respecto a los tipos de la Seguridad, creo que preferían tener su base en algún lugar distante al que atendían, un sitio más íntimo, funcional y que, de paso, impresionara más al visitante. Por supuesto, nadie visitaba aquellas oficinas por iniciativa propia.

Corría el mes de enero de 1986, llevaba un semestre estudiando historia en la Facultad de Historia y Filosofía de la Universidad de La Habana, y viviendo en la residencia estudiantil ubicada en la intersección de las calles 12 y Malecón, situada en la barriada de El Vedado, junto al Círculo Social «José Antonio Echeverría», antiguo Vedado Tennis Club. Aún no conocía a Rubén. Ni siquiera pensaba en quién sería el oficial de la Seguridad a cargo de nuestra atención.

Acabábamos una clase de Historia de las Formaciones Precapitalistas II, nombre que los ideólogos e historiadores marxistas y leninistas, daban a

---

· Fragmento del libro inédito *La blanda represión*.

la Historia de la Edad Media. Las conferencias y seminarios eran dictados por la profesora Liliam Judith Moreira de Lima, Liliam Moreira a secas, una uruguaya de la que no tenía idea de cómo había aterrizado en Cuba. La profesora Liliam Moreira era una marxista que, de haber nacido en Europa y en otro tiempo, su efigie estaría entre las de Marx, Engels y Lenin en lugar de las de Rosa Luxemburgo o Clara Zetkin, en cuanto congreso del partido o asamblea comunista se celebrase en cualquier parte. En su caso, se trataba no solo de una marxista consecuente, sino de una sádica de armas tomar, cosa que se reflejaba en los métodos pedagógicos empleados con los estudiantes.

Acabábamos la conferencia, era la una y quince. Liliam Moreira se había marchado, luego de dejarnos una suculenta bibliografía para la próxima clase entre la que figuraban autores tales como Henri Pirenne, Ferdinand Lot, Roger Rémondon y los omnipresentes Carlos Marx y Federico Engels. Nos íbamos del salón cuando Arsenio apareció en la puerta con dos sobres sellados, uno para mi amigo Ernesto y otro para quien escribe. De este Arsenio no recuerdo sus apellidos, solo que era el bedel de la Facultad y al que, para hacer coincidir nombre y carácter, llamaban Arsénico.

Arsénico, lejos de actuar de manera discreta debido al contenido y al lugar de procedencia de la orden, se limitó a vocear los nombres de Ernesto y el mío. Era lunes y, según mi sobre, debía acudir a la secretaría el miércoles para reunirme con el compañero del Ministerio del Interior, MININT, ministerio al que pertenece el Departamento de la Seguridad del Estado. No me gustó. Definitivamente. Bajé a ver a la secretaria, y la secretaria, una señora llamada Carlota, no pudo darme detalles, aunque lo tomó con tranquilidad. Ese tipo de reuniones eran muy frecuentes, así que no tenía por qué preocuparme.

Me fui hasta la parada del ómnibus que me llevaba hasta la residencia de 12 y Malecón. Contrario a lo que me había dicho la secretaria, estaba preocupado. Luego de darme un respiro, la Seguridad del Estado aparecía en mi vida. Tenía claro, desde hacía tiempo, que nada bueno debía esperarle a un tipo como yo en una reunión con un compañero del MININT o de la Seguridad del Estado, para ser más exactos.

Lo recuerdo con precisión.

Ese día un pianista contratado por la residencia para amenizar almuerzos y comidas —a quien llamábamos Salieri por la espantosa calidad de sus interpretaciones que llegaban a ser perfectas *ejecuciones* de piezas clásicas y del repertorio *easy music*—, aporreaba un piano Mockba situado en el comedor. Mientras almorzaba, miraba el mar batir el muro del malecón y no dejaba de pensar en que el miércoles tendría una reunión con el compañero que atendía la Facultad por la Seguridad.

Llegó el miércoles, y a la hora señalada, estaba en los bajos de la Facultad, donde se encontraban las oficinas de la secretaría. Estas oficinas daban a un patio que estaba junto a la gran escalinata flanqueada de laureles de la universidad. Toqué la puerta y un hombre alto, blanco y calvo, de unos cuarenta años me abrió la puerta... La abrió lo suficiente para que no viera quién era la persona con la que estaba reunido. Gajes del oficio. A lo mejor mi anfitrión no contaba con mi exacta puntualidad.

—Espérame arriba, en cinco minutos te voy a buscar —dijo, y yo obedecí.

Estaba claro que el compañero de la Seguridad no solo deseaba que no viera quién era su invitado, sino que, con mi subida, le garantizaba una vía de escape segura por el patio que daba a la escalinata sin necesidad de cruzarse conmigo.

Brillante.

Esperé sentado frente a la entrada de la Facultad alrededor de cuarenta minutos. No dejaba de mirar el reloj. En aquel entonces, tenía un Poljot digital, de esfera cuadrada, manilla negra, hecho en la URSS, como el piano que maltrataba Salieri en el comedor de la residencia. En algún momento, el hombre vino por mí.

Entonces, Rubén y yo nos conocimos.

Nos estrechamos las manos.

Su palma era cálida y fofa, lo que Juan José Arreola describe como una «credencial de pescado muerto» que, además, provenía de un «prójimo desmerecido y chancletas».

—Vamos abajo, aquí no podemos hablar, ¿me entiendes?

Claro que entendía.

Bajé las escaleras detrás de Rubén preguntándome quién sería la persona que estaba en su oficina antes. Cuando entramos y cerró la puerta, ya no me interesaba saberlo.

La oficina de Rubén, o la que solía usar para sus entrevistas semisecretas, enclavada en los bajos de la Facultad de Historia y Filosofía como sabemos, era el retrato de una oficina media de cualquier dirigente de aquellos años. En una de las paredes había una foto de Fidel Castro. Esa que le tomara Raúl Corrales, en la que el Comandante salta de un tanque durante los días de la invasión a Playa Girón o Bahía de Cochinos. En otra de las paredes colgaba un retrato de Lenin, el alquimista máximo de la Revolución de Octubre de 1917 y artífice del estado soviético. Detrás del buró de Rubén, había un librero bien surtido con las obras completas de Marx y Engels. Nada de ficción a la vista. Solo libros gruesos, en masivas ediciones de tapa dura, productos élite de la Editorial Progreso. ¿Cuántos de aquellos libros se habían leído Rubén o sus jefes? Supuse que ninguno, que en el contenido de su trabajo no figuraba leerse ninguno de los crueles ladrillos que descansaban en el librero.

Por un instante, me alegré por él.

En la oficina no había ventanas.

—Siéntate —dijo sonriente.

Obedecí.

Quedamos frente a frente.

Nos miramos y logré sostenerle la mirada un tiempo prudencial.

Cambié la vista y traté de aparentar tranquilidad.

A continuación me recordó algunas cosas de esas que son imposibles de olvidar, pero que, en boca del personaje que Rubén encarnaba significan poder.

Poder sobre mí y mis alrededores.

Por ejemplo, Rubén me recordó, mientras indagaba por su salud, el nombre de mis padres y hermanos. También, me recordó a qué se dedicaba cada uno y la residencia de todos, o sea, la de nuestra casa en Caimito del Guayabal.

Luego del derroche de información, Rubén se centró en mí.

—Sabemos —Los hombres como él siempre hablan en plural—, sabemos que eres un muchacho bastante maduro, con criterios propios y que, en determinados momentos, puedes llegar a convertirte en un líder.

Sabría dónde vivía y los segundos apellidos de mis padres, pero respecto a mi personalidad estaba totalmente despistado. Para muchas cosas, mi inmadurez era notoria y era incapaz de liderar cualquier cosa. Entonces, tuve la sospecha de que no era un buen agente, que ejecutaba un trabajo de rutina, que sabía de mí lo que leía en cualquier documento a los que tenía acceso. Seguro eran bastantes. Sin embargo, a la hora de elaborar lo que en las películas y series americanas policiacas se conoce como *profiling*, estaba perdido. Cosa que lo hacía más temible también.

Tampoco dije nada.

—Espero que sepas que, en los momentos actuales que vive la Revolución, no basta con ser buen estudiante.

El dardo lanzado comenzaba a develar la índole de su guión más que hablarme de su astucia como agente.

Apenas me movía en la silla.

—Con tener buenas calificaciones en los exámenes e ir al campo a trabajar en las vacaciones no es suficiente.

No sabía qué decirle. Me limité a sostenerle la mirada. Luego, mi vista se movió hacia las obras completas de los fundadores del marxismo-leninismo. Los tomos de Vladímir Ilich eran grises, gris Progreso. Los del dúo alemán eran rojos con letras doradas impresas en el lomo. A ojo traté de adivinar en qué tomo se encontraba la obra *La miseria de la filosofía*, escrita por Marx en respuesta a *La filosofía de la miseria*, de Pierre-Joseph Proudhon, que debíamos leer para un seminario de Historia de la Filosofía dentro de varias semanas.

Ni idea.

—La defensa de la Revolución necesita de tareas más complejas. Estamos viviendo momentos muy difíciles, el enemigo tiene muchos recursos de inteligencia, y por eso, tenemos que estar preparados. ¿Me entiendes?

—Entiendo —respondí y sentí que el cerco comenzaba a estrecharse.

—Si entiendes, entonces, te propongo trabajar con nosotros.

El cerco se estrechaba, alrededor de mi cuello.

Seguro que moví las rodillas y la punta de los pies.

Seguro miré la hora en mi Poljot.

Me estaba poniendo nervioso y, por supuesto, Rubén se dio cuenta y fue al grano.

—Por tus condiciones personales, por ser un muchacho serio y discreto, te dedicarías a informarnos quién escucha Radio Martí en la beca, quién tiene y cambia dólares, qué habla la gente en contra de la Revolución. Quiénes andan con extranjeros y van a las diplotiendas o a las embajadas. Si algún profesor expresa criterios que tengan trasfondo diversionista.

Tener como contenido de trabajo espiar a los mismos profesores que nos instruían ideológicamente, miembros del Partido Comunista en su mayoría, y a estudiantes extranjeros, sonaban a una ardua ocupación que casi no me dejaría tiempo para otra cosa.

El caso de Radio Martí era más de lo mismo. En esos momentos pasaban una radionovela que se llamaba *Esmeralda* y que escuchaba probablemente toda Cuba. No me extrañaba que hasta la esposa de Rubén o su madre o su hermana, en caso de tenerlas, también la escucharan.

—¿Qué me dices?

—No conozco muchos extranjeros y los que hay en mi grupo son más revolucionarios que yo —bromeé—. Usted los conoce seguro... —Apenas acabé de hablar, mi nerviosismo era más que notorio.

Me refería a Silvina, una argentina hija de un militante de izquierda desaparecido en su país cuando la dictadura. Una muchacha que personificaba a mis ojos a un militante latinoamericano en ciernes. Y al dominicano Rafael, hijo de un dirigente del Bloque Socialista en República Dominicana.

Rubén me miró como diciendo «qué ingenuo eres».

—Te voy a poner un ejemplo hipotético. Te haces amigo de Silvina, se gradúan, luego, ella se va a vivir al extranjero. La CIA la recluta y todo ese tiempo continúa la amistad contigo, se cartean y eso. Tú, que trabajas en un centro importante, comienzas a ceder poco a poco cuando ella te pide información y, por supuesto, ni te enteras para quién ella trabaja. Y cuando vienes a ver, te cogieron a ti también. ¿Me explico?

Reconocí que Rubén estaba entrenado para dar la sensación de que poseía imaginación, en el sentido siniestro en que la emplean los órganos de la Seguridad del Estado, claro. La posible novela entre Silvina y yo me sobrecogió. Si con alguien no me imaginaba en el segundo semestre del primer año de la carrera en ese tipo de relación, o en cualquier otro, era con ella.

Intenté armarme de alguna justificación. Me sentía arrepentido de lo desacertado del chiste a cuenta de Silvina y Rafael. Pero, en lugar de decir algo en mi favor, permanecí en silencio. El nerviosismo comenzó a ceder paso al miedo. Estoy convencido de si para algo Rubén era bueno era para percibir el miedo que provocaban sus palabras en sus entrevistados. Sentía cómo olfateaba mi miedo de criatura desamparada bajo sus garras, aún de terciopelo.

—Este tema de los extranjeros es muy delicado. Por eso necesitamos a alguien que nos informe con quiénes se relacionan, qué dicen, qué piensan, con quiénes trafican dólares, a quiénes le venden las mercancías compradas en las diplotiendas. Eso no es bueno ni para el país ni para nadie.

Hizo una pausa en su discurso y anotó algo en su agenda.

Una agenda de tapas negras.

Alzó la vista y me hizo la pregunta inevitable.

—¿Qué me dices? ¿Aceptas o no?

En ese instante, mi temor y mi nerviosismo eran tales que tuve que aferrarme a los brazos de la silla.

No respondí.

—Si aceptas, comenzaremos a vernos fuera de la universidad.

A pesar del miedo, solo tenía claras dos cosas. La primera era que no quería convertirme en lo que Rubén me proponía. Y la otra que quería salir de la maldita oficina lo antes posible. Ambas cosas me ponían más nervioso aún.

—Tengo que pensarlo —le dije para dar por acabada la reunión.

Rubén, que sabía de sobra los efectos que el encuentro había provocado en mí, se lanzó a fondo. Contaba con el miedo cerval que me causaba para reclutar a un nuevo informante.

—Está bien, piénsalo, pero fíjate, en caso de que no aceptes, tienes que firmarme unos papeles. Y eso no va a ser bueno para tu futuro.

Eso dijo.

Sin discusión, mi exceso de temor lo había engolosinado. Pero no me importaba, solo deseaba alejarme de aquella oficina, escapar de allí. Cuanto antes mejor.

—Nos vemos el miércoles que viene en el parque Víctor Hugo de 21 y H. Sea lo que sea que decidas tienes que venir. ¿Está bien?

Miré sus manos limpias, las uñas recortadas y sentí un profundo asco. Sus manos, su «credencial de pescado muerto», eran las de un esbirro.

Las miré y le dije:

—Nos vemos.

Antes de salir no pude evitar estrecharle, ya saben, su credencial de…

Se llamaba Galia y era de Matanzas, de un reparto cerca de la bahía.

No recuerdo su apellido.

Era rubia, sonrosada, de baja estatura. Como a casi todas las muchachas de la residencia le gustaban las fiestas y acostarse tarde. Estudiaba economía y vivía en el piso diez de la residencia. La conocí un día que fui a una fiesta, y me acosté tarde.

No me gustaba.

Mucho.

Pero era una mujer de trato fácil y alegre. Y esos eran argumentos suficientes para irme a la cama con ella. Además del argumento estadístico. Una más. Poseer a una mujer más tenía encanto en 1986.

Si hago el balance de las veces que tuvimos sexo, no pasaron de cinco. Recuerdo la primera, la de la fiesta. Y la última, la mañana de un miércoles memorable, pero por otras razones. Había tenido guardia nocturna en el Departamento de Filosofía de J y 19, de once de la noche a tres de la madrugada. Al regreso de la guardia, la puerta del piso 16 donde vivía estaba cerrada. Después de tocar un rato, desistí y me senté en la escalera. Tenía sueño, estaba cansado. No quería ir a tocarle la puerta a Galia. No quería, pero bajé y lo hice. Le conté lo sucedido y me dio espacio en su cama. Muy temprano, sus compañeras de cuarto se marcharon a clases. Hicimos el amor. Nada extraordinario. Durante toda la sesión, rechazó quitarse las medias de dormir. Al poco rato, también me fui a clases. Antes de partir, Galia me pidió que, cuando regresara, me reuniera con ella, que me iba a estar esperando en su piso. Le prometí que sí, que vendría sin falta a la una y treinta, cuando acabara la sesión de clases.

Me fui a la Facultad.

Era miércoles y ese día a la una y treinta tenía la reunión con Rubén. Llevaba una semana pensando en cómo librarme de mi torturador. No tenía idea de cuál sería la dramaturgia de la reunión. Claro, si me ponía en su lugar era muy fácil. Me había presionado lo suficiente como para asumir que me tenía atrapado. Lo imaginaba deleitándose con la lectura de mis informes, en los cuales figurarían sus ansiadas listas de nombres de poseedores de dólares, maledicentes de la obra de la revolución, profesores diversionistas, escuchas de Radio Martí... En fin, todo el paquete.

Su guión era sencillo, de una sola secuencia que incluía, desde su óptica, un final feliz para ambos, y gracias al cual, quedaba atado a la entidad que representaba Rubén, más o menos para toda la vida.

No había dejado de pensar en la reunión ni siquiera cuando estaba haciendo el amor con Galia. La mañana transcurrió con los ojos puestos en mi reloj, saben cuál. Y cada timbre que sonaba para indicar los cambios de clases y recesos era un paso más hacia la órbita del planeta Rubén.

Acabaron las clases. Bajé por la escalinata. Caminé por la calle L hasta 23. Apenas quedaban cinco minutos para llegar hasta el parque Víctor Hugo, ubicado entre las calles 21 y H. Ante mí tenía dos opciones: ir donde Rubén o a la residencia donde Galia me esperaba.

¿Rubén o Galia?

Si iba al parque sabía lo que esa decisión podría traerme: o aceptaba el ofrecimiento del sicario o me negaba. Con todo lo que implicaba mi negativa. Ambas opciones me disgustaban.

Y si me iba donde Galia, corría el peligro, tomando en cuenta la manera en que nos habíamos despedido, de involucrarme en una relación seria que no me apetecía para nada.

Crucé la calle 23.

La acera de la heladería Coppelia.

La parada de las rutas 22 y 28 rumbo a Marianao y La Lisa.

Entonces la revelación de la tercera opción, en la que no había pensado, acudió a mí en todo su pequeño esplendor: tomé la ruta 22, abandoné el Vedado y me fui directo a la terminal del Lido. En menos de dos horas estaría en Caimito del Guayabal, kilómetro 36 de la carretera Central, según el sistema de medidas del General Gerardo Machado y Morales.

El ómnibus se dirigía al poblado, y poco a poco, me fui dejando de sentir oprimido. El aire entraba por las ventanillas y el paisaje, entre la zona de Arroyo Arenas y Punta Brava, me pareció más bello que nunca, aunque lo venía recorriendo desde niño. Ambas cosas me apaciguaban y se reconciliaban con mi decisión.

¿Cómo se siente un agente cuando un posible encartado lo deja plantado? Lo sabría en el futuro, me dije, pero ya no sentía tanto miedo. Estaba dispuesto a enfrentar las consecuencias. Al menos eso creía.

¿Y Galia?

Esa tarde, mientras me bañaba, me masturbé pensando en una Galia diferente a la insulsa con la que me había acostado. Pura y primitiva narrativa.

En las dos semanas siguientes no vi a Rubén.

Una mañana, durante uno de los recesos, se acercó a un grupo de estudiantes. Saludó a algunos, todos varones, preguntando por la salud de nuestros familiares. Como para hacernos sospechar unos de otros. Finalizado el *performance*, vino directo hacia mí.

—¿Qué pasó aquel día? Me quedé esperándote.

—Ese día no me sentía bien, tuve guardia y no dormí esa noche. Quise avisarle, pero no sabía cómo…

No dijo nada más. Me dio la espalda y se fue. Con la misma brusquedad con la que había aparecido en mi vida.

Durante un tiempo esperé alguna represalia. Rubén me había dicho que si me negaba a colaborar con él tenía que firmarle algunos documentos que quizás me perjudicarían en el futuro. Durante años he pensado en qué lo hizo desistir de mi captación. Sobre todo, si sabía que le temía: el miedo siempre trabaja a favor de la entidad y sus agentes. El miedo que causa saberse totalmente indefenso y a merced de un organismo vivo, con un historial de represión legendario, capaz de fagocitar a tantas personas como le sean necesarias para conservar sus funciones.

¿Qué lo hizo desistir en su afán de convertirme en un simple soplón o en un «agentazo»? Eso se lo había propuesto, sin éxito, a otro condiscípulo quien respondió que deseaba convertirse en historiador y, por eso, había ingresado en la Facultad de Historia y no en una academia del MININT. Para otro amigo escritor, la respuesta es muy simple. Rubén me estaba ofreciendo algo que muchos otros añoraban. ¿Cuántos jóvenes cubanos no estaban dispuestos a convertirse en héroes como el David (ese es el nombre épico, el otro era el del carnet de identidad) de los dramatizados *En silencio ha tenido que ser*? Desde la visión y la mítica de la propia entidad, la posibilidad de trabajar para ella entrañaba un gran privilegio, y todo aquel que lo rechazara, simplemente, era un tonto. Convertirse en un «agentazo» era sinónimo de tener una carrera brillante en el campo que desearas o te asignaran de acuerdo con tu perfil. Los «agentazos» pululan en todas las instituciones científicas, artísticas, educacionales y un largo etcétera, incluyendo el servicio diplomático.

Rubén pareció olvidarme. No obstante, me convertí en un paranoico. No dejaba de preguntarme qué le había propuesto a Ernesto, con quien comenzaba una profunda amistad y a quien Arsénico le había entregado un sobre exacto al mío.

En una ocasión estaba sentado en uno de los bancos que estaban fuera de la Facultad leyendo la novela *El extranjero*, de Albert Camus, publicada hacía tiempo por la Colección Cocuyo, lectura semiclandestina y obligada de aquellos años entre la farándula universitaria. Leía, cuando Rubén apareció de pronto, su forma favorita de aparecer. Sin decirme nada, intentó quitarme el libro de las manos para ver de qué se trataba. Forcejeamos por el libro durante unos breves segundos. No importaba que se tratara de una edición cubana. Por fin, logró ver qué leía.

—*El extranjero*, ¡lo sabía, coño! —dijo con expresión de triunfo.

Ese fue nuestro último encuentro.

Con el tiempo dejé de pensar y de preocuparme por Rubén, si bien el significado de su presencia siempre me rondó. En 1993, la película *Fresa y chocolate*, del realizador Tomás Gutiérrez Alea, basada en la adaptación del cuento de Senel Paz «El lobo, el bosque y el hombre nuevo», tuvo un éxito indiscutible tanto de crítica como de público. Por debajo del revuelo del mensaje de tolerancia e inclusión, un detalle me aguó la fiesta: Miguel. El personaje encarnado por el actor Francisco Gattorno eclipsaba, a mi modo de ver, todo el lustre de Diego y David. En pantalla, estaba viendo el papel que Rubén había reservado para mí. Allí estaba el «agentazo» en plena acción. Poco tuvieron que imaginarse Paz y Gutiérrez Alea, quienes seguro conocían al dedillo el guión, no el del filme, sino el *otro*. Con esta representación, el héroe, encarnación viva de los órganos de la Seguridad del Estado, promovido durante años por el ICRT y el mismo ICAIC, quedaba bastante desvalorado. Del Alberto Delgado de la película *El hombre de Maisinicú* y el Fernando del ya citado *En silencio ha tenido que ser* al Miguel de *Fresa y chocolate*, el recorrido del héroe iba del estoicismo y la inmolación a la pura y más rebajada chivatería.

Rubén…

Nunca supe su apellido. La última vez que tuve noticias suyas fue a través de Ernesto. Lo había visto en el portal de una bodega en una esquina del barrio de Nuevo Vedado. Jugaba dominó con algunos vecinos y llevaba chancletas.

Carlos A. Aguilera

NUEVAS REVELACIONES SOBRE LA MUERTE DE MI PADRE·

Mi padre era un gordo.

Un gordo muy gordo muy gordo, tal y como relaté una vez en *Clausewitz y yo* (La Cleta, México, 2015). Texto en el que fui trazando el espacio donde ambos, en línea recta y casi siempre sin mirarnos, nos movíamos.

Ahora, la verdad de ese relato resultaría incompleta, si además de abundar en sus exclamaciones, sus delirios, su ácido, no hablara también sobre sus abusos, su concepto nulo de fidelidad y sobre lo que él llamaba «la entrega», palabra que en su caso se reducía a vigilancia, apuntes y delaciones.

Vigilancia que fue archivando obsesivamente en unos cuadernitos de tapas negras que apilaba uno a uno sobre el armario de cristal que dividía el comedor de la cocina y que comenzó a escribir justo al cumplir los veinte años, cuando, confiesa, observaba a todo el vecindario con ojo «extenso».

Mi padre era un soplón.

No uno de esos que escucha cualquier cosa: una palabra, una frase, un galicismo, y después se queda pensando si este tenía algo soterrado, enfermo.

No.

Mi padre era un soplón de eso que él denominaba *el* desvío.

Y para él esto tenía más que ver con lo que no se decía que con lo que era conversado (esa especie de *locus* íntimo que posee toda comunicación). Más con cierta teatralidad, manera de caminar, movimiento de cabeza que con cualquier frase pronunciada u oída.

· Texto perteneciente a un libro de relatos inédito, que tiene como título de trabajo *Mil cabezas de conejos*.

Su profesión —recordemos, era dentista— lo había hecho consciente de que muchos vocablos o interjecciones provienen del dolor pero a su vez muchos no revelan nada. Ya que lo más importante en alguien que estuviera en desacuerdo no era exactamente lo que profería (ese ronquido desquiciado y sordo), sino su mirada, la ansiedad que cualquier acontecimiento podía introducir en un espacio de vida.

Y de ese terror o acumulación o desbordamiento era que se alimentaba mi padre.

De ahí que un diálogo sobre el clima pudiera convertirse para él en una pequeña pieza de crítica social —casi como en Brecht, digamos. Y una conversación sobre descendencia lo hiciera ponerse siempre sobre aviso.

Si alguien no estiraba suficientemente los brazos, si alguien no lloraba hablando de su mujer embarazada, si alguien no ponía rostro de emoción al pronunciar ciertos nombres, lo más seguro es que no amara con contundencia su hábitat.

Y el hábitat, según él, era lo más importante que posee el «espantoso miriñaque humano», susurraba acomodándose en su imponente butacón (cuadrado y con florecitas rojas).

Sin hábitat solo hay traición, gritaba.

Y señalaba hacia el armario con su oscura hilera de cuadernitos apilados unos encima de otros dando a entender que no permitiría ningún tipo de conspiración en su «zona».

Mi padre era un cabrón.

Uno de esos que disfrutaba en alcoholizar a su mujer y después violarla.

Uno de esos que siempre lo hacía de la misma manera además: con la puerta abierta, tirando improperios, golpeándole la cara, en lo que mi madre semiinconsciente apenas alcanzaba a respirar.

Un cabrón que la acusaba de alcohólica después de que cada tarde la incitara a tomar y tomar hasta caerse literalmente de la silla.

Un cabrón que en el mejor de los casos la violaba como acabo de contar.

Y en el peor, si algo hay aún peor, la orinaba allí mismo, gritándole: cerda, aquí está tu alimento, traga.

O espetándole: si vomitas lo vas a limpiar...

Y le metía dos dedos en la boca y le sacaba a la fuerza la lengua para mostrarle qué era lo que debía utilizar en caso de «accidente».

Un cabrón que gustaba de martirizar a todo el mundo y aprovechaba esas tardes intensas, intonsas, en que su mujer yacía sobre la cama, para practicar con ella diferentes amarres y nudos.

Ryo tekubi decía, y la envolvía con ahínco hasta que lograba dejarla inmóvil.

168

Shibari decía, y la amarraba como un gran bulto que después tenía que recortar con una tijera.

Punto *Nashamoto* decía, hasta terminar desesperado, abofeteándola.

Lo más terrible es que si yo intentaba entrometerme me echaba del cuarto empujándome o dándome un golpe con la mano abierta en la cabeza, o estirando su dedo hacia mí como si su mano, toda, fuera, en sí y para sí y desde sí, una pistola y me gritaba: «te desaparezco», así, con sequedad.

Te desaparezco.

Y contra este dedo y sus palabras y su furia y sus amarres y su violencia mejor no albergar ninguna duda. Si te amenazaba con liquidarte podías estar convencido de que en algún momento lo iba a hacer.

Tal como ejecutó con varios de sus vecinos, sobre todo aquellos que molestaban con algún animal delante de nuestra puerta. O con alguien que no le cayera especialmente en gracia.

¿No fue esto lo que tramó milimétricamente contra Jota y su hijo el día en que se hartó de que su perro, su puto perro, escribió en uno de sus cuadernos, ladrara siempre en el área de calle donde estaba inserta nuestra casa y Jota o su hijo no recogieran los excrementos del «jodido *poodle*»?

Exacto, esto fue lo que hizo.

Exterminarlos.

Y cada vez que pensaba en Jota brindaba a la fuerza con mi madre y hasta improvisaba ese torpe bailecito que solo escenificaba cuando estaba muy contento.

Uuuno, uno uno, uuuno, meneando su espantosa humanidad por toda la casa.

Unnnnnno, reclamándonos que aprendiéramos el paso fundamental del minué.

Uuuuno...

Mi padre era un profanador.

Y esto no lo digo solo por esos dedos gruesos que se acostumbró a meter en la boca de mi madre para estirarle lo más posible la lengua o por su conflicto con el vecino del perro.

(Es verdad que el vecino paseaba a horas muy tempranas con el *poodle* y que sin ton ni son el «puto perro», como a él le gustaba escribir, ladraba o cagaba justo delante de nuestra puerta.

Y es verdad también que el hijo de Jota más de una vez ni siquiera lo saludó cuando mi padre en algún momento, haciendo un alarde de amabilidad, le espetó para asombro de todo el mundo Buenos Días.

Así, en voz baja.

Cosa que viniendo de mi padre podría ser considerado como un exceso). No.

Mi padre era un profanador porque a partir de un momento empezó a entender la relación que podía existir entre sus anotaciones y la Securitate —la relación *vigilancia*cárcel— como una relación natural, pedagógica. Y para esto no solo ofreció una vez al mes el producto de sus apuntes —«gaveteros de la verdad» acostumbraba a llamarles— a los oficiales casicalvos de la seguridad, sino que en más de una ocasión se quedó trabajando y recopilando y observando cualquier ruidito durante horas...

Todo para mantener la zona limpia, como alguna vez nos escupió a mi madre y a mí.

Limpia y «en el centro».

¿No es acaso el estado el centro de nuestras preocupaciones y el ojo-estado el centro del centro de esas preocupaciones?, cavilaba mi padre cuando discutía el caso de Jota con el policía de turno.

Pues ese centro está ahora manchado, susurraba mi padre. Manchado y muy manchado, repetía, y desde las cinco de la mañana por el *poodle* de Jota, señalando con todo su brazo algún lugar más allá de la puerta.

Y si el estado permite que el centro se manche, proseguía mi padre, tendrá que aceptar también que la periferia se manche. Y usted sabe, acercaba su índice al culo de botella que traía por gafas el oficial, que eso sería entonces el fin de todo.

El fin del fin del fin...

Y se reacomodaba en su butaca para calibrar el efecto que había tenido esta última frase.

Y se imagina usted (se refería claramente al oficial y a él) ¿qué haríamos nosotros si llegara el fin del fin del fin?

(Pausa teatral para mirar el rostro de su interlocutor).

Noooo, usted ni se lo imagina, dijo finalmente liberando tensión mi padre. Usted, y lo señaló de nuevo con su dedo, usted, mi querido oficial, ni siquiera se lo imagina.

Además, dijo con fuerza, lo de Jota no termina con lo del perro, y meneó su dedo a derecha e izquierda.

Noooo...

Lo de Jota, volvió a recalcar, no empieza con lo de su perro ni finaliza con lo de su perro y lo más probable, dijo como recitando un poema, es que no termine siquiera con la muerte de su sarnoso perro.

Y remeneó *again* el dedo.

Lo de Jota es mucho más grave, aseguró.

Jota intenta desde hace meses destruir nuestra armonía, e hizo una pausa para ver si el oficial captaba.

Destruir y desviar y corromper nuestra armonía, repitió.

¿Y para eso qué hace?

Sonrisilla socrática del gordo de mi padre.

Pues invita a su casa a personas que no son de esta calle, soltó finalmente mi padre. Personas que ni siquiera viven cerca de esta calle y ni siquiera cerca de las cercanías de las cercanías de esta calle.

(Conclusión que evidentemente al oficial debió sorprender un poco ya que lo hizo apoyar la espalda en su butaca y pasear su mirada por los diferentes objetos de nuestro salón).

Personas, prosiguió mi queridísimo padre, de las que se despide siempre diciendo: que el futuro te sea próspero.

(Otra pausa para escrutar milimétricamente a su interlocutor).

Se imagina usted señor oficial, explotó en su butacón mi padre: ¿se imagina usted que a usted le digan en plena calle y con el sol de golpe: que el futuro te sea próspero, así, sin introducción ni nada: Que El Futuro Te Sea Próspero?

¿Usted se lo imagina?, dijo mi padre sin esperar reacción alguna.

No, se autorrespondió, y meneaba el índice delante del culo de botella.

Usted ni siquiera se lo imagina...

Y esa es el arma más poderosa que tienen los que están contra nosotros, aseguró mi padre.

Cuentan con que nosotros ni siquiera podamos imaginarnos ciertas cosas...

¿No pasó lo mismo acaso con aquel escritor Erre, si mal no recuerdo, al que le confiscaron todos sus manuscritos y después encontraron empotrado en un hueco?

¿Se imagina usted qué hubieran pensado nuestros niños si descubren a esa rata enroscada en un parque en vez de estar inserto en nuestra realidad cotidiana de producir y construir preocupaciones?

Noooo, mi querido oficial, ni siquiera se lo imagina, se lo digo yo, que apunto y apunto y apunto todo lo que sucede a mi alrededor para que nada se me olvide, y por delante de él pasaron flotando cada uno de sus mezquinos cuadernitos y cada uno de los nombres establecidos en ellos...

Ni siquiera se lo imagina, le repito, y aquí se indicó a sí mismo con la puntica del dedo, que he dedicado toda mi vida a esto, e hizo un silencio apretado, rígido.

Ni siquiera...

Mi padre era un gordo.

Un gordo chiquitico y zoológicamente gordo.

Un gordo que a sus delirios con Clausewitz, a su trabajo mierdoso para la Securitate, a su colección de conejos desde hace tiempo ya estancada (la caza terminó el día que rebasó los 169 kilos y las rodillas empezaron a flojearle) unía un terrible blablablá sobre el olor.

El olor que él en su oligofrenia separaba de un supuesto no-olor.

Ese no-olor pendejo de todos aquellos que no trabajan para la Securitate, decía.

Ese no-olor estafa, ese no-olor caca.

¿No está más que comprobado químicamente, tarareaba, que los que no aspiran a una causa grande desprenden un no-olor que los hace pasar inadvertidos durante mucho tiempo y a los que hay que perseguir incluso con un aparatico para precisar su «mapa de influencia» y escuchar con nitidez sus gluglús insípidos?

Y una vez más agarraba uno de sus *moleskines y leía en voz alta:*

Pe intentó escabullirse esta mañana desde su no-olor. Pero yo soy un perro viejo. Y el no-olor no se me escapa. El no-olor de los que no tienen olor denuncia a sus portadores. Los hace sudorosos, cobardes, tímidos. Hay que verles los ojos para ver cómo intentan que el no-olor no se refleje en sus pupilas. El no-olor es precisamente lo que llama la atención en alguien tan flaco como Pe. El no-olor delata.

Y cerraba de sopetón el cuadernito y bailaba.

Si alguien cree que me va a engañar con su ausencia de olor está perdido. A un *pitbull* viejo solo hay que verle el colmillo.

Y se sacaba la dentadura postiza y te la ponía delante de la cara para que vieras aquella cosa babosa donde según él se depositaba toda su astucia y ojo fino.

Mira, aquí es donde va el colmillo, gritaba en medio del minué.

Aquí.

Y continuaba bailando...

Mi padre era un perro, como él mismo decía.

Un jodido perro.

Un *pitbull* que había venido a esta vida a arruinarle la existencia a todo aquel que se le pusiera delante y por eso (¡solo por eso, estoy seguro!) se había recibido de dentista, de hombre que disfruta con asfixiar a los demás, dejarlos caer en un espacio donde solo el dolor era posible, y donde avanzar desde algo higiénico, neutro, vital, geométrico, era un dilema, ya que para eso había estudiado mi progenitor a finales de los años sesenta —en una academia con dos profesoras eslovacas, siempre recalcaba—, para llevar una bata blanca, donde se limpiaba la saliva de todos sus pacientes y observar de cerca a todos los que él en su jerga privada llamaba los renegados.

Es decir, esos donde la pulsión por el desafecto (a un estado, un emblema, un destino) estaba proporcionalmente sujeto a un determinado número de problemas bucales...

Esos que solo eran caries.

—Jota: gingivitis aguda.

(Anotaba histéricamente mi padre en uno de sus cuadernos...)

—Hache: halitosis tabacaria.

—Uve: inflamación y dos piezas calamitosas.

—Ene: extracción

—...

¿No formaba esa neurosis y ese hociquito de *pitbull* uno de los servicios más apreciados por los impresentables de la Securitate?

Evidentemente sí.

Y si nos dejáramos guiar por el número de visitas que los *bulldogs* de la seguridad hacían a nuestra casa, podríamos decir entonces que incluso esa pulsión de mi padre era muy importante.

Esencial.

La pulsión del mediocre que solo encuentra consuelo en destrozar todo lo que genere vida a su alrededor.

Tal como hizo con Ene («su no-olor me llega hasta aquí», y se tocaba la puntica de la nariz, con sorna).

Y tal como hizo con el marido de Ene, al acusarlo —los acusó a ambos pero por alguna razón el que desapareció por años fue el hombre— de traficar con florines y marcos alemanes y revender productos que no habían sido legitimados por «nuestro gran estado», escribía.

«Nuestro estado trascendencia...»

¿Escogía la Securitate a sus informantes, además de por la dudosa veracidad de sus reportes, por los ditirambos estúpidos y en voz alta que anormales como mi padre proferían todo el tiempo?

Lo más seguro es que sí.

Verlo ya de viejo siguiendo algún programa deportivo o algún discurso e intentando pararse de su butacón para saludar como un militar o gritar, en medio de una risilla idiota, algunos de esos lemas que al final ni decían nada ni le importaban a nadie —nadie que no fuera un gordo semiinválido como él— daba grima.

Para no hablar de esos días largos, huecos, en que se despertaba ya con una chaqueta verde llena de medallas, las cuales, por haber estado tantos años guardadas ni brillaban ni tenían valor...

Mi padre era una mierda, como ustedes han comprobado:

una

esperpéntica

mierda.

Y verlo con aquellas medallas y sus *moleskines* y su violencia y su gordura y su millar de conejos —de los cuales ya he hablado profusamente en el texto antes citado— lo acentuaba aún más.

Una mierda que cuando le hicieron la radical a mi madre a causa de un nódulo no paró de burlarse por toda la casa diciéndole: ¡Ahora sí que hueles a caca de vaca!

Así, con todo su asco: ¡Caca de vaca!

Y le gritaba en plena cara: ¡Caaaca de vaca! ¡Caaaca de vaca!

Sacando y entrando la lengua de su gorda boca y sus labios y encías y garganta blancuzca.

¡Caaaca de vaca!

Frase que por demás acostumbraba a soltar cuando las cosas iban mal, como si su grito fuera a romper algún maleficio o conjuro.

¿No fue esto lo que se cansó de repetir durante dos días completos cuando al marido de Ene la Securitate vino a buscarlo y este escapó saltando el muro del patiecito de atrás, precisamente ese que hace esquina con nuestra casa y donde mi padre muchas veces se apostó para escuchar todo lo que sucedía en el espacio vecino?

Pues eso: Cacadevaca cacadevaca cacadevaca...

Sin parar.

Golpeando las cosas, hablando ensimismado con sus cabezas de conejo, gruñendo, hasta que por fin vino un oficial trabado y con rasgos de *inuk* y le dijo: listo, poniéndole la mano en el hombro y llevándoselo hasta el rinconcito del armario (el de los apuntes encima pero también el de la vajilla de Sèvres, herencia de mi difunta madre), donde terminó de murmurarle algo.

Cosa que evidentemente satisfizo con enormidad a mi padre, ya que este lo despidió con un abrazo y entre risitas comenzó a improvisar su degradado minué.

Uuuuuuuno..., hasta la tarde.

Uuuno, uuuno...

¿Había alguna conexión entre estos amagos de baile, su alegría, sus improperios y la desgracia que los informes de mi padre causaban a todo el que intentara construir un «horizonte de movimiento» a su alrededor?

El día de su muerte (día estresante, no hay que ocultarlo), mi padre se levantó temprano, como siempre.

Desayunó y habló y conspiró con su extensa colección de conejos, como siempre.

Llamó por teléfono al ingeniero Néklas y le rumió un par de secretos, como siempre.

Caminó por toda la casa haciendo circulitos alrededor de la mesa, como siempre.

Rió, anotó conversaciones en sus cuadernitos y se duchó, como siempre.

Después se sentó en el butacón, puso las chancletas a un costado y empezó a dormir.

Este último gesto (las chancletas alineadas una detrás de otra contra la pared donde se exhibe su inacabable muestra de conejos) junto a sus espantosos ronquidos fue lo que activó en mí ese deseo irrefrenable de aceitar bien la escopeta y apuntarle directamente a la cabeza.

De ver ese territorio que se abriría entre la belleza de su huequito sobre la ceja (mucho más redondo y perfecto que si hubiéramos intentado hacerlo con otro objeto, un picahielo por ejemplo) y la belleza del huequito que el plomo abrió en la pared.

Huequito que sin dudas habría que pensar menos como violencia y más como espectáculo estético.

Goce.

Y de ese deseo —ese plus— es que me he alimentado minuto tras minuto, como algunos de ustedes, a esta altura, ya saben.

Día espléndido el de hoy: sol, vientecito, pájaros, árboles.

¿Sabe alguien a cuánto se cotizan en un anticuario mil cabezas de conejos?

Antonio José Ponte

EL VERANO EN UNA BARBERÍA·

I

La fachada seguía a medio pintar y, al final, seguramente iba a quedar chillona. Una plancha de madera sustituía, a falta de otro de esas dimensiones, al cristal de la puerta. Igual que todos los viernes, en cuanto empujé la puerta cambiaron de conversación. Y luego de semanas sin aparecer, estaba el Ronco.

Me vi en la obligación de decirle que su aspecto había mejorado.

—No lo creas —contestó casi sin voz, ajustándose el pañuelo que le cubría el cuello.

Iba a morirse pronto.

—Nada de café —advirtió Lilo.

Un negro joven estaba sentado en el único sillón de la barbería, su cabeza colgaba hacia delante y Lilo le daba formas de letras al pelo de la nuca. Eran tres letras: «YGP».

—Sus iniciales —me explicó Manín.

El sillón dio un giro y los ojos del negro quedaron frente a mí. Demasiado fija la mirada para no haber fumado hierba, pero al menos en el aire de la barbería no quedaba ni rastro.

—Se llevaron a la vieja que lo hacía —dijo Lilo del café.

Yo debía de tener noticias de la detención de la vieja y no sabía nada.

· Este texto forma parte del libro *Cuentos de todas partes del Imperio* (Éditions Deleatur, Angers, 2000).

El negro saltó del sillón con sus tres letras en la nuca.

—Menos trabajo para Argelio —comentó Lilo al cerrarse la puerta.

Manín y el Ronco me miraban como si yo ocultara el paradero de la vieja del café.

—¿Quién es Argelio? —le pregunté a Lilo.

—El barbero de la cárcel.

—¿Y esa mujer del café no es tía de tu mujer? —pregunté a Manín.

Contestó que en casa de su suegra no sabían nada.

—Nos jodimos entonces —concluí.

Al Ronco le empezó una risa de fuelle.

—Siéntate aquí, anda.

Lilo me llevó hasta el sillón. La vieja había salido a buscar café a la loma, solo eso. Y además era verano, el primer viernes del verano y el Ronco había vuelto de uno de sus hospitales, el aire acondicionado no enfriaba mucho allá adentro, y mejor que el café vendrían unas cervezas.

—¿De dónde las cervezas?

Manín hacía la colecta. Cerveza era cerveza, cada botellita sellada, las tomaríamos tal como habían salido de la fábrica. Pedí entonces estar en la compra.

—No te me bajes de ahí —ordenó Lilo.

Manín salió por la izquierda. Lilo encendió un cigarro y las dos mejillas de su cara de chivo se juntaron para una larga chupada.

«Así mismito lo hubiera hecho yo», prometió la mirada del Ronco al cigarro.

Cuando un par de policías abrieron la puerta, Lilo no tuvo más que echarme una ojeada.

—Estoy con este —señaló hacia mí—. Vuelvan mañana.

Los policías dudaron por un momento, miraron hacia mí y se fueron. Lilo los retuvo un momento con tal de averiguar si Argelio continuaba de barbero en la cárcel. Allí seguía.

—Este mundo es un pañuelo —sentenció el Ronco y volvió a arreglarse el que le cubría el cuello.

Ahora Lilo y el Ronco parecían satisfechos de mi aspecto. Echaría a perder cualquier gestión de contrabando, unas cervezas por ejemplo, porque imponía respeto incluso a la mismísima policía. Conmigo estaban seguros.

Cuando Manín desenvolvió las cervezas, Lilo las escondió en el aparato de calentar toallas y el Ronco se apuró en llenar cafetera y tazas.

—Si pasa la inspección —empezó a advertir Lilo, pero se le llenaba la garganta de espuma.

—Decimos que es café —completó Manín.

—Té vietnamita —contestó Lilo.

—Será vietnamita —sentenció el Ronco—, pero es la vida misma.

Contando con que la fábrica de cervezas queda a seis horas de carretera, con que los almacenes donde las rastras hacen sus entregas están por el puerto, con que Manín dobló a la izquierda al salir de la barbería y no demoró ni diez minutos en traerlas, podía calcularse que aquellas cervezas...

—Este era un santero —empezó el Ronco—. Lilo, tú tienes que conocerlo de cuando vivía en tu barrio.

Lilo y el Ronco ajustaron enseguida la identidad del tipo como un contrabando más, de manera que yo no alcanzara su nombre. Sí, Lilo lo conocía de vista y ahora se daba cuenta de la cantidad de tiempo que llevaba sin verlo.

—Es que —puntualizó el Ronco— ya ese hombre no está aquí.

La frase sonó fúnebre en su boca.

—Si yo les digo dónde es que vive ahora, no me lo van a creer.

—¿Dónde? —Manín abría el calentador de toallas.

—Tengo que hacer el cuento desde el principio —determinó el Ronco.

—Manín, cógelo con calma —le advirtió Lilo.

—Y todavía cuando lo cuente no van a creérmelo —anunció la voz rasposa.

—Entonces no lo cuentes, Ronco —pidió Manín.

Pero ya el Ronco iba a lo suyo.

—Este santero tenía un altar grandísimo en una de las habitaciones de su casa. Sin conocer nada de carpintería, había hecho el altar con sus manos. Y sin saber nada de costura, cosió el vestido y la capa del santo. Le buscó, en un momento en que no aparecían ni en los centros espirituales, una guirnalda de bombillitos. Y consiguió, gracias a un barco griego, una manzana. Una manzana roja, de verdad, griega. Y puso la manzana como ofrenda en el altar y cuando la manzana dio la primera señal de pudrición la cubrió de barniz para que no le entrara ningún bicho.

»Con el tiempo, con cada mano de barniz para preservarla, la manzana se hacía menos roja y tomaba, poco a poco, el color de la madera del altar. Parecía más una manzana de madera que una fruta viva, del fuego rojo de su cáscara casi no quedaba nada.

El Ronco me miró por un segundo antes de proseguir. Calculé que ahora vendría lo espinoso de la historia.

—La vida del santero era igual que aquella manzana puesta de ofrenda en el altar. La cáscara de su corazón desaparecía, iba a volvérsele madera, y tenía que tomar una decisión.

—No entiendo —cortó Manín.

—Que el tipo quería irse —resolvió de una vez Lilo.

—Quería irse, sí. Tendría que salir clandestinamente, burlar la vigilancia de los guardafronteras y afrontar la odisea del mar abierto. Sin conocer nada de carpintería, tendría que inventar su propia balsa. Y pronto estuvo seguro de que debía conformarla con la misma madera del altar, con aquellas mismas tablas.

—No tenía otra madera —consideró Manín.

—El santo, por el contrario, no quería moverse de allí. Prefería la ofrenda de manzana embalsamada antes que todas las manzanas frescas que pudiera darle el viaje. Y le anunció al santero que todo iría bien en su aventura mientras que lo dejara allí, en buenas manos.

El Ronco detuvo su historia por un momento para beberse una taza de cerveza. Vino un cliente y Lilo lo despachó con la excusa de que me pelaba y pelaría a los otros.

—El día elegido para la escapada, fue a despedirse del altar que había levantado sin conocer de carpintería, de la imagen que había vestido sin saber de costura. Por fin había resuelto otras maderas para enrejar una cámara inflada y se largaba.

En el mismo momento en que el santero salía por la costa, entró a la barbería una rubia teñida, el Ronco dejó de hacer su historia y Lilo cayó encima de mi cabeza.

—Va a salirte gratis —me sopló al oído.

Y cortó de verdad, porque había llegado su inspección. Hice por levantarme, pero él me contuvo con una mano huesuda sobre uno de mis hombros y las tijeras abiertas frente a mi nariz.

—Dalia —saludó Lilo.

Ella miraba al único espejo que quedaba en pie de los tres espejos de la barbería.

—¿Por qué yo? —pregunté entre dientes al barbero.

Lilo hizo girar el sillón.

—Mírate —pareció responderme.

Y en el espejo lleno de manchas de humedad nos encontramos la inspectora Dalia y yo.

—En la empresa hay un espejo que pudiera servirte —anunció ella nada más mirarme—. Te lo voy a mandar.

—Sería bueno —le contestó Lilo.

Dalia comprobó los botones del aire acondicionado.

—Y un mecánico para este equipo —prometió frente a mí.

—No me rebajes mucho —le ordené al barbero.

«Que no intente arreglar el calentador de toallas», era nuestro ruego unánime para aquella mujer.

—¿Lo atienden bien? —me preguntó con suma deferencia.

Manín pidió en voz baja la continuación de la historia.

—Cárcel —creí escucharle al Ronco.

—Cagadas de mosca. —Ella pasaba su dedo de uña roja por uno de los rincones—. ¿Y qué toman aquí?

Las tijeras chasquearon peligrosamente muy cerca de mi oreja derecha.

—Té vietnamita —soltó al fin el Ronco.

Dalia miró el pañuelo que tapaba el cuello del Ronco.

—¿Quiere acompañarnos? —Manín se atrevió a preguntar.

Podía escucharse cagar a cualquiera de las moscas de la barbería. Si Manín se aventuraba a tanto, era porque yo estaba allí. Dalia rehusó su taza de cerveza, las tijeras se cerraron y mi oreja estaba aún intacta.

—Todo bien, Lilo —dijo ella al despedirse.

—El santero salió en su balsa por el norte, confiado de su suerte, de su santo, y a las pocas horas fue interceptado por una lancha guardafrontera y terminó en la cárcel.

La cárcel no era lugar muy raro para acabar una historia como aquella, así que tendría que seguir.

—Pasó años en la cárcel. Mientras más espantosa está la noche en el campo, más cuentos de aparecidos se hace la gente. En la cárcel, cuando la gente se reúne a hacer historias, los cuentos que se oyen son de gente que consigue escapar.

Por la mirada que se echaron Manín y Lilo adiviné lo que pensaban: allí estábamos nosotros oyendo siempre las mismas historias que los presos, como presos también.

—Y en la cárcel, el santero escuchó las historias de quienes, a diferencia de él, habían conseguido escapar. La de aquel relojero que iba todos los días a la costa a empinar un papalote, con la paciencia que los relojeros tienen, y calculaba los vientos para escaparse al fin en una balsa, empinando un papalote enorme que le servía de vela... La del que alquiló un yate para festejar su cumpleaños con toda la familia, y dentro de la panetela llevaba una pistola con que amenazar al capitán y cuando el capitán le dijo que no traían suficiente combustible para salir de aguas territoriales, ordenó que destaparan las botellas porque había puesto combustible en ellas... La del jinete que embreó su caballo y amarró patas de buzo a sus cascos y...

—Ronco —le interrumpió Manín—, ya tú has hecho aquí todos esos cuentos.

—Bueno, todos esos cuentos. —Había en su voz tono de despedida—. Y mientras escuchaba todas esas historias, él se decía que al salir de allí volvería a intentarlo. Porque no había poder, ni en la tierra, ni en el cielo, que le impidiera irse a donde quisiera. Y si lo habían conseguido el relojero empinador de papalotes y el hombre del cumpleaños y el jinete...

—Toda esa gente —concluyó Manín.

—Lléname la taza y no jodas —le contestó el Ronco—. También él lo conseguiría. Así que el día en que cumplió, al salir de la cárcel, lo primero que hizo fue buscar un látigo, y con el látigo enfrentarse al altar de su santo. A latigazos aflojó las mismas tablas que había ajustado alguna vez y, cuando esas tablas cayeron al piso, persiguió a golpes de látigo a la imagen. No importaba cuánto saltara la figura por uno de sus trallazos, allá iba a buscarla otra vez con la punta del látigo. Deshizo la capa y el vestido y no paró hasta ver cortada su cabeza. La cabeza del santo, suelta de su cuerpo, se veía ahora tan seca como la vieja manzana. Y él dio con sus zapatos contra el suelo y ambas manzanas, la fruta y la cabeza, dejaron escapar un ruido seco, tan seco como el chocar de una balsa improvisada contra la lancha de los guardafronteras.

Se había hecho un silencio en la barbería como el de la inspectora ante la taza de té.

—Ya que había cumplido su venganza, decidió irse. Esta vez saldría por el sur y no habría balsa. Se batiría él solo con el mar. Untó su cuerpo de brea como el jinete del cuento había untado a su caballo, y se tiró, a la espera de que en aguas alejadas de la costa lo recogiera alguna embarcación extranjera.

»Hacía un día perfecto, el agua resbalaba maravillosamente entre sus brazos y, después de varias horas de nadar, brazos y piernas eran parte del agua. Quien viera su cabeza entre las olas la tomaría por una boya suelta alejándose. Pasaron otras horas, casi un día, hasta que el nadador tuvo la suerte de toparse con un barco.

—¿De qué bandera? —preguntó Manín por interés profesional, porque trabaja como práctico del puerto.

—¿No les he hecho el cuento de los tres que creyeron salvarse y el buque de bandera sueca?

—Otro día, Ronco —reclamó Lilo—. Termina ahora con el santero.

Manín volvió a preguntar por la bandera.

—El yate era enorme y traía bandera inglesa, y subieron al santero a bordo con la misma curiosidad con que hubieran subido a un pez tropical. Para los del yate era el más curioso de los peces y se hablaron mediante señas, pero él alcanzó a dar las gracias en inglés y se arrodilló al pie de un retrato de la Reina de Inglaterra, en uno de los salones del yate.

—¡El tipo fue a parar a Inglaterra! —gritaron Manín y Lilo.

—Ese yate había cruzado el Atlántico, cruzaría el canal de Panamá y tomaría el Pacífico hacia el norte, donde recogería a su propietario. Al santero lo dejaron seguir a bordo pero, al final, el propietario de aquel yate decidiría qué hacer con él.

—¿Y quién era el dueño?

—Un millonario. Un millonario inglés, seguro.

—La Reina de Inglaterra —afirmó el Ronco.

Ninguno de nosotros podía creerlo.

—Tampoco lo creyó el santero cuando tuvo delante a la reina del retrato. Y no creyó en su suerte cuando la reina de Inglaterra decidió que seguiría con ellos en el yate.

—Lo estafó un santo y lo salvó una reina —dijo Lilo.

—¡¿Estafa?! —saltó Manín—. Si no hubiera sido por el santo no se hubiera empatado con la reina. Primero le puso la mala y luego la buena.

—El santero pensó que su historia iba a ser contada ahora en las cárceles y ninguna resultaría más increíble —interrumpió la discusión el Ronco—. Ni la del relojero con los papalotes, ni la del que escondió una pistola en su dulce de cumpleaños... Todas esas historias.

—Entonces, ¿ahora vive en Inglaterra? —preguntó Lilo, el único de nosotros que lo conociera.

—No es que viva —consideró la voz rasposa—. Es que ese tipo es el santero personal de la Reina de Inglaterra.

Me atreví entonces a preguntar por su nombre.

—Allá se cambió el nombre, así que tiene un nombre inglés.

—Volvió a nacer.

—Así mismo.

La cerveza se había acabado ya. Ninguna de las razones que Lilo me habló frente al espejo pudieron convencerme de lo bien que había quedado mi cabeza. En el informe de todos los viernes avisé a mis superiores del nuevo contrabando.

II

—Óiganme, que este es el último cuento que les hago —nos avisó el Ronco tres meses más tarde.

No es que fuera a morirse tal vez, pero estaba llamado a volver a uno de sus hospitales. El verano estaba en sus fines, llovía. No demoraría mucho en formarse por los alrededores el primer ciclón de la temporada. La fachada se encontraba completamente pintada de un color chillón, y ni el espejo prometido ni el mecánico de aire acondicionado habían estado por allí. Según el Ronco, la tarde estaba buena para estar bien lejos, lo sentía en la garganta.

—Este era un muchachito de una tribu africana —comenzó.

—África —se asombró Manín al entrar.

Ya estábamos en la barbería los de siempre y uno más, desconocido, que había entrado a la carrera y esperaría a que escampara.

—Su padre había muerto en la guerra y, en obediencia a las leyes de la tribu, su madre pasó a ser la vigésimosexta concubina del rey. Es decir, dejó de ser su madre para convertirse en propiedad real, uno más de los bienes del jefe. El muchacho no tenía suerte. Se le había muerto el padre, y ahora también su madre moría para él.

Aquel desconocido miraba a todo el mundo, salvo a mí. De pronto me pareció que lo había visto en algún lado.

—¿Café? —preguntó el Ronco sorprendido cuando Manín le dio una taza—. Estaba solo, pero todos estamos solos, ¿no? Y pasaron así unos cuantos años y el muchacho, convertido en un joven guerrero, empezó a hacer la vida de un hombre. Que era exactamente la misma que había llevado su padre antes de morir. Es decir, una vida de animal en la selva: sin gastar un descuido, a toda hora alerta.

La puerta se abrió empujada por otro que vendría a guarecerse. Sin embargo, el viento que la abrió volvió a cerrarla.

—Un león, eso buscaba ser. Campaña tras campaña, procuraba ganar el poderío del que había gozado su padre, el gran guerrero. Y aún más poder que el de su padre, el de un rey. Porque tuvo desde un día ese pensamiento, el de hacerse más rey que el rey de su tribu.

—Era su ambición —comentó el desconocido.

Creo que a ninguno nos gustó que aprovechara una pausa del Ronco para hacerse oír.

—¿No escampa? —pregunté.

Era él quien se hallaba más cerca de la puerta, y la entreabrió con la punta de un zapato. Esperó un instante a que yo percibiera cómo se mojaba la calle, y la dejó cerrar. Me fijé entonces en sus zapatos, también yo había tenido un par así.

—Lo que el joven guerrero buscaba era, sencillamente, destronar al rey de aquella tribu. Y había un solo modo, que no pasaba por ser mejor guerrero ni por conversar cara a cara con los muertos y las almas de las cosas, como hacían los mayores de la tribu. No. Para ser más rey que el rey tenía sencillamente que levantar una fortuna mayor que la de este. Una fortuna en África...

—Marfil y oro —enumeró Manín.

—Diamantes —dijo Lilo.

Yo dije armas y el desconocido no miró hacia mí.

—Nada de eso. La fortuna de aquel rey eran unos tarecos, pacotilla, unas cuantas cosas inservibles, el tesoro de cualquier niño pobre en otra parte.

—¿Tarecos como cuáles? —quiso precisar Manín.

—Un teléfono portátil tirado a la basura, un radio sin pilas, el timón de un carro. Un montón de mierda.

—¿Mierda?

Manín era capaz de hacer funcionar aquel teléfono, de construir un carro para aquel timón.

—Un montón de mierda como no se encontraba otro en kilómetros a la redonda. Por no contar espejos y paraguas y unas lentillas que cambiaban el color de los ojos a la concubina favorita del rey.

»Y el joven guerrero comprendió enseguida que un tesoro mayor que aquel no lo encontraría en ninguna de las tribus de los alrededores, no aparecería nunca como botín de guerra. Y que solo podría alcanzarlo acercándose a los blancos. Entonces se alejó de la tribu y comenzó su viaje hasta tierras de blancos.

»Viajó durante semanas y semanas, durante meses. Cruzó ríos y franjas devastadas por el fuego. Llegó al fin al primer basurero de los blancos. Tan solo una ojeada habría colmado allí la ambición de cualquier otro. Pero el joven guerrero escapado de la tribu se dijo que si tales tesoros abundaban allí, tirados bajo el cielo, al borde de la vida que llevaban los blancos, tenían igual valor que el de las frutas abundantes de la selva. Y calculó que lo que guardaba el rey de su tribu era un tesoro de mono, ni más ni menos. Así que se propuso averiguar dónde estaba la verdadera riqueza y siguió camino, se adentró más aún, hasta dar con una mina de diamantes.

—¡Ahora sí! —gritamos todos, menos el desconocido.

Porque confiábamos en que la inteligencia del joven guerrero lo ayudaría a salir adelante.

—La mina tenía dueño, claro. Si dio con una mina de diamantes fue para trabajar en ella hasta el agotamiento, como un esclavo. Pero, al final, era el dueño feliz de unos cuantos diamantes. Una carguita. —La lengua del Ronco pareció acariciar aquellas piedras como si fueran comida.

—¿Cómo se los robó? —preguntó el desconocido.

—Abre a ver si llueve —le pedí.

No me hizo el menor caso. Yo mismo abrí la puerta y la barbería se llenó de un aire aún más fresco que el que pudiera traer la vieja máquina de aire acondicionado.

—Escampó —dije para él.

—Dale a buscar café, Manín —ordenó el Ronco.

—Primero explícame cómo el negro consiguió los diamantes.

—La historia no es esa.

Si no estuviera a punto de volver al hospital, el Ronco habría hecho también una historia de aquel robo. El desconocido se asomó a la calle con el pretexto de respirar lo despejado de la atmósfera y me di cuenta de que espiaba el camino de Manín hasta el café.

—No importa de qué modo se hizo de los diamantes —retomó el Ronco su historia—. Lo tremendo es que volvió a la tribu, donde lo daban por muerto desde hacía años y lo encontraban ahora ileso, llegado de una cacería de la que solo él tenía detalles.

»En la tribu, su madre había muerto y el rey seguía aumentando el número de concubinas sin preocuparse por la muerte, y el joven guerrero encontró más razones para acabar con él. Así que dispuso frente a los mayores de la tribu su colección de piedras y aguardó a que ellos decidieran quién debía reinar sobre ellos.

»Los mayores eran un grupo de viejos olvidados de la muerte, en tratos con ella. Gente a la vez poderosa y cobarde, y de ellos dependía el futuro político de la tribu. Observaron la carga de diamantes, observaron las ropas que vestía el recién vuelto a la tribu, y se echaron a reír despreocupadamente. ¿Qué tesoro podía ser aquél?

—El otro era mejor —dijo el desconocido al terminar su taza.

Evidentemente, procuraba averiguar si ambas coladas de café venían del mismo contrabando.

—Sigue tu historia, Ronco —pedimos.

—A los ojos de los mayores, los diamantes del joven pretendiente valían menos que el menor de los espejos del rey, un espejo de polvera. Por no hablar del grande, donde el rey y el puñado de mayores cabían de cuerpo entero. La desaprobación del consejo de ancianos era patente. El rey tomó uno de los diamantes y pareció aquilatarlo. Miró a través de él y aquello le dio menos sorpresa que el cambio de color en las pupilas de su concubina favorita. El diamante valía menos que un juego de lentillas. Acabó por lanzarlo a la tierra, al lugar que la justicia de la tribu asignaba a las piedras, y pronto la cabeza del joven llegado de las tierras blancas rodaría igual.

»Pero en el mismo momento en que los guerreros de la guardia real iban a echarle mano al joven, este cortó de un tajo limpio la figura del rey en el mayor de los espejos. El rey quedó partido en dos y fue señal de mal augurio ante los mayores de la tribu. Esa fue su condena.

»Ahora el joven era el jefe más poderoso hasta el límite en que la tierra se hacía de los blancos. Su tesoro era millones de veces mayor que el del anterior rey, las concubinas reales eran sus mujeres. Sin embargo, la ambición no lo iba a dejar reinar tranquilamente. Su ambición lo llevaría ahora más allá de la selva, más allá del primer basurero de los blancos, más allá de las minas y de los barracones donde tantas noches había dormido apiñado, más allá de los bungalós de los ingenieros y de las esposas de los ingenieros, más allá del mar...

—Pero, ¿a dónde va ese negro? —preguntó Manín.

—Nueva York —aseguró el Ronco—. No podía elegir otro lugar.

—¿Para qué? —averiguó el desconocido primero que nosotros.

—Para averiguar dónde quedaba la verdadera riqueza. Iba movido por el mismo impulso que ya le había hecho dejar la tribu, el de no conformarse con el primer basurero de su camino y avanzar hasta el corazón de los tesoros. Iba a Nueva York porque consideraba que era la gran mina de diamantes de los hombres blancos.

»Pero importa poco la causa, porque más extraño que la causa de ese viaje fue lo que hizo el nuevo rey en la primera escala.

—¿Dónde? —preguntó Manín.

El Ronco se tocó el pañuelo del cuello como si le fuera difícil hablar y, lentamente, alzó el índice de la mano izquierda hacia el techo.

—¿Miami? —aventuraron a coro Lilo y Manín.

—Ustedes lo han dicho —afirmó el Ronco.

—Lilo —ordené yo.

—Para, para el cuento —pidió el barbero mientras me lo llevaba hasta el fondo del salón.

—¿Qué pasa, tú?

—Quiero que me contestes una cosa —le pedí en voz baja—. Sinceramente.

—Sinceramente.

—Si tuvieras que mandar a alguien a comprar cerveza, ¿mandarías a ese? El desconocido esperaba con impaciencia por la continuación del cuento.

—Manín iría —me aseguró Lilo.

—Supón que no estuviera Manín.

—El Ronco, entonces.

—Tampoco está el Ronco.

Lilo lo miró a él y me miró.

—Mejor iría yo —consideró.

—No mandarías a ese, ¿verdad?

—Claro que no —respondió al fin.

Ahora Lilo miraba a mi cabeza.

—Te va a parecer raro que pueda saber una cosa así —empezó a confesarme—, pero el barbero que lo pela a él te pela a ti.

Regresamos al grupo, a la historia. Lo mismo que antes, el desconocido evitaba mirarme.

—Ya antes de salir de viaje hacia Nueva York, en medio de los preparativos, el joven rey se había preguntado qué papel haría un séquito de los de su tribu en la tierra lejana de los blancos. Salvajes que ni siquiera se saben poner ropa, pensó. Y dejó el poder de la tribu en manos de los mayores, partió hacia Nueva York sin séquito ni guardia de guerreros. ¿No queda café ahí?

—Te has tomado ya seis tazas, Ronco —lo regañó Lilo—. Vas a ponerte mal.

—Ya estoy mal. La última, o no sigo.

Le sirvieron el fondo de la cafetera.

—No hay nada más parecido a un rey destronado —volvió a empezar—, que un rey sin séquito. No tiene majestad, ni respeto, esto lo sabía el joven rey de los diamantes y no hizo más que llegar al norte...

—A Miami —precisó aquel tipo, intruso.

—Usted lo ha dicho. No hizo más que llegar y comprendió que le era preciso un séquito, gente que representara sus dominios, súbditos. Así que se dispuso a contratar gente del mismo modo en que había visto contratar brazos para las minas o cargueros para viajes difíciles. Y los que contrató, ahora viene lo bueno, fueron negros de aquí.

—Negros de aquí que están allá. —Las carcajadas de Manín hicieron retumbar la barbería.

—¡Ah! —gritaba también Lilo—. ¡Ahí entramos nosotros!

Porque, como toda historia del Ronco, esta podía empezar en una selva de África y, más tarde o más temprano, involucraría a gente de aquí.

—Para no cansarlos —pero era el Ronco quien más cansado parecía—, el rey vistió a nuestros negros con los trajes de gala de la tribu y los llevó a Nueva York como parte de su gente. Los de aquí lo rodeaban tan contentos como en una fiesta de disfraces. Se creían en medio de una película de Tarzán, se divertían.

Manín empujó con un pie el sillón de barbero e hizo que girara.

—Y a la hora de regresar a África, uno de los súbditos a sueldo, uno de nuestra gente quiso acompañar al rey, irse a vivir a la selva, y fue nombrado consejero de la tribu.

El intruso preguntó las señas de la tribu y las del recién nombrado consejero. Con los ojos puestos en mí, como si solo a mí me cupiera esa interrogante, le respondió el Ronco:

—Ya no tiene el nombre que tenía. No tiene ya ni nombre. Por el momento lo llaman por su título de consejero, pero hay que darle tiempo al tiempo. Ya le dirán rey.

Fue, de verdad, la última historia del Ronco. En el resumen que escribí para mis superiores hice notar que contábamos con un hombre presto a ser rey en África y otro muy cercano a la Reina de Inglaterra. Ambos podrían sernos útiles desde sus cortes respectivas. Observé también que no era necesario que enviaran a alguien más a la barbería para hacer mi trabajo.

«El compañero que visitó la barbería», me notificaron como respuesta a mi informe, «era parte de una inspección que realizamos».

Todo resultó positivo en esa inspección. Yo había informado fidedignamente lo que pensaban los de la barbería, cuáles eran sus comentarios y sus contrabandos. Mis superiores conocían por mí qué podía esperarse de ellos en un momento dado. Yo no tardaría en investigar dónde se encontraba el tiro de cerveza de aquel barrio. Lo que nunca iba a saber (pero esto a mis superiores y a cualquier inspección los tenía sin cuidado) era de dónde sacaba el Ronco sus historias. Porque ni Lilo ni Manín supieron decírmelo en todos los viernes que tuvimos sin él más adelante.

LOS NOVENTA

MANUEL DÍAZ MARTÍNEZ

LA CARTA DE LOS DIEZ[*]

En la declaración pública ya conocida como *Carta de los Diez*, un grupo de intelectuales cubanos residentes en la isla hacemos una serie de proposiciones relacionadas con la difícil situación económica y política que agobia a nuestro país.

Las autoridades cubanas, expresándose a través del periódico *Granma*, han reaccionado ante nuestros reclamos acusándonos de oportunistas, alcohólicos, degradados morales, anexionistas, cómplices de la CIA, colaboradores de los enemigos de la nación cubana y traidores abyectos. Casi simultáneamente, el Consejo Nacional de la Unión de Escritores y Artistas de Cuba (UNEAC) emitió un Pronunciamiento en el que incorpora, a la anterior lista de acusaciones, la de «ejecutores de una acción enemiga».

Ante tan graves imputaciones políticas y tantas injurias personales, como firmante de la *Carta de los Diez* declaro:

1) Que quienes afirman que dicha Carta obedece a una maniobra de la CIA lo demuestren con pruebas irrefutables, válidas ante cualquier tribunal. Solo en este caso estaré dispuesto a retirar mi firma de la Carta.

2) Que rechazo terminantemente las acusaciones que contra mí, como signatario de la Carta de los Diez, se lanzan en el editorial de Granma del sábado 15 de junio y en el Pronunciamiento del Consejo

---

[*] Tomado del libro de memorias *Solo un leve rasguño en la solapa* (Logroño, 2002).

Nacional de la UNEAC, publicado hoy en el mismo periódico. Subrayo que toda acusación que no se pruebe es difamación.

3) Que nunca he necesitado firmar cartas ni pronunciamientos, ni practicar el oportunismo hacia un lado u otro, para hacer méritos intelectuales o políticos en círculo alguno. Desde hace bastante tiempo, y solo gracias a las firmas que he puesto en mis libros y a mi conducta privada y pública, disfruto, dentro y fuera de mi país, en círculos mucho más amplios que el del Consejo Nacional de la UNEAC, de un prestigio personal y literario que es mi mejor escudo contra todas las infamias.

Manuel Díaz Martínez
La Habana, 18 de junio de 1991.
Con copia a: Presidencia de la UNEAC.
Periódico *Granma*. Prensa Latina.
Prensa internacional.

Mis inquisidores pretendieron convertir aquella asamblea —más de dos horas duró el careo que mantuve con ellos— en un «acto de repudio» contra mí, pero les faltó el apoyo de los trabajadores. Solo uno, en este caso una, habló para pedir que me echaran de la emisora dada mi incompatibilidad ideológica con eso que algunos siguen llamando «la revolución». He olvidado sus palabras, pero no la dulzura de su bonita voz cuando aconsejaba que me echaran a la calle. Meses más tarde la complacerían.

En medio de aquellos acontecimientos, una tarde fue a buscarme a la emisora el agente de la Seguridad del Estado al que habían dado la encomienda de «atenderme». (En Cuba, cada escritor o artista de alguna significación tiene asignado un policía, un «psiquiatra», especie de confesor a domicilio, por lo general con grado de teniente, que vigila, analiza y orienta a su oveja para salvaguardarla de las tortuosas seducciones del lobo contrarrevolucionario. De vez en cuando, este «hermano de la costa» —que así también los llamamos— confía alguna misión sencilla a su pupilo o pupila para comprobar su fidelidad a la patria, es decir, a Fidel, ya se sabe).. Mi «psiquiatra» se hacía llamar Octavio y era una réplica del teniente Colombo, ese detective desaliñado y socarrón que ha hecho famosa una teleserie policiaca norteamericana. Octavio Colombo, duplicando aquella tarde la dosis de bobalicona amabilidad que empleaba siempre en su trato conmigo, me llevó en su tartajoso automóvil a un chalet de aspecto hogareño que la Seguridad tiene en el reparto Siboney. En el salón nos esperaba, de completo uniforme, un coronel Reynol o Reiniel o Renoir. Sin andarse con rodeos, con ademanes cortantes y cara de piedra, el coronel me sometió a un corto pero severo interrogatorio que concluyó con una sana admonición: si no me apartaba de la disidencia, correría riesgos muy serios, porque ellos (los de la Seguridad) estaban decididos, incluso, a matar para impedir que regresara a Cuba «la gente de Mas Canosa», que supuestamente los asesinaría a ellos. Terminado el interrogatorio, mi «psiquiatra» se brindó a llevarme en su coche hasta mi casa. En el trayecto se pasó el tiempo aconsejándome remedios caseros para mejorar el funcionamiento de mis riñones.

De los diez primeros firmantes de la *Carta*, solo uno, Raúl Rivero⁺, permanece en la isla, donde, contra todo riesgo, ejerce la profesión, ilegal allí, de periodista independiente. Los demás emigramos. Algunos conocieron las ergástulas de Castro: Cruz Varela, Jorge Pomar, Fernando Velázquez y Luque Escalona. También fueron encarcelados los cineastas Jorge Crespo Díaz y Marco Antonio Abad, que firmaron la *Declaración* después de nosotros.

Nuestra *Carta* tuvo una pronta y vasta repercusión internacional, potenciada por los castigos —denunciados de inmediato— que nos infligió la dictadura en su afán de poner coto a lo que se anunciaba como el nacimiento de una disidencia a cara descubierta dentro de los círculos intelectuales. El 31 de mayo de 1991, *El Nuevo Herald*, de Miami, publicaba una declaración de apoyo a nosotros firmada por escritores cubanos en el exilio y por intelectuales extranjeros. Este documento, en el que se reconocía nuestro derecho a «asumir un papel activo, libre, honesto y comprometido en la sociedad cubana, ante la delicada situación que padece la isla» y se pedía a los gobiernos, las organizaciones de prensa, los medios de comunicación y las instituciones de derechos humanos que siguieran «atentamente en el futuro próximo» nuestro destino dentro de Cuba, aparecía suscrito por Mario Vargas Llosa, Oscar Arias, François Revel, Susan Sontag, Hugh Thomas, Jorge Semprún, Fernando Savater, Nestor Almendros, Germán Arciniegas, Fernando Sánchez Dragó, Javier Tusell, Xavier Rubert de Ventós, Gastón Baquero, Carlos Alberto Montaner y Heberto Padilla, entre otros.

A mediados de noviembre del 91, María Elena Cruz Varela es objeto de un conato de linchamiento. Varios individuos asaltaron su casa, destrozándolo todo —la máquina de escribir, me dijo María Elena, la lanza-

---

⁺ En el 2003 el poeta Raúl Rivero sería condenado a veinte años de prisión durante la llamada Primavera Negra. Tras pasar año y medio en la cárcel fue excarcelado en noviembre del 2004 debido a presiones internacionales. Poco después se trasladaría a España con su familia.

ron por la ventana— y emprendiéndola a golpes contra ella, su hija y unas amigas que se hallaban de visita. Acto seguido, los asaltantes arrastraron a la poetisa por los pelos escaleras abajo y en la calle, en medio de un aquelarre «revolucionario», la hicieron arrodillarse, con las manos sujetas a la espalda, y le introdujeron en la boca varias de las octavillas que el grupo de oposición que ella dirigía había distribuido por La Habana, en las cuales se invitaba a los cubanos a sumarse a la lucha pacífica por la transición democrática. Cuando sus verdugos se hastiaron de atormentarla ante la presencia cómplice de un cordón de agentes policiacos, María Elena fue conducida a una comisaría. Después de tres días de encierro obligatorio en su minúsculo piso de Alamar —en la calle, quien quisiera apuntarse un tanto con el gobierno tenía a su disposición un altavoz para injuriarla—, la metieron en una celda en Villa Marista, la Lubianka de la Seguridad del Estado, y una semana después, sin que pudiera entrevistarse con sus familiares y su abogado, fue juzgada sumariamente por «difamación» —había llamado amanuenses a los diputados de la Asamblea Nacional— y «propaganda enemiga» y condenada a dos años de cárcel. En el mismo juicio fueron condenados por las mismas causas y a la misma pena otros dos de los firmantes de la Carta: Jorge Pomar (que fue brutalmente golpeado por karatecas de las Tropas Especiales) y Fernando Velázquez.

Fui citado para declarar como testigo de María Elena en el juicio de apelación, que se celebró en una escuela del barrio habanero de Santos Suárez convertida en tribunal. El día del juicio, las calles que rodean la escuela estaban tomadas por una muchedumbre en la que se mezclaban militantes de los grupos de oposición y elementos de las Tropas Especiales (policía antimotines) y de las Brigadas de Respuesta Rápida (escuadrones de civiles y de policías camuflados de civiles, organizados por el gobierno para sustituir, en la represión callejera, a la policía uniformada. Cuentan con patente de corso para «disuadir» por cualquier medio a quienes manifiesten su descontento con el régimen). Los de las Brigadas estaban armados con tubos metálicos, trozos de cabillas y otros argumentos disuasorios mal disimulados entre papeles de periódicos. A la sala donde se celebraba el juicio, ocupada por «cederistas» y sicarios vestidos de civil, solo permitieron la entrada de algunos familiares de los reos. Yo, junto a los testigos de Pomar y Velázquez, permanecí en un jardín contiguo a la sala, donde aguardamos el momento en que nos llamasen a declarar. Aún estamos esperando que nos llamen. Cuando el juicio concluyó, con las sentencias ratificadas, como es de rigor en Cuba, a los condenados los sacaron esposados por una de las calles laterales. El plan de obsequiarlos con un «acto de repudio» a la salida fue cancelado a última hora, cuando a la muchedumbre que aguardaba en la puerta principal se sumaron diplomáticos y periodistas extranjeros.

Mi mujer y mi hija Claudia me esperaron en la calle, dentro de aquella densa y tensa muchedumbre. Las encontré aterradas por lo que vieron y oyeron mientras en el interior de la escuela se desarrollaba el simulacro de juicio. Esperamos a que salieran la madre y la hija de María Elena para acompañarlas a su casa, y con ellas fuimos en busca de nuestro coche. Los hombres y mujeres que la dictadura había congregado en torno a la escuela para que nos agredieran nos abrían paso, y sentí que nos miraban con más curiosidad y respeto que odio.

Al calor de estos hechos escribí un artículo para que el que quisiera saberlo supiera qué son y cómo nacieron los «actos de repudio» y cómo fue el que sufrió María Elena. El artículo se lo di en La Habana al periodista grancanario Diego Talavera para que lo entregara en España a Juan Cruz y apareció en el periódico *El País*, de Madrid, el 8 de enero de 1992, un día después de haber firmado yo el *Proyecto de Programa Socialista Democrático* con Elizardo Sánchez Santa Cruz, Vladimiro Roca y Nestor Baguer*, entre otros. Aquel 8 de enero recibí llamadas de Madrid, de Sevilla, de Cádiz, de Las Palmas de Gran Canaria: mis amigos españoles, alarmados por el artículo, querían saber «si había tranquilidad en mi casa» y si era necesario hacer algo por mí.

Echado del trabajo —en un país en que el Estado es el único empleador—, a expensas de lo que a la dictadura se le ocurriera hacerme y harto de vivir en el cepo de Castro, decidí salir de la isla. La Diputación y la Universidad de Cádiz me habían invitado a dirigir un seminario de poesía cubana en aquella ciudad. La carta-invitación que me habían enviado la presenté en el Ministerio de Cultura —antes de mi expulsión la habría presentado en la UNEAC— para que allí me gestionaran el permiso de salida, como era habitual. Pero resultó que al Ministerio de Cultura no le interesó que yo fuese a Cádiz a hablar de la poesía cubana. El funcionario que me atendió cumplió la orden de decirme, a los once días de tener en su poder la carta-invitación, que yo debía gestionar mi salida del país por vía particular, esto es: internándome en el laberinto cubano de los trámites de emigración, que podían demorar interminables meses y hasta años. Y no me quedó más remedio que iniciar los trámites por la única vía que aparentemente me dejaban, la que, para mí, como pude comprobar inme-

---

* Tras las detenciones masivas de la Primavera Negra del 2003 la prensa oficialista cubana anunció que Nestor Baguer era agente de la Seguridad del Estado.

diatamente, tenía obstáculos adicionales. Me di cuenta, tan pronto como aventuré los primeros pasos en el laberinto, de que la dictadura había tomado la decisión, muy propia de su estilo y calaña, de no prohibirme la salida, pero no dejarme salir. Después de unas fracasadas gestiones de Pablo Armando Fernández para que el Ministerio de Cultura cambiara de actitud hacia mí y de no sé ya cuántas visitas mías a negociados, departamentos, direcciones, secretarías, dependencias, sectoriales, unidades, etcétera, sin obtener otra cosa que más confusión y «peloteo», una tarde, de pronto, tropezaron en la puerta de mi casa dos oficiales de inmigración enviados por dos mandos distintos para que me presentara con los papeles en dos sitios a la vez. Al día siguiente, un vecino nuestro, oficial de la Seguridad del Estado, se presentó en casa como comisionado para facilitar los trámites concernientes a la salida. Y en veinticuatro horas nos dieron el permiso para irnos, y en cuarenta y ocho tomamos el avión. Ni tiempo tuvimos de hacer las maletas. Estábamos conminados a partir en el acto.

Decisivas fueron las gestiones que para lograr nuestra salida de Cuba hicieron el poeta Jesús Fernández Palacios, director de la revista *Cádiz e Iberoamérica*; Josefina Junquera, vice-presidenta de la Diputación de Cádiz; el poeta José Agustín Goytisolo; y Manuel Fraga Iribarne, presidente de la Xunta de Galicia y amigo personal de Castro. Casi seguro fue esta última la que cortó el nudo gordiano. Conté, además, con el generoso y decidido apoyo de los tres diplomáticos de mayor rango de la embajada de España en La Habana en aquellos momentos: el embajador, Gumersindo Rico, el consejero político, Ignacio Rupérez, y el consejero cultural, Jorge de Orueta Pemartín.

Mi casa de Infanta 15 era, en nuestros últimos días cubanos, una olla de presión puesta a llama viva. Mi mujer y yo —nuestras hijas ya estaban en el extranjero, una en Chile y la otra en Canarias— vivíamos esperando a cada minuto que se desatara el vendaval de insultos y pedradas del «acto de repudio» y que viniera la policía a detenerme. Extraños sujetos permanecían horas junto a la verja de la entrada de mi edificio. Voces desconocidas me amenazaban por teléfono. Por los megáfonos del Ministerio de la Industria Básica, donde mi mujer era traductora técnica, el sindicato y el partido difundían comunicados contra la «banda de intelectuales vendidos a la CIA», y en mi trabajo la administración intimidaba a los empleados para que me retiraran el saludo y me hicieran el vacío. En compensación, mis compañeros de la emisora, pese a sus lógicos temores, me trataban mejor que nunca, haciéndolo discretamente, y los vecinos de nuestro barrio, incluidos ejecutivos del CDR (Comité de Defensa de la Revolución) y algunos con los que apenas habíamos tenido trato, nos manifestaban su simpatía de mil maneras. Cuando, estando mi mujer de baja psiquiátrica y cobrando solo la mitad del sueldo, me echaron de mi trabajo en enero del 92 por figurar entre los fundadores de la Corriente Socialista Democrática de Cuba, la gente del barrio, enterada de ello por las emisoras del exilio, comenzaron a presentarse en casa con verduras, huevos, arroz, dulces y otros alimentos, separados de sus exiguas cuotas de racionamiento o conseguidos a precios astronómicos en la bolsa negra. Esa fue la misma buena gente que desde balcones y ventanas, sin importarles un rábano el operativo de la Seguridad que acompañó nuestra partida, nos despidió a voces deseándonos suerte a Ofelia y a mí la tarde en que salimos de nuestra casa para el exilio.

Quizás este que contaré a continuación sea el episodio más elocuente de la temeraria solidaridad que recibimos de muchos de nuestros compatriotas en aquellos momentos amargos, tan contaminados de vileza y cobardía. En vísperas de nuestro viaje, un equipo de periodistas de la televisión italiana me entrevistó en casa. Tan pronto como se marcharon los italianos sentí unos leves golpes en la puerta. Era un vecino, el responsable de vigilancia del CDR. Venía a contarme que, mientras duró la entrevista, agentes de la Seguridad vigilaron la entrada del edificio y el oficial que los dirigía fue a ver al presidente del CDR para decirle que en mi casa había periodistas extranjeros y que no se me podía dar ningún «acto de repudio», a lo que el presidente del CDR le respondió: «Pierda cuidado, capitán, que a esa familia este Comité no le dará ningún acto de repudio, ni ahora ni después. Si ustedes quieren hacerlo luego, el acto lo tendrán que organizar ustedes con gente de otro barrio porque de este no van a poder movilizar a nadie para eso».

Pero la dictadura me tenía preparada una despedida especial, sin las patadas en la puerta, el altoparlante largando injurias, las pedradas en las persianas ni la comparsa barriotera del «acto de repudio» clásico, lo cual es de agradecer. El domingo 23 de febrero del 92, el día anterior al de mi partida, en el suplemento de cultura de *Juventud Rebelde* (periódico de la Unión de Jóvenes Comunistas), apareció un artículo titulado «Puente de plata», que cubría más de una página del suplemento. Junto a alabanzas como «un buen poeta, un hombre de innegable talento, que contaba con prestigio y reconocimiento intelectual», «para admitirlo en su seno, la Academia Cubana de la Lengua debe de haber tenido en cuenta sus buenos versos, que sin duda son la mayoría», etcétera, con las que se busca impresionar bien al lector para que no dude en acoger como cierta, justa y equilibrada la aviesa imagen que de mi vida y milagros le ofrece, el articulista, Waldo Leyva Portal, se burla con acierto —con una sorna que sin duda parte de sus propios e inconfesados desengaños— de mis juveniles ardores comunistas. Donde se muestra chapucero es en las mentiras que se atreve a decir, confiado en la impunidad que supone el absoluto control que ejerce sobre la prensa la dictadura que le ordenó infamarme. Antes de ese artículo no pensé jamás que mi obra fuera tan meticulosamente leída ni que sería objeto alguna vez de un elogio tan alto. Después de la devoción de un lector, el odio de una dictadura es el mejor premio a que puede aspirar un poeta.

La presencia constante de periodistas y escritores extranjeros en Infanta 15 y mi condición de miembro correspondiente de la Real Academia Española fueron, a mi entender, factores que nos libraron a mi mujer y a mí del «acto de repudio» y de otras felonías similares con que el gobierno de Castro suele atormentar a quienes no se le doblegan. En nuestros últimos días en Cuba tuvimos la suerte de recibir varias veces la visita del hispanista italiano Antonio Melis, que ese año era jurado del premio literario de la Casa de las Américas, y de los periodistas españoles Diego Talavera (director del diario *La Provincia*, de Canarias), Fernando Orgambides y Juan Cruz (ambos del madrileño *El País*). Diego Talavera fue quien condujo el automóvil en que nos trasladamos al aeropuerto, y permaneció a nuestro lado, junto a mi padre y al poeta cubano Rafael Alcides Pérez, hasta que el avión de Iberia que nos sacaría del jardín de los suplicios levantó vuelo.

❧

A finales de 1991, Manuel Fraga Iribarne, presidente de la Xunta de Galicia, viajó a Cuba invitado por su amigo Fidel Castro. El acto de clausura de aquella visita consistió en una romería al galaico estilo, celebrada en los románticos jardines habaneros de La Tropical, a la que Fraga aportó la comida y la bebida (transportadas desde Galicia en un avión fletado al efecto) y Castro la boca y la policía. Por mi amistad con el poeta gallego Luis González Tosar, que formaba parte de la comitiva de Fraga, a esta romería fui invitado con mi mujer y mi hija Claudia (Gabriela ya residía en Santiago de Chile). Días antes de la llegada de Fraga a La Habana, a solicitud de un grupo de disidentes amigos míos pedí ayuda a Luis para concertar un encuentro entre el presidente de la Xunta y dirigentes de la oposición interna. Luis jugó sus cartas y se convino en que el encuentro se celebraría en la embajada española; pero a última hora nuestros planes naufragaron, al parecer, por el temor de don Manuel a ser descortés con su celoso anfitrión.

Luego de pasar los rigurosos controles de seguridad establecidos por las autoridades en La Tropical aquella soleada mañana, los invitados —la mayoría viejos emigrantes gallegos que habían echado su vida en Cuba— presenciamos una función de oratoria a cargo de Manuel Fraga y Fidel Castro, tras la cual fuimos conducidos a las bien servidas mesas que nos aguardaban bajo la sombra de los árboles. Las empanadas de atún o de carne, el pulpo a la gallega, los chorizos del Bierzo con cachelo, el lacón con grelos, las tartas de Santiago y el claro vino ribeiro constituyeron una impía agresión a nuestros desamparados estómagos, sometidos durante décadas a la dieta del doctor Castro. Durante el almuerzo, rodeados y fisgoneados por un inquieto enjambre de individuos que no disimulaban su condición de agentes de la Seguridad, todos exhibiendo esos telefonillos portátiles que los caracterizan, González Tosar y yo hicimos un aparte para comentar las causas que malograron la entrevista de Fraga con los disidentes. A este aparte se sumó, venido directamente de la mesa presidencial, el Consejero de Cultura de la Xunta y mano derecha de Fraga, Pérez Varela, con lo cual se hizo más evidente el recelo de los policías que nos atisbaban.

Hastiados de la espesa atmósfera de comisaría que se respiraba allí y atiborrados de proteínas hasta las cejas, Ofelia, Claudia y yo emprendimos la retirada. De pronto, mientras sorteábamos las mesas en busca de la salida, oí que me decían «¿Díaz Martínez, qué le ha parecido la fiesta?» y vi frente a mí a un individuo sonriente —sonrisa todo él de los pies a la cabeza— que me extendía la mano. Cuando se la estaba estrechando lo reconocí: era el coronel Reynol o Reiniel o Renoir, aquel de la cara de piedra. Ahora no vestía tieso uniforme cuartelero, sino ropa civilizada y fresca de verano. «Me pareció suculenta», le respondí. «¿Usted está bien?», me preguntó. «Sí, muy bien, ¿y usted?», le respondí. «¿Y usted está bien?», volvió a preguntarme. «Sí, ¿y usted?», volví a responderle. «Lo vimos aplaudiendo a Fidel», me espetó. «Yo no aplaudo a Fidel», le dije. «Sí, sí, le hemos hecho un video», me replicó. Y le respondí: «Si yo aparezco en un video aplaudiendo a Fidel deberé reconocer que ustedes son unos genios del trucaje». Mi mujer y mi hija estaban perplejas y les di la pista: «Miren, les presento al oficial que me interrogó y amenazó de muerte cuando firmé la *Carta de los Diez*». «Modestamente, modestamente», balbuceó el policía. Aún me pregunto qué quiso decir. Supongo que aquel diálogo de besugos fue una estratagema de la policía política para filmarme mientras —estrechón de manos incluido— conversaba «amigablemente» con el coronel, quien, por cierto, era jefe de la sección de la Seguridad que se ocupaba de los intelectuales. La dictadura, cuando lo apeteciera, podía hacer uso y abuso de la escena con el fin de enajenarme la confianza de mis compañeros de la oposición. Recuerdo que el agente Octavio, mi «psiquiatra», aquel calco del teniente Colombo, me pidió una vez que propagara el bulo de que Elizardo Sánchez, figura del anticastrismo en el interior de la isla, era un topo de la Seguridad del Estado.

MARÍA ELENA CRUZ VARELA

LA TENIENTE Y LOS LIBROS*

[...] La teniente está sentada detrás del buró, tiene el pelo corto, teñido de rubio oxigenado, gorda, bajita, con una gran papada desbordándosele sobre el cuello de su guerrera militar.

No se digna a levantar la cabeza cuando entro, precedida por la oficial. [...]

—Dígame su nombre y sus apellidos, edad, sexo, escolaridad, profesión si la tiene y el delito de su causa. Tenemos que abrirle un expediente provisional hasta que llegue el suyo de los tribunales.

—Tatiana López Riera, treinta y seis años. Sexo femenino, como es obvio.

La teniente levanta la cabeza de la planilla que está rellenando con mis datos y dura, gorda, teñida, me mira con cierto asco.

—Ni se imagine que es tan obvio. Antes del mes, muchas lo cambian. Continúe.

—Graduada de la Facultad de Letras de la Universidad de La Habana. Estoy aquí por razones políticas.

—¿Razones políticas?

Se pone de pie. Veo que tiene las piernas cortísimas y que es más gorda de lo que aparenta cuando está sentada. Rodea el buró hasta quedar frente a mí. Con las manos detrás de la espalda, comienza a balancearse. Talón. Punta. Talón. Aunque ha de mirarse de abajo hacia arriba, su expresión es de una arrogancia que nada tiene que ver con su corta estatura.

---

* Este fragmento ha sido tomado del libro *Dios en las cárceles cubanas* (Ediciones Martínez Roca, Barcelona 2002). El título con que aparece el fragmento fue creado exclusivamente para esta antología.

—Así que razones políticas. ¡Hum! ¡Razones políticas!

Vuelve a sentarse en su silla detrás del buró y me ordena que ocupe la butaca que está frente a ella. Hasta ese momento no había reparado en otra oficial, una muchacha muy joven, rubia, que está en una esquina, sentada detrás del mueble archivador. Se estudia las uñas como si estuviera sola en la oficina y en el mundo. De buenas a primeras, parece despertar y, arrugando el entrecejo, sigue atentamente el interrogatorio. Su rostro me es dolorosamente familiar, pero estoy muy bloqueada. Mi cerebro se niega a registrar el pasado y apenas logro recordar nada de los seis meses anteriores a mi arresto.

—Así que razones políticas. Tiene treinta y seis años, es graduada de la Universidad de La Habana y está aquí por razones políticas.

Me empieza a molestar su insistencia en las razones políticas, pero a ella eso no le importa y continúa.

—Usted se lo debe todo a la revolución. No me cabe en la cabeza que esté aquí por contrarrevolucionaria. ¿Cómo pudo pasarse al bando de los enemigos de su patria?

—Yo vengo a cumplir mi condena. Ya me han interrogado bastante. Todo lo que tenía que responder lo hice en la Seguridad del Estado.

—¡Póngase en pie, sancionada! Oiga bien lo que le voy a decir: aquí usted no es nadie, no se equivoque. Yo mando en este lugar y usted tiene que hacer lo que yo le diga. ¿Entendido?

La muchacha que está detrás del archivador me mira a la cara. Estudia mi reacción. La conozco. Sé que la conozco. La zozobra empieza a revolverme el estómago. La teniente vuelve a la carga, ahora con más serenidad.

—Deposite aquí lo que trae en la bolsa. Ya veremos cuando lleguen sus papeles.

Otra vez, pienso mientras saco el peine, desodorante, pasta, sostenes, *bloomers*, de la bolsa de plástico de la *shopping* y los coloco en una esquina del abigarrado buró.

Revisa una por una mis escasas propiedades y se detiene en los cuatro libros que extraigo al final.

Uno. *Poesías completas* de Cesar Vallejo. Lo revisa por dentro y por fuera y lo pone aparte.

Dos. *Mi vida de negro*. De Richard Wright. En la portada, la cara arrugada y brillosa de un anciano negro con los ojos tristísimos. Lo sitúa sobre la poesía de Vallejo.

Tres. *Sor Juana Inés de la Cruz y las trampas de la fe*, de Octavio Paz, con el bello retrato de la monja mexicana a todo color en la carátula. Sin abrirlo, lo coloca aparte de los otros dos.

Cuatro. *Ilustrísimos señores*, cartas del cardenal Albino Luciani. En la cubierta el rostro rosado y sonriente del cardenal antes de convertirse en Juan Pablo I y morir inesperadamente, solo unos días después de su elección y de haber ingerido una sospechosa taza de té. Luciani encima de Sor Juana.

—¿Usted tiene creencias religiosas, no es así?

—No precisamente —respondo con ambigüedad.

—Estos dos libros —señala al dúo Paz-Luciani— son religiosos. No los puede tener aquí. Los otros dos, si los quiere, quédeselos, pero estos no.

—Pero —intento argumentar— estos no son libros religiosos. Sor Juana fue, es, una importante poetisa mexicana. El libro es un ensayo escrito por Octavio Paz, Premio Nobel de Literatura, también mexicano. No es más que un ensayo sobre la vida y la obra de sor Juana.

Implacable, inculta, cortísima por dentro y por fuera, alega:

—Esto es el retrato de una monja, ¿sí o no? Aquí dice —señala con el rollizo dedito— «sor» y aquí «fe». No se imagine que soy boba o me chupo el dedo, este es un libro de religión y el otro también.

—El otro tampoco. Es un libro con las cartas que el cardenal Luciani publicaba en los periódicos italianos. Cartas a Pinocho, a Charles Chaplin, a Alicia, la del País de las Maravillas. A personajes de cuentos, de novelas. No está considerado un libro religioso.

—Me tiene sin cuidado lo que usted considere, esto es un cura —otra vez el dedito—. ¿Sí o no?

—No. No es un cura. Es un cardenal.

¡Qué le voy a hacer! Sé que estoy en desventaja pero no puedo evitar burlarme.

—Es un cura y basta. Estos libros se quedarán aquí hasta que vengan sus familiares. Ahora desnúdese.

La muchacha rubia se pone de pie y avanza hacia la salida.

—Bueno, ya me voy teniente, no quiero perder el autobús.

Se vuelve y me mira con tanta intensidad que me siento abatida.

Llega hasta la puerta y mi estómago salta sin control.

—¡Glenda! —grito—. ¡Glenda!

Se detiene, vuelve a mirarme y ladea la cabeza.

—¿Tú eres Glenda, verdad? —pregunto casi con desesperación.

—Sí, yo soy Glenda. Hasta mañana.

Y sale así, sin más, sin añadir ningún comentario.

—¡Glenda! Por favor, dile a María de la C. que la necesito —dice la teniente, y se queda mirándome con curiosidad. Nota mi exaltación. Mi nerviosismo.

—Así que conoce a Glenda. ¿Se puede saber de dónde?

203

—No estoy obligada a responder esa pregunta. Pregúntele a ella.

Da un manotazo sobre el buró.

—No continúe por ese camino, sancionada, porque le aseguro que las cosas se le pueden poner muy malas. ¡María de la C.! Vamos, tiene que hacer una requisa física.

Alguien que se llame María de la C. —tiene que ser de la Caridad, seguro—, no debe estar aquí tampoco. Es un nombre demasiado religioso, pienso mientras comienzo a desnudarme.

Entra María de la C., enfundada en un apretado traje de campaña verde olivo. Su cara parece un manual, una guía de las más bajas pasiones que pueda albergar el género humano. Es sobrecogedora su presencia. El hábito no hace al monje. El nombre tampoco.

La oficial cortica revisa con detenimiento las costuras de mi uniforme a pesar de que lo acabo de estrenar. Mis zapatillas, mis medias, todo.

María de la C. me soba el pelo, las orejas, me aprieta los labios mientras me hace abrir la boca y mostrarle la lengua. Mete sus manos debajo de mis axilas y frota en redondo.

Poniéndome la mano en la nuca, hace que me doble por la mitad.

—Ábrete las nalgas con las manos. Puja y agáchate. Más. Vamos, cinco veces más.

He tenido que hacer lo mismo infinidad de veces desde que me detuvieron, pero nunca, nunca me había sentido tan humillada.

—Vístase y recoja sus cosas —ordena la teniente.

María de la C. no deja de mirarme con babosa lascivia.

—Teniente, ¿y este pez por qué cayó en el jamo? Seguro que es otra jinetera.

—No. No es una jinetera. Es una intelectual. —El desprecio que le imprime al término lo deja inhabilitado—. Dice que está aquí por «razones políticas».

—Vaya, otra contrarrevolucionaria.

María de la C. tuerce la boca en una mueca de asco y busca un sitio en el suelo donde escupir. La dura mirada de la jefa la disuade.

—¿Y dónde la ponemos? Porque esta debe de ser de las más peligrosas ¿no?

—Aquí no hay nadie peligroso, María de la C. Aquí lo peligroso es equivocarse. ¿Entendido? Por ahora llévatela a preventiva hasta que lleguen orientaciones del departamento. Ya tendremos tiempo de saber qué régimen se le aplicará.

Se acerca a la ventana y se queda mirando hacia afuera, balanceándose con las manos agarradas a la espalda. Talón. Punta. Talón.

Es evidente que está de mal humor.

—¡Vamos, reclusa, que es para ayer!

Ya estoy lista. Por instinto, trato de no tropezar con los ojos de María de la C., parada con los brazos en jarras, como un vaquero de película americana.

Parece que en cualquier momento va a sacar las pistolas o el lazo y gritar «¡Yujuuuy!».

Rolando Sánchez Mejías

HASTA QUE LA DELACIÓN TE ALCANCE[*]

Tonino le secretea a Olmo que en La Habana ya no se sabía quién era o no delator. Todos los delatores no tienen por qué ser gorditos, de pelo grasiento y olor a cebolla.

Pero el delator del cual hablamos sí era gordito, de pelo grasiento y olor a cebolla, además de ser un poquito jorobado. Se sentó frente a Olmo y le dijo:

—Te voy a delatar.

Olmo amaba la rectitud en la gente. Y la transparencia de alma en la gente. Y la resolución en los ojos de la gente. «Un delator honrado», se dijo Olmo con las pupilas húmedas. Y lo abrazó, lo abrazó como no abrazaba a nadie hacía muchísimo tiempo.

---

[*] Tomado del libro *Historias de Olmo* (Madrid, 2001)

María Elena Hernández

EL POEMA DE TONI MIRET*

Todos tenían un agente.
Yo tuve el mío
en bicicleta.
Pedaleaba
para no apagarse
hasta el koniec
repartiendo
hojarasca.
Tréboles.
Cicatrices
por el cielo.
Yo tenía un agente
sin rodillas.
Los tobillos
empinados
hacia el horror.
(o hacia el error?)
Ese día nací.
Me inyectaron
algo
extremo.
Y lo extremo

---

* Este poema es parte del libro inédito *La ruta del erizo*.

sedujo.
¿Guardará
mi delgadez
en cartón,
o la dejará vagar
por cubículos
de madera?
¿sin núcleo?
¿sin núcleo?
Yo tenía una certeza.
¿Pero tuve perro
o gato?
¿Domingos?
Los domingos,
¿rebobinará
mi película?
¿Es cierto
que importaba
la contraseña?
¿Luciérnagas?
¿Álamos?
¿Volábamos
los techos?
¿Aquello
tan íntimo,
qué era?
¿Una lágrima?
¿Hiere?
Ah recuérdamelo.
¿Violábamos
tumbas?
¿Vallejo?
¿Roque Dalton?
En fila india
por Casa
de Roberto,
¿cuántos?

Yo tenía un lector.
Corrector voraz.
Casi un padre.
Casi una patria.

Todavía se pone nostálgico.
Sube por la Constelación de la Osa Mayor.
A mi sombra fotogénica dispara.
Para otros pedalea el Pato Donald.
Yo tengo a Toni Miret.

AMIR VALLE

SERES RIDÍCULAMENTE ENIGMÁTICOS CON NOMBRES SIMPLONES[*]

ESA FRASE, que titula este memorioso *flashback* a mis encuentros con esos «compañeros que nos atienden», la dijo el escritor José Mariano Torralbas allá por 1984, en la que creo fue la primera encerrona que nos tendió la Seguridad del Estado. Entonces solo éramos unos ingenuos muchachos, aspirantes a escritores, cuyo único «pecado» consistía en haber fundado un grupo literario, los Seis del Ochenta y, encima, tener la osadía de leer el acta de fundación en un Encuentro Provincial de Talleres Literarios, asegurando que tocaríamos en nuestras obras temas tabúes de la sociedad.

—¿No les parece un tipo raro? —murmuró Torralbas—. Tiene una pose enigmática ridiculona y, como si fuera poco, un nombre simplón.

No recuerdo el nombre, e incluso sé que ni Alberto Garrido, ni José Manuel Poveda, ni Marcos González Madlum ni Torralbas, que integrábamos los Seis del Ochenta, recuerdan hoy cómo se llamaba aquel tipejo, pero todos estuvimos de acuerdo en que el tipo y su generoso ofrecimiento eran tan raros como su propia figura: «tengo un yatecito y podemos dar un paseo por la bahía, darnos un baño en alguna playita», nos había dicho, si no recuerdo mal la segunda o tercera vez que se cruzó «admirado por su talento, muchachos» en nuestros caminos santiagueros.

Luego nos divertíamos imaginando, con tintes irónicamente siniestros que le poníamos a nuestras conversaciones sobre el tema, qué habría estado

---

[*] Texto escrito especialmente para esta antología.

pasando por el cerebrito de hormiga de aquel «seguroso», pero la verdad es que en aquel momento nos dejamos arrastrar por el goce que representa tener a disposición nuestra un yate, recorrer la amplia bahía santiaguera, parar los motores en aguas tranquilas y claras en un rincón de la bahía y bañarnos con regocijo y tranquilidad lejos de las siempre repletas y bulliciosas playas de nuestro Santiago.

Torralbas, siempre adelantado a nosotros en suspicacia, fue quien descubrió que aquel tipejo pertenecía a ese grupito de retrasados mentales (lo eran por su soberana incultura y su falta de profesionalidad que los hacía fácilmente detectables) que «atendían» la cultura. Y fue el propio Torralbas, esta vez alertado por Garrido, quien nos hizo descubrir al primer informante que nos colaron: un jovencísimo escritor recién llegado desde otra provincia oriental que se nos había pegado como una lamprea y que nos obligaba a leer sus perpetraciones literarias. Pasaba más tiempo visitándonos con sus requerimientos «literarios» que junto a un familiar ya anciano a quien, supuestamente, había venido a cuidar en su soledad y su enfermedad.

Esa vez la única nota discordante la puso la ingenuidad siempre admirable de Poveda, dueño de una inocencia tan genial y asombrosa como su excelente poesía:

—¿Se imaginan que esta lancha salga de aquí y no pare hasta Miami? —dijo, risueño, inocentón, y todos nos quedamos paralizados.

Torralbas le quitó presión a la olla con tanta naturalidad que aún conservo la imagen de aquella escena:

—¡Déjate de hablar mierda y tírate al agua, pendejo, que un chance como este no lo vas a vivir dos veces!

Tres años después, a inicios de 1987, cuando ya me había trasladado a continuar la carrera de Periodismo en la Universidad de La Habana, otro oficial de la policía política me confirmó con sus palabras que aquel paseíto por la bahía santiaguera había sido una estrategia para probarnos. Fue el primer encuentro que tendría con los «segurosos» en la capital y esa vez comprobé que seguían empeinados en «velar por mi integridad», aunque ahora ese cuidado «paternalísimo» ocurriera casi al otro extremo de la isla. Como para no variar en sus métodos, utilizaron una técnica bastante usual ya en su trabajo con nosotros, los «díscolos intelectuales»: esa modalidad de interrogatorio disfrazado de conversación en la cual uno hacía de policía bueno y comprensivo, entre tanto el otro representaba al malo de la película por su agresividad.

—Te hemos citado porque hace poco, en la reunión estudiantil de análisis mensual, dijiste que te parecía una aberración haberle dado la condición de Ciudad Héroe a Santiago de Cuba y, para ser sinceros, nos preocupa que algunos de tus amigos escritores te esté metiendo en la cabeza esa idea que, por si lo no sabes, critica la decisión que tomó personalmente nuestro Comandante en Jefe —me había dicho, suave, con ojos cómplices y paternales, policía bueno.

Aclaré, nervioso —era la primera vez que, con 19 años, atravesaba un interrogatorio en un espacio cerrado, ante dos personas mayores que cuestionaban mi actitud—, que nadie podría haberme metido nada en la cabeza porque yo vivía en casa de mis tías, en una familia probadamente revolucionaria y apenas tenía dos amigos escritores: Eduardo Heras León y Senel Paz, que justo en esos momentos se reintegraban a la «alta sociedad» cultural oficialista luego de haber sido defenestrados en la década anterior (esto de la defenestración, obviamente, no lo dije).

—Y además —añadí—, en lo que me toca, los estudios, la cultura, creo haber demostrado estar muy claro en mis principios....

Iba a decir «principios revolucionarios», pero policía malo me interrumpió:

—Sí, digamos que sí. Pero en la bahía de Santiago, mientras se bañaban, uno de ustedes preguntó qué pasaría si el yate se iba para Estados Unidos...

Hasta hoy no me explico cómo, pese al nerviosismo, reaccioné tan naturalmente:

—¡Hombre, eso fue una coña de Poveda! —dije, y tampoco sé de dónde saqué valor para mirar duramente a policía malo y soltarle—. ¿Esto es un interrogatorio?

Policía bueno le echó agua al dominó:

—¡No, chico! —Y miró a policía malo con una molestia tan teatral que hasta un inocentón como yo noté la falsedad—. Los interrogatorios no los hacemos en la secretaría de ninguna facultad. —Estábamos en el altillo donde la secretaria de la Facultad de Periodismo guardaba, amontonados en grandes archivos de metal, los expedientes de los estudiantes. Media hora antes, la propia secretaria había ido a buscarme al aula, interrumpiendo una clase—. Quisimos conversar, alertarte. Tú vienes de Santiago, aquello es más sano, pero aquí la cultura está llena de gente desviada, problemática.

—Podridos de mierda que lo contaminan todo —agregó policía malo.

POR AQUELLOS PRIMEROS DÍAS de la alucinante circulación de *Habana Babilonia o Prostitutas en Cuba* entre los cubanos recibí una visita que podría catalogar de intrigante: dos hombres, que se identificaron con carnets de la Seguridad del Estado tocaron a mi puerta y, muy cortésmente, me pidieron «conversar». Aunque no sentía ningún deseo de entablar tal conversación con oficiales que, de entrada y como para no variar en sus insistencias conversacionales, me aseguraron que no se trataba de una visita de control, sino simplemente «de preocupación», recordé una máxima de mi abuelo canario: «todo el que llegue a la puerta, salude y parezca educado, merece ser atendido», así que los hice pasar.

Ahí ya me arrepentí de respetar tanto la memoria y las rígidas enseñanzas de mi abuelo, pues me vi enfrentado nuevamente a esa gastada y vieja táctica del policía bueno/ policía malo, con la que suelen desestabilizar a los incautos. Pero, como seguro habrá deducido quien ha ido leyendo hasta aquí, ya yo era perro viejo en esos trajines de lidiar con gente como ellos. Logré mantenerme en mis trece, mientras les escuchaba hablar de lo peligroso que sería para mi carrera periodística y literaria que se descubriera que yo me había inventado las duras y marginales historias de *Habana Babilonia*, todo esto envuelto en esa teatrada del policía bueno hablando maravillas del respeto que yo gozaba entre los escritores e incluso del cariño que me profesaban mis profesores de periodismo, y del policía malo mirándome hosco cada vez que soltaba su opinión sobre las «partes dudosas de tu libro».

Les dije que me concedieran unos segundos, pasé a mi cuarto de trabajo y regresé a la sala con la caja donde, organizados, tenía todos los casetes que grabé durante la investigación. Les mostré primero los «folletos promocionales» con los que algunos chulos vendían su mercancía (y disfruté con singular fruición viendo a policía malo intentando seguir en su papel de hombre duro y decente, al tiempo que sus ojos se iban detrás de las apetecibles «partes pudendas» de las jineteras de aquellas fotos). Les mostré luego, pasando rápidamente las páginas, los dos gruesos álbumes de fotografías de jineteras de los que hablo en el libro. Y al final le dije a policía bueno: «en estos casetes está todo lo que está en el libro, aunque en el libro, claro, está mejor elaborado literariamente. ¿Quieres escuchar algún casete?».

—No hace falta, hombre. Confiamos en tu palabra —dijo.

—Sí, pero ahora soy yo el que necesito que ustedes oigan esto —repliqué.

Y comencé a ponerles algunos fragmentos de las grabaciones y les indicaba en qué parte del libro estaban, utilizando para ello mi copia de trabajo, llena de esos apuntes e indicaciones.

—Como te dijimos al llegar, solo queríamos saber que todo estaba basado en la verdad. Tú eres periodista y nos entenderás, así que espero que nos disculpes. Lo importante es que como periodista tú sabes que con la verdad en este país se gana cualquier batalla.

Asentí, obviamente más resignado que convencido. ¿Puede responderse tamaño cinismo y especialmente viniendo de quienes se ocupaban precisamente de que el deseo de dar a conocer la verdad se convirtiera en un oficio peligroso en Cuba? Y, en verdad, en aquel momento mi cabeza solamente se concentraba en una pregunta: según la norma de trabajo de esos seres oscuros a quienes los cubanos llamamos «segurosos», aquella visita tenía que haber sido hecha por alguno de esos tres oficiales que solían «atender» a los escritores en la capital y cuyos nombres públicos eran Durán, Patricia y Mauricio. ¿Por qué no fueron ellos quienes me trasmitieron aquella «preocupación»?

En cualquier caso, agradezco a mi olfato ya entrenado que me alertara sobre la verdadera intención de tal visita. Pero debo admitir que también en lo que hice después tuvieron que ver esas muchas historias que sobre el *modus operandi* de la policía política cubana había leído o les había escuchado a protagonistas/víctimas de esos períodos que eufemística y reduccionistamente Ambrosio «Pocho» Fornet denominó «Quinquenio Gris», haciéndome recordar siempre la sabiduría de mi abuelita española: «todo lo gris viene siempre adornado con pespuntes negros y, lo negro, en todos los casos es más visible», decía. Conclusión: que siguiendo mi olfato y la desconfianza natural de mi abuelita ante todo lo que resultara sospechoso, es decir, gris, metí todas las pruebas en un maletín y las llevé a casa de mis padres. Después, gracias a un diplomático europeo, lograría enviar todos esos materiales impresos y grabados a mi agente literario en Alemania, y por ello, algunas ediciones, breves documentales hechos sobre el libro, e incluso varias de las tesis y doctorados universitarios que tienen a *Habana Babilonia* como centro de interés, han podido enriquecerse mostrando esa parte gráfica, audiovisual o grabaciones que hice durante la investigación y que logré sacar previsoramente, y a tiempo, de la isla.

Como quizás el lector ya suponga, un fin de semana más tarde unos ladrones entraron a robar a mi casa, aprovechando que no había nadie, pues los viernes solíamos ir a dormir al apartamento de los abuelos de mi hijo mayor, en otro barrio de Centro Habana. Cuando mi esposa y yo regresamos el sábado, la casa estaba patas arriba. «Extrañamente» lo único que se llevaron fue el pequeño equipo de audio, el mismo en el que policía bueno, policía malo y yo habíamos escuchado los casetes, pero por una marca de seguridad que suelo hacer siempre en los archivos de mi disco duro (trampilla informática que un amigo genio en esa especialidad me enseñó a hacer), pude constatar que lo habían copiado.

AÑOS MÁS TARDE, supuestamente preocupados por el rumbo crítico hacia la Revolución que yo había dado a mi vida y por la repercusión que todavía seguía teniendo *Habana Babilonia*, los «afables y siempre sonrientes y enigmáticos» oficiales que atendían la cultura en La Habana, volvieron a acercárseme, esta vez muy «paternales». Dijeron sentir que yo me estaba alejando, que estaba dejándome contaminar, que mi cabeza seguro se había envenenado por mi relación personal con Patricia Gutiérrez Menoyo y con su padre, el Comandante Eloy Gutiérrez Menoyo. En honor a la verdad, tal preocupación era infundada: mi relación con Patricia se limitó solo a la amistad debido a los lazos surgidos cuando me designó coordinador en La Habana de la Colección Cultura Cubana, de la editorial Plaza Mayor, que ella dirigía desde Puerto Rico, y en la que publicamos cerca de una treintena de títulos de autores cubanos de la isla y la diáspora. Y en el caso de Eloy, lejos de lo que las lenguas comentaban, jamás intentó vincularme a sus ideas políticas. Extrañaba tanto a los dos hijos pequeños que había dejado en Miami tras su decisión de residir en Cuba para establecer en la isla su proyecto político, Cambio Cubano, que me pidió permiso para ir a mi casa dos o tres veces por semana. Cuando llegaba, simplemente se tiraba en el piso del patio a jugar con mi hijo menor, Lior, de 3 años entonces.

El mensaje más importante que querían trasmitirme los segurosos esa vez resultaba tentador: si yo estaba dispuesto a volver al redil, ellos me apoyarían en mi trabajo crítico hacia esas zonas oscuras de la sociedad, pero esta vez obviamente escritas desde las trincheras de la Revolución. Les molestaba mucho, me dijeron esa vez, que mi libro estuviera siendo tan manipulado fuera de Cuba, por quienes, en su criterio, solo pretendían encontrar armas para debilitar ideológicamente el legado revolucionario cubano.

—Sabemos que contigo se han cometido muchos errores. Tú mejor que nosotros sabes que este mundillo de la cultura está lleno de envidiosos y frustrados que no van a ver nunca tu éxito en Europa con buenos ojos y nos consta que por eso, y no por sus supuestas convicciones políticas, te han preparado todas esas trampas, empezando por Abel Prieto, que es un cabrón. Pero si nos dejas ayudarte, podemos rectificar todo eso, colocarte en el lugar de honor que mereces en la cultura cubana y, además, poner en tus manos material suficiente para que escribas un libro mil veces más interesante que tu *Habana Babilonia*. Te puedo asegurar que ese sí podría ser un *bestseller* mundial —me dijo uno de ellos, pensando que tal vez aquello inflaría mi ego, me haría brillar los ojos de codicia y podría hacerme dudar en mi empeño de seguir siendo una oveja negra y solitaria.

En ese 2004, ciertamente, todavía el impacto del libro implicaba solo copias impresas en computadora leídas por miles y miles de lectores cubanos de todas las generaciones dentro y fuera de la isla. La primera edición fue dos años después, en 2006, en la editorial Planeta, convirtiéndose en un éxito de ventas en todas las lenguas a la que sería traducido y, por si no bastara, ganando el premio internacional más prestigioso del género: el Premio «Rodolfo Walsh» al mejor libro de No Ficción publicado cada año en lengua española.

Además de no querer ceder a un chantaje tan burdo, y decidido a no rendirme precisamente por la cantidad de muros, trampas y represiones perpetradas para aplastarme (eso que aquel seguroso llamaba con tamaña ligereza «errores cometidos»), a esas alturas de mi vida ya la verdadera causa de mi negativa a su propuesta (que resultaría interesante para cualquier periodista sin escrúpulos) era que yo estaba harto del tema. Por otro lado, tampoco soportaba que todo el mundo en Cuba dejara a un lado mi obra cuentística y novelística (que cada vez se abría más espacios y ganaba más premios en Europa) para verme solo como «el jineterólogo». Y ese hartazgo del tema es fácilmente comprobable si se tiene en cuenta que, aun cuando conservaba material para escribir dos libros más sobre la prostitución centrada en la mujer —y de hecho ya iba por la mitad de un libro sobre la prostitución homosexual, aún inédito, que se llama *La carne prohibida. Prostitución homosexual en Cuba*—, había decidido concentrarme en otras áreas de creación que me interesaban mucho más mientras daba los toques finales ese 2004 a la que sería la primera versión de mi novela *Las palabras y los muertos*, hasta hoy mi obra más vendida, elogiada, premiada y con más reediciones.

ALGUNA VEZ, YA ESTÁ ESCRITO, quizás llegue el momento de hacer públicas otras de estas peripecias con «los compañeros que nos atienden», vividas mientras estaba en Cuba: sus intentos de reclutarme, los modos en que evadí esos intentos, las historias siempre inventadas que les colé cuando me acosaban tanto que me obligaban a «conversar» sobre su «preocupación» por el rumbo que daba a mi vida en esos últimos 10 años en la isla o cómo llegué a descubrir sus verdaderas identidades. Quizás también cuente sobre los «colegas» informantes (desgraciadamente amigos muy queridos a quienes ayudé incluso a publicar fuera de Cuba) a quienes les asignaron «la misión» de escuchar lo que yo pensaba y decía en nuestros momentos de intimidad fraternal o familiar. O muchas historias que logré conocer sobre las cosas que esos «afables compañeros que nos atienden» prepararon contra otros colegas. De esas pude enterarme cuando trabajaba en el Instituto Cubano del Libro, y algunas de ellas son causantes de que saliera de ese sitio «cultural» profundamente desilusionado, luego de avisarles a esos colegas de cómo desaparecerían sus libros «conflictivos» o de cómo sobre sus nombres flotaba ya la espada de Damocles de la sospecha, convertida esta espada en estrategias para evitar que los nombres y las obras de esos «peligrosos recalcitrantes» alcanzaran la promoción nacional e internacional que merecían.

Me reservo, en resumen, esas historias. Pero en un escrito como este sé que se extrañará que precisamente yo no mencione al único escritor que ha sido (o al menos, que se ha hecho público como) agente encubierto de la Seguridad del Estado para combatir, desde el terreno de la cultura y en específico la literatura, las «maniobras del enemigo»: Raúl Antonio Capote, «destapado» como «Agente Daniel». Capote trabajaba para la Contrainteligencia cubana luego de ser reclutado como agente Pablo por la Agencia Central de Inteligencia (CIA). Su misión contra Cuba era, según las palabras del Ministro de Cultura, Abel Prieto, en el prólogo al libro *Enemigo*, en el que Capote rememora esas experiencias: «enviar sistemáticamente a la CIA evaluaciones acerca del estado anímico de la población cubana ante cada coyuntura, sobre todo en los medios culturales y universitarios, y crear una agencia literaria alternativa y luego una fundación de perfil educativo. Pablo podría llegar a convertirse en una pieza clave para el desmontaje de la institucionalidad revolucionaria».

¿Por qué alguien se extrañaría si no lo mencionara en este escrito? Simple. Porque todo el mundo sabe que lo consideré un amigo muy cercano desde que nos conocimos en Cienfuegos, en los tiempos en que yo realizaba allí el servicio social y, junto al también escritor Miguel Cañellas, formamos una tríada que, según dicen muchos, revolucionó la promoción de la literatura en esa región. Porque tanta era nuestra cercanía que llegó a ser el testigo de mi segundo matrimonio con una muchacha cienfueguera. Porque, cuando un par de años más tarde, nos reencontramos en La Habana, se convirtió en un visitante asiduo en mi casa, pese a que mi tercera esposa (ya se sabe, ese sexto sentido que tienen las mujeres) siempre me advirtiera: «Raúl no es tu amigo, hay algo en él que no me acaba de cuajar». A ella, por solo citar un ejemplo muy ilustrativo de sus sospechas, le resultaba demasiada coincidencia que, durante esos dos años en que Eloy Gutiérrez Menoyo nos visitaba, la presencia de Capote se intensificó más que nunca: «¿Te has dado cuenta de que en los últimos tiempos, siempre que Eloy viene, tan pronto él se va, llega Raúl, sudado, sofocado, diciendo que pasaba por aquí y decidió llegar a verte y conversar un rato?».

No he podido, y espero tener estómago llegado el momento, leer su libro *Enemigo*, donde cuenta su trabajo como doble agente del DSE y de la CIA, pero en varias de sus declaraciones he comprobado que miente, pues hace referencia a personas y sucesos que conocí mejor que él, ya que fui protagonista, y las versiones que él cuenta son en esos casos tan ficticias como la que me sigue pareciendo su mejor novela, *El caballero ilustrado*, obra donde cuestiona el poder de una dictadura. Vi nacer esa novela en aquellos años en que, por lo que él mismo cuenta en una entrevista, aún no era el agente Daniel y yo era, también según sus palabras, «el primer Amir». Es esa, por cierto, una técnica poco caballerosa para diferenciar a ese Amir amigo suyo que entonces creía que podrían cambiarse las cosas desde la propia institucionalidad revolucionaria; un Amir muy diferente de ese otro «enemigo» en el que me convertí luego, y a quien él, por cierto, acompañó y respaldó bastante en «mis gusanerías», cuando aún no lo habían forzado a convertirse en un espía.

Cuando en un programa de la televisión cubana, «Razones de Cuba», dieron a conocer al mundo su trabajo para la policía política cubana, descubrí que la única ingenuidad de la que no había logrado desprenderme era esa que me hace ver aún hoy a los amigos como seres puros, nobles, incapaces de actos deleznables en mi contra. Pero no dejo de pensar en cuánta responsabilidad tuvo Raúl Capote en esos años de marginación social, amenazas, exclusiones, invisibilización y represión. Pienso en él y me pregunto qué cuota de culpa tuvo en que a mi hijo le impidieran la entrada a la universidad porque, le soltaron a la cara, «la universidad es para los revolucionarios y tu papá es un gusano mercenario»; cuánto debe a su veneno el acoso de la policía política hacia mi esposa Berta: «si no lo dejas, te veo llevándole jabitas a la cárcel y jamás vas a encontrar qué darle de comer a tus hijos porque no te vamos a permitir trabajar», le gritaba incluso en la calle «el compañero que la atendía»; o qué parte de su trabajo como delator influyó en todas esas horribles historias represivas que me permito ahorrarles al lector, pues son de tanta bajeza humana que, aunque ya están escritas, he decidido conservarlas a buen recaudo por la vergüenza ajena que siento solo de pensar en que vea la luz tal cantidad de revelaciones de la indignidad intelectual cubana.

En cualquier caso, tanto con Raúl o cualquiera de esos otros «colegas informantes» que me colgaron durante años, como con esos siempre ridículamente enigmáticos «compañeros que me atendían» (a uno de ellos, incluso, llegué a conseguirle en España una caja de un espray especial que estaba en falta en Cuba, para su hijo asmático) me precio de haber actuado con limpieza (y en algunos casos, lo reconozco, con tonta ingenuidad) todo lo que me fue posible en una relación tan anómala y, por ello mismo, enrarecida. Tengo mi conciencia limpia y sé que, si llegara el momento, podré mirarlos a los ojos sin el más absoluto de los remordimientos ni las vergüenzas. Dudo que ninguno de ellos pueda decir lo mismo.

Berlín y 2017

ORESTES HURTADO

EL CABRÓN RAMPANTE[*]

Me molestan muchísimo esos pequeños canallas triunfantes. No hay dudas de que a la hora de llevarse los premios en el bolsillo o en la boca, los grandes canallas son privilegiados. Dada la naturaleza de nuestra especie no hallo objeción a que así sea. Solo me aparto y dejo que sigan hacia la cima. No me interesa su devenir. Pero esos diminutos engendros que se doctoran en comportarse todos los días como mediocres y viles. Esos cabroncetes de entraña enrevesada que oponen a lo mínimo cierto lo malo malo. Pueden imaginar que en una isla más larga que ancha, en un delirio de bandoleros, estos personajillos vienen con un añadido de retorcimiento. Desde mi mesa contemplo a Yosvany. ¿Qué decir de él? No creo que me reconozca. Escribo como en otra de las miles de tardes de café con las que agradezco a Europa mi exilio y esa institución cultural de nombre aromático y colonial. Escribo con la cabeza sobre los folios. A veces enfoco a su esquina. Aprovecha la WiFi con el móvil y parece sonreírle a la pantalla. Ha pedido una *cocacola*. ¿Qué decir de Yosvany? Aquello encontraba en ese tipo de cabrón a sus mejores servidores, a sus hombres nuevos. Yosvany había sido un infatigable esbirro, un chivato capaz de hundir a su mejor amigo por verlo caer y burlarse desde la altura de un muro de maldad estatal. Siento que me he repetido en la frase anterior. Un instrumento al servicio del poder para devastar a cualquier individuo. Un miserable. El enemigo del buen hijo de vecino. Me repito, pero es que Yosvany el Manduca lo merece. Así le decían en el barrio. Ratero hasta que encontró acomodo en los órganos y fuerzas de la

---

[*] Este texto pertenece a un libro todavía inédito.

Seguridad del Estado. Robaba para comer, porque el pobre donde no hay derechos no tiene ni izquierdos. Luego se hizo seguroso y se dedicaba a golpear a los parientes, a espiar a los cercanos, a confiscarnos todo a quienes lo vimos crecer y degenerar. Mi único choque con él fue una noche, en la calle de detrás del cementerio chino. Regresaba en bicicleta hacia el Vedado. Yosvany, borracho como una cuba. Vestido con uniforme del MININT, me da el alto. Paré porque se me atravesó en la calle y casi me lo trago. Dame la bicicleta. Decomisada. ¿Cómo? Sonreí. Manduca, soy el nieto de Lala. Tranquilo. Voy para el barrio. Si quieres te emparrillo. Y le ofrecí el remedo de asiento trasero que tenía mi vieja bicicleta rusa. Ahora me vas a dar la bicicleta, comemierda. Tú eres el nieto maricón de Lola y por la pinga mía me vas a dar la bicicleta. Y sacó el arma. Me apuntó. Okey, Manduca. Y le acerqué la bicicleta con una mano sujetando el sillín. Yosvany el Manduca se movió hacia ella. Se tambaleó y cayó de bruces con pistola y todo. Le retiré la bici como mismo se la había acercado, con un movimiento de visto y no visto. Yosvany cayó redondo en un yerbazal. Y ahí se quedó. Miré hacia la calle que bordea el muro del fondo del cementerio chino. Miré hacia las residencias de un lado, del otro, el muro. Y nada. Yosvany comenzó a roncar y crecía un charco debajo de él. Una relajación de esfínteres que decoraba su uniforme. Tuve un segundo de inmovilidad. Parado al lado de mi bicicleta. Junto al Manduca con tremenda curda y una condición que me parecía digna de su calaña. Lo dejé allí tirado. Con su pistolita cargada. Si se pega un tiro por accidente nada bueno se pierde. Eso ocupó mi mente al subirme a la bici y alejarme a velocidad de *sprint*. Lo siguiente de Yosvany que recuerdo fue su cara al girarse y mirarme raro cuando oyó la conversación que teníamos varios en el parque sobre Mamardashvili, diálogo sobre diálogos. Así es, escapar de aquella mierdanga era muchas veces ser capaz de huir a mundos siderales de la conciencia emanados de las lecturas, de las libretas con datos en hileras o de la destrucción de los encantos de nuestro barrio. Una suerte de Pompeya alucinógena y onanista. El Manduca se giró al oír del georgiano. Me miró. Su mirada, la del carroñero en la pradera del infierno. Me miró como si me conociera y no supiese de dónde. Pero no lo supo entonces. No lo supo y continuó su camino. El mío me sacó de la isla poco después de aquella plática de parque republicano de ciudad en el interior de estúpida finca experimental. El suyo debió ser el del represor que descubre que por decrepitud, por ineficacia del régimen tiene tantas oportunidades como el reprimido. Ninguna. Hay que irse. Hasta una rata bruta como Yosvany sabe cuando ya no basta con pararse encima de otras ratas o hundirlas. Que había que irse. Además, él siempre sería un luchador, en cualquier parte. El camino del Manduca lo colocaba ahora en el mismo café que un exiliado escribiente. El vecino verdugo frente a un testigo fugaz y disfrazado. Rememorando el pedigrí de aquel perro encontré una ocasión de venganza. Doblé y corté media página en blanco. Ahí coloqué el mensaje que me parecía más inquietante para Yosvany. Cuidado, chivatón. Siempre hay un ojo que te ve. Aproveché que me daba la espalda, acomodaba algo en su maletín. Al pasar justo al lado de su mesa, como quien busca un cigarro para salir a fumar, delicadamente deslicé el papelito. Desde la calle lo vi leerlo. Lo vi mirar hacia todas partes. Lo vi nervioso. Minutos después regresé a mi rincón casi rozando al Manduca. Iba revisando yo algo en el móvil para disimular. Ordené todo lo que tenía sobre la mesa. Al levantar la vista tropecé con su mirada de ser lo peor. La tenía clavada en mí. Como si me conociera y no supiera de dónde. Se levantó. Lo vi atravesar el café. Lo vi venir. Uno de esos malvados insignificantes que todo lo consiguen hasta un día.

KARLA SUÁREZ

GANAS DE VOLAR[*]

Ellos piensan que no me doy cuenta. Creen que no he notado el cambio. Yo miro por la ventana, y me muevo como si no pasara nada. Hago las cosas de siempre: riego las plantas y respiro, como si en realidad no pasara absolutamente nada. Disimulo y hasta de vez en cuando silbo una bonita canción mientras me rasco la barriga. Todo para que no descubran que desde hace semanas lo vengo notando: el techo ha cambiado de posición.

Sé que resultaría absurdo preguntarle a mi vecina si no ha advertido que el techo de su apartamento hoy está más bajo que ayer. Ella miraría a todos lados abriendo los ojos, y diría que estoy loco. Cambiaría la vista y entraría deprisa a casa. Todo para no dejarme ver las gotas de sudor que corren por su rostro. Y podría jurar, que cinco minutos después de mi pregunta, mi vecina estará de rodillas ante su santo preferido, asustada y preguntándose por qué, ¡Dios! ¿por qué el techo de su casa está disminuyendo? Claro que de su angustia no me dejará participar. Mejor hacer como si no pasara nada. Así hacen todos y piensan que yo no me doy cuenta.

El señor de los altos, por ejemplo, desde hace un tiempo no puede dormir bien. Lo sé porque siento pasos continuados durante toda la noche. Sospecho que no encuentra explicaciones lógicas, y esto lo desconsuela. Debe de ser terrible. El otro día tropezamos en la escalera y noté un morado en su frente. Pregunté si se había caído y dijo que no. Insistí preguntando y abrió los ojos con una expresión de desasosiego. Agregó que se había golpeado con la lámpara.

---

[*] Texto perteneciente al libro *Carroza para actores* (Editorial Norma, Bogotá, 2001).

—¿La lámpara? —volví a preguntar—. ¿La lámpara del techo, quiere decir?

Entonces levantó la vista turbado. Casi estuvo a punto de hablar. Los ojos le brillaban, pero se tragó las palabras sonriendo nervioso.

—¿Qué dice usted? ¿La lámpara del techo? Vamos, joven, no se haga el idiota que no soy tan viejo.

Dio los buenos días y se alejó murmurando cosas entre dientes. Él no es tan viejo, es cierto, pero estoy convencido de que la lámpara del techo cada día está más cerca de su cabeza. Si no, no tuviera sentido la preocupación ni el rostro agitado. Tampoco tendría sentido su comportamiento, porque desde aquel día, el señor de los altos me evita. He notado cómo pasa corriendo junto a mi apartamento o cómo se detiene una vez que siente mi puerta que se abre. No quiere que lo vea. Seguramente sospecha que ya me di cuenta y quiero compartirlo. Quién sabe las cosas que será capaz de imaginar, pero yo, como si no pasara nada. Continúo silbando y regando las plantas.

El único problema es que el techo cada día disminuye un centímetro y comienzo a preocuparme. A veces tengo horribles pesadillas. Pienso que despierto con el techo a medio centímetro de mi nariz, que me falta el aire y ya no puedo respirar. Entre tanto, veo con ojos de espanto cómo la distancia se acorta y se acorta y despierto en el justo momento en que ya el techo y el piso se juntan para aplastarme. Me levanto sudando y con una tremenda sensación de asfixia. Dolores musculares y hasta escalofríos. Luego paso la noche sin dormir mirando para arriba. Imagino que si mi vista coincide con el momento exacto en que el techo baja, entonces todo estará resuelto; pero nunca sucede. Es simplemente un recurso que me invento para aplacar el miedo y poder dormir. Así voy cayendo despacito y al otro día despierto y ¡zas! El techo está más bajo que la noche anterior.

Es preocupante. O más bien, es absolutamente sospechoso. Cada día el espacio se hará más limitado. Nuestros movimientos disminuirán. Cuando el techo alcance el nivel del escaparate, tendré que deshacerme de él. Luego yo, como consecuencia lógica comenzaré a inclinarme, a caminar de rodillas, hasta a arrastrarme por el piso. Mis funciones vitales seguramente se adaptarán a la nueva condición. El hombre es un animal de costumbres y si me acostumbro a la idea, terminaré siendo un reptil.

Imagino la cara de la señora de al lado si me asomo al balcón para decirle: «buenos días, futura lagartija». Sin dudas sería un espectáculo su rostro, pero ella haría como si no pasara nada. Como si no entendiera. Como si tuviera que quedarse así, tranquilamente esperando que el techo se le venga encima y la destruya.

En cuanto a mí, después de analizar el fenómeno y sus futuras consecuencias, he decidido salvarme. Sé perfectamente que mis explicaciones
nadie querrá escucharlas. Y también sé que hay que seguir como si no pasara nada. Entre tanto iré preparando mi escapada. Me convertiré en pájaro.
Justamente eso. Aprenderé a volar y todas las noches saldré a la ciudad,
cada día volando un poco más lejos, fortaleciendo mis alas. De esta forma,
cuando ocurra lo que tendrá que ocurrir, yo podré, en el último minuto,
levantar mi cuerpo y escurrirme por una pequeña rendija. Si ellos no quieren darse cuenta de que el espacio disminuirá hasta que estallen, yo no me
dejaré atrapar. Me convertiré en pájaro.

Así comencé mis prácticas de vuelos. En principio pasaba horas en el
balcón, respirando profundamente, llenando el cuerpo de aire y alzando
los brazos cada vez más hacia arriba. La vecina de al lado me observaba
y corría a su santo. Luego, cuando descubrí que el aire formaba parte de
mi hábitat, llegó el momento de subirme a la baranda. Con los ojos cerrados y en puntas de pie hacía recorridos de un extremo a otro. Siempre con
los brazos abiertos y balanceando el cuerpo armoniosamente. Ya para ese
entonces, el techo había alcanzado la parte superior de las puertas y esto
impedía cerrarlas.

En el edificio, todas las puertas se mantenían abiertas y la gente entraba y
salía como si no pasara nada. Hubo muchos que cambiaron sus costumbres.
En lugar de esos enormes armarios llenos de gavetas, comenzaron a extender
la ropa por el piso. Y en sustitución de esas grandes y horribles lámparas que
cuelgan del techo, empezaron a usar velas. Era más bonito. O al menos eso
dijo el señor de los altos la última vez que lo encontré en la escalera.

—¿Quiere que lo ayude?

Caminaba trabajosamente cargando una pesada bolsa. Cuando sintió
mi voz hizo un brusco giro tratando de ocultar el rostro y la bolsa cayó al
piso. De adentro salieron montones de velas. Me arrodillé para ayudarlo y
pude ver los morados en la cara. No dije nada.

—Se lo agradezco, joven, le agradezco la ayuda, ¿sabe? Es que estoy viejo, estoy un poco viejo sí, ahora me ha dado por iluminarme con velas, es
más bonito, ¿sabe?

Recogí la bolsa y no pude evitar preguntarle si se había caído, si había
tenido algún accidente. Él me miró con furia.

—¿Pero por qué se hace el idiota, jovencito? A mí no me ha pasado nada,
¿me entiende? ¡Nada! A mí no me ha pasado absolutamente nada.

Recogió sus cosas y apresuró el paso escaleras arriba murmurando palabras entre dientes. Yo me quedé observándolo junto a la puerta de un

apartamento abandonado. Allí vivía una pareja que al parecer había decidido abandonar el edificio. La gente cambia sus costumbres, es cierto, por eso mi nueva práctica nocturna no podía resultar extraña para nadie. O al menos eso pensaba yo. Visto que al colocarme encima de la baranda mi cabeza tropezaba con el balcón de los altos, puse una tabla en el borde. Una especie de trampolín al vacío, donde me podía balancear y entrenarme. Una noche, estando con los ojos cerrados, en puntas de pie, casi a un centímetro de levantar el cuerpo, sentí una voz que me llamaba.

—Sss, oye, muchacho, muchacho.

En un instante mi concentración se rompió y tuve que recuperar el equilibrio para no caer. Giré el cuerpo y vi el rostro de la señora de al lado asomado a su puerta. Hacía días que no la veía porque evidentemente el nivel del techo era tan bajo que se le hacía incómodo salir al balcón. Ella miró a todas partes y habló casi susurrando.

—No lo hagas, muchacho, no vale la pena.

Me acerqué y, también susurrando, pregunté qué cosa no debía hacer.

—Tirarte, querías tirarte ¿no?, pero no lo hagas, no vale la pena.

Sonreí imaginando que finalmente estaba decidida a conversar conmigo. Podíamos convertirnos en confidentes y buscar una solución. Yo hasta podría enseñarle los primeros pasos para aprender a volar. Y volaríamos juntos. Nos salvaríamos. Me recosté suspirando.

—No quería tirarme, señora, no se preocupe, es que también yo comienzo a impacientarme, ¿sabe? También a mí comienza a dolerme la espalda, y nos queda poco tiempo, ya ve usted el nivel que ha alcanzado el techo. Si no nos damos prisa, estamos fritos. Dígame si tiene alguna solución y entonces le cuento la mía.

Ella me miró abriendo los ojos.

—¿De qué tú estás hablando, mijo? Si te duele la espalda ve al médico, pero déjate de hacer malabarismos en el balcón.

—Hablo del techo, señora, estoy hablando del techo.

—¡Ah!, haz lo que te dé la gana, no sé ni por qué me preocupo si ustedes los jóvenes siempre están inventando cosas raras. Hazme caso, ve al médico, porque seguro ni siquiera tienes un santo, ¡ah! Haz lo que te dé la gana, yo me voy a dormir…

Su cara se escurrió dentro del apartamento y quedé solo observando las estrellas. Sin dudas, tenía que apurarme. La evidencia de una reducción total del espacio provocaba en los otros un miedo exorbitante. Un terror que se instalaba condenando al mutismo. Me preguntaba por qué con la simple mención de la palabra techo, todos corrían espantados. Abrían los ojos y cambiaban la conversación haciéndome sentir idiota. Era como si la palabra hubiera sido excluida, como si la exclusión significara inexistencia del problema. Pero el problema crecía con las horas, o más bien, disminuía, porque el techo se iba haciendo cada vez más bajo.

Para mí, en esos momentos, lo más importante era aprender a volar. Aprovechar las horas y de una vez alzar el vuelo, aunque tuviera que hacerlo solo. El apartamento se había tornado incómodo, y mi espalda comenzaba a resentirse; pero para volar se necesita estar en forma. Por eso comencé a hacer gimnasia. Salía todas las tardes a correr y recorría varios kilómetros hasta llegar al parque. Luego, una pausa para respirar dando salticos en la punta de los pies y regreso corriendo.

Los paseos resultaban interesantes, porque además de combatir el anquilosamiento de mi cuerpo, me permitían observar el estado de los techos ajenos. También descubrí que mucha gente había abandonado sus viviendas. En el parque vivían grupos enteros de personas. Tenían un montón de colchones tirados sobre la hierba y con líneas de piedras se dividían el espacio. Las casas estaban todas muy bajas y los edificios parecían panales de abejas, donde la gente caminaba inclinada y solo los del último piso tenían un balcón donde estirar la espalda. Era todo rarísimo. Como una casa de muñecas, solo que las muñecas no hablan, pero yo sí y lo que resultaba más confuso era no encontrar un oído receptivo. Entonces me mostraba más prudente. Evitaba hablar con las personas y, si alguien comenzaba una conversación, procuraba no mencionar el techo. Era mejor así.

—¿Te gusta el aire del parque, eh?

Cuando sentí la voz a mis espaldas, di la vuelta y encontré el rostro de la muchacha que hacía un tiempo había abandonado mi edificio. Contesté que me gustaba respirar aire puro y hacer un poco de gimnasia, hacía bien al cuerpo y a la mente. Ella sonrió.

—Sí, te he visto, vienes todos los días… Nosotros ahora vivimos aquí, se respira mejor y se puede ver el cielo, este gran techo colectivo…

Cuando escuché la palabra sentí que me estremecía. Ella volvió a sonreír y saludó a su pareja que acababa de acercarse. El muchacho me extendió la mano preguntando cómo andaba, qué tal iba el edificio, y los vecinos cómo estaban. Miré para todos lados acercándome un poco para susurrar.

—Cada día está más bajo, es terrible, ya andamos de rodillas, no sé cuánto tiempo nos queda. ¿Ustedes tienen algún plan?

Ellos intercambiaron miradas en silencio. El muchacho se aclaró la garganta, apartándose un poco.

—No podemos hablar de un plan, sino más bien de un proyecto. Proponemos una vida más cercana a la naturaleza, respetándola y cuidándola, por eso comenzamos por nosotros mismos. Venir a vivir a un parque es un modo de educar a la sociedad en total armonía con lo natural, las plantas, el aire puro, cosas así.

En principio no entendí muy bien y entonces volví a acercarme y susurrando dije que no era posible que todos se fueran a vivir a un parque, que eso no evitaba el problema, que de todas formas el techo seguiría disminuyendo. Volvieron a mirarse en silencio y él dio otro paso hacia atrás.

—Yo no te entiendo.

—¿Cómo que no me entiendes? —murmuré furibundo—. Ustedes se fueron del edificio en cuanto el techo empezó a disminuir; pero ahora te digo que ya andamos de rodillas, que no hay quien lo detenga, que morirán todos aplastados.

Él hizo un gesto extraño con la boca y ella sonrió agregando:

—Nosotros nos mudamos porque pertenecemos a un grupo de amantes de la naturaleza. Yo tampoco entiendo de qué estás hablando, así es que mejor sigues con tu gimnasia, hace bien al cuerpo… y a la mente.

Me dieron la espalda y se alejaron conversando. Sentí una gran impotencia y comencé a correr. Tenía que entrenarme. Corría y daba grandes saltos. Tenía que aligerar el cuerpo, hacerlo flotar. Levantarlo y conducirlo hacia otro sitio. Debía escapar lo más pronto posible. Tenía que volar y conquistar el cielo: ese gran techo colectivo.

Cuando llegué a casa, advertí un gran murmullo. Voces que escapaban a través de los huecos cuadrados que alguna vez habían sido puertas. Yo estaba cansado y debía reposar un poco para las prácticas nocturnas, así es que arrastré mis rodillas para entrar al apartamento. Entonces sentí a la vecina llamándome.

—Muchacho, muchacho, ¿estás ahí?

Desde el balcón era prácticamente imposible verla, entonces me coloqué en cuatro patas y caminé hacia el apartamento de al lado. Ella estaba recostada en un sofá estilo japonés.

—Entra, no tengas pena, la puerta está abierta…

Agradecí su amabilidad y me acerqué gateando.

—Ha sido una desgracia, ¡Dios mío! —dijo ella—. Tú no sabes nada porque no estabas en casa, pero el señor de los altos… una desgracia, ¡Dios mío!

—¿Qué pasó? —pregunté curioso.

—Hoy por la tarde se lo llevaron. Dicen que desde ayer está muerto, lo encontraron dos niños que estaban jugando en el pasillo. Dicen que estaba tirado en el piso de la sala, tieso como una estaca. Parece que se cayó, no sé, se dio algún golpe en la cabeza, ¿quién sabe? Es que era muy viejo ya.

Mi vecina tosió un poco y tomó una pastilla de su bolsillo. Pregunté si necesitaba un vaso de agua, pero dijo que no me preocupara. A ella le gustaba tenerlo todo a mano. Agarró el litro que había en el piso y bebió un poco de agua.

—Una desgracia, ¡Dios mío! Una desgracia, la gente vieja no debería vivir sola...

—Pero él no era tan viejo —dije molesto—. Quizá tropezó con algo, ¿no? Usted debe tener cuidado porque todos podemos tropezar, ¿no le parece?

—¡Ay, mijo! ¡Jesús, María y José! ¿Qué tú estás diciendo? —habló agitada y se tragó otra pastilla.

Sonreí dando las buenas tardes. Giré el cuerpo y a gatas regresé hacia mi apartamento. Antes de entrar sentí su voz nuevamente.

—Deja la puerta abierta, mijo, a ver si entra un poco de aire...

Definitivamente quedaba poco tiempo. Mis vecinos irían consumiéndose y algunos pocos resistirían al final para ser aplastados. Yo aún no volaba y esto me aterrorizaba enormemente. No estaba seguro de nada. Temía quedarme dormido en el momento justo en que el techo alcanzara el piso. Por otra parte, irme al parque a vivir no me parecía una buena solución. Allí había mucha gente y poco a poco se irían terminando las reservas naturales: las frutas de los árboles, el agua del lago. ¿Entonces qué harían? Además, la idea de irme con ellos y pensar que formaba parte de un grupo ecologista me parecía demasiado estúpida. Todos sabían perfectamente lo que sucedía y se negaban absolutamente a reconocerlo. Casi daba risa.

Esa noche trabajé muy duro. Varias semanas atrás había abandonado el trampolín por imposibilidad de acceso. El balcón era prácticamente una caja cerrada con una pequeña rendija por donde entraba algo de luz. Mis prácticas habían sido trasladadas a la azotea. Claro, que alcanzarla era también una labor fatigosa, y gracias a esto se mantenía vacía. Yo debía subir las escaleras en cuclillas y una vez allí, podía estirar el cuerpo y disponer de toda la baranda para hacer mis recorridos. Esa noche trabajé hasta el agotamiento. Mis brazos oscilaban en el aire cortándolo dulcemente. Con los ojos cerrados podía percibir el viento levantando los vellos de mi piel. Escuché el batir de las alas de algún pájaro vecino y sonreí imaginándome. Cuando quieres alcanzar alguna cosa, debes primero focalizarla. Construir las imágenes. Verte atravesando la ciudad desde la altura, desde tu cuerpo que flota y hace piruetas y sube y baja y nada lo detiene.

Fui muy feliz aquella noche, y el tiempo transcurrió sin darme cuenta. Cuando abrí los ojos, ya era de día. Estaba parado en la baranda, solo que en el ángulo contrario a donde había comenzado. Miré a todas partes y empecé a reír como un loco. Como un verdadero demente comencé a dar brincos por la azotea y a besarme a mí mismo. Había volado. Era evidente que había levantado el vuelo. Mi cuerpo estaba listo para dejarse andar. Ahora solo faltaba abrir los ojos y trabajar con el sentido de orientación. No conozco los tráficos aéreos, así es que debía comenzar con vuelos de instrucción: paseos por el barrio, cortos recorridos, pero desde el aire. Esta sensación es imposible describirla. Yo era feliz.

Decidí entonces pasar el día descansando para recobrar fuerzas. El único problema fue que cuando llegué a la puerta de la azotea el espacio había disminuido más. De rodillas no conseguí meter el cuerpo. Tuve que extenderme por el piso y arrastrado atravesé el pequeño agujero. El recorrido por la escalera fue angustioso. Debía apoyar bien los codos para no golpearme la barbilla. Sudaba y tragaba en seco; pero continuaba adelante. Cuando alcancé mi piso, pasé por delante del apartamento de la vecina.

—¡Señora! —grité—. ¡Señora! ¿Se siente bien?

Ella demoró varios minutos y entonces respondió.

—¿Qué quieres?

—Pregunto si se siente bien, señora…

—¿Y yo por qué me iba a sentir mal? Estaba muy bien hasta que me despertaste con tus gritos, estoy acostada, déjame hacer la siesta en paz, mijo…

No respondí y fatigado entré a mi apartamento. Visto que ya estaba extendido, solo tuve que voltear el cuerpo y respirar de alivio. El techo estaba a menos de un metro de mi nariz. No circulaba el aire y el agujero del balcón había sido completamente cubierto por el balcón de arriba. No entraba luz alguna. Éramos yo y mi terror a dormir y no despertar nunca. En los últimos tiempos había estado tan concentrado en mis progresos que no había percibido cómo la disminución del techo se había acelerado. Por fortuna, el agotamiento de mis piernas impedía que me vinieran ganas de correr o de estirarme. En ese instante realmente lo único que quería era estar acostado, en silencio y en la oscuridad. Así estaba, pero mi piel revelaba una cierta inquietud. Una especie de claustrofobia encubierta. Mi corazón latía veloz y quise imaginar que sería la fatiga. No era la fatiga, no, era el miedo. Un terror muy grande.

Comencé a hacer ejercicios de relajación. Respiración profunda. Debía calmar mis instintos, porque la hora del vuelo definitivo estaba cerca y no podía permitirme cansancios excesivos. Así, pensando, cerré los ojos. Relajé los párpados. Distendí los músculos. Aflojé las tensiones. Me quedé dormido.

Desperté porque una mosca me hacía cosquillas en la frente. Tuve la lógica reacción de espantarla, pero al mover la mano me golpeé fuertemente. Traté de espabilarme y, aunque no veía nada, sentía la presencia del techo, casi su respiración encima de mi cara. Palpé con las manos y bastó poco más de una cuarta para llegar arriba. Era el fin. Con mucho trabajo intenté voltear el cuerpo. Mis hombros chocaban y experimenté el pánico. No era posible que después de tanta fatiga me tocara morir aplastado. Morir como si no pasara nada, como si no me hubiera dado cuenta. Volví a respirar tratando de calmarme y me reduje al máximo. Encogí los hombros con gran esfuerzo hasta que logré ponerme boca abajo. Me arrastré a ciegas. No podía detenerme un solo segundo. Debía llegar a la azotea. Afuera tampoco se veía nada. Toqué la pared y descubrí que estaba frente al apartamento de al lado. Casi sin aliento grité.

—¡Señora!, ¡Señora! Es el fin, el techo llegará al fondo…

Del lado de allá se percibía un murmullo. Mi vecina estaba rezando.

—¡Señora! ¿No quiere volar conmigo? ¿No quiere salvarse?

Ella detuvo sus rezos y se aclaró la garganta.

—¿Volar? Tú está loco, mijo, los únicos que vuelan son los ángeles… o los maricones…

Volvió a sus rezos y tuve ganas de reír, pero no podía perder tiempo. Apoyando los codos, comencé el ascenso. Las gotas de sudor resbalaban por mis brazos. La cabeza a veces tropezaba con el techo y sentía un retumbar enorme. Primero se apoyan las manos, y luego se impulsa el cuerpo. Contaba los escalones uno a uno, resollando. Era la primera vez que la escalera resultaba tan larga, pero también sería la última. Luego venía la azotea y luego el cielo. Yo trataba de pensar y concentrarme. Intentaba mantenerme sereno aunque el pánico me gobernaba. Una mezcla de agobio y ansiedad. Y era precisamente eso: un agobio. Un escalonado túnel oscuro por donde debía transportarme como un reptil. Sonreí. Soy un reptil que se convertirá en mariposa.

Cuando llegué arriba, vi la luz que se colaba por la rendija y sentí un gran alivio. Apresuré mis movimientos, aunque los brazos me dolían. No quise mirar para no desesperarme. Empujé y empujé. Casi sin aliento empujé y conseguí sacar la cabeza. El golpe de aire estremeció mi cara. Un último empujón, y mi cuerpo salió de la penumbra. Me volteé y pude ver el cielo. Sentí el viento que secaba mi sudor. Extendí las manos. Tomé aliento unos minutos y le sonreí al cielo, a este nuestro gran techo colectivo.

Luego de relajarme un poco, me levanté. No podía perder tiempo. Tragué en seco, cerré los ojos y me subí en la baranda. En realidad yo ya no estaba en la azotea. Bastaba un salto para alcanzar la calle, y eso me dio gracia. Alcé las manos y, parándome en puntas de pie, me hice ligero. Batí los brazos. Me volví ingrávido. Levanté, levanté, levanté. Abrí los ojos y ya estaba volando. Abajo quedaba el edificio. Quedaban mi vecina y su santo aplastado, el parque y los ecologistas. Yo escapaba. Sobrevolaba la ciudad y era como si siempre hubiera sido así. Como si nunca hubiera existido el techo. Como si los otros siempre hubieran tenido la razón. Como si no tuviera sentido preocuparse. Estaba a salvo hasta que me golpeé la cabeza y caí. El golpe me aturdió un poco y al principio no quise entender. Me incorporé mirando para arriba y casi involuntariamente sonreí. Rascándome la cabeza comencé a silbar, como si no pasara nada. En realidad acababa de notarlo. Eché a reír a carcajadas. El cielo había cambiado de posición: disminuía.

ABEL FERNÁNDEZ-LARREA

UN DÍA EN LA VIDA DE DANIEL HOROWITZ[*]

Daniel Horowitz se levantó deprimido. No quiso ir a trabajar, pues no tenía el ánimo como para acuñar actas de defunción; algo muy natural cuando te pasas la vida viendo la muerte en papeles. Pensó en quedarse tumbado todo el día, pero estaba tan desolado que el cielo raso de su habitación se le antojaba un metro más bajo que lo habitual, y los manchones de humedad le dolían en las órbitas de los ojos. Era como despertar de un coma profundo y ver que el mundo se ha acabado sin que tú estuvieras allí para verlo. Digo, si al menos lo ves, tiene el encanto del acto final de una tragicomedia, cuando todo cae en ridículos estertores. No puedes sino levantarte y aplaudir emocionado. Pero Daniel Horowitz no tenía fuerzas para el aplauso. Las manos se repelían, como si tuvieran el mismo polo de un imán. Así que decidió ir al médico, a que lo vacunaran contra la tristeza o algo, y así de paso garantizaba el certificado que le justificara su ausencia a la oficina. Llamó al despacho para anunciar su enfermedad, y tras dudar unos segundos, marcó el teléfono de la clínica donde solían tratar a sus compañeros, cada vez que el estrés de una labor como la suya se cargaba una víctima. En la clínica le dijeron que había un turno libre en la mañana, pues otro paciente había cancelado su cita. Era un golpe de suerte que Daniel Horowitz no podía desaprovechar, uno que casi valía sentirse deprimido. Se vistió rápidamente, puso su mejor cara de tristeza y salió a la calle.

Llegó temprano a la clínica, que estaba en un suburbio —pongamos que por Wittenau, cerca del bosque. La cita era para las diez de la mañana, y aún

---

[*] Texto perteneciente al libro *Berlineses*, (Ediciones Matanzas, 2013; Casa Vacía, 2016).

le quedaban veinte minutos antes de que lo llamaran, de modo que Daniel Horowitz decidió dar un paseo por los alrededores antes de presentarse en el recibidor. Los transeúntes que a esa hora pasaban por allí —realmente muy pocos, mayormente ancianos o algún que otro merodeador— reflejaban expresiones de hastío y sombras grises de una vida penosa. Una vida sin sazón, como esas falsas salchichas de Frankfurt que venden los chinos, y que más bien saben a plastilina con colorantes. Ver caras así no ayudaba mucho, la verdad, a levantar el ánimo. Era mejor llegarse a un bosquecillo cercano y deleitarse un poco con el canto de los pájaros y la brisa que hacía bailar las hojas de los árboles. Y esto fue lo que hizo nuestro pobre Daniel Horowitz que, si bien se hallaba deprimido, siempre había tenido mucha intuición para evitar ambientes malsanos. ¿Que trabajaba en una oficina estatal, poniendo cuños sobre los restos mortales de la gente? Qué se le va a hacer; la vida puede ser muy cruel a veces.

Y en el bosquecillo de veras que se respiraba paz. El aire era el del final del estío, aún tibio, pero con algo de fresco. Casi que se podía curar el desconsuelo apenas con una hora diaria de paseo por este lugar. Pero nuestro Daniel Horowitz estaba profundamente deprimido, realmente mustio, no como una simple majadería. Hay que decirlo: de cualquier modo, por más que su vida fuera ese sentarse en una estación a ver pasar los trenes a lo que la modernidad por tiempos nos obliga, la verdad es que aunque frunciera el ceño y escudriñara su memoria no podía entender a santo de qué venía esta pasión del ánimo. Ni que fuera lunes —o domingo, que es peor porque te anuncia desde muy temprano lo que viene al día siguiente, y lo que acabó la noche anterior. Daniel Horowitz no tenía a nadie en el mundo; nadie con quién consolarse, pero tampoco nadie de quién preocuparse. Vivía modestamente en un apartamento, solo. Tenía un trabajo, monótono, pero sin presiones. No ganaba bien, pero tampoco mal y, digámoslo de una vez, Berlín es uno de los pocos lugares en los que, en el día de hoy, se puede ganar poco y aún llevar una vida con cierto decoro. Peor sería vivir en Varsovia, en Bratislava o —aún peor— en Bucarest. ¿Que no es una isla griega? Ni falta que le hace.

Pero, como para andar cabizbajo no hacen falta demasiados justificantes, nuestro pobre Daniel Horowitz andaba con el alma en los bolsillos, como si se le hubiera muerto el perro. Que, de paso, perro no tenía. Que bien están las cosas para que uno meta en casa a un cuadrúpedo desconocido, lo enseñe a no mearse en la alfombra, a levantar la pata y a buscar el periódico y, cuando uno está a punto de cogerle cariño, así, de rampamplás, el muy animal agarre una de esas enfermedades perrunas e incurables y se nos vaya al cielo o a donde sea que se van los perros. Que para eso Daniel Horowitz ya no tenía ni abuelita.

Y en esto nuestro amigo se da cuenta de que ya casi es hora, y como no está bien llegar tarde a los encuentros —y mucho menos si los paga el despacho— se encaminó de vuelta hacia la clínica.

El recibidor era de estos, modernos, con muebles confortables y un fajo de revistas sobre la mesilla. La recepcionista, una chica morena de unos veinte años que no estaba nada mal, hablaba plácidamente por teléfono cuando Daniel Horowitz se apareció en la sala. Educadamente, eso sí, la chica le dijo que esperara unos minutos, que la doctora enseguida lo atendía. Así que nuestro correcto Daniel Horowitz se sentó a esperar y agarró una revista para matar el tiempo. La revista era de estas de chismes de la corte holandesa —que siempre es más entretenida, ya se ve, que la de Dinamarca—, y Daniel Horowitz se nos puso a leer sobre la vida privada de la princesa Mascual, de su romance con Fulano de Tal, de su escapada al balneario de Daigual y todas esas liviandades. Qué felicidad —pensaríamos, como ingenuos irreductibles que somos— vivir un cuento de hadas con su pizca de pasiones y prejuicios, pero ante todo sonriéndoles en todo momento a las cámaras. Daniel Horowitz pasó las páginas en las que desfilaban la alcurnia en bikini y los famosos en traje de noche. Todo era color de rosa, pura golosina para la mente ociosa, como la cabañita de la bruja de Hänsel y Gretel. Y es curioso que, llegados a este punto, recordemos el famoso cuento de los niños perdidos en el bosque. En una página casi imperceptible de la revista, de repente nuestro Daniel Horowitz se tropezó con un artículo sobre un tal Hans Feuerbach, antiguo coronel de la Stasi, ahora devenido accionista mayoritario de una empresa petrolera con instalaciones en el Mar del Norte. Nuestro amigo estaba a punto de empezar a leer el artículo cuando la chica de la recepción le avisó que la doctora ya lo esperaba.

El despacho por dentro era tan moderno como la recepción, pero aquí y allá lucía el aire antiguo de los discípulos del doctor Freud. Varios diplomas enmarcados en madera fina, el diván de rigor de terciopelo verde y el buró de estilo entre racionalista y decimonónico daban un toque de distinción añeja a lo que en general podría tomarse por una oficina en una fábrica de electrodomésticos. Pero, ¿qué más da? Era sencillamente un despacho y no un lugar donde se va a pasar las vacaciones.

El caso es que, después de media hora en que nuestro querido y triste Daniel Horowitz estuvo tumbado en el diván contando su biografía —de la que poco sabemos, porque no hay demasiado que saber— la doctora —una mujer madura con gafas, como suele ser en estos casos, y cuyo rostro fue borrándose para nuestro amigo en la medida en la que el día iba avanzando— se acercó a ese su buró intemporal y trazó varias líneas en un formulario. Luego llenó para el paciente unas recetas, le dijo que llevara una sola cada vez, que debía tomarse una píldora diaria, y le recomendó dirigirse a una farmacia cercana.

Aquí es donde la cosa comienza a retorcerse —no aún, apenas va comenzando—, pues la farmacia cercana quedaba justamente en la otra cuadra, y al llegar, Daniel Horowitz tuvo la impresión de que ya era esperado. Lo atendió una chica de mediana edad —es decir, joven, pero con algo de vida a sus espaldas— de pelo castaño y gruesos anteojos de montura negra, que al recibir la receta se quedó mirando como si no comprendiera. Entonces llamó a otra mujer, que parecía ser la dueña del local —una señora sobre lo gruesa y ya entrada en años—, quien al ver las recetas le sonrió a nuestro amigo y le dijo a la otra que le despachara lo que pedía. Entonces la chica se volvió hacia el estante, sacó de una caja una tira que contenía apenas dos píldoras, y se la ofreció al cliente por solo seis euros. Luego, en un acto fuera de programa, también le ofreció un trozo de papel con su nombre y un número de teléfono. Y para terminar, de paso, una sonrisa. Su nombre era Nadja, el número era el de un móvil y la sonrisa era tan genuina que Daniel Horowitz no pudo evitar responderle con otra.

Nuestro estimado abandonó la farmacia con algo parecido a un arcoíris al final del viaje —o un momento de calma que precede al temporal, eso nunca se sabe y por ahora… dejémoslo así—, y se dispuso diligente a buscar una cafetería o algún sitio en el que poder adquirir una gaseosa para bajar la píldora por la garganta. Encontró una cantina justo en la estación del tren. En lugar de gaseosa compró una botella de agua natural, pues ignoraba si el edulcorante podía reaccionar con el fármaco, y de un tirón se tragó la píldora casi del tamaño de una moneda de diez céntimos, verde y un poco amarga. Y, como quien no quiere la cosa, se sentó en el andén a esperar el efecto y el tren de regreso a su hábitat cotidiano. El tren tardó apenas un par de minutos. Daniel Horowitz se sentó en un puesto de espaldas al porvenir, justo enfrente de una pareja de ancianos con pinta de venir del campo.

Llegados a este punto, se hace necesario consignar algunos datos de nuestro amigo. Había nacido en Berlín —donde había transcurrido toda su vida— a mediados de los años setenta, hijo de padres trabajadores y honrados, aunque con cierta propensión a la disidencia. Hay que aclarar que el Berlín en que nuestro Daniel Horowitz había nacido era el del lado gris del muro, no el de las postales con fuegos de artificio. También que sus abuelos habían sobrevivido a duras penas el Holocausto, pero en lugar de emigrar como hizo la mayoría de los judíos alemanes, habían permanecido en suelo patrio con el afán de construir un mundo mejor, sin pogromos ni listas de enemigos del estado. Pero como —ya se sabe— ese mundo aún no se ha construido, y con sus supuestos materiales solo se han edificado murallas de contención, edificios mustios y una versión diferente del mismo odio, los padres de nuestro amigo habían acabado en las mismas listas negras que sus padres habían luchado por borrar. Y, así las cosas, nuestro Daniel Horowitz había pasado su infancia casi huérfano, y con el terror perenne de que algún día vinieran a llevárselo a él también hombres de rostro impune y cazadoras marrón.

❧

El tren paró en la estación de Alexanderplatz. Daniel Horowitz descendió del vagón, sin mucho ánimo, con la botella de agua aún en la mano. Se dio un trago antes de tirarla en el primer cesto, y aquí casi que se le revierten las entrañas: el agua le supo a hiel, como si estuviese putrefacta, y eso que era agua de la mejor, de algún manantial suizo, de la que usan para diluir el magnífico chocolate en las montañas. Nuestro amigo miró la fecha de caducidad, porque en esos puestos de las afueras nunca se sabe, pero el año impreso era de un momento improbable y bien sumergido en el futuro. Se dio otro trago, para comprobar si era tan solo el efecto de haber recién bajado del tren —y la inercia, es sabido, nos juega malas pasadas que hay que ver—, pero lo mismo. El agua, esa sustancia mundialmente declarada insípida, incolora e inodora, tenía gusto a pantano con batracios y juncos, y se podría decir que olía a lo mismo; aunque, eso sí, se mantenía tan prístina y transparente como en los manuales. Daniel Horowitz pensó en volver atrás, en protestarle a la infeliz que le había vendido esta botella de líquido pantanoso, pero el tren ya se alejaba de regreso a Wittenau y, por otra parte, tampoco valía la pena.

Por otra parte, nuestro Daniel Horowitz no sentía el menor deseo de quejarse, pero no por escasez de ánimo. Se había bajado del tren tarareando una canción, una vieja canción que le había enseñado la abuela, y que él mismo de niño solía tocar en la triola. El día era agradable, con una temperatura de abrazo, de salita confortable con estufa. El sol lucía para todos en un gracioso gesto involuntario. Alexanderplatz estaba llena de gente, gente de todo tipo, de todos los colores y todas las procedencias, como suele ser de un tiempo a esta parte. Daniel Horowitz veía sus caras cansinas, desoladas, sus caras de horror, de cuadro del Bosco; pero nada de eso le importaba. Para él, todas esas caras —que lo miraban con extrañeza, casi con envidia— formaban un concierto de flauta dulce un poco barroco pero *allegro*. Se sentó en una mesita que había a la entrada de un café, decidido a tomarse el día de la mejor manera, y al llegar la camarera pidió un café con crema y un vaso de agua —¡agua! ¡como si no hubiera tenido suficiente! La camarera se marchó con el pedido, dejando a Daniel Horowitz estirando los brazos y contemplando la calle como se ve un desfile. La gente, como extras de una película de terror, exhibía la cruda realidad de sus vidas vacías a flor de rostro, como si de sus entrañas un estertor inevitable hiciera erupción por los poros de la piel. Nunca antes nuestro amigo se había percatado del espectáculo siniestro y desolado que resultan los transeúntes, yendo y viniendo de un lado a otro entre edificios que amilanan y destierran. Y nunca, sin embargo, un espectáculo tal le había resultado tan, digamos, indiferente. Era como mirar a la tristeza más profunda a los ojos y decirle «Sí, pero... y qué. De nada me vale que pongas esa cara mendicante. No te la compro». El día, por su parte, era de una dulzura claramente en pugna con la procesión de muertos vivientes que a esa hora pululaba por las calles. El cielo era de un azul de fotografías, y el tiempo transcurría plácidamente, como un latido regular que marca alegre el paso de la vida.

De repente, un olor a tabaco despertó a nuestro amigo de su contemplación. Él nunca había fumado, pero siempre le había resultado agradable el aroma un poco dulzón, un poco picante de ciertos cigarros. Dejó que su nariz lo guiara y descubrió el origen del humo en un vecino sentado a su derecha, en otra mesa. El hombre, rubio, casi calvo, sobre los cincuenta y bien vestido, con chaqueta y pantalón grises, se hallaba en un estado de contemplación muy distinto al del bueno de Daniel Horowitz: con cierta dejadez leía un diario abierto de par en par, que le cubría casi toda la cara y hasta la altura del pecho. Como se ha dicho, Daniel Horowitz nunca había fumado —quizá un cigarro o dos en el baño del colegio—, pero de repente se le antojó pedirle uno prestado a este desconocido. Nadie sabría nunca, nadie tenía por qué enterarse. Así que hizo lo que el cuerpo de repente le pedía: se volvió hacia su vecino y, muy educadamente, le pidió por favor, si no era mucha molestia, un cigarrito. El hombre lo miró de arriba abajo y, tras cerciorarse de que Daniel Horowitz no era un mendigo de estos insoportables, aunque con cierta reticencia, le ofreció una caja de cartón azul y dorada, con la tapa a medio abrir. Nuestro amigo tomó uno de los cigarros que asomaban y, al recordar que —¡no fumaba!— no llevaba fósforos, le pidió lumbre a su vecino. El otro no tenía cara de buenos amigos, y miraba a Daniel Horowitz con cierto recelo, pero le acercó un mechero plateado de esos que se abren de un golpe de elegancia, y encendió el cigarro que nuestro buen Daniel Horowitz tenía ubicado —con cierta torpeza— entre los labios.

El humo le recorrió la garganta y le llenó los pulmones. Pero antes, al pasar por la boca, le dejó un gusto raro que nada tenía que ver con el recuerdo de la adolescencia. Miró a su vecino, que aún no había vuelto a su introspección, quizá esperando algún tipo de desenlace social —a pesar de que nuestro Daniel Horowitz le había agradecido cortésmente por el cigarro. El hombre esbozó una sonrisa ante la mirada de Daniel Horowitz. Más que eso, pronunció sus primeras palabras: «Son un poco fuertes, sí», o algo por el estilo. «Comprados en Turquía», dijo. A Daniel Horowitz no le importaba que hubieran sido comprados en Turquía o en Paquistán. No era precisamente que le resultara fuerte el humo del cigarro. Era fuerte, eso estaba claro, pero había algo más, algo como el sabor de juncos calcinados. Y este pensamiento lo llevó de vuelta al pantano y a las ranas. Siguió fumando, a ver si al fin se acostumbraba y lograba desentrañar el misterio que parecía afectar su paladar. Nuestro amigo —no se ha dicho, pero... aquí está— se vanagloriaba de tener un paladar bastante fino, al menos lo suficiente como para diferenciar una sopa de col de un periódico mojado. Y, así y todo, era demasiado que el agua le supiera a estanque y el humo de un cigarro lo llevara hasta un juncal en llamas. Había algo que no estaba bien en todo aquello. No era que llegara a molestarle —había descubierto, casi de soslayo, que el día era demasiado hermoso para nublarlo con majaderías—, pero su vaga intuición de oficinista había comenzado a inquietarse con la segunda experiencia gustativa del día. Solo faltaba ver qué pasaría con el café, y justo en ese momento apareció la camarera con una taza humeante y un vaso de agua. Los depositó sobre la mesa, con cierto candor, y desapareció en el interior del local. La taza era del mismo color de la crema que cubría el líquido oscuro, así que la impresión que provocaba era el de un copo de nieve en primavera, cuando el agua cristalizada comienza a evaporarse. Daniel Horowitz así lo notó, y esto le produjo una sensación un poco ajena. Presto a no dejarse influir por la imagen, vertió una cucharada generosa de azúcar en el recipiente, y revolvió el líquido hasta lograr un tono marrón claro. Acto seguido, nuestro amigo dio un sorbo a la mezcla, y se le ocurrió combinarlo con una bocanada del cigarro. El resultado fue nefasto. No era, digamos, del todo desagradable, pero equivalía a esas inevitables mordidas que en la infancia más tierna se le da a la tierra del jardín, como explorando el panorama. Daniel Horowitz frunció el ceño. El cuerpo lo engañaba. Se había levantado en la mañana sintiendo que el techo se le abalanzaba encima, que el aire le dolía en los pulmones; luego había logrado trascender ese estado, y verdaderamente se sentía muy bien, libre y casi feliz —habría sido el paseo, o quizá...—. Nuestro Daniel Horowitz se acordó de la píldora.

¡Claro! Todo tenía que ver con eso. La píldora había logrado ajustarle el humor, pero colateralmente, como venganza, le había estropeado el paladar. Daniel Horowitz palpó el bolsillo de su chaqueta, donde aún guardaba la otra píldora, la del día siguiente, la del día después. Y, junto a la píldora, también encontró el trozo de papel con un número telefónico. ¡La chica de la farmacia! Daniel Horowitz miró a su alrededor, por si veía alguna cabina pública desocupada. Descubrió una muy cerca del café donde se hallaba sentado, y estuvo a punto de levantarse y correr a llamar. Pero se contuvo. No había necesidad de precipitarse. La chica, Nadja, le había dado su número, es verdad, de modo espontáneo, pero era mejor esperar un poco, guardar las apariencias. Nuestro Daniel Horowitz volvió al café con crema, el cigarro aún entre los dedos. Miró a su vecino, quien a su vez, como al descuido, lo miraba de reojo.

—¡Hay que ver! —dijo aquel, en un exabrupto poco natural—. ¡Esta gente sigue haciendo de las suyas impunemente!

Aquí el vecino se volteó francamente hacia Daniel Horowitz, quien, por otro lado, era su único interlocutor posible. Nuestro amigo lo observó con curiosidad, esperando la continuación de lo que parecía ser un inicio de diálogo. El otro se limitó a mostrarle el diario, en cuyas páginas centrales exhibía un largo artículo de corte económico —según el titular—. Junto al artículo, la misma foto que Daniel Horowitz había visto en la mañana, en la clínica: la del coronel retirado de la Stasi, Hans Feuerbach. Nuestro amigo dio un respingo. Era demasiada coincidencia, ¡dos veces en el mismo día! Trató de ocultar su turbación y volvió a combinar un trago de café con una bocanada de humo. El mismo sabor a lodo le cubrió el paladar, y esta vez le llegó hasta la boca del estómago. Sintió un poco de náuseas, pero en lugar de rechazar lo que le provocaba esa sensación continuó fumando, con una disciplina que le resultaba totalmente inusual. Entonces notó algo así como cierta conformidad que iba más allá de la simple aceptación. Los sabores que experimentaba, aunque ciertamente desagradables, le resultaban de algún modo —un tanto inverosímil— deseables, como si de pronto fuera capaz de hallar placer en lo eminentemente molesto. Este nuevo descubrimiento le provocó risa, y se imaginó a sí mismo acudiendo a esos cuchitriles donde la gente paga por ser azotados por mujeres aburridas en trajes de látex. Demasiado pronto había olvidado a Hans Feuerbach, cuya foto acababa de ver por segunda vez en el día. Volvió a palpar la píldora en su bolsillo. Era, sin dudas, una cura de espanto, que le trastornaba el cuerpo con el fin de mostrarle que lo terrible puede ser encarado hasta con regocijo. Una idea salvaje surcó su mente: si ese era el resultado de una sola píldora, ¿qué sucedería si tomaba dos? La doctora le había advertido que solo tomara una por día, pero los especialistas siempre tratan de que uno no abuse de los medicamentos, y a la larga, a Daniel Horowitz no le daba la impresión de hallarse cerca de una sobredosis. Con cierto disimulo, como quien sabe que hace algo indebido, nuestro amigo sacó la píldora —casi una moneda de diez céntimos— del bolsillo y se la metió en la boca de un tirón. Esta vez apuró el resto del café para tragar la moneda de diez céntimos, y siguió fumando tan campante, mirando a su vecino que no se había dado por enterado de su último movimiento.

De repente se sintió algo incómodo. Le pareció que ya había estado bastante tiempo sentado a la mesita, y que lo mejor que hacía era cambiar de ambiente. Incluso lo invadió el temor de ser visto por algún conocido, y que le cuestionaran su ausencia a la oficina cuando evidentemente se hallaba a la perfección. No era que le importara demasiado, pero no tenía ganas de confrontar a ninguno de sus habituales, así que se levantó de un brinco, bebió el agua —hasta el momento intacta— del vaso de un tirón, dejó sobre la mesa el precio del café —y un poco más—, saludó a su vecino con una reverencia un tanto ridícula que el otro no advirtió y se marchó en dirección al oeste, alejándose de la plaza.

En verdad la píldora era una maravilla. Quien hubiera estado en los huesos de nuestro Daniel Horowitz en la mañana hubiera encontrado verdaderamente increíble que en el lapso de unas horas pudiese manifestarse tal cambio de humor. Sí, por la mañana él bien hubiera podido ser una de esas almas muertas que arrastraban su sombra por Unter den Linden —donde ahora se encontraba—, como si el airecillo bajo los tilos no tuviera esa virtud terapéutica de convertir en frugal cualquier pesadumbre. Él, Daniel Horowitz, había sido un perfecto desdichado aquella mañana. Más aún: lo había sido toda su vida. Ahora comprendía que su existencia anterior solo podía provocar arrugas en el alma; arrugas, por otra parte, enteramente dispensables pues, como ahora veía, el mundo era en verdad un sitio hermoso, al que la sociedad se empeñaba en sojuzgar y convertir a su propia mezquindad. Así había sido su vida hasta esta mañana, hasta un minuto antes de tragarse la píldora. Y ahora, «ecce homo», era un ser totalmente distinto. No era que de repente habitara un palacio de rosas como en las revistas de chismes de la corte holandesa. Muy por el contrario, era consciente de lo turbulento y a la vez mediocre, de lo terriblemente ridículo y grosero de la existencia humana. Veía ese pesar, esa fealdad a cada paso, pero se sentía libre de ella, como invulnerable, como Sigfrido bañado en la sangre del dragón. Se sentía, es menester *advertirlo, casi heroico, un ser mitológico avanzando sin ser advertido por las calles de la ciudad.* Decidió que su paseo entonces no podía seguir un curso lineal, sino que debía por fuerza obedecer al capricho, y dobló a la derecha en la primera esquina de su antojo.

Y he aquí que halló otra farmacia. Era demasiada coincidencia. En el curso natural de su vida no se había percatado de lo habituales que pueden ser las farmacias en el paisaje urbano. Como ni siquiera se resfriaba a menudo, las farmacias eran tan solo sitios casuales, que existen solo y cuando se tiene necesidad de ellos, y el resto del tiempo estaban relegadas a una mera existencia potencial, esperando el momento de volverse imprescindibles. Pero ahora tenía una justo enfrente, y no era el caso que la necesitara, al menos con urgencia. Entonces Daniel Horowitz pensó que, si su trayectoria mitológica y caprichosa había puesto una farmacia en su camino, esto tenía que significar algo. Y de hecho significaba. El camino del bosque, ya extraviadas las migas de pan, lucía en su fin una casa de golosinas, como no podía ser de otro modo. Palpó el bolsillo donde guardaba las recetas y pensó que, ya que estaba allí, lo mejor era avituallarse de nuevas píldoras para días sucesivos —pues aún estaba por ver la reacción del día ante las dos píldoras ingeridas. Entró a la farmacia con entusiasmo, y al cruzar la puerta de vidrio se percató de que su efusividad podía resultar sospechosa, así que la disfrazó lo mejor que pudo de pesadumbre y avanzó hacia el mostrador.

Pero —no podría decir si a causa de ese efecto descarnado del fármaco— los rostros de las dependientes no le parecieron tan acogedores como en su experiencia anterior. Ante sí solo veía autómatas fríos, que tomaron el papel de la receta con un gesto involuntario y que, luego, con terquedad negligente le informaron que había un error, que solo se despachaba una píldora por receta. ¿Quién se la había administrado?, ¿En qué clínica?, ¿Cuántas recetas le habían sido agenciadas y por cuánto tiempo? Daniel Horowitz se sintió en un interrogatorio. De pronto se vio presa del pánico, y se maldijo mil veces por hacer caso a un capricho. Lo único que quería era salir de allí, sano y salvo, y de ser posible con el orgullo intacto. Al final hizo uso de unas dotes desconocidas de actor —conocidas en verdad por todo aquel que se pasa la vida teniendo que mentir a los superiores—, dijo que se sentía mal, que no recordaba el nombre de la clínica y que le parecía bien si podían venderle al menos una de las píldoras, pues así constaba en la prescripción de su tratamiento. Solo había un problema: que las tiras llevaban obligatoriamente dos píldoras, por lo que no hacía nada con una sola receta. Que si, por casualidad, tenía la suerte de poseer otra receta de la misma índole entonces sí podría tener acceso al paquete entero. Daniel Horowitz se puso entonces realmente nervioso. Incapaz de advertir lo absurdo de tal designio, comenzó a balbucear alegando que solo llevaba una receta. No quería admitir bajo ningún concepto que era poseedor de otras como aquella, a riesgo de ser desmentido si alguien incurría en revisar el bolsillo de su chaqueta. Concedió, no obstante, que si le devolvían la que ahora estaba en manos de la dependienta podía volver luego, u otro día, con las dos necesarias. El rostro del autómata que tenía ante sí frunció el ceño, y sus ojos se entornaron con sospecha. No podían devolverle la receta: se trataba de un medicamento altamente peligroso y controlado. Qué se le iba a hacer.

Daniel Horowitz salió de la farmacia con el rabo entre las piernas. Pero también aliviado por alejarse de una vez de aquel sitio, por salir ileso, sin más pérdida que la del pequeño papel facultativo. Huyó como un perro al que le es arrojado un balde de agua helada, y trató de perder de vista lo más pronto posible el establecimiento. Iba tan embalado que ni siquiera había sentido el impulso de mirar atrás, y, cuando al fin lo hizo, su horror se multiplicó exponencialmente, pues de pronto vio que un hombre caminaba tras de sí en actitud sospechosa, y que al él detenerse, el otro hacía lo mismo, fingiendo hacer un alto junto a un quiosco para comprar un periódico. A Daniel Horowitz le dio otro brinco en el estómago. Aquel que evidentemente lo seguía, y que ahora se ocultaba tras las páginas del periódico recién comprado no era otro que su vecino del café, el del paquete de cigarros comprado en Turquía. No podía ser otro. Era el mismo traje gris, la misma actitud de cubrirse el rostro con el diario. Nuestro amigo, sobre todo por cierta curiosidad morbosa, estuvo a punto de virar atrás, de encarar a aquel individuo, pero entonces vio como a este se le acercaban otros dos, con las cabezas rapadas y las cazadoras marrón, que pretendían pedirle fuego y entablaban un remedo de conversación. Como alma que lleva el diablo, nuestro Daniel Horowitz reanudó la marcha. Lo hizo intentando mantener cierta ecuanimidad pedestre, pero apuró el paso a lo más que le permitían sus nervios. Cruzó la calle casi sin mirar y dobló en la otra esquina sin premeditar en qué dirección se encaminaría.

Pero cada vez que decidía mirar atrás allí estaban los de las cazadoras marrón. Ya era evidente, no podía tratarse de una casualidad. No cabía duda de que era seguido. Por la mente de nuestro Daniel Horowitz cruzaron recuerdos infantiles, de esos mismos hombres apostados a la puerta de su edificio, cuando él regresaba del colegio. Las mismas cazadoras de color de lodo, en cada esquina de su calle, bajando las escaleras de su portal, tocando a la puerta del apartamento en el que vivía con sus padres. Daniel Horowitz no sabía qué hacer. Se sentía aterrado e inválido, no se le ocurría de qué modo perder de vista a esos individuos —que se le antojaban ubicuos, infalibles. No quería ir a casa, pero tampoco estar expuesto en medio de la calle. Quizá si entraba en algún bar bien poblado… Pero no, no era una buena idea. El cerebro de Daniel Horowitz trabajaba rápidamente, demasiado. Las ideas se le atropellaban y no podía concentrarse. De repente se le ocurría una cosa, pero antes de que hubiera concretado todos los detalles se le ocurrían a la vez mil objeciones. Si entraba en un bar, los de las cazadoras marrón entrarían tras él, se ubicarían cerca de la puerta y luego a la hora de salir tendrían ostensible ventaja. También podría acudir a la policía… pero cómo, qué les iba a decir. Y la policía en un caso como este tampoco le ofrecía demasiada confianza. Seguramente los agentes se pondrían del lado de los perseguidores. Debía existir un lugar seguro, un lugar libre en la ciudad, pero ¿cuál? Decidió tomarse un segundo para calmarse. Sus perseguidores, respetando las reglas de la persecución, se detuvieron igual que él, y esto le dio un momento para pensar con más claridad. Entonces vio una cabina telefónica, como caída del cielo, vacía y reluciente en un rincón de la calle.

Marcó el número de Nadja. «¡Hola!». Ella esperaba su llamada, sabía que era él, no podía ser nadie más, a esa hora y desde un número público del centro. La voz de la chica inspiraba confianza, era una especie de barbitúrico que calmaba su exaltación. «¿Estás en problemas?». ¿Cómo podía saberlo? Pero ella parecía saberlo todo de antemano. Parecía haberlo sabido desde el justo instante en que Daniel Horowitz entró a la farmacia en Wittenau, a media mañana. Por otra parte, su voz reflejaba todo el terror que sentía en ese preciso momento, un terror que, al hablar con Nadja, se le antojaba ridículo, nimio y extremamente precario. Había algo en la voz de la chica que le infundía valor, seguridad, algo como un refugio de todo mal, como una protección. Entonces comprendió que tenía que verla. Su mente necesitaba esa caricia auditiva, y su cuerpo necesitaba apoyar la cabeza sobre el vientre tibio. Estaba a punto de decirlo, pero aquí ella también se adelantó. «En media hora salgo a almorzar», dijo, «puedo pedir el resto del día libre… si quieres». «Si quieres», había dicho. Sí, Daniel Horowitz quería, con todas sus fuerzas. Necesitaba a alguien en el mundo, alguien que le dijera que todo iría bien, una Gretel que asesinara a la bruja malvada mientras él engordaba en la jaula. En media hora… ¿dónde? Junto a la Columna de la Victoria, había dicho, en Tiergarten. En media hora ella salía a almorzar. Y el tren desde Wittenau hasta Tiergarten apenas demoraría unos diez, quince minutos aproximadamente. En total serían alrededor de cuarenta y cinco minutos de espera, cuarenta y cinco minutos en los que Daniel Horowitz debía mantener la calma, ocupar su mente en banalidades que lo eximieran del terror que hasta hacía unos instantes había experimentado. Los de las cazadoras marrón seguían en su puesto, desafiantes, impertérritos, dispuestos a esperar por siglos a que Daniel Horowitz saliera de la cabina y comenzara a andar de nuevo. Esto reconfortaba de algún modo a nuestro amigo: sus perseguidores se atenían a la simple persecución, y no tenían la menor intención de abordarle o prenderle. Se mantendrían así, a distancia, como una cola, como una sombra larga y marrón. Evidentemente sus órdenes —cualesquiera que estas hubieran sido, proporcionadas sin duda por el hombre del traje gris— se reducían a esto y nada más, sin importunar a nuestro Daniel Horowitz más que como importuna una goma de mascar que se ha quedado pegada a la suela del zapato.

Sin embargo, si iba a encontrarse con Nadja en Tiergarten era menester que se deshiciera de la goma de mascar. No estaba bien que comprometiera aún más a la chica llevando consigo tal compañía. Incluso ella podía convertirse, a su vez, en objeto de una persecución semejante, y si se descubría que había sido ella —aunque involuntariamente— quien le había proporcionado las píldoras, esto podía tener alguna repercusión nefasta para la pobre Nadja, quien, sin comerla ni beberla, tan solo por su gesto espontáneo de darle su teléfono se habría metido en un lío padre que no le correspondía. No, era estrictamente necesario que Daniel Horowitz perdiera a sus perseguidores, que los dejara tirados en alguna esquina, preguntándose cómo había logrado esfumarse. Pero la verdad es que no tenía idea de qué hacer para librarse de sus perseguidores, y si antes no se le había ocurrido, ahora menos. Sin embargo, al cruzar una calle encontró la respuesta ante sus ojos, al ver pasar el tranvía en dirección norte. Corrió hasta alcanzar el vagón y se enganchó al manubrio de la puerta trasera. Sus perseguidores corrieron tras él, pero no pudieron alcanzar el tranvía y al final se detuvieron para retomar el aliento, mientras, como en las películas, Daniel Horowitz les hacía pito catalán desde el escalón.

❧

Mientras andaba, con los ojos un tanto perdidos, por los pasillos de arbustos de Tiergarten, nuestro Daniel Horowitz pensaba en todos los sucesos del día. El tiempo, misteriosamente, había dado saltos sin explicación, y ya era casi esa hora de la tarde en que no demorará en caer la noche. El pulso le temblaba a nuestro amigo, el corazón le palpitaba fuertemente, y no solo por lo vertiginoso y enervante de los acontecimientos, sino también por su próximo encuentro con Nadja, la chica de cabellos castaños y anteojos gruesos de la farmacia en Wittenau. Debían faltar apenas unos minutos para que apareciera, detrás de

244

un muro de hojas verdes, con una sonrisa limpia como el agua de un manantial suizo. Daniel Horowitz avanzaba con prisa hacia la Columna de la Victoria, hacia el encuentro. En Tiergarten había poca gente, solo aquí y allí un par de enamorados, que probablemente habrían hecho novillos durante el día para pasear y esconderse de las miradas acusadoras de la sociedad. A nuestro amigo llamó especial atención una pareja de chicos, muy jóvenes, ambos con el pelo muy corto y cuyo sexo no podía definirse en la distancia. Se besaban con una pasión increíble, y ese abrazo irradiaba alegría y libertad. Daniel Horowitz comprendió, al acercarse, que debían de ser dos amigos que solo recientemente habían descubierto su mutua atracción, y que, ahora, entre los arbustos, en la penumbra de la tarde, se besaban —quizá por primera vez— desnudándose con los ojos y los gestos, alejados de la vista de la gente. Esto llamó la atención a nuestro Daniel Horowitz, porque en Berlín a nadie le preocupa que dos chicos del mismo sexo se besen en público —a no ser en los barrios de los turcos—, pero estos, si bien podían ser vistos, preferían cierta privacidad, como si en el fondo se sintieran algo culpables de su deseo. Pero las sombras comenzaban a caer, y a esa hora ya todo era posible.

De repente, un suceso en principio imperceptible violentó la calma que reinaba entre los pasadizos verdes. Era como esa reacción de los ciervos en el prado, cuando sienten que los depredadores se acercan. Levantan la cabeza súbitamente, y en seguida echan a correr. Daniel Horowitz miró atrás, los chicos huían entre los arbustos. Algo frío provocó una punzada en el costado de nuestro amigo, algo como hierro que ha pasado la noche a la intemperie. Entonces los vio, materializándose al fondo del corredor, en medio de una bruma marrón. Venían irritados, transformados, en una cámara lenta cargada de furia, como una avalancha que marchitaba las hojas a su paso, el monstruo que habitaba en sus entrañas expulsaba un vapor de odio que los despojaba de su forma humana. Daniel Horowitz solo vio dos sombras de fuego gélido que avanzaban sobre él, para extirpar su alma, para absorber de un tajo toda su humanidad; dos sombras que quemaban y helaban la sangre al unísono, dos sombras terribles dentro de cazadoras marrones.

Así que huyó, también en cámara lenta, como si los pies tuvieran demasiado plomo para avanzar sobre el suelo de grava. Corría sin poder dejar de mirar atrás, las sombras se habían apoderado de su vista, y ya no las podía perder. Por más que avanzara, ellos estaban más cerca, se hacían más grandes, más presentes, lo llenaban todo. Corría sin parar, casi sin aliento, por un corredor infinito surcado de arbustos que crecían y cubrían el cielo. No escuchaba más que el latido de esa furia, un clamor de guerra, de carne triturada. Con un esfuerzo sobrehumano logró enderezar la cabeza, y delante de

245

sí, al final del túnel, vio una luz, junto a la Columna de la Victoria. Nadja lo esperaba allí, con los brazos abiertos. Daniel Horowitz sacó fuerzas de donde no había y apuró sus pasos, ya sin mirar atrás. El corazón le dolía como si una garra de metal muy frío se lo estrujara e intentara sacarlo por la espalda. Corrió sin frenos, apretando los dientes, soportando el dolor, y al fin llegó a la luz. Abrazó a la chica con la cara cubierta en llanto, como si el encuentro fuera también el último adiós. Ella, al principio un tanto nerviosa por la violencia del cuerpo recién llegado, lo cubrió al fin con sus brazos. La luz lo llenó todo con un manto tibio, que poco a poco fue calmando el corazón de Daniel Horowitz, liberándolo de la garra, ahuyentando el frío.

Nuestro amigo miró atrás. Los pasadizos de hojas verdes estaban vacíos. Ninguna avalancha de fuego marrón existía ya, y al parecer jamás había existido. Exhausto, Daniel Horowitz cayó de rodillas junto a Nadja. La aferró con sus brazos exangües, y dejó caer su cabeza sobre el vientre de la chica.

﹩

«¿El señor desea algo más?», lo hizo volver en sí una voz. Levantó la cabeza. No era Nadja quien hablaba, sino la chica del café, con una mirada cortés no exenta de preocupación. Daniel Horowitz la vio a contraluz, pero su rostro era claro, como su delantal. Nuestro amigo miró en torno: el del traje gris seguía leyendo el diario, aunque ahora miraba curioso por encima de la cortina de papel. En la mesa el café con crema ya no humeaba, pero el cigarro aún ardía entre sus dedos, y las brasas apenas llegaban al anillo blanco que precede al corcho. Daniel Horowitz lo aplastó contra un cenicero de cristal ubicado en el centro de la mesita. Respiró hondo. El día seguía siendo azul y tibio. La chica hacía repiquetear la punta de su pequeño zapato contra el suelo, impaciente. «No», dijo nuestro amigo, «nada más. Gracias», y pagó la cuenta.

Se puso de pie palpándose el bolsillo. Ya no estaba allí la segunda píldora, pero quedaba el trozo de papel, el del teléfono. Recordó la cabina cercana y se encaminó a ella, aún un poco somnoliento pero decidido a despejarse y a cambiar su suerte. Esta vez no se volvió atrás, ni se despidió del vecino —su memoria se oponía a seguirlo mirando con simpatía—, y por eso no vio a los dos hombres de cabeza rapada y cazadoras marrón que llegaban al café desde la plaza.

246

Mabel Cuesta

EL APELLIDO[*]

Se paró detrás de mí. Al principio no dijo nada. Era solo una respiración, un vaho de nariz caliente y pelos de dudosa higiene. Lo sentí en mi nuca. Tengo una nuca que tiende a sentir las respiraciones de nariz caliente y pelos de dudosa higiene. Cuando mi nuca fue consciente de la presencia, le dio la orden a mis pies de que se tornaran suaves, despaciosos, no fuera nadie a notar la mezcla de asco con miedo que aquella calentura indeseada le había —a tan higiénica nuca— provocado.

Entonces vimos la nuca y yo que no estábamos equivocadas. La nariz estaba poblada no solo de pelos semiverdosos, sino también de espinillas negras y grasosas. Todo un espectáculo que mucha tinta habría hecho correr en el Ministerio de Salud Pública, si ellos (los del Ministerio) se dedicaran a lo realmente importante.

Mi nuca, más asqueada que segundos atrás, me ordenó decir «Hola» y eso dijo mi boca. Entonces, el señor a quien pertenecía la nariz no relevante para el Ministerio de Salud Pública, pero sí para mi nuca dijo: «Buenas». No nos sorprendimos. El equipo de «Hoy nos ducharemos mejor que nunca» que ya constituíamos mi nuca, mi boca y yo, de algún modo intuíamos que el saludo con el bisílabo «Hola» debía sonar al señor de nariz ardiente y séptica, cuanto menos, extranjerizante. «Hola» decían los españoles, los argentinos, los mexicanos y quizá los de otras islas hispanohablantes, pero por aquí éramos más de «Buenas». Porque sí. Para crear un estado general de bienestar que en algo compensara… bueno, todo lo demás.

---

[*] Texto escrito especialmente para esta antología.

El asunto es que ya puestos uno frente al otro, el señor (que así lo llamaba mi cabeza, mi boca sabía que de atreverse a pronunciar un vocativo debía de ser el irremediable «compañero») se animó a pasar la línea divisoria entre su «buenas» —garante de atmósfera positiva— y mi «hola» —salido quizá de alguna de esas series que el ICRT gustaba en poner; esas que venían de España o de Estados Unidos dobladas en España que no eran lo mismo, pero que igual desembocaban en mi «hola» de otra parte.

El señor/compañero pasó la línea y lo sintieron ya no mi nuca, mi boca o mi cabeza que lo llamaba de cualquier modo (un modo de hotel para turistas) sino mi tronco, ese que desde siempre ha tenido su comité central en mi tamborilero estómago. Todo redoblaba por allí.

Pasó la línea y en ese instante supe que las historias de Yaliza, de Emilio, de Blanca, de Estela, de Rogelio, de Elsa, no eran (tal y como creí alguna vez) pura paranoia de jóvenes y embebidos lectores de Orwell y Kundera. No. Mi hora había llegado. Aquellas fotos en las que Yaliza me aseguró que yo aparecía, eran ciertas. Nos habían estado siguiendo los pasos. En cada recital de poesía de Blanca. Cada concierto de Rogelio. Cada exposición de Emilio. Allí estaban y con ellos sus cámaras de buscar rostros. Sus narices pobladas de mocos y pelos duros. Sus camisas Yumurí con el bolígrafo sin tinta colgado como solapín identificador de «secretas» fraternidades al servicio de… bueno, «sabrá Dios, una no sabe nunca nada».

Imaginé los dedos con uñas mugrientas que apretaron el obturador, quizá los mismos que escribieron el reporte. Ese reporte que ahora podía imaginar sin haberlo leído: «la muchacha de la nuca protuberante y destacadamente limpia se ríe mientras toma té en la misma mesa en donde la poeta famélica lee versos, el pintorcillo de imposibles trazos habla de la paleta de Vermeer y el trovador arrogante les muestra su última colección de ripios disonantes y acordes mal puestos». Era cierto. Lo había contado Yaliza antes y ahora ya estaba aquí. Nariz mugrienta acababa de confirmarlo.

Sin embargo, todavía tuve unos segundos para un mitin relámpago en el que mi cabeza ordenó a mi damnificada nuca, mis despaciosos pies (ya listos a la violencia de una carrera liberadora hacia cualquier parte) y mi tamborilero estómago, que se detuvieran y autopreguntaran: ¿qué han hecho ustedes en realidad? A ver tú, nuca, ¿te restregaste contra un preso político, te moviste negativamente en una reunión cualquiera de la UJC, la FMC, la FEU o los CDR? Y tú, estómago: ¿ingeriste acaso aquella bebida que bien sabías que el padre de tu amiga robó a los extranjeros, casi con su permiso, mientras les servía delicias prohibidas en algún salón reservado solo para ellos en laplayamáslindadelmundo? Y finalmente tú, boquita de hablar ligero, ¿dijiste su nombre para maldecirlo, lo acusaste de algo, lo calificaste de dic-ta-dor?

No. No. No.

Desesperados, los asistentes de mi silente mas urgente reunión, coincidían en negar.

A qué entonces aquel exceso de miedo. Aquella certeza de que nariz mugrienta venía a por mí. Que mis días de joven que toma té con diletantes artistas de provincia, creyéndose ella misma uno de ellos, habían terminado.

Decidí poner fin al festival del temblor que segundos atrás hubiera iniciado.

Respiré hondo con mi delicada y aséptica nariz rosa.

Entonces todo se vino cuesta abajo cuando decidí continuar el diálogo, superior y poseída de mi inocencia:

—¿Qué tal? —dije—. ¿Usted busca a alguien?

Continué con el interrogatorio de quien apenas está parada en la puerta de la Casa de la Trova de su ciudad natal y conoce allí a todo el mundo y todo el mundo la conoce y este señor/compañero que dice «buenas» puede estar solo tratando de que yo (buenamente) le indique el camino al baño, la hora de inicio del concierto o, mejor aún, ha confundido esta casa con la de los vecinos que venden, ilegalmente, puré de tomates maduros dos puertas hacia la derecha. Pregunté y volví a preguntar desde el aliento necesario que da el saberse cumpliendo el guión de una rutina necesaria cuando tienes veinte años y unas lecturas inadecuadas, pero urgentes, y el amparo de la ignorancia como sombrilla:

—¿Puedo ayudarlo en algo?

Así fue que finalmente regresé a ese lugar en donde las historias de Yaliza, de Emilio, de Blanca, de Estela, de Rogelio y de Elsa, se convirtieron en mi historia. Así fue que con otro bisílabo supe que Foucault y Kundera no mentían. Vigilar y Castigar podían tener la forma exacta de ese bisílabo. Aquel asignado por mi padre en la hora de mi nacimiento en olvidada isla.

Nariz mugrienta dijo:

—No, compañera Pé-rez. Solo le advierto que mantenga su nuca limpia, no vayan a manchársela esos que usted llama amigos.

IDALIA MOREJÓN ARNAIZ

NUEVA ARQUITECTURA CON FILOSOFIA (IN)SEGURA*

Todo el mundo tiene un lugar bajo el cielo: el traidor, el opresor, el asesino —¡pero el esteta no! Él no cuenta. Está excluido de los elementos, es la nada.

Marina Tsvietáieva, *Locuciones de la Sibila*

Dice que investiga la arquitectura habanera de los años cincuenta. No sale de los chalés de Miramar, mucho menos de las propiedades horizontales del Vedado.

—Prefiero los *penthouses* con piscina —afirma con una sonrisa irónica, y cuando sus anfitriones lanzan la carcajada cómplice, regresa al tono doctoral, mueve los índices como si fueran comillas—: El *penthouse* es la más elevada expresión de un estilo de vida de alta productividad en la creación de dinámicas sociales... Cuanto más tiempo pueda pasar estudiando esta joyita, más pronto terminaré mi tesis. Por cierto, ya estoy finalizando el guión para un documental que presentaré en el Festival de Cine. Este *penthouse* es un patrimonio y tenemos que divulgarlo. Desde luego, les pagaré todos los gastos durante el rodaje.

Los anfitriones sonríen, primero como máscaras, enseguida con cordialidad.

Han pasado más horas que camellos por el desierto, pero Manolito continúa ahí, dizque observando «el estilo», mientras bebe una rala dosis de ron con abundante soda y enormes trozos de hielo, para no perder el control de la situación. ¿Quién no le improvisaría una fiesta a un hijo de Fidel,

---

* Texto escrito especialmente para esta antología.

a cualquier hora del día o de la noche, si él mismo paga la cuenta? Especialmente si ha llegado de la mano del Librepensador Número Uno, a quien conoció «por casualidad» en otro *penthouse*.

Los anfitriones y sus amigos dan saltitos mentales de tanto regocijo. Manolito, mientras tanto, hojea las obras de los clásicos del sufismo, del neoplatonismo, de autores que revisan el marxismo y desmontan con palabras las estructuras de poder —aunque se le van los ojos hacia el manual de Tarot que alguien ha largado en una esquina: esto es algo que su novia adoraría. Presta especial atención a las llamadas telefónicas que los anfitriones reciben del extranjero, a los visitantes iracundos y hambreados que frecuentan el *penthouse* «solo para desacreditar la integridad del sistema», como anota en sus informes. Observa los pelos y señales de los vendedores que llegan a ofrecer productos del mercado negro, a las chicas que entran y salen, unas veces como novias, otras como amantes.

Sus visitas habían sido planificadas para la temporada ciclónica, cuando llueve bastante y abundan los pretextos para demorarse más de lo conveniente sin despertar inquietud. Los anfitriones, un matrimonio joven que había sido expulsado de la antigua Unión Soviética por sumarse a la perestroika, se habían hecho de rogar durante algunas semanas; no estaban dispuestos a mostrarse inferiores al hijo díscolo del Odiado. No obstante, terminan por sentirse satisfechos, aptos para ingresar y mantenerse a toda costa en el nivel de vida que el estatus de su nuevo amigo les promete.

Ahora que los ha conquistado a base de ron, a base de espaguetis y discos de U2, Manolito habla-habla sobre arquitectura y se mueve como si estuviera en su propia casa:

—Este es, sin dudas, un *penthouse* estilo Florida High 1958 —insiste, como si un inmueble fuera lo mismo que un viejo Chevrolet—. De aquí se contempla el mar con la perspectiva que más valoriza esta zona: excelente vista aérea, con el faro del Morro incluido en el panorama...

Desde allí presenciará el espectáculo inolvidable de la Tormenta del Siglo, hecho que, debido a los estragos causados en la vida cotidiana de la vieja localidad, se convertirá en tema de discusión, más político que meteorológico.

Pasado el temporal, Manolito retoma las visitas sin previo aviso. Ahora dice encontrarse a punto de iniciar una nueva gestión: tendrá que asumir los negocios de su familia en Canadá y quiere saber si puede contar con sus nuevos amigos. Podrán vivir felices en la nieve; una comunidad «de confianza» está siendo creada, será una oportunidad para salir del calor, de la crisis, ahorrar dinero, visitar a la familia en las vacaciones, o de allí «saltar a Europa definitivamente». Pero el matrimonio afirma detestar la nieve.

Mientras desayuna en su angosto apartamento de Alamar, Manolito anota en el cuaderno donde esboza sus informes: *Florida High. Penthouse 2: Los 5 U 4 cieguitos de la causa nacional discuten mucho, dicen saber lo que hace falta saber para mejorar el sistema. Es un club, un club de lecturas subversivas. Todos quieren vivir una ilusión y me recuerdan, cuando se pasan de tragos, el derecho a ser tratados como lo que hubieran sido «si las cosas no fueran como son».* Puede anotar lo que quiera, puede pasarse todas las jornadas de sus días de gloria de punta en blanco, con una botella de ron añejo y un par de tabacos de reserva en la guantera de su Fiat particular, en caso de que necesite amigarse con algún depositario de valiosos secretos. Soldadito ejemplar, evalúa la situación, relata en detalle quién es quién, basado en lo que ha aprendido a lo largo de sus quince años como «especialista e investigador», en sus cualidades innatas para ser uno hoy y otro mañana, don al que le saca partido en su propio beneficio. Él también tiene un compañero que lo atiende, un oficial que le facilita libros sobre arquitectura y urbanismo, fotografías con la ubicación de todos los *penthouses* de la ciudad. Le indica su superior: «esto es lo que tienes que saber». Pero el Florida High, se enorgullece Manolito, es de su propia invención, y aunque le preocupa pasar por charlatán, ante los huéspedes revoltosos de la Era Final, su nomenclatura resulta eficaz y creativa:

—Con el Florida High tengo la posibilidad de acceder a una dimensión urbanística original, porque las fachadas de los edificios fueron pensadas en función del espacio donde están ubicados... —Y por ahí se va, bien lejos, subiendo la parada hasta citar, como de pasada, sus visitas europeas para conocer el Barroco italiano, «gracias a Papá».

Oveja negra en traje verde olivo sobre guayabera blanca, en secreto cuenta a los 5 U 4 cieguitos su renuncia a la dirección del Centro de Genealogía Revolucionaria, «pues Barbapapá no aceptó mi propuesta de reparar las injusticias de orden parental cometidas por los fundadores de "esta maldita Revolución", en favor de su único y exclusivo beneficio». Lo confiesa con sorna, mientras mueve la mano derecha repetidamente, con el clásico gesto de quien se alisa los pelos de una barba imaginaria. Así se expresa Manolito, falso hijo pródigo, solidario por un día con las demandas de su generación, mientras se interna en los túneles de la vieja localidad intentando exterminar a la vanguardia letrada del Período Mortal.

❧

Aprendió la profesión con su verdadero padre, el agente Amadito, que en los años 80 había sido condecorado por combatir la corrupción entre los dirigentes del Partido en las provincias orientales, adonde llegó fingiendo ser asesor del Ministro de Cultura en visita no programada. Amadito surcaba los municipios como un surfista de la burocracia política. Habanero de nacimiento, fingía ser de origen campesino, e insistía en la necesidad de revalorizar la música popular. En los pequeños municipios le organizaban presentaciones de danza con grupos pioneriles, y al final, las autoridades destinaban cuantiosas sumas de dinero para el puerco asado y las cervezas heladas, para el alojamiento en hoteles de incontables estrellas. Fueron seis meses de gira entregando a los corruptos, rebajando de cargo a los que desviaban recursos, inclusive para agasajarlo.

Manolito, chofer y aprendiz, insistía en saber con lujo de detalles de dónde el padre sacaba las ideas.

—Pichón de tigre —exclamaba Amadito, inconsciente de la complejidad de su metáfora—, has heredado de mí el talento para ser lo que no eres. Te auguro un futuro brillante en esta nueva sociedad. —Y sonreía con satisfacción.

—Esto es heroico, viejo —le decía Manolito, que soñaba con ser Julito el Pescador, o repetir en tierras africanas las hazañas del mariscal Zhúkov.

Y el padre le explicaba las poses, los discursos, los gestos, los tics que no dejarían la menor duda sobre su identidad como futuro hijo del Odiado.

❧

Esta tarde, Manolito ha visitado por primera vez al Librepensador Número Dos, uno de los comentaristas más perspicaces del círculo de escritores que frecuenta el *penthouse*, «un convencido de todo, con los pies en las nubes, recto hasta demás», anota en su cuaderno. Redactando informes ha descubierto su vocación por la arquitectura, pero sabe que no puede quedarse en esta otra vida para siempre.

> *Neoclásico Decadente. Casa 1: Con L-2 no fue necesario hablar del neoclásico en contraste con el Florida High. Se interesa más por la carpintería, las cañerías oxidadas, los derretidos en el techo, por las manos de lechada para combatir el salitre. No encontré a la vista ningún libro que lo comprometa, apenas toda la obra del Che Guevara en un estante cubierto con un paño rojo.*

L-2 no abre la boca, pero su madre sí. Me ha pedido que interceda en favor del revoltoso, a quien, como ella misma me ha contado, hemos intentado «asustar» en tres oportunidades con citas a la estación de 100 y Aldabó. Me ha entregado una carta dirigida al Comandante en Jefe; le pide que reconsidere la sanción con que «amenazan» a su hijo; ella es una madre enferma, necesita ayuda permanente, y promete distanciarlo de la gente del penthouse. Sin embargo, no creo que esté verdaderamente enferma, ni que pueda controlar la situación. Adjunto la carta.

[...]

La arquitectura no está funcionando. Se aburren y quieren que los lleve a conocer otros penthouses para entender mejor y bla bla bla. No paran de preguntarme cuándo empieza el rodaje del documental. Solicito autorización para decirles que está parado, porque el productor es un mexicano que se encuentra ahora en la organización del Sundance.

En el penthouse están montando un equipo de traductores. Tengo dificultad para leer los artículos, no solo por el idioma, sino también porque no está a mi alcance discutir la modernidad de San Petersburgo, la relación entre la arqueología y el saber, la casa y el ser, por qué una lengua es mayor y otra menor —mucho menos en qué consiste un panóptico. En mi última visita insinuaron que cualquier arquitecto dominaría la complejidad de esas estructuras. Me dieron como ejemplo la histórica foto del Comandante en Jefe saliendo del Presidio Modelo. Según ellos, esa construcción es un panóptico. Facilitar cuanto antes libros de M. Bermann, W. Benjamin, M. Foucault, A. Koestler, G. Orwell, H. Arendt, G. Deleuze y J. Derrida.

Manolito preferiría saber, de boca de su propia novia, si en el Tarot se sacará la carta del ahorcado. Ha perdido el sueño, ha perdido el control del descontrol.

—Estás desmotivado —le diagnostica su psicólogo asignado.

Lo mismo repite, con intenso malestar, el compañero que lo atiende, y le autoriza un presupuesto en divisas para comprar buenos regalos de cumpleaños, varios metros de tubería, cemento y lechada para la casa del Librepensador Número Dos.

—Quédate con el vuelto —le dice, mientras le enfila 300 dólares en un bolsillo de la guayabera—. Con esto ganaremos tiempo hasta que llegue tu relevo.

—Si consigue salir temprano de la oficina, a lo mejor «Papá» pase por aquí —susurra Manolito, flanqueado a la izquierda por el Comensal Librepensador Número Uno, a la derecha por el Comensal Librepensador Número Dos.

Bebe un sorbito de Legendario, ahora sí a la roca, y se levanta para ir al baño. Con dos minutos de ausencia, calcula, sus escoltas filosóficas tendrán el tiempo necesario para comentar la noticia con el resto de los librepensadores, invitados a esta cena conmemorativa de su 35 cumpleaños. Y regresa justo cuando el camarero se acerca con los pedidos: Pato a la Tocororo, Cerdo grillé a la Tocororo, Langosta en almíbar a la Tocororo, entre otras delicias del chef de este apartado y lujoso restaurante, ubicado en las inmediaciones del Emporio de la Convención Nacional.

—Solo para la realeza —ironiza Manolito, y propone un brindis con la boca llena. Los librepensadores lo imitan, entre inquietos y desconcertados.

El auto-homenajeado ha venido acompañado, además, por dos «amigos de infancia», acreditados para la ocasión como hijos de desaparecidos de la dictadura argentina, desde niños refugiados en la vieja localidad.

—Santiaguito se va conmigo a Canadá, será mi gerente, pero el Mosca se queda, a él tampoco le gusta la nieve. Ya le he dicho que con ustedes estará en buenas manos.

Y con un gesto le indica al Mosca que abra su mochila porteña, de la que extrae un par de tomos de Foucault, otro par de ensayos de poesía. Los librepensadores, acostumbrados a circular en público con los libros forrados, miran a su alrededor, temerosos de que alguien los espíe. Soban los libros, revisan los índices, apuran el ron y se relajan: sus rostros se han iluminado. El Mosca se acaricia la coleta, toma la palabra y reseña, uno por uno, el contenido de estas novedades «acabaditas de llegar de Buenos Aires»: cómo el Poder se ensaña con la diferencia y la transforma en locura, cuál es la diferencia entre sexo y moral, por qué la filosofía actual prefiere buscar «la verdad» en la literatura, las holocáusticas razones del suicidio de Celan...

—En este país, el verdadero poder —remata el Mosca—, muy pronto estará en manos de la vanguardia estética. Los dejo con los libros. Veámonos en estos días para seguir conversando.

Manolito respira aliviado. La rueda de la fortuna gira veloz alrededor de su cabeza: a punto está de derribar la carta del ahorcado.

MANUEL SOSA

INTERROGATORIO CON MÚSICA DE FONDO[*]

El oficial de la Seguridad del Estado que trabajaba en mi escuela, de cuyo nombre no logro ni quiero acordarme, era alguien bastante esquivo (aunque su trabajo no era ser tal, sino más bien confraternizar con todos los elementos) y todo en él reflejaba hosquedad. Se le veía desandar los pasillos con paso rápido y seguro, sin mirar a nada, a nadie. No creo que tuviese muchos amigos, ni tan siquiera enemigos. Era un personaje translúcido, sin contornos. Es posible que tuviese una pequeña oficina en la propia escuela; o que quizás la visitase en ciertas ocasiones, para recoger informes. Por eso me sorprendió verlo aquella vez a la puerta del albergue, con sonrisa misteriosa, una de esas noches en que yo vendía el vino de la Juventud. (Ellos me daban un garrafón, y en cada botella me ganaba un peso).

—Sosa, necesito hablar contigo —me dijo forzando una sonrisa, y evidenciando que ya se había bebido unos alcoholes en la calle.

Desde hacía tiempo, yo intuía que en algún momento este personaje me iba a llamar para hacerme saber que yo era un objetivo de interés para ellos. Por suerte, el garrafón estaba casi vacío.

—Espérate cinco minutos, para terminar aquí —le contesté.

El personaje se alejó unos pasos y se sentó en el murillo del frente. Se le notaba un poco nervioso. Al parecer su superior le encargó la tarea de tratar de captarme esa noche, y le había advertido que se preparara a enfrentar un poco de sarcasmos y respuestas lúcidas. (Así lo quiero imaginar yo, con ese tinte de vanidad personal).

---

[*] Texto aparecido originalmente en el blog *La finca de Sosa* del propio autor.

Al poco rato, vendidas las últimas botellas, me reservé una final para poderme sostener durante la entrevista con el peculiar interlocutor. Le ofrecí un vaso repleto de vino, el cual aceptó sonriente. La música que salía de una pequeña cabina de transmisión, que era usual escuchar todas las noches por el audio de la escuela, me hizo pensar de inmediato: «Me van a interrogar con música de fondo y botella de vino y todo».

—¿Qué pasó, para qué necesitas hablar conmigo? —le pregunté, aparentando naturalidad y franqueza.

Después de beber del vaso y dar su aprobación con un gesto, el sujeto fue directo al grano:

—Tú sabes, yo soy el oficial asignado por la Seguridad a esta escuela. Nunca hemos hablado ni nos conocemos, pero me han dicho que tú eres una persona muy tratable. Precisamente esta tarde estaba conversando con mi superior sobre todas las cosas que pasan aquí, y me sugirió que me acercara a ti. Me dijo que yo debía concertar algún tipo de entendimiento contigo, pues tú mantienes relaciones con muchas personalidades y a la vez te entiendes muy bien con alumnos y profesores.

—¿Y qué quiere decir todo eso? —le pregunté yo, aparentando ingenuidad entonces.

—Mira, Sosa, a todo el que le pregunto por ti me da buenas referencias. Eso es una verdad incontestable; pero sabemos que también te gusta expresar muy libremente tus opiniones políticas.

—Eso es cierto, pero yo hablo libremente de todo, no solo de política —intervine al punto, y para comenzar a demarcar mi terreno.

—Sí, sí, y a nosotros nos gusta que haya gente como tú; porque la mayoría dice una cosa y piensa otra. Es por eso que vengo a ti. A pesar de que a veces te relacionas con cierto elemento negativo, sabemos que lo haces porque eres natural. También te desarrollas en un medio intelectual, donde las opiniones son más agresivas y polémicas. A nosotros no nos molesta que trabajes aquí como profesor. Hemos permitido que ejerzas tu profesión en un sitio como este, porque tienes reputación de impartir excelentes clases, y los alumnos te admiran y respetan por eso.

Hizo una pausa, como para pensar bien lo que iba a decir a continuación.

—No obstante, también tenemos la convicción de que darías cualquier cosa por salir del país. Creemos que eres capaz de hacer lo que sea necesario con tal de irte. —Y me miró provocativo, enseñando ya sus cartas.

Aquí comencé a sonreír y a negar con el índice extendido ante su rostro de potro jovial.

—No, no, en eso se equivocan. No es para tanto. Es verdad que a mí, como a todo el mundo, me gustaría viajar y conocer otros países. Pero tengo aquí a mi madre, quien por su avanzada edad no podría sobrevivir al hecho que yo saliera y no regresara jamás. —Era este un buen argumento que podía convencer al alma más terca: el símbolo de la madre abandonada, incapaz de sobreponerse a la angustia del hijo vagando por esos mundos de Dios.

—Bueno —insistió el tipo—, pero tú hablas mucho de irte. Es casi una obsesión que tú tienes.

—Sí, yo hablo siempre de irme. Al igual que la mayoría de los cubanos. Solo que hablar del tema es otra manera de desahogarse.

Entonces el oficialejo puso una cara seria y meditabunda. Se rascó la barbilla y se tiró a fondo:

—Mira, Sosa, si yo vine aquí esta noche fue a hacerte una propuesta con todas las de la ley. Tienes que saber que me han dado autorización para hablar contigo en estos términos.

—¿Cuáles términos? —lo interrumpí tajante.

—Si aceptas colaborar con nosotros, al menos un año o dos, tienes una visa abierta para el país que quieras. Nosotros tenemos poder para eso. Fíjate bien lo que te digo: el país que escojas.

Yo no podía darle una bofetada al sujeto aquel. Era muy fácil imaginar las consecuencias que eso me traería. Si me había mostrado franco y amistoso con el tipo era meramente por urbanidad. Pero había llegado el momento de trazar una raya en la arena. Una raya honda y ancha.

—Mira, compadre, ya eso cae en una zona que no tiene nada que ver con mis principios y mi sentido de la hombría. —Creí que había logrado una decidida firmeza, que era muro de contención además de línea divisoria.

El hombre se desconcertó momentáneamente, y trató de defenderse como pudo:

—No se puede tomar de esa manera. No quiere decir que tengas que inventar cosas de la gente. Solo dar información, que no tiene que ser específica…

—Déjame hablarte por lo claro: yo nunca he dado ni daré informaciones íntimas o personales de mis amigos. Que yo sepa, ninguno de ellos es extremista, ni terrorista, ni proclive a la violencia. Solo hablan mierda y hacen chistes, como yo y como casi todo el mundo en este país.

Rascándose la cabeza, mi interlocutor encontró un as en la manga:

—Tú dices que nunca hablarías de tus amigos, pero en cambio ellos hablan de ti hasta por los codos. Esos que tú consideras íntimos, esos con los que te relajas y conversas de cualquier tema por espinoso que sea, son los primeros en venir a nosotros y decirnos lo que nos interesa. Tanto afán ponen en darnos información sobre tu persona, que nos revelan detalles hasta del propio albergue... —Y aquí se detuvo, dándose cuenta de que se le había ido la lengua. El alcohol era propicio para la confesión y mi nuevo amigo se había propasado.

Yo aparenté no darme cuenta de que me había dado una importante clave: en el albergue había un chivato. Me encogí de hombros y repliqué con firmeza:

—Lo que mis amigos puedan decirles a ustedes no debe ser tan valioso. Ya te he aclarado que yo digo lo que pienso, que es nada más y nada menos lo que piensa cualquier cubano con dos dedos de frente. Y si ellos prefieren bañarse en ese pantano, se lo dejo a su propia cuenta. Yo no me puedo rebajar a su nivel. Así de simple.

Aquí comenzó a comprender que debía batirse en retirada, y se relajó su expresión, desechando la máscara que había usado hasta ese momento.

—Ven acá, y si tú te enteraras que van a hacer un sabotaje, ¿no vendrías hasta nosotros?

—Una bomba es otra cosa, aunque me extraña que alguien quiera poner una bomba por estos contornos. —Y solté una carcajada.

—¿Qué opinión tienes de nosotros, de la Seguridad del Estado? —Venía con todo un cuestionario, como si fuera una entrevista, para asegurarse de recopilar un poco de información sobre mi persona.

—Creo que es un trabajo como cualquier otro, en el sentido de que es vital para esta sociedad, como lo es mi propio trabajo de maestro. Yo respeto a quien sigue su vocación, sea cual sea. —Tenía que decirle estas formalidades, seguir el protocolo de la supervivencia.

—¿Y qué crees de Fidel? —me preguntó para cerrar con broche de oro.

—Fidel es un protagonista de la historia, un hombre a quien siempre habrá que tomar en cuenta. Es un símbolo de esta época. —Yo pensaba que lo mismo hubiera podido decirse de Calígula, de Nerón, de Goebbels.

El hombre se levantó, se estiró un tanto, y me tendió la mano con una sonrisa.

—Bueno, ya sabes, aquí estamos para lo que sea. Cuídate y toma las cosas con calma.

Así se terminó el encuentro. Yo me quedé sentado en el murillo, fumando y terminando mi segundo o tercer vaso de vino. Dentro de mí luchaban la impotencia, el temor, un poco de indignación. Sentía que nada podía hacer contra aquel sistema de cosas, donde todo era sabido, vigilado, informado. Me atemorizaba el hecho de que la Seguridad pudiera encerrarme un buen día, por el motivo que fuese; o al menos echarme de la escuela, donde creía haber encontrado un nicho estable. Me indignaba el comprobar que alguien muy cercano a mí se dedicaba a anotar mis movimientos y a reportarlos, y que este personaje pudiese venir a hacerme ofertas y a recordarme que yo no era nada, una mera pieza que ellos podían sacar del juego. Aquella noche me dormí tarde, un tanto asqueado, y no precisamente de vino.

ODETTE ALONSO

POSCONCEPTUAL·

A Cristina la sacaron de Cuba siendo una niña. Cuando volvió, traía esa fascinación, tan extranjera, por el deporte, la salud pública, la educación y todo lo que allá afuera se dice que pasa aquí. Venía como parte de una brigada de estudiantes de posgrado a los que anduvieron paseando por los lugares permitidos para turistas y enseñándoles los logros de la Revolución.

La cultura, uno de esos logros, nos hizo conocernos una tarde. A mí no es que me gusten las mujeres; a ella se le notaba que sí, por la mirada que me echó cuando entró en el patiecito colonial donde sería la peña de poesía y trova que organizo todos los jueves y que es una de las joyas que presume el director municipal a cuanto visitante distinguido llega a la ciudad.

Cristina era una de las poetas invitadas. No conocía nada de su obra, pero su nombre nos fue orientado desde la dirección junto con otros. Ordenamos las sillas, las rondas de lectura y de trova, los discursos de bienvenida, el brindis, la mesa de venta de libros, y todo estaba listo cuando llegaron, sudorosos y alegres, como buenos extranjeros.

Todos eran bastante malos, especialmente Cristina, que leyó unos textos rarísimos, sin pies ni cabeza, a los que llamó poemas posconceptuales. Yo dije «Qué pena», porque esa muchacha me cayó bien. Y es que Cristina tiene un no sé qué que arrastra, que convence. Es simpática y bonita. Bueno, bonita no, pero atractiva. Un poco masculina. Tal vez eso la hace enigmática. Como sus poemas.

· Texto escrito especialmente para esta antología.

261

El ron no se hizo esperar. Primero el brindis que pagó el municipio y luego pasaron de mano en mano, con poca discreción, las botellas que los muchachos del taller llevaban en las mochilas. Todos los tonos fueron subiendo y la trova se volvió guaguancó. La poesía era cosa pasada. Gritamos, bailamos, coreamos canciones. En eso nos dio la madrugada. Yo estaba mareada y feliz cuando me preguntó si me interesaba ir a un congreso de nuevas literaturas y no sé qué más en Puerto Rico. ¡Qué pregunta! ¿A quién en este país no le interesaría ir a cualquier cosa en cualquier lugar más allá del mar?... Le respondí que claro, tratando de que la lengua, hinchada de alcohol, no se me trabara demasiado.

Después, los americanitos se fueron yendo poco a poco a las casas donde los albergaban. Nos dimos los correos electrónicos, los números telefónicos, las direcciones postales, y Cristina se despidió con la promesa de escribirme y de volver.

Y escribió, una semana después, al email de la oficina. Dando gracias por las atenciones, recordando anécdotas y hablando del congreso en Puerto Rico. Con un tono que me recordaba la mirada de aquella tarde. Pero quién va a fijarse tanto en un tono o una mirada, si hay una promesa de salir del país. Le seguí la corriente. Al fin y al cabo, siempre halaga gustarle a alguien, así sea una mujer.

Los correos se hicieron frecuentes, varios al día. Yo le explicaba los requisitos que nos piden aquí para darnos una visa y que hay que pagarnos todo porque nuestros salarios son en otra moneda y no alcanzan para lo que cuestan esos trámites ni los pasajes ni las estancias. Le dije que tengo familia en Miami, primos lejanos con los que casi no me comunico. Mentí, mis primos ya sabían de la posibilidad de viajar y planeábamos el encuentro. «En Puerto Rico ya estás en Estados Unidos y cualquier movimiento será más fácil; te mando la invitación», prometió.

Y cumplió. El día que la vi en mi correo no podía creerlo. Una carta con el escudo de la universidad y la firma del rector. Cosa seria. Decía que pagaban todos mis gastos a cambio de una ponencia y un par de talleres. Sabía que el camino sería largo y tortuoso, pero este era el anhelado primer paso.

Ese fue el día que me llamaron a la dirección. Allí estaba el teniente Vázquez, el compañero que nos atiende por la Seguridad del Estado. El director dijo algo que ni recuerdo y nos dejó solos. Entonces el teniente Vázquez me preguntó:

—¿Qué tipo de relación tienes con Cristina Rosas?

—¿Quién es Cristina Rosas? —pregunté, tratando de ganar tiempo y organizar mis ideas.

—Tú sabes muy bien quién es Cristina Rosas —respondió.

—Ah, la muchacha de Puerto Rico, la poeta posconceptual, sí.

Él asintió con una sonrisa indescifrable:

—Esa misma, la posconceptual. ¿Qué tipo de relación tienes con ella? ¿Es tu novia, tu amiga, tu amante?

Sentí que se me revolvía el estómago.

—Vázquez, a mí no me gustan las mujeres —protesté.

—Se han mandado demasiados mensajitos para no gustarse, ¿no te parece? —soltó una carcajada—. Ven, acompáñame —ordenó, y lo seguí a través de los pasillos que conducían hasta la oficina de sistemas de cómputo. Romualdo, el jefe de la unidad, me miró con unos ojos que daban miedo.

—Abre ahí —volvió a ordenar Vázquez y Romualdo dio unos cuantos clics en su computadora, que era la mejor de toda la dirección. Giró la pantalla y ante mis ojos quedó una carpeta que decía mi nombre completo. El doble clic siguiente la abrió y dejó ver una serie ordenada de carpetas que decían mi nombre y al lado el de cada una de las personas con las cuales tenía correspondencia. Una de ellas decía Cristina Rosas. Otro doble clic desplegó todos los mensajes que habíamos intercambiado en esos días, hasta el que traía la carta de invitación.

—Ni te imagines que vas a ir a Puerto Rico, mucho menos a Miami — dijo el teniente Vázquez—, a nosotros nadie nos engaña. —Y me guiñó un ojo, casi cariñosamente, antes de salir de la oficina.

CESAR REYNEL AGUILERA

MISSISSIPPI TRES[*]

¿Carlos Manuel Brosky Varela? Sí que conozco a ese grandísimo fagio de la escatria, a ese autórico friglio de meretria, aún arbotan sus antiles... Ah, perdone usted, compañero, la mención de ciertos sustantivos desata las gaseiformes ectopias de mi magma verbal. Lustros han muerto desde que mis pasos y los de ese personaje transitan por mundos paralelos. Siglos parecen, pero...

Es una verdadera lástima que la plasticidad de mis neuronas haya cedido al empuje de presiones y temperaturas tectónicas. De no haber sido así, mi duelo con Carlos habría durado hasta nuestros días. Pero, ya ve usted, mi presencia ha quedado para la osificación en este diurno hospicio donde vienen a refugiarse, durante el día, los habitantes de una noche que llaman enferma.

Relájese, por favor, ya se me pasa. Lo que quise decir es que soy un simple paciente de un hospital de día. No quiero darle motivos para reacuñar esa infame tradición que pretende identificarnos, a los portadores del ingenio fraccionado, con imágenes tan desagradables como un batido de tuercas o una indigesta sopa de limallas. Sin mucho esfuerzo puedo hablar con un manejador público, de verdad, despreocúpese.

Pero dígame, compañero, explíqueme, si es que puede. ¿A quién se le ocurre enseñar anatomía con un libro eslavo? Prives-Lisenkov-Buscovich —detesto el colectivismo—, y fue tan malo ese texto, y fueron tan pésimos sus traductores, que se vieron obligados a regalarnos un tercer tomo con las erratas de los dos primeros, némesis de lo perfecto. Y fue así que en mis

---

[*] Fragmento de la novela inédita *De la boca salen flores*.

264

indagaciones por una autoridad única fui a dar con la joya más excelsa de la literatura conocida: *D'Anatomie Humaine*. Escrito, circa 1900, por Jean-Leo Testut. Un nombre que a fuerza de tropicalidades indebidas terminamos bautizando con el sugerente epíteto de «Testí».

Cuenta la leyenda que ese texto nació al calor de múltiples y contados fracasos de su autor para rendir un examen final. No lo crea, las masas disfrutan el promedio. Yo, por mi parte, me sentí muy a gusto leyendo esas páginas de gálico enciclopedismo. Con mucho esfuerzo logré encontrar otros trabajos de ese autor y leí, con fruición, su *Tratado Sobre las Afecciones Simétricas de la Piel*. Un estudio que documenta la solidaridad de las regiones homólogas y los órganos pares. Cuánta belleza para advertirnos que, en ciertas ocasiones, la alergia a un grillete puede crear una imagen especular en el tobillo contrario. Ah, misterios de la sinología. Porque mire usted que ya en la China antigua sabían pinchar con agujas la articulación contraria a aquella que buscaban curar.

El Testut, discúlpeme la pronunciación adecuada, está escrito siguiendo la nomenclatura tradicional, esa que llama al asa renal corpúsculo de Malpighi, o al conducto faringo-timpánico trompa de Eustaquio. Una forma de decir que ha fascinado a más de un émulo de Pico della Mirandola y cuya utilidad terminó balanceándose, claro está, en el pico de una piragua. En mi caso, tengo que reconocerlo, fue una condena. Quise deletrear un mismo universo desde dos realidades distintas. El resto de mis compañeros de curso ya iba por el sistema circulatorio cuando yo todavía cavaba los cimientos de mi Babel anatómica. Y la obsesión empujó al sueño por encima de la silla turca, y un pequeño párrafo en negritas llegó a convertirse en fuente de tribulaciones interminables.

Me fundí, y me dio por pensar que me estaban vigilando. Sí, todos y cada uno de los todos: el delegado del grupo, el secretario general de la Unión de Jóvenes Comunistas, la profesora del Partido, el jefe del sindicato, el chivato gratuito, la policía, el Sursum corda y el hierro líquido, Tim McCoy y Stokely Carmichael. Cualquier cantidad de gente conversando... y conversando de mí. Óigame, es un miedo más centrífugo que la parálisis de un síndrome de Guillain-Barré.

Al final usted se va encogiendo sin saber adónde mirar. Es el mundo entero contra su nombre. Es un círculo reverberante. Más hablan del tema y más retuercen la esperanza. Hasta que la gelatina bulle. En mi caso es fácil reconocer el burbujeo: me dejo de afeitar, se me quita el apetito y empiezo a repetir la misma frasecita. La primera vez poco faltó para que me lincharan. En cuanto se dieron cuenta de lo que estaba diciendo se les olvidó la carrera de Medicina y el juramento hipocrático. Quisieron ponerme en cruz.

Sus razones podían tener, cualquiera se desespera con la cantaleta esa de que las castas castrenses castran sin castrametación. Al principio pusieron caritas de curiosidad molesta y yo: las castas castrenses castran sin castrametación, y ellos a chequear en los diccionarios para estar seguros del significado de mi trabalenguas las castas castrenses castran sin castrametación. Ya tenían los clavos en las manos cuando Carlos Brosky, ese por el que usted anda averiguando, los paró en seco. «Está enfermo», dijo, «y al que lo toque le voy a reventar la vida». El susodicho tiene más fama de loco que yo.

En buena lid pudo haberme salvado. Porque solo me hacían falta unas semanas de descanso, y algún que otro psicofármaco, para regresarme a esa locura que ustedes llaman normalidad. Unas semanitas cuanto más, pero aparecieron unos compañeros con la justa y humana tarea de darme atención. Usted tiene que saber de qué le estoy hablando. A usted tienen que haberle dado atención en algún momento de su vida. Muy atentos ellos. Llegaron con la fina certeza de ser los dueños de mi vida, pero nunca me lo dijeron. ¿Para qué? Si sabían de mí mucho más de lo que mi prodigiosa mente era capaz de recordar. Me cocinaron a preguntas sobre todo lo que ya sabían. Me hicieron recordar incidentes que ni el mejor de los psiquiatras habría podido desescombrar de mis recuerdos. Me fueron llevando, con sus medias sonrisas y sus fingidas virilidades, del estado líquido al gaseoso. Pasé de fundido a vaporizado. Pero, mire usted, que en sus largas sesiones de atentas atenciones esos compañeros nunca me preguntaron por Carlos Manuel Brosky Varela. Pobres infelices.

Déjeme decirle… ¿Cómo me dijo usted que se llama? ¿Jonathan? Pues bien, Jonathan, déjeme decirle que creo en mi sinceridad cuando juro y perjuro conocer muy bien al sujeto de sus inquisiciones. Cuando le aseguro ser el topo más profundo de esas galerías, o el gusano más azul de ese fermento lácteo. Ya tiene que haberse informado y sabe muy bien que el susodicho y este servidor estuvieron juntos en la misma escuela, y en la misma aula, desde el kindergarten hasta el primer año de la carrera de Medicina. Como buen policía que parece ser, ya tiene que haber mirado en el famoso Expediente Acumulativo y ya tiene que haber visto, también, que Carlos Brosky nunca pudo sacar una calificación mejor que la mía. Siempre obtuve el máximo, hasta en modelaje con plastilina, que era opcional.

Ahora lo invito a dar un salto en el tiempo. Brinquemos hasta el tercer año del preuniversitario y aterricemos alrededor del famoso escándalo del concurso de poesía. Carlos Brosky se apareció con una oda al onanismo titulada, si mal no recuerdo, «Receta andaluza para hacer cantar superficies lisas en reposo». Tremendo salpafuera que se formó en la escuela, pero llegó la madre con su aureola de luchadora clandestina y su cara de intimidación y el susodicho escapó ileso. Yo detesto a la gente que sabe usar el riesgo calculado, eso es valor de magos, coraje de ventajistas.

Al final gané el concurso y nadie se acuerda. La memoria que ha quedado en este mundo es la de la payasada de Carlitos. Un tipo que tenía la sensibilidad poética de un rinoceronte en estampida. Y se lo digo sin que me quede nada por dentro, mi poema era mejor. Mis versos estaban llenos de alusiones al proceso revolucionario —sin caer en esa posición de plegaria que usan los poetas oficiales para rendirle culto a la virilidad guerrillera— y era, además, romántico en su justa medida. Hablaba del viento en muchas de sus formas imaginables. Ese fue mi homenaje a la muchacha más linda de la escuela: Brisas Martínez. Ni se percató la muy retrasada. Mejor para mí, más vale solo que mal acompañado. Que se quede con su Carlitos. Que se lo lleve envuelto en celofán.

Esa es, compañero policía, la pregunta clave. Esa es la indagación que, en caso de encontrar respuesta, le dará a usted el camino y el paradero de ese Carlos Manuel Brosky Varela por el que anda usted averiguando. ¿Cómo se las arregló semejante espécimen para enamorar a una muchacha tan linda y buena como Brisas? Un enigma envuelto en un misterio. Había que verlos. Siempre iban de la mano, pero a veces se soltaban y reían sin ton ni son; y en las fiestas se ponían a bailar y, sin que él dijera algo, ella se desternillaba de la risa, parecía como si estuvieran envueltos en una burbuja, como si vivieran en un mundo aparte.

Cualquier ingenuo podría decir que era una *folie à deux* pero, cuidado, al malvado es mejor sobreestimarlo. Porque la verdad es así, la verdad tarda y tarda y un buen día cae como un mamey maduro y se despulpa y deja al descubierto la semilla prieta y dura de la naturaleza misma de las cosas. ¿Qué podía haberle ofrecido Carlos a la bella Brisas? ¿Nada? Imposible, el mundo no funciona así. ¿Dinero? Tampoco, él era un muerto de hambre, un asceta con pretensiones espartanas. Además, a la Brisas le sobraban los hijitos de papá corriéndole detrás. ¿Inteligencia? Difícil, esa es una carga que pocas están aptas para disfrutar. Míreme a mí, el test psicométrico más alto de este país y las mujeres ni me saludan. Si descartamos belleza y estatura, por razones evidentes, ¿Qué queda? Nada, pero algo tuvo que haber, y se lo digo como que estoy sentado aquí.

Se lo digo porque ya llevaba cierto tiempo sentado aquí cuando la verdad se despulpó ante mis ojos. Carlos se convirtió en El Mago de Menlo Park y le regaló a Brisas un código fuente. No sé cómo lo hizo, pero sí sé que no hay ser humano que pueda resistirse a eso, porque a diez de últimas los hombres y las mujeres somos así: sembradores de códigos, labriegos de señales que sirven para saciar nuestra eterna sed de orden. Los juegos y el lenguaje, por ejemplo, no son más que unos de esos códigos. El amor, o eso que llamamos amor —quizás haga falta otro vocablo— se refiere a un código bien incompleto y restringido. Eso hizo Carlos. Que me cambio el nombre si estoy equivocado. Mientras el resto de los varones escribía carticas y poesías para Brisas, él llegó y puso encima de la mesa un proto-lenguaje para dos. Una enciclopedia de señales únicas. Saltó el canguro y los conejos lo vieron perderse en la maleza. Llevaba en sus manitas la fruta que todos ansiaban.

Ese fue un juego que la Brisas no pudo rechazar. Apuesto a que empezaron con puntos y rayas, señitas para sordos y asociaciones sonoras, después deben de haber pasado a tocar un acordeón de simplificaciones y estiramientos. ¿Se acuerda usted de aquella canción que decía?: «¡AIO, A-A-A-A, A, A-IO, AIO!». Ellos deben de haber visto un Mustang que brinca sus pasos y se come las letras que quiere cantar. «¡Amigo! ¡Alabanzas! ¡Al! ¡Amigo! ¡A Dios!». Un haz de vocales sin la consonancia de los espejos melanotrópicos, una colección de imágenes desazogadas en los puntos lunares, el hechizo de los únicos a fuerza de soñar el color de las sirenas y los saltos del pez-pétalo. Perdóneme, estoy desvariando.

¡Cómo me habría gustado haberme dado cuenta antes! ¿Se imagina que la palabra pase a ser la forma más grosera de la comunión? ¿Que dos seres compartan algo que escapa al alcance de los demás? Eso abre un mundo de posibilidades infinitas. Solo otro caso parecido conozco, mírelos allá, en aquel banco que está debajo de aquella mata. Les dicen los catatónicos, pero yo sé que son otra cosa, porque de niño me entretuve con el mismo jueguito, hasta que me aburrí. Me sentaba en el portal de la casa a ver pasar a la gente y a intentar adivinarles las vidas por los surcos y los rictus de sus rostros, por sus olores y gestos, por sus miradas y respiraciones. Es increíble la cantidad de cosas que se pueden averiguar, casi siempre tan fétidas que se impregnan en la nariz con un olor sin nombre que persiste hasta el insomnio.

Allí los tiene, debajo de aquella mata. Yo me salí —es malo ver mucho— y ellos siguieron buscando hasta que se fueron del aire. Recesaron las transmisiones. Tele-Rebelde recesa sus trasmisiones no sin antes desearles que pasen una buena noche. La primera vez que los vi nos miramos un tiempo incalculable. Más que el aroma fresco de mi vida les gustó el saberse comprendidos. Se emocionaron hasta el sudor en los ojos, y los catatónicos son incapaces para el llanto —por dios se lo juro, lloran tanto como un coco seco—, todavía hoy me agradecen el placer de aquella humedad que un día sintieron en sus mucosas.

Carlos se ahorró eso, y mucho más, gracias a Brisas. Ella fue su ancla en la realidad, el punto que le permitió saltar sin temor a perderse en el regreso. Él supo construir los límites de su locura. Tejió una cama elástica y una camisa de fuerza con los hilos de su Ariadna. Ahora se empina hacia alturas que pocos pueden alcanzar. Allá arriba está la cúpula luminosa, la misma que parece estar hecha de vitrales insalvables. Carlos sabe que es un juego de luces y destellos virtuales, y puede vivir para contarlo. A diferencia de este servidor, él puede saltar, él puede pasar esa zona y regresar con las noticias de un horizonte insospechado. Yo pude verlo una vez, pero ya no estoy apto para contarlo, y nadie me creería. En esa ocasión —que para mí fue la única— estuve tan impresionado con el retorno que apenas pude disfrutar lo que veía, solo me preocupaba regresar. Todavía me pregunto dónde aterricé.

Pierde usted su tiempo, compañero. Siglos llevo esperando que venga a verme alguien como usted. Siempre supe que Carlos terminaría siendo un perseguido. Pero no crea que le voy a decir dónde está. Si le cuento esto es por el placer que me provoca encender un candil en medio de una caverna oscura. El gusto de ver a un hombre agachado por el temor a chocar su testa con un techo que está bien alto. Es una gruta inmensa, compañero, levántese, estire sus huesos y grite y ande tanto como quiera. En cuanto desaparezca esta luz que le estoy dando volverá a estar usted en la más degradante oscuridad, y eso a pesar de los destellos que adornan sus ojos.

Le repito, pierde usted su tiempo. Hay una región de la existencia a la cual no podemos llegar. Hay una parte del ser que no cabe en un Expediente Acumulativo. Es esa fracción de la vida que siempre escapará a la curiosidad de los que viven de brindar atenciones. Cada cual nace con ella, unos la llenan de basura, otros le siembran una flor y los menos la expanden al costo de la locura y el desprecio. La empujan hasta el borde, hasta donde alcance el retorno. En esa dimensión, la vida de un hombre es tan incalculable como el electrón de Werner Heisenberg. Usted puede intentarlo, es su derecho, pero recuerde: Carlos crea sus propias fronteras para romper las que le han sido impuestas, o las que ya se conocen. Carlos es un hacedor de incertidumbres, un hombre entre comillas, un tendedor de tendenciosas tendencias.

En medio de esa mutación perpetua, lo que usted pretende ver es algo que ya dejó de existir. Le insisto una vez más, sus probabilidades de encontrarlo son muy bajas. Si fuéramos discípulos de aquellos insignes cruzados que sitiaron el castillo de Al-Azar le diría que son las mismas de que un meteorito caiga sobre nuestras cabezas en los próximos tres segundos. ¿Quiere apostar? Mississippi uno, Mississippi dos...

Ernesto Santana

OPUSCERO*

Aunque solo publicó dos o tres textos en revistas olvidables, durante varios años Gofredo se consideró escritor e intentó abrirse camino. Muchos pensábamos que alguna vez sería reconocido su talento. No obstante, llegó un día en que, rendido, abandonó la literatura.

Desde muy joven, Gofredo escribía mucho y sobre cualquier asunto, sobreviviendo al azar, con frecuencia lejos de su casa, en una existencia casi nómada. Se relacionaba con pocos artistas y escritores, prefiriendo gente más impredecible. Como Kris y sus adeptos, que mezclaban el yoga con creencias mayas y con teosofía, experimentando con toda sustancia y toda secta que apareciera en su horizonte.

Kris le sugirió que se cambiara el nombre, porque Gofredo Andurín sonaba a personaje de novela picaresca vikinga y no a escritor *underground* de mano dura. Él, Francisco Peña, se hacía llamar Krishna. O Kris, en fin. Gofredo no le hizo caso. El nombre era irrelevante y él no creía en la salvación por la religión o por estados alterados de conciencia, ni por la virtud o la pureza, sino solo en la justificación de la vida por la escritura. En la salvación por el arte.

El otro se reía de él, pero también le contaba historias sugestivas y comentaba hechos que espoleaban la imaginación de Gofredo. Kris nadaba en un submundo habitado por personas que se creían místicas. Como a la Seguridad del Estado también le despertaba interés aquel tumulto metafísico, a cada rato citaba a Kris para interrogarlo y, según él, para atemorizarlo y chantajearlo.

---

* Texto escrito especialmente para esta antología.

Una tarde, su amigo le contó que conocía a una muchacha que estaba resuelta a asesinar a Fidel Castro y solo precisaba de un colaborador. Quería inmolarse haciendo estallar una bomba cerca del «sátrapa verde», como lo llamaba. O dispararle con un arma. Cualquier cosa. Después no volvieron a hablar del tema, pero Gofredo imaginó, a partir de aquella anécdota improbable, la historia de Marta, que así la llamó, quien sería, sin mencionarlo, una parodia de Fanny Kaplán, la revolucionaria que intentó matar a Lenin por traidor.

A la semana, Gofredo había compuesto y enviado el relato a un concurso. A los quince días estaba en un calabozo de Villa Marista, aterrado, confuso y arrepentido, y hundido a mil millas del mundo habitual. Lo interrogaba el oficial Féliks —«no con x, sino con ks», aclaraba—, tenaz, taladrante, minucioso, que revisó todos los libros de la mínima biblioteca del «supuesto escritor», que así lo denominó, y cada manuscrito y cada objeto del cuartucho. La madre de Gofredo no pudo evitar que, tras el registro, los agentes se llevaran todo aquello, además de la máquina de escribir.

Féliks lo estuvo interrogando durante dos meses. Desde el primer día, Gofredo le confesó todo lo que el oficial quería saber, excepto que Krishna fue quien le contó la anécdota de la muchacha que quería matar a Fidel Castro por traidor. Pero Féliks resultó saber más de sus relaciones personales que él mismo. Aunque Gofredo reconoció su trato con Kris y los demás, insistió en que la historia se la oyó decir por casualidad a alguien desconocido.

Le sorprendía que Féliks se interesara tanto por aquella muchacha fantasmagórica. O sea, por lo que el «supuesto escritor» pensara sobre ella. ¿Cómo le dijeron que era? ¿Qué aspecto físico, qué edad le suponía él? ¿Vivía sola? ¿Tenía problemas amorosos? ¿El magnicidio se le ocurrió a ella o a otra persona?

Las mismas preguntas durante horas, días y semanas, aunque el «supuesto escritor» no pudiera añadir una palabra a su primera declaración. También Féliks le preguntaba sobre sus escritos, algunos que ni él mismo recordaba. En cambio, el otro agente, Alejandro, solo ladraba de marxismo, celdas tapiadas e imperialismo yanqui.

Una mañana, aunque Gofredo calculaba que era medianoche, lo liberaron sin más explicaciones. Le devolvieron la máquina de escribir y alguna papelería.

—Y no hables más de Marta. Marta nunca existió —le advirtió severamente Féliks.

—Si quieres ser escritor, escribe sopas de letras —le recomendó Alejandro.

Gofredo echó la máquina de escribir y los papeles en un contenedor de basura mientras regresaba a su casa. No habló con nadie de lo que le había ocurrido. Expulsado del puesto de sereno que tenía en una fábrica cerca de su casa, pasó unos meses sin salir, como si le hubiera cogido gusto al encierro, sin leer ni escribir nada, pensando en otro mundo, escuchando la radio día y noche, hasta que un pariente sin prejuicios le consiguió un trabajo como técnico de computación. Era a mediados de los 90 y el sueldo no le servía de mucho, pero tenía almuerzo y merienda garantizados.

Como había muy poco que hacer, tecleaba letras de canciones que le gustaban y hasta los pequeños textos «poéticos y abstractos», como decía él, que había comenzado a garabatear y que almacenaba en el ordenador, en una carpeta protegida con contraseña, pues otros empleados usaban la máquina igualmente. Por casualidad, en esa carpeta guardaba también la programación de Radio Martí.

Conservaba una copia de la carpeta en dos disquetes de 5,25 pulgadas que le habían regalado y que siempre llevaba en la mochila cuando iba al trabajo o regresaba, pedaleando sudoroso en su bicicleta china. Una mañana, lo detuvo un carro patrullero en Infanta y, en la estación policial más cercana, unos individuos de civil lo acusaron de lanzar volantes, pero al poco rato fue capturado el verdadero culpable, muy parecido a él.

Y, ya a punto de que lo soltaran, surgió el asunto de los disquetes, lo único sospechoso en su mochila. Los agentes no podían entrar en el archivo MINE porque estaba protegido con una contraseña y, para colmo, a él se le ocurrió no revelarla en defensa de sus derechos. Cuando vio que el asunto se ennegrecía, complació a los disgustados oficiales. El documento con la programación de Radio Martí lo llevó de nuevo, en unos minutos, a un calabozo de Villa Marista.

Cuando el oficial Féliks apareció, quizás al segundo día, Gofredo tuvo cierta esperanza, que pronto perdió. De nada sirvió que explicara el significado de las letras de las canciones de Black Sabbath y el de sus nuevos textos, porque aquel cuento de Marta la magnicida, la programación de Radio Martí y la conjetura de que hubiera lanzado octavillas eran indicios muy candentes. El «supuesto escritor» confesó que sintonizaba la maldita emisora para oír música. Más tarde admitió que escuchaba las noticias también, porque eso no era un delito.

—Tienes que demostrarme que no eres agente de la CIA —replicó, inexpresivo y resignado, el agente Féliks al décimo día de continuos interrogatorios—. En el registro de tu casa no apareció ninguna evidencia, pero eso no dice nada a favor tuyo, sino que te complica más.

Gofredo pasó un tiempo incalculable, que en el mundo exterior fueron otros seis días, intentando hallar en su mente una manera de demostrar que no estaba cumpliendo ninguna misión del enemigo, pero se daba cuenta de que siempre quedaba alguna fisura en sus coartadas y de que, fuese como fuese, aun demostrando cualquier otra cosa, lo único que no podía probar era que jamás y de ningún modo había sido agente de la CIA.

—Demuéstreme usted que lo soy, porque yo no tengo ninguna prueba de que no soy agente de la CIA —le dijo Gofredo al oficial, vencido, esperando un agravamiento de su situación, pero Féliks se echó a reír y lo llamó ingenuo.

Claro que él siempre supo que no lo era, pues «resultaba imposible que lo fuese». Era solo un tipo conflictivo y desagradecido, como todo «supuesto escritor», empeñado ahora en perpetrar textos de apariencia poética y fantasiosa que indicaban cuánto despreciaba la realidad socialista. Féliks, respirando paciencia, le pidió que recapacitara y no siguiera «atrincherado en su resentimiento».

Después de algunas advertencias más, no obstante, el oficial lo dejó ir, sin devolverle los disquetes, y Gofredo corrió a encerrarse en su casa. No salió ni comió casi nada en varios días, no quiso dar ninguna explicación y ni se molestó en volver al trabajo. A los dos meses, empezó como ayudante en una carpintería clandestina. Luego estuvo de albañil y de vendedor en un agromercado. A los cuatro años del último arresto, reparó una vieja Underwood que encontró en un basurero y, como si así dejara atrás definitivamente el pasado, se puso a escribir cuentos de ciencia-ficción.

Hasta empezó a frecuentar a escritores con más experiencia en ese tipo de literatura, que siempre le había atraído, pero que también le había resultado un poco remota, lo cual ahora le parecía su mayor atractivo. Descubrió que, aunque casi no aparecían en los medios y se publicaban escasos libros de ellos, los escritores habaneros de ciencia-ficción formaban un pequeño planeta con vida inteligente bastante activa, donde incluso se realizaban algunos eventos y encuentros provinciales y nacionales. En una de esas citas, Gofredo se encontró con el agente Féliks.

Se miraron desde cierta distancia. Aunque había algo raro en la expresión del oficial, que no se le acercó de inmediato, Gofredo no pudo evitar que le viniera a la mente la imagen de un calabozo. No quería quedarse allí, pero tampoco se atrevía a marcharse, pues seguramente en la calle lo esperaba un auto con aquellos tipos de civil, que lo arrestarían. Pero el encuentro terminó. Todos salieron y, cuando Gofredo llegó a la acera de último, nadie aguardaba por él.

Hizo una caminata de hora y media hasta su casa, con la constante sensación de que en cualquier momento un auto o una patrulla policial frenaría a su lado chillando las gomas y tres grandulones lo agarrarían, lo meterían de cabeza en el asiento trasero y lo llevarían ante Féliks. Pero no ocurrió nada aquel día ni al siguiente. Recordaba la paranoia de su nuevo ídolo literario, Philip K. Dick. Varios meses más tarde volvió a asistir a otro evento de escritores aficionados. Y nada. Tal vez había confundido al oficial con uno que se le parecía. Olvidó el incidente.

Pero en un concurso provincial de talleres literarios, en Santiago de las Vegas, no solo se encontró de nuevo con Féliks, sino que el otro se le acercó, lo saludó y le preguntó cómo estaba. Gofredo fue incapaz de contestarle. Su mente paralizada no halló una sola palabra que decir. Féliks sonrió, comprensivo, y fue él quien habló. Llevaba varios años retirado y ahora trabajaba en una empresa de turismo. Y su nombre verdadero era Julio Pablo. Féliks había sido solo su «nombre de guerra».

En un año volvieron a encontrarse un par de veces. Gofredo, incapaz de articular una palabra más allá de monosílabos como «sí», «no» o «bien», seguía nombrándolo igual en su pensamiento, donde Féliks se mantenía siempre, repitiendo una martirizante noria de preguntas, aun cuando no lo viera durante meses. En la última ocasión en que coincidieron, Féliks lo invitó a un bar para conversar un rato. Seguro de que ahora sí lo arrestaría, Gofredo se fue con él. Y de veras entraron en un bar.

Desde la segunda cerveza, ya Féliks hablaba como si fueran viejos amigos. Hipnotizado, Gofredo miraba esa chispa demente en el fondo helado de sus ojos. Sin que él le preguntara, el otro le contó, con la mayor naturalidad del mundo, que había tenido serios problemas en la CI —así llamaba a la contrainteligencia— desde aquella operación que se le ocurrió con una ficticia muchacha-bomba para atraer a posibles CR — contrarrevolucionarios— extremistas. Gofredo resultó ser el único que respondió al simulacro, literalmente de modo literario, recordaba Féliks sonriendo.

Pero aquella experiencia le reportó al oficial una ganancia inesperada, que nunca le agradecería a Gofredo lo suficiente: aquel relato sobre Marta la magnicida, resultó su primer acercamiento real a la literatura. Más tarde, los textos «poéticos y fantasiosos» no le parecieron tan atractivos, pero le sirvieron para comprender mejor el arte de la escritura. En ese mundo, a semejanza del mundo de la CI, uno puede fingir que es otras personas, puede inventar cualquier historia. Además, puede prescindir de cualquier vulgaridad moral y de todo pudor pequeñoburgués.

Y puedes usar el seudónimo que te dé la gana. Y utilizar a las personas de carne y hueso como si fueran personajes ficticios. Te pasas toda una noche pensando, calculando, fantaseando sobre lo que puedes hacer con el personaje Fulano relacionándolo con Mengano. Puedes sacar a Zutano de la historia cuando quieras. Lo que te piden es que entregues «historias» que alimenten una historia más grande.

Eres una especie de escritor por encargo. Pones título a tus «historias» u operaciones. Si eres un agente aburrido, que no produce nada interesante, fracasas, igual que un escritor. Así que no puedes tener muchos escrúpulos a la hora de moverte en las vidas ajenas para armar tu «relato». Al final, personas y personajes no son tan diferentes como parecen. Como un escritor, cuando te reúnes con tu familia, ellos ni se imaginan en qué trama andas metido. Y te buscas tantos o más enemigos.

Pero estás obligado a vivir en secreto. Es un oficio más solitario que el de un escritor. Y con muy malas compañías. Y no puedes ni soñar con ser famoso. Tus éxitos los conocen solo unos pocos. Y no hablemos de los ídolos. El mío era Féliks Dzerzhinski. ¿Te imaginas? Un verdugo. La verdad es que yo no servía mucho para eso. ¿Y la salvación? ¿Quién se salva en las tripas de la política? Me di cuenta de que en la literatura existía la salvación. Me dijeron que estaba «mal de los nervios». Y yo les pregunté: ¿Qué nervios? Ja.

Al principio de aquella grotesca revelación, Gofredo creyó que se trataba de una trampa barroca, delirante. Luego, durante el monólogo, se preguntaba si Féliks le mentía o le decía la verdad, si estaba loco o si estaba cuerdo. ¿Y se burlaba de él cuando le pedía que leyera la novela que estaba escribiendo?

Gofredo no recordaba, después, si se levantó y se fue, si se despidió de Féliks o no. Iba caminando solo, borroso, como disolviéndose en la luz de la tarde. Las palabras de Féliks no tenían que ser verdad o mentira. El propio Féliks no tenía que estar lúcido o demente. A veces las cosas no son tan sencillas. O son horrorosamente más sencillas de lo que parecen. *Solo los muertos se liberan*, recordó el verso de una canción. Pero quizás ni así.

Por si acaso, lo mejor era no volver a escribir ni una palabra más en el resto de su vida, se prometió Gofredo. Y hasta ahora lo ha cumplido al pie de la letra, valga la paradoja.

DESPUÉS DEL DOS MIL

ÁNGEL SANTIESTEBAN

LOS HOMBRES DE RICHELIEU·

A Yoani, Rodiles, Claudio, Ailer, Laritza,
Eugenio, Olivera, Yaremis y Veizant,
hermanos de celda y golpiza.
8 de noviembre de 2012,
antesala y anuncio de mi condena.

Me encuentro con aquel amigo de los primeros años de estudio, la emoción del tropiezo no puedo reprimirla, un mosquetero de los bravos y lo abrazo mientras le pregunto qué ha sido de su vida. Me anuncia que es padre de dos hijos, escritor de oficio. Yo también tengo dos y estoy recién graduado de licenciatura en enfermería. Deseo continuar abrazándolo, pero por su parte no siento el mismo regocijo, o sucede algo que no logro precisar, y que de alguna manera me rechaza. Sonríe forzándose, turbado y observa en derredor como un maniático. Por mi lado experimento que he encontrado un hermano extraviado y en mi mente se agolpan las imágenes del pasado. Tiene la misma expresión de preocupación de cuando culminábamos un examen.

Así que yo era quien más leía y tú fuiste quien salió escritor, le bromeo; rememoro que vivíamos en 1627, apenas abandonábamos la escuela nos trasladábamos al París de entonces. Leímos decenas de veces *Los tres mosqueteros*, siempre nos parecía fresca y genial.

Cuando me lo topé conversaba con una dama delgada de pelo largo, muy largo, quizá sea su Constance y los interrumpí en algún problema

---

· Este texto pertenece a un libro inédito que lleva el título provisional de *Zona de silencio*.

amoroso. Con prisa le aviso que me encuentro en las afueras de la estación de policía porque mi hermano está detenido desde hace un mes, por delito económico, y en estos días ha enfermado. Y él mueve la cabeza expresando pena. Otros que van llegando lo saludan y se unen al grupo. Le digo que cada vez que visito a mi hermano, converso con Tamayo, ¿recuerdas?, los profesores nos pusieron «los tres mosquiteros», ahora él es mayor de la Contrainteligencia, pero anda vestido de civil; ¡sería bueno volvernos a reunir! Imagínate: un escritor, un policía y un sanitario, ¿qué puede salir de ese coctel?

Pregunta por mi madre y le digo que falleció. Luego hay un momento en que ninguno de los dos pronuncia palabra. Le aseguro que aún soy un caballero de espada al servicio de Vuestra Majestad Luis XIII, ¿recuerdas?, y asiente, ¡claro que lo recuerda! El divertimento que llegó a obsesionarnos; a veces andábamos con el puño en la cintura como si sostuviéramos la espada imaginaria.

La dama de pelo largo, muy largo, que escribe mensajes en el celular, nos mira atenta a la despedida. Entonces llega la pregunta inevitable ¿y tú qué haces aquí?, indago. Dice que un compañero está detenido injustamente. Aquella palabra «injustamente» me resulta sospechosa, y supongo que evoca otra de nuestras fantasías.

Tengo la certeza que la impresión que sentí desde el encuentro no es equivocada, está raro y el resto de sus acompañantes son extraños como él, ¿serán gays?, ¿sidosos? Un misterio los agrupa, les envuelve una complicidad que no logro descifrar, se ven aprensivos, tensos, en definitiva, gente triste. ¿Qué diría el señor de Tréville, capitán de los mosqueteros del rey? Con seguridad los echaría del ilustre cuerpo de honor al auxilio fiel de Su Majestad.

El mosquetero me da varias palmadas por el hombro en señal de despedida y dice que se alegra de verme, que algún día nos encontraremos para reconstruir los viejos tiempos, pero sobre todo para soñar por un futuro mejor. No entiendo a qué se refiere, me gustaría haberle dicho que no me agrada su cofradía, pero los intelectuales de por sí ya son extraños; antes de irse, aún por la emoción y no querer volver a perderle el rastro, le grito que vaya por mi casa en la calle Anita 211, y regálame un libro tuyo, levanto la Biblia, soy cristiano. Desenvaino la espada, saludo y la enfundo. Y mueve la cabeza asintiendo, en lo que se aleja a unirse a los que le esperan. A la dama, en demostración de cortesía, le hago una reverencia y toco mi sombrero de fieltro adornado con pluma blanca. Vuelvo a la misión de preguntar al oficial de la carpeta si llevaron al hospital a mi hermano, y si la fiebre cedió.

Mientras averiguan para informarme, converso con Tamayo, le digo sobre la sorpresa de encontrarme a Athos y que ahora es escritor. Por ese entonces éramos inseparables, cumplíamos lo de uno para todos y todos para uno. Pero algo que no logro interpretar ocurre en los demás, quizá sea un romántico congelado en el tiempo, pero mis años de infancia y adolescencia son sagrados y mágicos. Por vergüenza a ser acusado de infantil y atascado en el pasado, no digo el tiempo que gasto rememorando las maldades imborrables, la primera novia, algunas bromas inocentes dignas de antología. Pero esta vez Tamayo no reacciona igual ante las evocaciones, ¿ha superado la etapa?, se mantiene frío y calculador, le menciono a nuestro mosquetero y parece no recordarlo, le narro varias anécdotas que hicimos en las escuelas al campo, los nombres de las novias, al final hace un movimiento de cabeza como si despertara. Pienso que a los militares les han matado la añoranza. ¿Cómo olvidar tiempos maravillosos? Y prefiero callar.

Cuando salgo de la unidad policial, veo algunos autos de patrulla que cierran la calle y a un grupo uniformado que agrede y apresa a civiles. Me sorprendo al ver entre los detenidos al amigo recién encontrado. Debe de ser una equivocación, me acerco para decir que es un gentilhombre, mientras invoco a Cristo, tú que todo lo puedes, ¡ayúdalo! Los cardenalistas lo conducen hacia una patrulla y se me queda mirando, con un guiño me hace cómplice, vuelve a ser Athos, avisa que un profesor se acerca por el pasillo y que responde al mando del cardenal Richelieu, pero esta vez nadie camina por la escuela, ni yo soy Aramis, ahora la señal es para que entienda el por qué no fue efusivo en el rencuentro. Me hubiera gustado responderle con el gesto de siempre, el puño cerrado sobre el lado del corazón, pero ya no me mira. ¡Envainad, señores!, tenemos prohibido por el Rey cruzar las espadas con los soldados de Vuestra Eminencia.

Justo al entrarlo en el auto policial un soldado le pega por la nuca y él protesta, le empuja la mano en señal de rechazo; y los oficiales en plena calle lo golpean sin misericordia. Luego de introducirlo en la patrulla, uno de ellos se levanta el pulóver y saca una pistola con la que le pega varias veces, temo que le fracture el cráneo. Tengo la impresión de que lo matará. Y mi mosquetero no resiste la paliza, regresa a la calle. ¿Qué delito pudo haber cometido para que lo traten de esa manera salvaje?

Tengo deseos de detener a los abusadores, pero el miedo me paraliza, ni siquiera encuentro coraje para gritar, decir que lo están matando. Me quedo impávido, testigo de la golpiza sin poder hacer otra cosa que continuar respirando, ayudando a empujar la sangre por mis venas. Mientras, la dama de pelo largo, muy largo, les grita sicarios, represores. Es evidente que mi compañero está metido en política, y esa es mala. ¿Cómo un hombre inteligente puede caer en semejante estupidez? Desde hace mucho tiempo fueron suspendidos los mosqueteros del Rey por estos enfrentamientos.

Finalmente lo dejan maniatado y los introducen en los autos patrulleros que comienzan a formar una fila de siete carruajes. En mis manos palpo la Biblia estrujada y húmeda por el sudor. Mi esposa está cerca de mí, no me había percatado de su llegada. Nos miramos. Me conmina a regresar a la casa, es médico y ha salido del turno de guardia, preocupada por la salud de mi hermano, quiso pasar por la unidad sabiendo que allí me encontraría. Todo está bien, le digo entrecortado. Me agarra del brazo y nos retiramos en silencio. Siento que tiembla. Aún no podíamos creer la escena violenta. Si no lo hubiera visto llamaría mentiroso al que lo contara. Fue como cruzar en el tiempo y ver las descripciones de los libros de historia de la dictadura, o los vejámenes que cometían los hombres del cardenal.

Seguimos caminando cuando los militares me informan que debo acompañarlos, pregunto por qué y un golpe en la nuca me hace perder el equilibrio, mientras mi esposa grita que es una equivocación. En segundos estoy esposado y dentro de la patrulla. Mi biblia ha quedado tendida en el suelo. Pido que me la devuelvan y el guardia la patea. A mi mujer también la suben en otra, precisamente al lado de la muchacha que gritaba improperios a los agentes. *Monsieur*, aclaro que no hay razones para detenerme, es una injusticia, soy un hombre pacífico y para más, apolítico. Me debo a Cristo. Mejor cállate antes de que te saque los dientes a piñazos, me dice uno. Acato el consejo en señal de buena voluntad. Como táctica es mejor no llevarle la contraria.

La patrulla se une al cortejo. Delante un Lada verde guía el séquito y al final cierra la comitiva una guagüita roja. A veces podía distinguir a mi dama en el otro auto. La muchacha de pelo largo, muy largo, que va a su lado, hace señales con los dedos índice y pulgar en forma de L. Seguramente nos llevan para la Bastilla: lugar donde se ejecutan a los condenados. Las esposas están apretadas y el dolor se hace insoportable. Le digo al policía que va a mi lado que si puede aflojarlas, y con una sonrisa busca mis puños y las oprime más. El dolor crece a un nivel irresistible. Dejo escapar un quejido de mujer de parto. Ellos ríen. Esta vez, lo juro, no soy parte de los mosqueteros que rescatarán los herretes con diamantes de la Reina.

Nos llevan a las afueras de la ciudad, quizá al palacio del cardenal. La gente observa la caravana de patrullas y siguen fumando, o se rascan la piel, o simplemente miran hacia otra parte. Solo cuando se está del lado de acá nos preguntamos por qué no gritan que es injusto, ¿por qué no protestan por mí?

Nos bajan en una carretera inhóspita, nos registran y aprovechan para volver a golpearnos, incluso a las mujeres. Mi esposa llora. Athos continúa protestando por los abusos y un tal agente Camilo, que actúa como Jussac, le dice que si no le basta con los cinco años a los que lo van a condenar. Si mi ex amigo sabía que estaba metido en problemas para qué tuvo que aceptar mi saludo, pudo haberme evitado de plano, hablar con claridad y me hubiese desaparecido de los alrededores.

Siguen empujando a mi mujer, y un valor desconocido que apenas logro hacer consciente, me insta a gritar que ella es inocente, digo mirándola, y otro golpe en la cara me hace perder la noción del tiempo. Solo escucho voces lejanas, ecos imperceptibles, y por mucho que me esfuerzo por abrir los párpados no puedo ver, es como si pesaran libras. Me lanzan nuevamente dentro de la patrulla. Y nos vamos del lugar.

No sé nada más hasta que llegamos a la unidad policial del Reparto Capri. A mi lado va otro disidente que se mantiene en silencio. Los demás autos no llegan. Me bajan halándome por las esposas, y es como si me arrancaran los brazos, unos latidos en las muñecas avisan que la sangre ha dejado de fluir, dolores semejantes a espadazos que cercenan mi carne, y las fuerzas disminuyen, el malestar jamás experimentado por mi sistema nervioso avisa mi colapso total.

Cuando me quitan las esposas siento ganas de llorar de alegría, agradecer que se retira el latido punzante y crecido que abarca desde la uña del pie hasta mi cabeza. Me empujan y caigo sobre un piso frío. Llega la pestilencia a orine, su ácido me hace sacudir la cabeza igual que un caballo, comprendo que estamos en las mazmorras de la Bastilla. La ventana está resguardada por gruesos barrotes y solo permite la visión a otro muro alto.

Estoy solo en la celda. En la pared izquierda escribieron «Abajo Fidel» y en la otra «Vivan los Derechos Humanos». Me pregunto en qué mundo desconocido, ajeno, me han introducido. ¿En cuál círculo del infierno de *La divina comedia* me encuentro? ¿Cuándo me cambiaron de novela sin el mínimo aviso?

De inmediato vienen a buscarme. El carcelero manipula los cerrojos exteriores y me engrilletan otra vez, pero por suerte las esposas no están tan apretadas. Me llevan a un cuarto con una silla en el medio donde me obligan a sentarme. Uno comienza diciendo que desea ponerme la situación fácil: hablo y me suelta. Así de sencillo, dice. Es fácil de verdad, pienso, aclaro la situación y me voy. ¡Envainad las espadas señores! Levanto los hombros, supongo que están asustados por lo que he presenciado, me he convertido en un testigo peligroso. Digo que nada, que pasaba por allí y apenas pude ver lo sucedido. Que soy cristiano y… un piñazo me cierra la boca. Luego llegan las bofetadas que encienden mi piel como si cada vez me pegaran una plancha caliente. ¿Por qué he de merecer toda su cólera? Quiero que sea un sueño, una pesadilla de la cual despertaré, pero deseo que sea ya, uno, dos, tres, me despierto…, pero continúo aquí, bajo constantes golpes. ¿Sois enviados de Dios, sois ministros del infierno, sois ángeles o demonios, os llamáis Eloah o Astarté? Siento el sabor de mi sangre y un llanto desesperado va acompañado de un grito de piedad, basta de crueldad, hablaré, digo, lo que deseen, pero por Dios, no me golpeen más.

Entonces se detienen, okey, dice el tal Camilo o Jussac, habla cacho de maricón, dime en qué estás metido con esos contrarrevolucionarios. Les juro que nada, ni siquiera sabía que estaban en política. No me dejan terminar, mientras me golpean, gritan si creo que ellos son estúpidos, que escucharon cuando les brindé mi casa. Muevo la cabeza negando, grito que no, jamás pensaría que son estúpidos, incapaz de faltarles el respeto. Son hombres inmensos que custodian la revolución, digo, entonces me pegan más porque lo entienden como una burla, ¡ah cabrón, eres cómico! Pero cómo hacerles entender que lo he dicho con la mayor sinceridad del universo. Y me cago en el amigo recién encontrado y en todos los mosqueteros infames que mancillan la revolución con sus herejías y desenfrenos. ¿Acaso estos militares no comprenden que solo soy un romántico, que amo al cardenal?

No recuerdo cuándo dejo de llorar, de sentir, solo que me gritan una vez tras otra que acabe de hablar, y sollozo como un niño cuando lo quieren encerrar en la oscuridad y ruega que le dejen la luz encendida, que le permitan dormir con sus padres. Tú estabas dándote la lengua con ellos, te vimos, me gritan, entonces comprendo el mal entendido, le explico que había sido un encuentro casual, que estudiamos de niños y apenas lo recordaba, que él fue quien insistió en saludarme, pero se ponen más furiosos, ¿quizá quieren oír que soy parte de la contrarrevolución?, ¿que recibo armas del *Solzhe* de Buckingham?, ¿que soy mercenario?, ¿que pondré una bomba?, ¿cómo iba a decirles esos inventos?, luego sería peor. Les miento, aseguro que de adolescente siempre nos llevábamos mal, que no lo soportaba, era un tipo criticón insoportable, que fui Aspirante a la Unión de Jóvenes Comunistas. Pero ellos no escuchan, sordos que me miran como si fuera uno de los mosqueteros que intentan desacreditar a Richelieu.

Les afirmo que tengo un hermano en la unidad, que lo averigüen, que conozco al oficial Tamayo, nuestro Porthos, quizá el único de los tres que es un verdadero mosquetero, que puede atestiguar lo que digo. Entonces él abre la puerta y el sol entra para mí. ¿Verdad que estudió con nosotros?, pregunto mientras se acerca, ¿verdad que mi hermano está detenido?, ¿que son falsos vuestros rumores?; pero no responde, pasan unos minutos interminables, solo me mira a los ojos como si quisiera darme confianza. Desde su llegada no me han golpeado más, y eso ya es algo. Tienes que cooperar me dice, te vimos desde la cámara que te entendías muy bien con él, está grabado, y por el entusiasmo no parece que hacía tiempo no se veían. ¡Cuando nos reencontramos no fuiste así conmigo...! Anda, dice, reconoce que estabas allí porque te enrolaron, te juro que te voy a ayudar y no vas a tener problema, pero antes tienes que decir la verdad para que confiemos en ti.

Con sus palabras se fue apagando la luz imaginaria y la oscuridad llenó todos los rincones de mi cerebro. Me habla como los hombres del cardenal. Se ha convertido en el genio del mal. La verdad es que en estos momentos no me han dejado otra opción que creer en Cristo y en Richelieu, el máximo y único líder, o mejor, en Richelieu y en Cristo. Ni recuerdo bien a nuestro ex compañero de estudio. Me cago en su madre y en la hora de la niñez en que nos encontramos y decidimos ser mosqueteros.

Ya no sé si llorar o quedarme turbado de por vida, un letargo sorpresivo que me lleva al desconocimiento, una especie de retraso mental permanente. Vuelven a abofetearme, pero ya no importa que me maltraten, en realidad llego a la convicción de que algo no funciona en el sistema o en sus cerebros.

Y algún desconocido me toma por sorpresa, habla por mi boca sin mi anuencia. Mátame si quieres, advierto, no puedo decir nada que los haga felices. Pero mi compañero de estudio sonríe, no, aquí no se mata ni se tortura, la Revolución no hace esas cosas, nosotros solo ayudamos a salir de la enajenación, y es como si de su rostro cayera la máscara de Porthos y se descubriera el mismísimo Rochefort.

Quitan una tela y se descubre un cristal que divide las habitaciones, encienden una bocina. Mi mujer está del otro lado. Mi Constance. La tienen esposada y dice que no sabe absolutamente nada de mis amistades. Y se porta a la altura que necesita la reina Ana de Austria y yo. Asegura que fue una sorpresa que él conociera a esos contrarrevolucionarios. Les juro que no tengo conocimiento al respecto y fui la primera sorprendida. Dos mujeres uniformadas le halan los pelos mientras dos hombres las observan, perra, le grita Milady, la espía del cardenal que ejecuta la tortura, dime la verdad antes de que te quedes sin ninguno para peinarte. Mi mujer llora, jura no saber. Quizá teme que la envíen a un convento. Grito que no sabe nada, pero en la otra habitación no me pueden escuchar. Llevan un rato zarandeándola y propinándole golpes, la agonía se hace infinita, cuando dice que es cierto, reconoce que al pasar en la guagua me observó hablando con los desconocidos, luego fueron los que vi detenidos, nunca me los presentó, creía conocer a todas sus amistades. Entonces anuncia que es médico, y una mujer la desmiente, pero busca en su cartera el carné que la acredita. Y en mala hora se lo hizo saber porque al encontrarlo le aseguran que es una malagradecida, que la revolución le ha dado estudios y ella traiciona, muerde la mano que le da de comer. Y le asestan un golpe por encima del oído que la hace caer para el lado contrario como si fuera una muñequita rellena de paja. Se queda allí, dormida con placer, agradecida de escapar de la agonía. Yo grito abusadores, hijos de puta, mientras me vuelven a golpear. Cuando se cansan cierran la cortina y apagan la bocina.

Me dejan un rato en paz. Recuperándome de los dolores. Mi mayor preocupación es saber que abusan de mi mujer que es inocente. Tengo que llegar al Palacio Real y avisar de los desmanes que se cometen para que reparen nuestra desdicha. Al rato descubro que inclinándome y esperando que el ventilador sople sobre la cortina, se hace una hendija donde puedo verla. Felizmente ya no le pegan. Me inclino tanto que temo perder el equilibrio. Le quitan las esposas. Me parece una eternidad el espacio en que regresa la oscilación. Conversan con ella en lo que se peina. La observo por intervalos de segundos varias veces más. Hasta que se la llevan.

No sé cuándo se convencieron de que decíamos la verdad. Horas después un oficial viene y asegura que no somos de interés. Avisa que nos podemos ir. Es de noche y desconfiados abandonamos la Bastilla. El viaje de vuelta es interminable y lo hago aturdido. Solo cuando llegamos a la casa comprendo que hemos estado todo el trayecto sin conversar. Una hora sin decir palabra. Sumergidos en cada detalle de esta pesadilla.

Ella se sienta en el sofá de la sala, o más bien se deja caer, suspira de alivio, se pone las manos en la cabeza mientras escapan algunas lágrimas. Voy hasta la ventana y miro para saber si nos siguieron. Unos hombres salen de la casa del frente. Al rato, ese vecino abre la ventana y comienza a espiar con insistencia hacia la mía.

Temo volverme a tropezar con el estudiante de la niñez. Realmente no quiero encontrarme con nadie que tenga que ver con mi pasado. Quemaré el libro *Los tres mosqueteros*. Para mí se acabó el pasado, la fantasía. Borraré mi mente. Reconozco que no soy un mosquetero. Hasta Planchet fue más valiente que yo que obtuvo el grado de sargento en los guardias. Los profesores tenían razón al llamarnos mosquiteros, solo soy eso, un ínfimo e inofensivo mosquito. No soy más que un remedo del tabernero Bonacieux… No soy un hombre de espada… Lentamente desenvaino, la observo tan indefensa e inútil en mis manos, levanto la rodilla y gesticulo como si la partiera. Ahora solo me preocupa el presente.

Voy hasta el teléfono y lo descuelgo para saber si lo intervinieron. Me quedo en silencio intentando descubrir si alguien más escucha. Mi esposa se levanta del sofá y lentamente se aproxima. Se detiene cerca, justo detrás de la puerta, puedo percibir el jadeo de su respiración.

Y se mantiene en sigilo.

JORGE ÁNGEL PÉREZ

CUANDO EL MIEDO HACE LUCHAR POR LA ESCLAVITUD[*]

El dramaturgo cubano Abelardo Estorino fue asistido muchas veces, incluso despierto, por una pesadilla en la que resultaba demandado por la urgencia, la insistencia, de unos toques en la puerta de su casa... Siempre abría... y en cada ocasión se originaba la misma escena; un uniformado oficial de la Seguridad del Estado preguntaba en el umbral si él era él, para entregarle entonces una citación. Cada vez el mismo «papelito» acuñado, firmado y con indicaciones idénticas; a las que el teatrista respondía siempre de igual manera: asegurando que estaría allí a la hora señalada.

Y así cumplió, al menos en sus sueños, cada vez... A la hora tal, del día tal, enrumbaba sus pasos, supongo que en medio del espanto, hacia aquellas oficinas del G-2. Y, ¡sorpresa!, sentado tras el buró, y vistiendo el uniforme verde olivo, estaba Raúl Martínez. Y el pintor, ese que antes cultivara el abstraccionismo, ese que fuera su amante, no sostenía un pincel que trazara el rostro de un Martí «pop» ni oprimía el obturador de una cámara fotográfica.

Raúl Martínez, cubierto por un traje verde olivo y luciendo estrellas en su charretera, se levantaba para recibirlo, y exhibía un desconocido y autoritario espíritu. Soberbio, indicaba a su amante, al dramaturgo que escribió *Los mangos de Caín*, que tomara asiento; y desenfundaba entonces la pistola para hacerla chocar con fuerza contra la madera del buró. Cada vez lo recibía con los mismos ademanes, y se entregaba a un largo interrogatorio lleno de intimidaciones, y en el que se desenvolvía como pez en el

---

[*] Una versión previa de este texto apareció en el portal digital *Cubanet*.

agua. «¿Qué escribes? ¿Con quién te reúnes? ¿Qué comenta fulano?». En ocasiones el oficial era interrumpido por una fuerza mayor y se veía obligado a salir, dejando solo al interrogado en medio de la angustia. Así crecía el miedo, que sin dudas ya estaba diseñado.

La escena se repitió una y otra vez en la cabeza de Estorino, que la contaba a sus amigos, ¿y quién podría dudar que hasta con Raúl presente? En el «jocoso» relato de Abelardo Estorino, el pintor y el amante eran importantes, pero lo más significativo resultaba ser el descubrimiento de un nuevo agente de la Seguridad del Estado a quien le dieran el encargo de vigilar al escritor. Esa escena, al parecer salida de la imaginación del dramaturgo y tanta veces repetida, era, al menos en apariencias, solo un chiste, una *boutade* dirían los franceses, pero ¿era realmente una broma? ¿Por qué inventaba Estorino aquella historia? Su fantasía era algo más que un sarcasmo…, era más, mucho más.

Esa «humorada» de Abelardo es otra de las pruebas que hablan del miedo que asiste a los cubanos, que nunca sabremos desde dónde, ni desde quién, llegará la vigilancia y la delación. El chiste instaba a no confiar en nadie porque cualquiera podía ser el enemigo. La broma advertía la posibilidad de que el amante, y cualquier otro, se convirtieran, de la noche a la mañana, en policías encubiertos, en delatores; eso era lo más importante. La verdadera intención estaba en el hecho de sugerir esa posibilidad, meter en la cabeza de todos que no era bueno confiar, porque lo improbable, en Cuba, nunca es imposible.

Bien sabemos los cubanos lo difícil que resulta vivir en medio de tanto sigilo, con tanto miedo. Y sin dudas, eso era lo que pretendía el gobierno; y con ese relato de Estorino, ellos volverían a ser los vencedores. El miedo coartaba cualquier iniciativa porque el «infiel» podía ser descubierto mucho antes del intento. Cualquiera podría ser el chivato, y la policía política era la única beneficiada.

El chiste instaba a la precaución, al desaliento y a la inercia. Fue así que ganaron, y ganan todavía, muchas batallas. El enemigo de Estorino era su amante; un profesor homosexual a quien alguna vez se le prohibió tener alumnos a quienes podía «desviar», un artista perseguido por la Seguridad del Estado. ¿A quién se le ocurriría dudar de Raúl Martínez? El enemigo estaba en cualquier parte, y para conseguir que tal cosa se entendiera, hasta produjeron series de televisión y libros «policiacos» que concluían siempre en el instante en el que se develaba el rostro de un nuevo agente.

No bastaba con ser precavido. La quietud se convertía entonces en la «habilidad» más recomendable, pero también la desidia, el miedo infinito y el silencio. Aquella broma, y la «posibilidad real del hecho» golpearían a los amigos de Estorino, poniéndolos en alerta, dejando abierto el camino a la mentira y al disciplinado acatamiento. Reconocer esta otra posibilidad alejaba a los cubanos de decidirse por la discordia y abría el paso al asentimiento, a los altísimos y continuos «vivas» a la «revolución», aunque ya no se creyera en ella.

Del miedo no podrían salir las críticas ni esa oposición que el gobierno se empeña todavía en silenciar. No caben dudas de que para oponerse es preciso confiar en alguien, lo que se hace bien difícil cuando es la propia policía quien favorece la desconfianza. Resulta complicado reconocer en Cuba al falso amigo o al verdadero enemigo. Los delatores pueden estar en cualquier sitio, incluso en la cama. Así fueron defendidas las «grandes doctrinas», haciendo que quienes disentían temieran a la cárcel, a la muerte, esa que interrumpe cualquier iniciativa.

De eso habla la «humorada» de Estorino. Descubrir que el vecino o el amigo pueden ser chivatos nos llena de un miedo desconcertante, y eso es beneficioso al gobierno, a su policía. En Cuba se atendió a esa certeza de que vencería quien fuera capaz de dividir. Este suceso deja bien claro, como decía Spinoza, que el miedo hace a los hombres luchar por la esclavitud. Así se defiende este gobierno. Así llegaron hasta hoy.

Ricardo Arrieta

TAN LEJOS COMO PUEDAS VER*

El amanecer nos sorprende bajo una llovizna de rocío y uva caleta, a pocos pasos de un camino del cual a decir verdad no estamos nada seguros. Mirna, la última por defecto en dar señales de vida, comienza prediciblemente a estirarse bajo la manta y se pone a ronronear. Yo por mi parte ya en pie, inspiro hondo y me lleno del dorado que tiene el verde a esta hora en plena alborada en la falda de la sierra más alta.

—Más intrincada —sugiere Luro y le da candela a la punta de ese cigarro que cuelga de su boca—. El último cartucho —anuncia con la respiración contenida, los ojos cerrados y el humo clavado en lo más hondo.

—¿El último? —advierte más que pregunta Mirna ya casi despierta—. Creo que mejor empezamos a concentrarnos en lo que estamos haciendo.

Ella es así, siempre se expresa con la mejor pedagogía. Luro le pasa el cigarro sin decir nada y se entretiene en jugar con una arañita hasta que le desgarra la tela. A veces pienso que se cree un Gulliver asediado por artrópodos, un gigante torpe entre los mil bichos de la creación. Me mira de vuelta, parece haber sido tocado por mis lucubraciones.

—¿Qué hacemos, bicho? —Me pone una mano en el hombro y sonríe lagañoso y lleno de cañones.

Mirna me alcanza el cigarro y como no es ningún pecado fumar a esta hora, con este friecillo enternecedor, doy una buena calada tranquilamente, disfrutando de esta fiesta cromática y del gorjeo de infinitos pájaros

* Este texto es parte del libro *María y la Virgen*, premio Dador 2000, publicado por Ediciones Unión en el 2007.

distintos. Agradezco una vez más encontrarme en este monte arraigado sobre los acantilados, con toda esta luz despuntando... A la tercera bocanada advierto que en el fondo del espectro sonoro aún persiste ese eco lejano del bramido del mar filtrado entre las brechas del diente de perro.

—Entonces qué, ¿seguimos? —propongo sin ganas de moverme.

Mirna maneja el cigarro con habilidad veterana, le da una chupada fuerte y se le alumbra el rostro.

—¿Y si buscamos a alguien y le preguntamos? —Ella es siempre así de brillante. Luro la toma entre sus manos como Hamlet a Yorick y le da un beso en la frente lleno de devoción.

Pasada la segunda ronda del último prajo, nos va poseyendo un silencio cósmico. Se siente como si encapsularan la manigua en una urna de efectos temporales. La pata muere entre los dedos de Luro, sonriente, felicísimo. Se amarra en una asana y entra enseguida en estado vegetativo. A mí me dan ganas de bajar al mar y ya estoy en pie de guerra cuando Mirna me hace una señal de quieto en base. Escucho una voz que viene de la maleza y yo como si conmigo no fuera, aunque por estos parajes otra presencia humana suene a dato inesperado, algo así como que el camino hablara.

En general diría que lo estamos tomando con bastante calma, cuando efectivamente vemos un perro doblar el recodo. Se nos acerca ágil, nos olfatea y mueve la cola. Mirna le da golpecitos en el cogote al animal y este, lleno de éxtasis, hace un reguilete con su cola. Noto que Luro regresa de la profundidad de su asana, aunque solo por la mirada que ahora tiene clavada en el recodo, sesenta grados a la izquierda de su vacío, de donde surge un guajiro que a primera vista me recuerda a Toshiro Mifune. Viene de lo más relajado, pelándose una caña y fingiendo que no nos ha visto. Luro se desamarra en señal de alerta naranja y nos mira a Mirna y a mí con puntos suspensivos.

El hombre finge descubrirnos y se detiene a hacer venias y pronuncia un buenos días cantado que le devolvemos casi a coro. Yo que estoy a nivel del camino, le pregunto de sopetón a dónde nos lleva de continuarlo, pero el guajiro se queda pensando como si le hubiera preguntado un dato cinematográfico. Luro se desespera y le pregunta por Erasmo, y al tipo se le llena el semblante de intriga.

—¿Para qué lo quieren? —pregunta.

Me doy cuenta de que la mano se le aprieta en la empuñadura. Mirna se levanta con la elasticidad de un gato.

—Venimos de parte de su primo de Santiago —le digo para neutralizar. Luro ni se inmuta, como si no le importase lo que está ocurriendo. El guajiro me mira con ojos de majá. Como un flashazo siniestro nos barre la sombra de un buitre que pasa sobrevolando el camino.

—¿Qué primo?

Tengo que tragar saliva. La verdad es que me intranquiliza un poco que me anden preguntando cosas.

—El Holguinero —responde Mirna. Es notable como cada tendón del hombre se va aflojando; yo francamente ni me acordaba de ese nombre.

—¿Así que ustedes conocen al Holguinero? —dice envainando el matavaca. Yo no sé por qué a mí los ojos del tipo me siguen pareciendo los de un majá—. El Holguinero es mi negüe —concluye felizmente y nos estrecha las manos con afección, con la fraternidad interprovincial que de pronto ha procurado toda esta coincidencia.

—Erasmo, para servirles —se presenta. Tiene unas manazas nudosas que se tragan las de Mirna.

De modo que al parecer en aquel entronque de la víspera tuvimos la bendita suerte de elegir el sendero apropiado.

—El único —sugiere Luro desperezándose. Se incorpora lleno de entusiasmo, aunque hecho un desaliño y le pone una mano en el hombro al tal Erasmo.

—¿Acepta tomarse un cafecito con nosotros, maestro?

A esta hora no es ningún pecado tomarse un cafecito bien caliente, así que el tipo asiente y yo me pongo a soplar los tizones mientras Mirna junta ramitas secas de caleta.

Y ya cerca del mediodía vamos cruzando por enésima vez el río, guiados por nuestro pariente de la montaña, como le llama Luro. Vamos ascendiendo entre túneles vegetales habitados por macroinsectos de realidad virtual, hasta que abordamos un claro apartado del camino y de ahí descendemos un tramo por un trillo bastante resbaladizo que nos conduce directamente a una covacha de adobe medio escondida detrás de una pendiente particularmente aguda. El único dechave aquí vendría siendo ese cercado de clarín en flor que custodia la guarida.

—Perfumadas campanas de los ángeles —predico en broma.

—Enormes y encarnados hijos del demonio —me contradice Luro sin piedad. Mirna, por su parte, cree estar viendo sombreros de duendes jíbaros.

Para mi imaginación, esos duendes del demonio de Mirna y Luro son una danza de conejos congelados en un baile de estatuas, difuminados por la reverberación de un jardín verde menta. No sé por qué se lo digo a Mirna. Luro ni escucha, está ahí como un poseso; pero a mí el guajiro se me antoja cada vez más misterioso y prefiero andar bien despierto. Mirna va y se trepa a la raíz de una palma y la abraza sin poder abarcarla porque el tronco es ancho como una ceiba, como un baobab con penacho y ahora con Mirna.

—Desde aquí veo el mar —nos grita y su pelo se va enredando en el salitre que trae la brisa.

—Bueno, esta es su casa —nos ofrece Erasmo con una sonrisa ensayada pero aun así medio torcida.

Adentro, el ambiente se pasa de denso a viscoso obsceno, impregnado de un tufo a animal acorralado. La poca luz que entra por las grietas de las paredes de adobe dibuja un mapa irreal de los contornos y las cosas.

—Acomódense —nos ofrece quitándose la camisa. En el pectoral izquierdo tiene tatuada una Virgen en trazos violetas que produce en mí un efecto de aparición; bastante efímera por cierto, de hecho tomó menos de un pestañazo para que la silueta del guajiro se nos perdiera entre las sombras de un camastro.

Casi a tientas nos sentamos alrededor de una mesa atestada de cacharros. Mirna está azorada, quizá porque algo en la presunta mesa comedor huele a amoniaco. Luro me da par de manotazos victoriosos en el hombro. Se le ve de muy buen humor.

—Dime, Papó, ¿no te sientes como en casa? —Creo que está de un humor inmejorable.

Le hago una mueca, no sé por qué ni cuál. Mirna pide agua y el guajiro se levanta de lo más diligente y se pone a fregar un vaso de cristal; el único objeto verdaderamente transparente en toda esta covacha.

—¿Y cómo llegaron hasta aquí? —pregunta de lo más suspicaz como si no nos hubiera traído él mismo.

Cuando le da el vaso a Mirna, el tatuaje destella otra vez con esa fosforescencia sublunar. Luro le explica algo que el tipo asimila con languidez. A decir verdad, el Luro tiene una pedagogía incontrolable, pero a mí, no sé por qué, me empieza a parecer que a estas alturas aún no hemos llegado a ninguna parte.

—¿Y ustedes traen el permiso del CITMA? —pregunta el guajiro en cuanto se lo permite Luro. Ahora tiene todo el rostro duro como roca: es como si no hubiera evolución—. Aquí todo el mundo es de la Seguridad, ¿saben?, empezando por mí, yo soy capitán del Ministerio, para que lo tengan claro, y si algo les puedo garantizar es que por aquí no se mueve nadie sin que lo sepa quien lo tiene que saber.

Luro le sonríe como si se tratara de un niñito mentiroso. A decir verdad, esa muela yo también la he escuchado en par de ocasiones medio sospechosas. Quizás valga abrir los sentidos, uno nunca sabe... Mirna se muerde una uña llena de expectativa. Como el tipo sigue de lo más serio, saco el fajo y me pongo a contarlo empezando por los billetes grandes. Entonces lo vemos persignarse, muy religioso, se persigna dos, tres veces, enciende una lata carbonizada que tiene de candil y la coloca en la mesa. Saca de alguna parte un bulto del tamaño de un balón de fútbol y lo pone al lado, apartando indiscriminadamente todos esos cacharros mugrientos.

A Mirna se le ponen los ojos de lechuza ya a punto de hacer catarsis. Luro, ni corto ni perezoso, deshace el paquete advirtiéndome con la mirada que debe tratarse irremediablemente de una criolla. Casi lo escucho en mi mente: «aquí en esta manigua...». A Mirna le da por ayudarlo y luego la veo como se le van hundiendo las manos en esa masa oscura que pronto termina por desparramarse en la mesa.

—¡Pura mota! —exclama afónica y toda sonrisas.

—¿Y qué tú querías, china? —le riposta el guajiro—. Aquí na' más entra por recalo.

Yo cojo un trozo de aquello y lo examino incrédulo, pero con mucha ecuanimidad. Luro también mete sus manos en la mercancía con los ojos llenos de ambición. Se lleva un pocotón a la cara y aspira profundamente, luego me enfila unos ojos fuera de órbita y me deletrea: «Tremendo veneno, hermano».

Tiene buena pinta, opino con dejadez y continúo en mi análisis profesional, buscando siempre desestabilizar al guajiro.

—¿Y esto entró por aquí? —pregunta Luro de sopetón, todavía manoseando aquello.

—Nada de eso, negüe, esa la trajo mi cuñado de Mayarí.

—¿De Mayarí o de Mayarí Arriba? —pregunta Mirna sin sentido.

—Vamos, ¿qué cuento es ese, maestro? —Luro se sacude las manos y mira al techo de lo más histriónico—. Piensa, ¿quién va a sacar eso de Mayarí para clavarlo en este lugar...?

Al guajiro se le va subiendo la sangre a la cara y con la misma se incorpora lleno de sigilo. El tatuaje le late en el pecho como si el manto de Yemayá fuese el vestido de su corazón.

—Yo pensaba que habían venido a hacer negocio —dice envolviendo el paquete. A mí el tipo me parece más que nunca una versión caribeña de Toshiro Mifune.

Los tres lo miramos en silencio, medio suspendidos en la derrota. Cuando ya el paquete parece totalmente cerrado, inabrible por siempre jamás, es que reacciona Mirna y lo hace contra Luro:

—Acuérdate que tú no estás en Chicharrones, nene. Así que vamos a ver si empezamos a dejar las pregunticas a un lado que aquí no hay antropología que valga.

Luro se llena los pulmones de este aire mohoso y le sonríe a su novia con aparente resignación, entonces se vira hacia Erasmo mostrándole la palma de una mano búdica. Este lo mira a la cara haciendo presión con todo el peso de su cuerpo sobre ese paquete completamente clausurado bajo sus manazas. Los ojos de Mirna brillan de tanta adrenalina.

—Espérate, hermano —le suplica Luro—, no guardes todavía eso.

—Para empezar no hay negocio sin catadura —digo yo para apoyar al Luro y porque las verdades siempre vale decirlas.

El guajiro coge el bulto y lo amasa y lo redondea entre los nudos y callos de sus manazas guajiras. Mira a Mirna con un brillo de malicia.

—¿Qué tú crees, china?

Mirna se encoge de hombros. Se ve superlinda al hacerlo. El guajiro tiene que verla así, se tiene que estar derritiendo por dentro cuando Mirna le dice: «Déjalos que la prueben». Entonces hace del bulto una pelota de básquet y se la clava en el estómago a Luro que le proyecta una mirada de perro desconfiado. Pero al parecer los ojos de Erasmo no le contrarían mucho porque se apresura en desbaratar la pelota en su regazo y del mismo papel rasga una tira que se va haciendo cada vez más larga...

Yo no sé por qué siempre que se fuma sin control, especialmente en un lugar cerrado como este, comienzan a ocurrir alteraciones espaciales. Ocurre como si uno redescubriera a cada momento el lugar con todos sus intersticios, aunque sin la más remota posibilidad de retener tantas formas y muy probablemente sin pretender retenerlas. A estas alturas, por ejemplo, me empieza a dejar de interesar en qué dirección viene la pata; tal vez porque ya estoy convencido de su excesiva ubicuidad. Más me motivan esos planos de humo que brotan de las ranuras de las paredes seccionando todo el interior en una topografía fantasmal.

Luro, por ejemplo, extiende un brazo para alcanzarle fuego a Mirna y su muñeca sufre una refracción subacuática: la mano que acciona el encendedor queda separada de su dueño para pertenecer al campo de Mirna en la sección contigua. Creo que Luro siente el efecto óptico en la piel porque, tan pronto el cigarro está encendido, retira el servicio con premura como queriendo mantener su integridad corporal. Pero lo que me resulta más cómico en todo esto es que los tres tengamos la mano izquierda apoyada en la mesa y en tres diferentes secciones de iluminación; aunque es tanto o más significativo que en el punto de convergencia deslumbre ese paquete abierto, desparramándose sobre un borde dibujado por las patas que van quedando...

Erasmo se acerca a la mesa y cubre con sus manazas el candil como queriendo simular una pantalla de lámpara. Entre las brechas de sus dedos se teje una esfera de humo.

—Tienen que andar con cuidado por ahí —dice reapareciendo por encima de un plano de luz, proyectándonos desde un rostro en semipenumbra dos bolas incandescentes, francamente inhumanas.

—Pierda cuidado, maestro —consiente Luro desde su cuadrante lumínico fortuitamente contiguo al del guajiro.

Todos andamos en éxtasis, absortos en esa esfera de fuego en que puede devenir un candil, cuando de pronto desaparece, y con ella el torso de Erasmo. La cabeza como en sueños permanece aún un instante, pero ya los ojos están apagados.

—¿Y cómo se supone que salgamos de aquí? —pregunta Mirna con voz perdida y enciende otro cigarro con una calada lacrimógena.

—Bajando por el río se llega al mar —dice el guajiro y sale de escena—. Es el único camino que lleva tan lejos como puedas ver —agrega desde las sombras de la cocina.

Me levanto ya casi claustrofóbico y es como si cambiara de mundo. Mirna también se pone de pie, pero Luro la sienta en sus rodillas de un halón y entonces se ponen en esa tontería de pasarse el humito boca a boca.

—Tenemos que hablar de negocios —digo en dirección a la cocina justo en el momento en que unas llamaradas azules iluminan el rostro de Erasmo.

—Más grato si los acompañáramos de un cafecito, ¿eh, negüe?

Es una bendita suerte que este tipo tenga reverbero, me digo y regreso al mundo de la mesa en que Mirna juega a tocar la llamita del candil y Luro tuerce un cigarro. Aunque las tripas me dicen que un café no me vendría mal, mi adrenalina indica fuga: ya todo esto se me empieza a poner estrecho. Luro se conecta conmigo y me pasa el cigarro. Mirna está perdida como siempre; ya ni un café la puede salvar.

—A ver —le propongo al guajiro—, digamos que quiero una libreta para mí.

—Papel no tengo, negüe. —El tipo pone tres latas de café hirviendo sobre la mesa—. Me parece que mejor la ponemos en centímetros cúbicos, digamos que a dos la pelota, pero si quieres la media igual te la llevas...

—Ya eso está —asegura Luro.

—Pero tómense ese café —nos ofrece Erasmo—, que es de la tierra, garantizado.

—Con la emanación es suficiente —le dice Mirna hecha un deleite—. Yo me llevo la otra mitad si nadie se opone. Y el mes que viene regreso por más, mi chino.

Brindamos. El café me sabe a gloria; definitivamente otra cosa en comparación con ese instacafé de Mirna. Se lo elogio al tipo y le paso el dinero. Luro, que está todo el tiempo conectado, cierra el paquete y lo envuelve en su pañuelo.

—Bueno, nosotros nos vamos —está diciendo Mirna. Erasmo sin contarlo dos veces se guarda el dinero. Se le nota satisfecho y hasta menos hosco.

—Mejor yo voy alante pa' asegurar —dice abriendo la puerta con el sombrero en la mano—. Ahí los encuentro allá arriba.

—¿Dónde? —pregunto para ganar tiempo, pero ya el tipo ha desaparecido.

—En el claro —me responde Mirna y se sienta muy calmada.

Luro pone su lata vacía en la mesa y da un rodeo. Finalmente va y abre un poco la puerta y se asoma. Algo de aire fresco entra en la estancia trayendo un olor a lluvia lejana.

—No entiendo por qué tenemos que esperar —se queja pero cierra la puerta.

Yo tampoco entiendo mucho lo que está pasando, pero presiento que ya de nada sirve lamentarse.

—Sin lucha —dice Mirna con toda su pedagogía—, lo mejor que hacemos es torcer otro prajo, ¿no les apetece?

Una brisa que viene del bosque empuja la puerta y hace bailar con violencia la llamita del candil. Luro la cierra y se sienta a la mesa.

—Yo no quiero —dice inusualmente serio—. Me conformaría con largarme ahora mismo de aquí, de ser posible.

—Bueno, comienza por darme mi parte —le exijo.

Luro me mira a los ojos y se pone a sacar las bolsas. Entonces ocupo mi lugar en la mesa para participar del ritual del regreso.

—¿Entonces nos vamos a separar? —pregunta Mirna como si ya no hubiéramos previsto todo esto.

Con toda esa habilidad en la materia, Luro separa la mercancía en tres tercios trillizos y yo lo ayudo a meterlo en las bolsas. Si hay algo que me resulta grato es el contacto con toda esta mota... Nos repartimos el botín y cada cual lo clava a su estilo, inútilmente.

—Rumbo claro que tú conoces —propone Luro y sale adelante.

Ahora que vuelvo a ver las campanas me pregunto si el guajiro no le habrá echado algo raro al café. Por suerte, este es el tipo de idea que siempre busco descartar, luego de un breve desdoblamiento mental, sin mucho esfuerzo, siguiéndole los pasos a Mirna por este sendero que trepa entre la fosforescencia del cafeto.

En el famoso claro resulta que el cielo es una sola nube al alcance de la mano. Descubrimos además que, paradójicamente, debajo de este techo de agua que se nos avecina no hay rastro de Erasmo, a no ser que se haya trasformado en ese chivo que pasta plácido al pie del peñasco.

Mirna, más intrépida que nunca, se le acerca al animal y lo acaricia entre los tarros, el chivo la cabrea pero con delicadeza, sin levantarse de ese césped suave y lleno de todas esas florecitas minúsculas.

—Parece un carnerito —dice Luro y le saca una foto a esa combinación de Mirna con chivo y peñasco en el claro del bosque oscuro de la sierra más intrincada.

Me pasa la cámara y les saco una a ellos dos, con chivo y todo. Está ocurriendo algo que es como una llovizna y no lo es, muy fría por cierto. Me pongo la camisa de guerra y muestro toda mi disposición para la despedida.

—¿Y por qué mejor no nos vamos juntos? —pregunta Mirna con su vocecita más enternecedora.

—No sé —le riposta el impío de Luro—, pregúntale a Erasmo.

Ya la neblina no deja distinguir al chivo del peñasco. Me pongo la mochila a la espalda. He oído decir que más vale una buena despedida a cien reencuentros, así que le doy un beso a Mirna y choco el puño del hermano Luro.

—Nos vemos en Camagüey entonces —casi pregunto.

—Buen viaje, Julio Cesar —me dice Luro negligente. De tanta neblina, ya ni puedo distinguir las líneas de su cara.

—Espera… lleva esto —me detiene Mirna sacando de su mochila un pañuelo y de él un puñado de hongos que me pone entre las manos—. Seguro que te va a entrar hambre por ahí.

Demasiada solemnidad, guardo el regalo de la Mirna y agarro el sendero del río con idea de perderme o de encontrar quizás el desfiladero de la Bayamesa. A medida que voy ascendiendo el camino se torna rocoso y la nube más densa, y por lo general estoy metido en el agua hasta las rodillas. Algo dentro de mí hace que se me empiece a antojar imposible llegar, suponiendo que en verdad me dirijo a algún lugar. Y a estas alturas no creo tener una noción válida de cómo lucirá el buscado desfiladero.

Sin haber avanzado demasiado, comienzo a sentirme perdido en todo este paraje, sorteando arbustos cortantes y cargados de agua helada. Entonces diviso, contra el fondo blanco de un precipicio, la silueta de una cabaña. No sé por qué siempre tengo esa sensación de estarme salvando. Bajo con cuidado por el sendero hasta la casa y llamo a la puerta, aunque a decir verdad no hay señales de vida. Doy un rodeo y encuentro una ventana abierta y sin siquiera pensarlo me meto adentro.

Aquí está todo sumido en la más negra oscuridad, pero hay un calorcito acogedor. Enciendo una vela y se arma un aleteo de murciélagos en el techo. Si no de neumonía, creo que moriré de histoplasmosis. Afortunadamente, encuentro en la cocina un poco de leña y preparo un buen fuego. Siguiendo las instrucciones de los maestros, pongo a secar la ropa y me hago un té bien fuerte, que acompaño de un cigarro, así bien arropado junto al fuego, sintiéndome Robinson y Prometeo, muy a salvo de la nube.

Cuando despierto, la pared oriental es una rendija de luz. Si hay algo que me pone de buen ánimo es una casa bien orientada y si está así de vacía tanto mejor. Me asomo a la ventana y descubro que hace un día espléndido, lleno de colores y cosas. El alboroto de los pájaros va produciendo una cortina sonora que oculta en algún rincón de mi inconsciente esa música de la lluvia que me arrulló durante toda la noche.

He tenido suerte al encontrar esta bendita cabaña en medio del monte; creo que ni en los momentos más críticos llegué a desear un refugio así; casi literalmente un útero. Aunque no es nada incierto que aún estoy bien lejos de mi casa, así que me pongo las botas y me preparo de desayuno una jalea de hongos con miel que voy deglutiendo cucharada a cucharada, entre cachadas de mi primer cigarro del día.

Estoy raspando la decimotercera cucharada cuando se asoma a la puerta un viejo con el sombrero más raído que haya visto jamás. En cuanto se descubre puedo notar que se trata de un indio, o por lo menos de un descendiente directo. El viejo primero me observa como a un bicho y sin más se pone a hacerme venias.

—Disculpe por haberme posesionado de su casa —le digo devolviéndole un poco sus saludos.

—No es mi casa —dice acuclillándose en el hueco de la puerta—. Era la casa de mi difunto hermano. Yo solo vengo a encenderle velas con la luna, que es cuando los espíritus se hacen livianos y salen de las entrañas de la tierra.

Saca una cachimba que muerde con una dentadura azafrán pero completa, me hace señas pidiéndome fósforos. Le alcanzo el encendedor y me pongo a recoger algunas cosas.

—Pues agradezco mucho que exista usted y que haya existido su hermano —le voy diciendo al nativo por pura cortesía—. La verdad es que si no hubiera sido por ustedes no estaría haciendo el cuento.

En cuanto tengo lista la mochila me siento frente al viejo y enciendo mi pata para hacerle una media; a fin de cuentas es mi huésped, o yo he sido el suyo durante toda la noche...

—¿Tiene apuro? —me pregunta manejando su cachimba con mucha solemnidad.

Yo me río. Estoy perdido en este monte y hay un indio que quiere saber si traigo apuro. Si al menos contara con la presencia de mis amigos... Me pregunto si habrán escapado de la nube; de ser así ya Luro debe de estar rumbo a Pilón y Mirna en el camino de Santiago. Y en lo que me concierne, francamente me gustaría estar llegando a cualquier hora de mañana a Camagüey.

—Todavía tengo que andar, abuelo —le digo aplastando la pata contra la arenisca del suelo.

—Siempre hay que andar —me responde con amabilidad, atravesado en la puerta abierta—. Déjame primero hacerte mi historia.

Le digo que sí, no sé ni cómo, porque a decir verdad hay algo dentro de mí que me empuja afuera y muy lejos. El hombre se saca la cachimba de la boca y se pone a contemplarla lleno de solemnidad.

—Fue hace bastante ya —comienza a decir pausadamente—. Traficaba yo por un camino de yerba que conducía derechito al sol, cuando de pronto me encontré un soldadito verde. Imploré al Yah por mi seguridad y Yah me reveló a través de la sangre que el verde era plastilina, entonces amasé al soldadito de plastilina y con él hice una hoja de vencedor. «Esta será tu espada para defenderte del mal», oí decir a mi sangre. Guardé la hoja de vencedor y proseguí la senda del sol; pero no iba yo muy lejos cuando apareció un soldadito azul. Imploré al Yah por mi seguridad y Yah me reveló que el azul era plomo, entonces derretí al soldadito de plomo y con él hice remaches para mi escudo. Y ocurrió que Yah me habló por la sangre y me dijo: «Ahora tienes con que guarecerte de las ayudas del mal». Y desde entonces tengo el don de la mutación y trafico estos caminos a mi antojo.

Todavía no me creo haber escuchado semejante historia de boca de este mortal que tengo ante mí. Se queda mirándome como si nada, muerde su cachimba y hace señas pidiéndome fuego. Le doy el encendedor que en mi mano se ha vuelto frío como casquillo de bala post-amnistía. Agarro mi mochila y el indio también se incorpora y noto que lo hace con la destreza de un lagarto.

—Dulces horas —me dice desde el umbral de su cabaña mientras me oriento en el borde del monte, listo a penetrarlo hasta el río.

NORGE ESPINOSA

MEMORIA DE UN TELÉFONO DESCOLGADO·

Tuve siempre la sospecha de que estaban grabando nuestras conversaciones. El teléfono era descolgado constantemente por la mano del funcionario que en aquella oficina, donde tantas veces había estado, trataba de explicarnos de modo enfático por qué no se nos permitía acudir al evento. Éramos un grupo de escritores de generaciones diversas, entre los que descollaba un Premio Nacional de Literatura, y se suponía que acudiríamos a un pequeño congreso sobre cultura cubana que desde hacía varios meses se había programado para fines del 2001 en la Universidad de Iowa. Paralelamente, yo debía acudir al International Writing Program (IWP), de dicha universidad, para una estadía de varios meses, junto a autores de numerosos lugares del mundo. Todo eso, repentinamente, se había congelado. El frío del aire acondicionado de la oficina habanera sustituía a la gelidez del paisaje que imaginaba en Iowa City. Nuestros pasaportes estaban retenidos. Ante la señal de alerta de algún avispado, se nos impidió recibirlos, y por ende, llegar al evento donde ya se nos esperaba.

Cómo se hilvanaron esos hechos y se enredaron en unos pocos días de manera atroz y absurda, es cosa que trato de explicarme aún hoy y, en cierta medida, es por eso que trato de organizar esos recuerdos en estas páginas. Ya mi pasaporte estaba visado, y dormía en una gaveta del Ministerio de Relaciones Exteriores, pues en teoría yo debería llegar antes, a inicios de septiembre, para integrarme a las actividades del IWP, y allí recibiría a mis colegas que vendrían al evento. Otro escritor, vicepresidente entonces

---

· Texto escrito especialmente para esta antología.

302

de la Asociación de Escritores, se encontraba ya en tierra norteamericana, y ayudaba a la consolidación de lo que aquel congreso ofrecería. Todo fluía tranquilamente, hasta que se nos hizo saber que nada sucedería. Algún peligro que escapaba a nuestro entendimiento se alzaba detrás de todo eso, a manera de emboscada, y los funcionarios de la Asociación decidieron que era mejor no dejarnos ir a esa especie de celada donde, como monstruos de la literatura gótica, nos devorarían aquellos otros cubanólogos para los que seríamos víctimas fáciles.

Por supuesto que tras el estupor inicial, sobrevino la indignación. Se manejaron teorías diversas: se trataba de una delegación de escritores no habituales en ese tipo de evento, no los voceros oficiales de la idea de una cultura cubana comprometida políticamente, sino poetas, narradores, homosexuales varios de ellos, o capaces de contar historias más o menos secretas que harían las delicias de los enemigos de la izquierda. Que la figura más renombrada de aquella comitiva fuera una de las víctimas más sonadas de la parametración que en los años 70 despobló de talentos y conflictos a la cultura de la Isla, ponía una nota de preocupación mayor en el asunto. No importaba que el congreso se desarrollara en la remota Iowa, no en Nueva York ni Miami ni Washington. La ausencia en aquel grupo de una personalidad confiable y obediente, podía ser el motivo de la decisión que nos negaba el viaje y el diálogo con los que esperaban por nosotros. Era, además, mi primer viaje a los Estados Unidos, y mi participación en el IWP, primeramente destinada a un escritor amigo que la cedió a mi nombre tras no poder acudir él por un asunto de salud familiar, marcaba una doble expectativa, que ahora sencillamente parecía desvanecerse.

Aquel pequeño grupo de escritores se movilizó. Tras la negación con la que intentaron acallarnos, nos dirigimos calle arriba, por 17, hasta las oficinas del Ministerio de Cultura. Allí nos esperaba el viceministro que atendía directamente las relaciones de Cuba con Estados Unidos. En la oficina de la vieja mansión, con el aire acondicionado a todo dar, nos miraba tras los gruesos cristales de sus espejuelos, enfundado en una pulcra guayabera, mientras nos sentábamos en las butacas de su salón o en el sofá junto al cual, en una pequeña mesa, se destacaba una foto del Che. Una frase del argentino vino a desatar la explosión: «al enemigo no podemos darle ni un tantico así, querida amiga», le soltó el viceministro a una de las jóvenes poetas del grupo, que exigía alguna explicación. Y ella, cansada de la monserga de frases hechas, le espetó: «Yo no soy amiga suya». El viejo escritor que nos lideraba, viendo venir una tormenta mayor y más ducho en aquellas disquisiciones imposibles, nos dijo: «Hora de irnos». Y partimos sin esperar más, tras haber escuchado ahí los mismos argumentos, las mismas advertencias, las mismas palabras que ya nos habían cantado en la oficina de la Asociación de Escritores.

Mientras tanto, los anfitriones del evento en Iowa City se desesperaban. El vicepresidente de la Asociación de Escritores que ya estaba allí enviaba correos angustiados y enérgicos a Cuba, que recibían respuestas nulas o simples evasivas, tratando de convencer a los funcionarios de la verdadera naturaleza del encuentro. Ello devino una suerte de *boomerang* en su contra, y se nos quiso hacer creer que toda la culpa era suya, por no haber advertido de antemano que nos toparíamos en aquellos lares con voces declaradamente contrarias a la Revolución: esos vampiros letrados que nos devorarían sin misericordia. Algunos periodistas, enterados del asunto, comenzaron a organizar una campaña reclamando que se nos dejara llegar a tiempo a Iowa. Y tras ello fuimos convocados a otras dos reuniones en la oficina de la Asociación. Una, a puertas cerradas, pasadas las cinco o seis de la tarde, con aquel teléfono descolgado. Y otra, en su balcón, donde apelaron al prestigio de una respetada intelectual para tratar de convencernos, como último recurso.

En la segunda reunión, ya la tensión era la clave de todo el diálogo. A solas con el presidente de la Asociación (su superior, el presidente de la Unión de Escritores y Artistas nunca dejó ver su plateada melena, justificado por una repentina fractura de uno de sus dedos, creo recordar), volvimos a oír la letanía. Antiguo profesor de historia del teatro, alto, carismático, echó mano a todo su arsenal de histrionismo para convencernos del gran riesgo que nos acechaba. Hizo toda la pantomima de su pena por nosotros, nos representó los espantos del abismo en que podríamos caer de subirnos a ese avión. Yo estaba sentado junto a la mesa del teléfono, y uno de los escritores del grupo me decía: «cuélgalo», cosa que hice una o dos veces, para que de inmediato el funcionario, sin interrumpir su mímica grandilocuente, lo descolgara sin perder el hilo de su parlamento. Una de sus frases, por el timbre melodramático y extremo con que la pronunció, se me fijó en la memoria: «Puede que yo esté equivocado, que esto sea un gran error. Y si es así, lloraré con ustedes». Patéticas e improbables, esas lágrimas por venir no nos interesaban. Eran, como en la ópera de Leoncavallo, lágrimas de payaso operático que no queríamos ver como pruebas de un arrepentimiento que no tenía sentido ni justificación. Unos años más tarde, ese mismo hombre repetiría, acaso en grado más enfático, parte de esa actuación, cuando trataba de explicar a un narrador, ensayista y poeta el por qué se le «desactivaba» como miembro de la Unión de Escritores a causa de su relación con una revista sobre Cuba que no parecía confiable ni importante a la *intelligentsia* oficial. Experto en esas estrategias de antibombas literarias, se ganó unas páginas de aquel escritor, un retrato fiel de su gesticulación y sus máscaras. No sé si le habrá prometido otras lágrimas, si le habrá entonado su aria de llanto incontenible para explicarle algo no menos absurdo que lo que intentaba exponer ante nosotros.

A todo ese despliegue de folletín, más propio de Francesca Bertini que de Sarah Bernhardt, asistíamos respondiendo como un grupo unido. «Si esto es lo que le dicen a un escritor consagrado, al que le acaban de dar el Premio Nacional de Literatura», le confesé a aquella poeta que se negaba a ser amiga del viceministro, «qué pensarán de nosotros que somos unos recién llegados». Y mientras, aquel autor laureado de 65 años golpeaba la mesa del teléfono y gritaba denunciando la homofobia que latía detrás de aquella encerrona, y diciendo por lo claro que todo se debía a la ausencia, entre nosotros, de los voceros de siempre, que la academia norteamericana solía recibir con beneplácito. Hombre no menos teatral, respondía a su contrincante en aquella especie de escena obligatoria con todas sus manías de la escena. Un par de pelucas, trajes de época, y estaríamos presenciando el famoso encuentro que Schiller imaginó entre María Estuardo e Isabel Tudor. O, para ser más fieles al espíritu de las amistades del veterano, al diálogo final entre Clitemnestra Pla y Electra Garrigó. A puertas cerradas, como en la pieza de Sartre, hacíamos otra clase de teatro, mientras los creadores del embrollo tal vez oían todo desde el otro extremo del cable telefónico. La reunión terminó muy tarde y sin acuerdo alguno. Los correos desde Iowa arreciaron. «¿Y usted cree que lo dejarán ir a ningún lugar?», me dijo el viejo dramaturgo cuando le dije que a esas alturas debía estar yo en el Programa Internacional de Iowa City. Los acontecimientos del 11 de septiembre tampoco me dejaban tener mucha esperanza al respecto, aunque yo sabía que desde fines de agosto mi pasaporte estaba visado y esperando para ser recogido. Nada de eso parecía importar.

Los ecos de la pequeña campaña internacional se hicieron sentir, sin embargo. Cuando pensábamos que era hora de ir deshaciendo las maletas que nunca viajarían, se nos convocó a una nueva reunión. Esta vez se trataba de un acto desesperado: nos pondrían delante a una de las viejas y más respetadas eminencias de la cultura cubana, a fin de que ella, con su sabiduría de sobreviviente, nos convenciera, si no con argumentos, al menos con su venerable presencia. Algunos de los miembros de la casi frustrada delegación habían sido sus alumnos, y se aferraron a la lucidez de la añosa profesora y ensayista, como si de la Sibila misma se tratase. Al menos esta vez, me dije, sabiendo que la Sibila tropical no es muy dada a los excesos del teatro, no tendríamos que presenciar otro monólogo trasnochado.

La reunión ocurrió en la terraza de la Asociación. Nos apretamos en ese sitio, y esperamos y esperamos y esperamos hasta que al fin hizo su entrada la Doctora, como muchos la llaman. Apoyada en su bastón, con su decir inconfundible y tan dado a ser pasto de imitaciones, nos dirigió la palabra. Era evidente que no se sentía cómoda en este papel, y que apenas tenía información acerca de quiénes nos invitaban y para qué. Se apelaba al recurso, que ya habíamos escuchado, de la carta de invitación enviada, en la cual los suspicaces de siempre creían descubrir ese gran peligro que a nosotros se nos escapaba. Un nuevo elemento se añadió: la presencia de un ensayista cubanoamericano que la vieja maestra dijo no conocer a fondo, aunque se le había dicho que formaba parte de los «teóricos de la metatranca», modo criollo de llamar a los posmodernos de prosa enrevesada. Alguien desmontó ese argumento, recordando que ese supuesto enemigo había visitado la Isla recientemente y se le había publicado algún texto en revistas oficiales. «¿Usted leyó la carta, Doctora?», insistía una de las ex alumnas de la profesora, una de las más inteligentes ensayistas de Cuba, acaso sintiendo la vergüenza ajena que nos embargaba a muchos al ver a una mujer, que seguramente tendría cosas más serias que atender, reducida a aquel papel de institutriz desnortada. Que la Sibila fuese invidente añadía un punto más de turbulencia a aquella escena. Ni ella nos veía a nosotros, ni nosotros a ella en tan inseguro rol. Acabó la reunión con nuevo suspenso, y salimos de allí con la certeza de que no iríamos a lugar alguno. Esa era la última carta que podía jugarse la institución. La decisión final vendría de personas que no mostrarían la cara. Tal vez de aquellos que quizás oían nuestras conversaciones del otro lado del teléfono, las preguntas, los golpes en la mesa que daba el viejo poeta, acusando de homofóbicos a esos fantasmas.

Qué piedras se movieron, qué fuerzas siguieron su empuje alrededor de aquel viaje que se nos negaba, es cosa que desconozco. Lo cierto es que de repente, cuando ya estaba a punto de comenzar el congreso, se nos dijo que podríamos viajar. Una amiga me comentó que el Ministro de Cultura, en su discurso de cierre ante una asociación de jóvenes artistas, hizo una referencia indirecta a nuestro caso. Que vayan y se arriesguen, allá ellos; algo así me dicen que proclamó, al parecer cansado del oficio de salvavidas literario, con un retintín de exasperación en sus palabras. Por supuesto que iríamos. La alumna inquisitiva de la doctora y yo fuimos convocados para rescatar nuestros pasaportes, y en un solo día, a la carrera, tuvimos que ir al Ministerio de Relaciones Exteriores para conseguirlos, y algún otro trámite debimos hacer en la Sección de Intereses de Estados Unidos. Recuerdo haberla esperado en una esquina, a pleno sol, y verla llegar sentada en la parrilla de la bicicleta que su hijo conducía. Íbamos ya tarde, el evento había empezado. Se repetía con nosotros esa vieja maniobra que tantos han sufrido: hacernos sentir la agonía del último minuto, ponernos en tensión, desconcentrarnos para que tal vez dijéramos algo imprudente o cometiésemos un error grave. Me fui a dormir esa noche a la casa de la ensayista. No recuerdo si dormí, salíamos a primera hora de la mañana, y yo tenía que añadir a todos mis pensamientos el hecho de que mi viaje sería mucho más largo, con los meses del International Writing Program por delante. A los demás escritores les darían sus pasaportes progresivamente. Aquella joven poeta que ripostó al viceministro no tendría el suyo sino mucho después: la reencontraría en Iowa leyendo un ensayo sobre Lezama para un puñado de espectadores, como si se tratara de una secuela tardía del congreso que se le arrebató. Fue, leyó. Y aún sigue viviendo en los Estados Unidos.

Por suerte, el resto de los acontecimientos se desarrolló sin nuevas llamadas, reuniones, ni sobresaltos. Solo uno, cuando el avión ya iba por la pista en su maniobra de despegue, dio la vuelta y regresó al punto de partida. Algo, se anunció por los altavoces, se le había olvidado al piloto. La ensayista y yo, a esas alturas, solo podíamos bromear al respecto. Fue mi primer viaje hasta Miami, donde haríamos una escala y tomaríamos el avión hasta Iowa. Me impresionó encontrar aquel aeropuerto, que siempre me habían descrito como un sitio tan ruidoso, asombrosamente callado. Las fuerzas militares, los perros entrenados, los uniformes, estaban por todos lados: el 11 de septiembre mantendría esa oleada de control y tensión durante varios meses y tendría que acostumbrarme a subir a aviones medio vacíos, adivinando tras la sonrisa congelada de las tripulaciones, el miedo a que todo estallara en el aire. Llegamos justo al último día del congreso, cuya sesión transcurría en un *college* cercano a la ciudad. Abrazamos a los que nos esperaban; entre ellos, por cierto, no creo recordar al temido posmoderno con el que tanto nos asustaban. Los anfitriones del IWP, con el gentil Christopher Merrill a la cabeza, habían hecho los arreglos necesarios para que yo, arribando a un mes de comenzado el programa, pudiera permanecer en Iowa varias semanas más, recuperando el tiempo perdido. Durante esos meses de invierno, sobre todo en los días finales del año, cuando el pequeño pueblo universitario se quedó vacío y solo la nieve cubría las calles, pensé en todas esas escenas dictadas a un teléfono descolgado. Aceleré el dominio del inglés, me sorprendí entendiendo todas las palabras de una canción en esa lengua, aproveché la biblioteca hispanoamericana de uno de mis anfitriones para leer lo que en Cuba no tenía a la mano, oía música latina en esas madrugadas. Sobreviví a todo eso, y a una invitación para quedarme allí permanentemente, con firmeza y amabilidad: dos cosas que aprendí de quienes me habían invitado, y a quienes agradezco con largueza. Es la primera vez que escribo sobre esa experiencia, y también la primera que escribo sobre ese encontronazo con quienes, en mi país, nos miraban con un recelo que hasta ese momento creí descubrir solamente en las anécdotas de quienes ya lo habían padecido. Todo eso me ayudó a ser menos ingenuo. A creer menos. Lo cual quiere decir: a creer más. Y fijó en mi memoria máscaras y actitudes que me han hecho más receloso. He hecho el camino de ida y de vueltas en múltiples ocasiones. Me he reencontrado con quienes estaban conmigo en esa pequeña delegación de alucinados, y con quienes deben de haber movido sus resortes para evitar que saliésemos en aquella ocasión. Esa señal de alerta sigue encendida frente a mí. A tantos años de aquello, sigo mirando con infinita desconfianza cualquier teléfono descolgado.

LIEN CARRAZANA LAU

CON MEDALLAS EN LOS OJOS[*]

Me llevaron al cadalso. No me resistí. Me dejé guiar sin necesidad de un revólver encañonando mi espalda. No me torturaron con una gota intermitente sobre la frente, ni aislamiento en un cuarto oscuro, ni correas que estirasen mis extremidades hasta lo inhumano. Acepté mi sentencia como algo natural: ya había muerto muchas veces.

En el estrado los *flashes* nublaron mi visión. La multitud reunida era una masa homogénea, solo pude distinguir el cuerpo de mi mujer, la figura de mi hijo a su lado y la silueta de mi hermano. Mi familia sabía de mi desolación, pero lo acataban como un hecho ineludible. Me condujeron al centro, me rodearon, pude sentir las miradas de mis enemigos acuchillando mis entrañas.

Recordé una vez más las palabras que me sugirieron memorizar, una gota de sudor rodó por mi frente. Sentí turbación, mis músculos se paralizaron, miré a todos lados y miles de ojos como flechas apuntaban sobre mi cuerpo. Un hombre decía unas palabras a través de un micrófono. Alcancé a oír mi nombre entre la turbulencia de frases que componían un muro de distancia entre la verdad y yo, entre la posteridad y yo, entre ustedes y yo. Entre mi yo y aquello en lo que me habían convertido.

El hombre concluyó el discurso y supe que había llegado mi momento. Me pusieron frente a la guillotina. Miré la afilada hoja que clamaba por desmenuzar mi cuello, desterrar de un tajo mi nombre del reino de la verdadera Historia.

---

[*] Texto perteneciente al libro inédito titulado *Cuentos para llegar (al) más allá.*

Otra vez miedo, angustia, y alguien susurrándome al oído: «Recuerda lo que te hemos advertido». Pero aquellas frases, memorizadas a la fuerza, se borraron de mi cabeza repentinamente.

Me quedé mudo y gélido. Se hizo un gran silencio. Ellos me apuntaron con la mirada, uno de los más diligentes sacó del bolsillo el papel donde reposaban mis últimas palabras, las impuestas en forcejeo de guerra fría. Tomé el papel y me sentí un pez atrapado en el anzuelo, la garganta rasgada en mil pedazos por un pescador despiadado. Pero aún me sentía vivo, miré al frente y no abrí el papel:

—Este país no es perfecto... —dije con una voz que retumbó en el aire, una voz que no parecía ser la mía. No puede serlo si tergiversan tu verdad, si cambian el sentido universal de las palabras, si aunque quieras devolverlas a su esencia primera nadie lo entendería porque te quedaste amnésico, repitiendo las mismas frases sugeridas... Pensé de golpe y sentí ganas de abrir las compuertas de mi redención, soltarlo todo, escupirlo a sus caras expectantes y temerosas.

Pero no pude, el anzuelo estaba atascado en lo profundo de mi garganta, era inminente mi muerte, y ya nadie creería en mis palabras. Miré a los ojos de mi mujer y le vi el dolor a punto de estallar, la sombra gris de ellos me devolvió a la realidad, respiré hondo y concluí:

—Pero es un país muy noble que lucha para que un mundo mejor sea posible algún día.

Los *flashes* abrieron nuevas brechas en mis ojos. Luego vinieron niños con flores, aplausos como estertores fúnebres aullaban en mis oídos, uno de ellos, el más importante de los presentes, sacó la medalla del estuche y la encajó en mi camisa, junto a las otras que desde hacía varios años oprimían mi pecho. Todos me estrechaban la mano, me felicitaban y celebraban otra vez mi entrada al reino de los muertos.

JOEL CANO

EL AGENTE VLADIMIR[*]

La paranoia es una gran ficción que sustituye a la realidad. El andamiaje se convierte en edificio y la persona vive dentro de ese plano imaginario negando la física del mundo real. La paranoia es entonces una construcción irracional que puede afectar a un hombre, a una comunidad, a una nación. Nada más peligroso para el paranoico creador de ficciones sociales que la ficción absoluta del arte. La discordia entre artistas y políticos ha sido siempre la materia de la Historia... Todo se reduce a una batalla de ficciones.

Pepe estaba pensando en todo eso, y también en la precaria convivencia entre arte y poder cuando el fustazo de un relámpago lo trajo a la realidad de su cuarto en la rue Labat.

EL ARTISTA Y LA PRIMERA IMAGEN

Tras los cristales de la ventana una lluvia sin alma repiqueteaba sobre los techos grises de París. En el patio interior, bajo un abedul, descansaba una mesa redonda con mantel de hilo. El desayuno aún estaba servido para cuatro comensales. La inmediatez del aguacero había impedido que la familia Bertrand recuperara la jarra de cristal, las tazas de porcelana, la cesta repleta de cruasanes, la cafetera y los pomos de confitura... Unas gotas gruesas como lágrimas de telenovela destruían la esperanza de un paseo por las márgenes del Sena. Era la primera lluvia que anunciaba la prima-

---

[*] Texto escrito especialmente para esta antología.

vera. El cielo sin relieves sobre la colina Montmartre parecía derramarse en las chimeneas. Pepe hundió su dedo en el botón ON para inaugurar la cámara de video digital recién comprada a crédito.

En el monitor los panes se iban desmoronando hinchados por el agua. Un río nostálgico se desbordaba desde las tazas hacia las sillas de hierro. El lente fue subiendo por el tronco de los árboles, acariciando las hojas temblorosas hasta llegar a la cúpula de la iglesia del Sagrado Corazón y, sin detenerse en sus detalles, siguió meditando hasta la bóveda plateada que cubría la ciudad.

—El blanco es el color más difícil de captar. ¿Ves?, aquí se controla el balance de blancos... Este botón es tu biblia... —le había dicho la mañana anterior un hombre justo a su lado al verlo mirar intrigado la cámara que el vendedor había dejado sobre el mostrador.

—Y si vas a filmar en un país tropical los contrastes de luz son violentos... —dijo otro camarógrafo a su izquierda.

Los dos hombres estaban de acuerdo en que una PD150 de Sony era la mejor opción para la aventura que preparaba.

A pesar de su timidez, Pepe les había confesado su proyecto de ir a Cuba a filmar una película independiente. Siempre había soñado con vivir en el cine. Desde pequeño, cada vez que el camión del ICAIC se aparecía en el pueblo, comenzaba para él una fiesta de los sentidos. Hasta el olor a celuloide quemado le parecía maravilloso, y los paisajes que desfilaban en la pared de cal blanca de la farmacia lo invitaban a perderse en ellos. ¡Cuánto hubiera querido irse en el camión, de pueblo en pueblo, para escaparse cada noche por la pantalla abierta hacia el mundo!

Pero a pesar de ser un cinéfilo empedernido había estudiado teatro. Y el teatro con su magia artesanal le había calmado la sed de ficciones, le había proporcionado paisajes simbólicos, le había abierto el horizonte hacia la discordia. El teatro le había enseñado mortalmente a pensar.

Ahora vivía en Francia, se había casado en la mismísima ciudad en la que los hermanos Lumière habían filmado *La entrada del tren en la estación de La Ciotat*. Y Pepe se había bajado del tren para que los hermanos Lumière, ahora atrapados en un afiche, lo filmaran a él, un guajiro de Las Villas, caminando en ese andén que su memoria rechazaba reconocer como algo cotidiano.

Ahora hacía ya seis meses que erraba irresponsablemente por París, de un apartamento a otro, en los barrios de elegancia vetusta, amparado por la bondad de repentinos amigos conocidos en un bar, o en una velada cultural. Estaba hundido placenteramente en la soledad que por primera vez le procuraba su divorcio. Había roto con una esposa intelectual, profesora y estudiosa de la cultura cubana, y al mismo tiempo dejaba atrás junto con ella todo un mundo de artistas subvencionados por el Estado, de izquierdistas universitarios aleccionadores, de teatreros mediocres portadores de la reaccionaria doctrina de mayo de 1968.

Ahora conocía a empleados del sector privado que se levantaban a las seis de la mañana para ir a trabajar en empresas productivistas, generadoras de esa plusvalía que tanto odiaba Marx. Conocía a personas que disfrutaban el fin de semana yendo a una discoteca, comprándose ropa a la moda, escuchando insípidas canciones de Mylene Farmer, y a los que les importaba bien poco el futuro de los pobres del Tercer Mundo.

Ellos no comprendían que el deseo de crear pudiera llegar a ser hasta un sentimiento doloroso que afectaba toda su persona.

Para esos nuevos amigos su proyecto era una locura. Le aconsejaron seguir siendo un escritor de éxito. Ya los mejores diarios y revistas de Francia habían elogiado su estilo narrativo. ¿Por qué irse a Cuba a filmar una película clandestina corriendo el riesgo de quedarse atrapado en el decorado de su ficción? Nadie hace una película sin un equipo de cien personas como mínimo... y sin dinero... le decían. Sin embargo Pepe se sentía respaldado por la tecnología que ahora permitía filmar con una ligereza asombrosa. Tenía dos obstáculos mayores: encontrar el dinero y mantener su proyecto secreto. Tendría que seguir siendo un lobo solitario, contando solo con amigos como él: marginales de la cultura, integristas del arte. Muchos de los exiliados que conocía no eran más que antiguos funcionarios del régimen comunista que habían cambiado de casaca para poder seguir comiendo. Esos cubanos residentes en el extranjero, que íntimamente seguían siendo marxistas convencidos, eran tan peligrosos como los marxistas no convencidos que dirigían el país. La intuición humanista de Pepe lo hacía imaginar una horda de agentes dobles mezclándose irremediablemente con su vida. Cualquiera de los cubanos que conversaban con él en alguna fiesta o velada cultural solo buscaba información para agrandar el expediente que en algún lugar iban redactando sobre su persona. Pero terminaba riéndose de su egocentrismo pasajero. No consideraba que una maquinaria de semejante magnitud pudiera funcionar ahora que la Guerra Fría era un lejano recuerdo. El escritor Pepe no merecía que el Estado cubano gastase tantos recursos para obtener tan pocos resultados. Su vida era de una banalidad ejemplar. Por el momento, sus sospechas quedaban en el cálculo matemático. Es sabido que en un grupo de cinco cubanos dos o tres sujetos son peones en la mano del dictador. Pepe tendría que evitar cualquier relación con la industria cinematográfica cubana que, además de pasar su guión por el molino de la censura, le pediría una enorme suma de dinero.

De algo estaba seguro: los cubanos de fuera y de dentro le serían unánimemente hostiles. Unos porque la Cuba que él quería mostrar estaba llena de malas palabras, de decorados ordinarios, de gente común elevada a rango de protagonistas. Esos cubanos, para los cuales Cuba es una imagen detenida en los finales de los años cincuenta, no aceptan el resultado cultural de más de medio siglo de revancha popular, de violencia política y de desorden administrativo. Se obstinan en seguir viendo a Rosita Fornés cantando vestida de lentejuelas en un cabaret *art déco*. Los otros rechazarían la película porque hacer una filmación independiente era una prueba de la absoluta inutilidad del Instituto de Cine. Esa era en verdad su transgresión.

La playa

Seis meses antes de contemplar la lluvia desde la ventana, Pepe y sus amigos estaban acostados como lagartos, desnudos bajo el lívido sol de Normandía. La playa se extendía a lo largo de varios kilómetros y los bañistas, con el paso del tiempo, habían convertido ese tramo de dunas en zona nudista. Tras ellos, en la cima de una colina de arena, dispersos entre las altas yerbas, se erguían los cuerpos de varios hombres que escrutaban el horizonte e intercambiaban miradas cómplices.

Pepe y sus amigos no estaban allí ni para bañarse ni para flirtear... sino empujados por la ley de gravedad que arrastra a los citadinos a alejarse de París el fin de semana. Abandonar la ciudad a las hordas de turistas es el pasatiempo de los parisinos de pura cepa. Y Pepe ya era culturalmente un parisino y estaba en la playa para no pensar en temas urbanos o de complejidad filosófica.

Sus amigos pasaban el tiempo criticando a los hombres y mujeres que pasaban frente a ellos despojados de todo pudor. Hay un exacto momento en el que una suerte de nihilismo físico se apodera de los cuerpos arrancándoles toda esperanza de erotismo.

Miguel, el colombiano, había aceptado renunciar a su puesto de trabajo a cambio de una gran suma de dinero. Hacía ya un mes que giraba sin sentido en su apartamento y había tenido tiempo de pensar en qué invertir su nuevo capital. Se tomó un buche de cerveza y habló de sus proyectos futuros. Pensaba comprarse una gran casa en Marruecos y convertirla en hotel. Se volteó y le preguntó a Pepe:

—¿Y ahora que estás libre, cuáles son tus planes? ¿Una nueva novela?

—Quisiera filmar una película sobre la mujer cubana. El tema será el machismo. Nuestros gobernantes dirigen el país como lo harían con su casa, y es la mujer la verdadera víctima de la política.

Los ojos de Miguel brillaron orgullosos al sentir que uno de sus amigos podía llegar a ser alguien importante. Los demás lo miraban esperando los detalles de la historia. Pepe comprendió que después de un anuncio semejante tenía que mantener la atención del grupo y entonces fue improvisando una fábula a la manera de un padre que intenta dormir a su hijo. Y tantos fueron los detalles sobre los personajes, los conflictos, los lugares de rodaje, los problemas de producción y de censura que lo esperaban en lo adelante, que comprendió que ya la película estaba arraigada en él hacía mucho tiempo, como una enfermedad venérea, y ahora manifestaba sus primeros síntomas a través de las palabras.

Miguel le propuso la mitad de su indemnización, pero Pepe la rechazó con sincero desinterés. Tres meses pasaron y viendo que nadie en París, ni su editor, ni sus amigos adinerados, ni sus conocidos en el Ministerio de Cultura, se aventuraban a arriesgar un solo franco en su película, tuvo que aceptar el cheque del colombiano cuyo monto entre tanto se había reducido a la mitad de la mitad. Miguel ya había comprado su casa en Marruecos y por suerte no había decidido en qué estilo amueblarla.

Vía crucis

Pepe sabía que nadie puede ser invisible, pero siempre trató de ser transparente. Todo el mundo sabía que lo aburría el comunismo, que creía en el individuo. La masa total del pueblo cubano reunido en una plaza era para él la muerte de la inteligencia. Sus obras hablaban del enfrentamiento entre el ser colectivo y el ser individual. Pepe sentía que con no llamar mucho la atención podría hacer su película.

Pero al llegar a Cuba comprendió que su persona era fosforescente

Nadie le decía que no, pero tampoco que sí cuando solicitaba ayuda para la filmación.

No pudo contratar a ningún camarógrafo.

No obtuvo ningún otro permiso que una carta firmada por una amiga secretaria y que meses más tarde se revelaría inútil ante los interrogatorios de la Seguridad del Estado.

Juan Pérez (que nunca descansará en paz) era el padre de uno de los mejores amigos de Pepe, y el chivato más famoso del pueblo. Digamos que era un chivato con alevosía. Ese grado se lo debía a una eficacia sin igual y a la naturaleza polifacética de sus denuncias. Se desenvolvía en cualquier terreno. Lo mismo denunciaba a un vecino que escuchaba la emisora La Cubanísima, que a un niño que había roto una teja con su pelota de béisbol, que a otra vecina que se había bajado de un auto conducido por turistas. De su lengua e informes escritos no habían escapado ni el panadero que vendía panes por su cuenta, ni el vecino que alquilaba videos pornográficos, ni el torcedor de tabacos que sacaba habanos a escondidas de la fábrica... Nunca hacían falta pruebas: la palabra de Juan daba fe y constancia legal del hecho. Otro detalle lo convertía en el chivato ideal: carecía de remordimientos. En sus informes se confundía el chisme ordinario y la ideología marxista aprendida en los cursos de capacitación revolucionaria que el padre de Pepe impartía en las tibias noches de los años setenta... De todos esos manuales, Juan Pérez había conservado un barniz retórico que daba realce a sus informes de todo aquel que le resultara sospechoso de no participar del sueño común del socialismo. Hay que aclarar que la alta densidad de informantes en las provincias centrales de Cuba tiene su origen en la guerra del Escambray. Una vez que las fuerzas revolucionarias lograron conquistar esos territorios hostiles al nuevo régimen, decidieron sembrar el comunismo a la fuerza, ideologizar al campesinado y controlarlo distribuyendo agentes por todo el territorio. En cualquiera de esos pueblos de polvo y chisme endémicos es imposible conocer el número exacto de pobladores que trabaja para el gobierno. En el pueblo natal de Pepe era común verlos sentados a la entrada de la calle principal, en el «palo de los vagos». Así han bautizado a un poste acostado que funge como banco y en el que se suceden durante todo el día los hombres sin oficio, ya sean jóvenes o viejos retirados. Desde esa posición estratégica controlan las idas y venidas de toda la población entre dos buches de ron malo y otros tantos chistes groseros.

Juan Pérez siempre vivió en la misma casa de mampostería y techo de tejas enfrente del parque central. Él se consideraba héroe de la lucha clandestina contra Batista, pero realmente nunca había dado pruebas convincentes que confirmaran sus relatos de guerra. Su supuesta valentía contra el antiguo tirano se había transformado en un odio inexplicable, sin medida y sin rumbo, hacia la juventud y hacia todo lo que no entrara en su moral revolucionaria. El mundo de nuestro chivato se vino abajo cuando su hijo fue sorprendido teniendo amores verticales con un criador de puercos. En lo adelante, Juan Pérez, quien siempre delató por placer, aumentó su dosis de vigilancia y de intransigencia como para compensar la moral perdida de su familia.

ANTONIO

Por una coincidencia casi de orden dramatúrgico Antonio, el hermano militar de Pepe, se casó con Ana. Esta muchacha de buena familia, hija de costurera y de tabaquero, vivía justo frente a Juan Pérez. Las dos casas se miraban con desconfianza teniendo solo una estrecha calle polvorienta como frontera.

Antonio había sido controlador aéreo en una base militar, pero incapaz de aceptar la disciplina y sobre todo la humillante ceremonia a la que obligan las jerarquías, abandonó las fuerzas armadas y ahora vivía, como tantos otros, de la agricultura, del mercado negro y de la pesca clandestina.

Desde la muerte de Adolfo Llauradó, el cine cubano se había quedado fatalmente sin carisma. A Pepe le era imposible encontrar a un actor con la testosterona necesaria para el personaje protagónico de su película. Cuando Antonio lo recibió a su llegada de Francia, el gran abrazo entre los hermanos sirvió de *casting*. ¿Quién mejor que él para representar al hombre cubano? En su cuerpo latía esa mezcla de tímida arrogancia y de violencia contenida que lo hacía atractivo y al mismo tiempo infundía temor.

Antonio se entregó a su nuevo oficio de estrella cinematográfica con un profesionalismo insospechado. Aumentó de peso, se entrenó para que su cuerpo enamorara a la cámara, se aprendió su libreto y confundía realidad y ficción cuando las disputas con la actriz que interpretaba a su novia reclamaban de él un empujón o una bofetada. El realismo desbordaba los ángulos del video y sobrevivía en el alma electrónica de los casetes. Algunos vecinos, al pasar frente a la filmación, olvidaban que se trataba de una escena y pensaban que Antonio tenía una pelea real con alguna querida.

Desde que Juan Pérez estuvo al corriente de la filmación, cortó apresuradamente la muralla de cardón que ocultaba su casa de la vista de los vecinos para poder controlar las idas y venidas de Pepe y sus colaboradores. Las salpicaduras de los cactus le costaron una alergia espectacular obligándolo a usar espejuelos oscuros toda una semana. La excitación por la nueva misión que se había encomendado lo hacía olvidar ese percance. Sentado frente a la mesa en el corredor de su casa vigilaba con hambre de aura a todo el que pasaba.

Desde la persiana entreabierta de su cuarto, Antonio podía ver al viejo chivato despierto a las cinco de la mañana con los ojos hinchados, sentándose pesadamente frente a una taza de café, antes de abrir su cuaderno.

Para los informantes, la llegada de Pepe al pueblo fue como el anuncio de unos carnavales adelantados. Se veían ires y venires febriles de hombres en bicicleta pasando por delante de la casa de Antonio y de Eulalia, la madre de Roberto.

Gente desconocida venía a preguntar dónde vendían café, o dónde había alguna pelea clandestina de perros sabiendo que Antonio entrenaba animales para ese tipo de combates por dinero. El número de sentados en el palo de los vagos aumentó y ni siquiera de madrugada el sitio quedaba vacío.

Juan Pérez recibía la visita de algún que otro militar y le entregaba informes. No sentía ni siquiera la necesidad de esconder su actividad: la amenaza formaba parte del plan.

LA HERMANA

Tania era la bibliotecaria del pueblo, una profesional demasiado refinada para la poca exigencia cultural de los habitantes. La sede de la biblioteca cambiaba constantemente de lugar en función de las decisiones del Poder Popular. Siempre que un derrumbe, o una inundación, dejaban sin casa a una familia, la biblioteca era la alternativa para alojar a los desamparados. Ya Tania y sus libros maltrechos por la humedad habían recorrido todos los barrios del pueblo, y en cada mudanza se iban perdiendo ejemplares raros de enciclopedias, manuales escolares, mapas que recordaban cómo se había imaginado el mundo en épocas remotas y colecciones de revistas anteriores a la Revolución de 1959. El saber se iba reduciendo como se reducía la superficie habitable de los locales prestados a regañadientes por los directores de cultura que no veían el interés de perpetuar la ya casi inexistente tradición de leer. En el momento de los hechos, la biblioteca ocupaba la gran sala de una antigua casa de madera con puntal alto y techo de tejas situada en una esquina, frente a los quioscos de los vendedores de frutas. En su ancho portal la gente se detenía a intercambiar chismes e informaciones, lo cual viene a ser la misma cosa en un pueblo chiquito como Falcón.

Varios hombres entraron sin saludar y se pararon frente a la mesa tras la cual Tania leía. Ella levantó los ojos hacia ellos, con esa indiferencia característica que le había otorgado la miopía.

—¿Usted es la bibliotecaria?

—Buenos días. Sí, soy yo. ¿Qué se les ofrece?

Había comprendido que no venían a pedir prestado ningún libro.

—Venimos a verla porque hay un problema.

—¿Un problema?

—Sí —dijo el más nervioso de los tres—. Usted prestó el portal de la biblioteca para una filmación clandestina y eso es una falta profesional grave.

Su compañero con bigote agregó:

—Puede perder hasta su trabajo.

Tania cerró el libro que estaba leyendo. Era el máximo signo de alteración del cual era capaz, pero a ellos les pareció altanería.

—¿Eso es todo lo que me tenían que decir?

En el fondo del salón, un grupo de niños había abandonado también la lectura y contemplaba la escena.

Nada agota más a un chivato que el desinterés... A Tania todo aquello le parecía un espejismo provocado por la falta de merienda, o por la luz violenta del mediodía rebotando en las piedras de la calle.

Los hombres se miraron entre sí y el tercero, el gordo del trío, se aventuró a responder:

—Ejo ej todo.

Tania miró el surco de su labio leporino con una compasión real.

—¿Puedo seguir con mi trabajo? —les dijo y abrió el libro.

Los hombres se volvieron a mirar y salieron sin comprender muy bien a qué habían venido.

Al otro día Tania tuvo que explicar frente a la directora municipal de cultura y dos de sus secuaces por qué había prestado el portal para que filmaran en él sin autorización estatal.

—El director de la película es mi hermano —respondió ella pausadamente. Frente a una razón tan simple nadie supo qué responder.

La directora municipal no había podido dormir pensando en cómo dejar sin salario a una trabajadora tan honesta y servicial como Tania. Durante horas había ensayado su discurso, así que abrió la boca recién pintada para invocar el pasado patriótico de la isla de Cuba, el futuro glorioso que esperaba a la nación si todos nos sacrificábamos en aras del bien común. Luego enumeró los terribles castigos que sufrirían quienes se atrevieran a colaborar con el enemigo.

Tania escuchó pacientemente aquella letanía parecida a la incómoda interferencia que separa dos estaciones en un radio.

Ella pensaba en Dios, en el Dios de los protestantes; un Dios sin rostro, sin imágenes que adorar, desprovisto de todo adorno pagano. Ella podía carecer de todo porque tenía fe, y la fe la ayudaba a esperar con aquel rostro plácido que los demás leían como ausente, y que era ya tan raro ver en los rústicos días del comunismo ordinario.

Tania escuchó las terribles promesas sobre su futuro. Seguramente perdería su trabajo, pero a ella le parecía que apresuraban la salvación de su alma demasiado holgazana para separarse voluntariamente de la vía que la sociedad había trazado para ella. De repente, recordó sus sueños de ser monja, de entrar en un convento y entregarse a la contemplación profunda del espíritu. Ella quería ser parte del cosmos y no del lodazal al que la quería arrastrar la vida provinciana. Nadie comprendió cómo fue capaz de levantarse de su asiento con un aplomo temerario:

—Bueno, me voy para mi casa que tengo que preparar el almuerzo. Cuando hayan decidido qué van a hacer conmigo vayan a darme el recado. Todo el mundo sabe dónde queda mi casa... —Y salió hacia el sol de siempre, a ser devorada por la luz cenital del trópico.

Las ocupaciones borraron el mal recuerdo de la reunión. Tania había llevado a su hijo a la escuela lejana atravesando el río sobre un precario sendero de piedras que apenas sobresalían de la corriente, había cocinado la harina de maíz, acostado a duras penas al padre que, como todos los días, apareció zizagueando por el sendero que lleva al pueblo. Tania lo contempló un largo rato roncar su borrachera de alcohol barato. La madre la ayudó a atrapar una gallina para la comida. Cuando estaban desplumándola llegaron los agentes de la Seguridad del Estado y les pidieron prestada la casita del hermano mayor, justo al lado. El sol ya estaba casi al nivel del horizonte y las sombras de las palmas se alargaban hasta la entrada del pueblo cuando Eulalia les abrió la puerta con mano temblorosa.

EULALIA

Cuando su madre le preguntó «¿a dónde vas?» al sorprenderla en el marco de la puerta enfundada en su único vestido de los domingos y el pelo recogido en un alto moño, Eulalia le respondió mirando nerviosa al piso de tierra, que iba de visita a casa de Jova, a conversar... y a ayudarla a terminar un bordado. La casa de Jova quedaba del otro lado de la carretera, en lo alto

320

de una colina desde la cual se veía el pueblo cercano, ceñido por la curva del río Sagua la Chica. Desde los grandes árboles que hundían sus raíces en ambas orillas ellas se lanzaban a las aguas salpicadas por algas de un verde misterioso como saltando hacia el fondo de la alegría. Allí se habían bañado toda la vida desde que eran niñas, tres horas después de almorzar. Ambas eran flacas, con músculos fabricados por las carreras en los caminos de tierra, o en los surcos húmedos en los que sembraban tabaco. Las dos tenían duras las plantas de los pies por las horas de marcha cada mañana hasta la escuelita primaria en la loma de Sierrasuela. Jova era muy diferente a Eulalia porque a ella le encantaba parecerse a las actrices americanas y se vestía con pantalones apretados a media pierna, mientras que Eulalia soñaba con parecerse a María Félix o a Dolores del Río, y se ponía estrechas sayas de medio paso que acentuaban sus largas piernas. Ahora las dos muchachas pensaban en novios, en bodas, en fotos a todo color, en lunas de miel ámbar como las estampas de las revistas que leían cada semana. Un estremecimiento placentero les recorría el cuerpo siempre que veían pasar a algún muchacho con el pelo engominado al estilo americano...

Jova recibió a Eulalia con un nerviosismo aparente, sabiendo que no volverían a verse durante mucho tiempo. El escándalo iba a ser grande cuando se enteraran de que su amiga se había escapado con su novio. Ahora comprendía que no sabía qué castigo la esperaba por ser la cómplice de semejante barbaridad.

Se fueron al patio, y a pesar de estar vestidas como para un baile, se pusieron a escoger hojas de tabaco con las cestas apoyadas en las piernas.

Media hora más tarde se oyó el claxon de un coche abajo, en la carretera. Eulalia no miró siquiera a Jova; dejó caer su cesta y salió corriendo hacia la luz del mediodía.

Jova salió apresuradamente al portal de su casa y tuvo tiempo para verla descender a toda velocidad la loma como si no llevara puestos sus zapatos de tacón. Eulalia entró en el Chevrolet rojo y gris y el ruido de la puerta al cerrarse se quedó suspendido en el aire del crucero. El coche haría solo una parada antes de llegar a La Habana, esa ciudad con la que soñaban todos los cubanos y que ahora los recibiría.

Corría el año sesenta, el Che Guevara con su tropa había destruido el puente del pueblo dos años antes, y esa explosión había roto el pasado para siempre. Ella, como tantos otros campesinos, se dejaba conquistar por el trance interminable de la nueva Revolución, sin comprender otra cosa que esa energía liberadora de los cuerpos que la hacía renunciar a viejos hábitos y promesas. Roberto había llegado a la finca un año antes, con olor a colonia, con los ojos llenos de amor por ella, y de rabia por la injusticia que los condenaba a la pobreza. Ella le había dicho que sí entre las altas dalias, ella había cedido a su abrazo. El anochecer los había bautizado con un rito de olores extraños. Roberto era la primera persona que negaba a Dios sin temor. Él no dudó en ponerse el uniforme verde olivo de las nuevas milicias, y ese color hacía eco al destello esmeralda de sus ojos. Roberto sería para siempre su único hombre.

Ahora el tiempo había pasado. La Habana era una ruina lejana en la memoria y Roberto un hombre destruido por el alcohol. Pero cinco hijos y una casa de tablas de palma los unían bajo las fieles estrellas de la finca. Eulalia se mantenía impermeable a tanta palabrería marxista y se ocupaba de los rituales de la vida animal.

Pero ahora su hijo artista había aparecido con una cámara, decidido a hacer una película en medio de aquella existencia anónima, y todas sus certezas empezaban a quebrarse. Ese hijo enfermizo que tantos desvelos le había causado durante su infancia asmática, la había arrancado al sueño a media noche para pedirle que escondiera su cámara donde nadie pudiera encontrarla.

Ella fue al patio y cavó un hueco hondo, sola, con uñas de loba, con miedo por todo lo que se avecinaba, pero sobre todo, con amor por ese hijo que no podía evitar querer pese a todas sus locas experiencias.

Al otro día, varios hombres uniformados vinieron a pedirle prestada la casita de su hijo Félix para interrogar al artista de la familia. Eulalia les abrió el candado con un gesto lleno de sobresalto. El heroísmo suele ser así: una suma de miedos que sobrepasa la razón.

ROBERTO

Cuando llegó a la finca de su padre, Roberto vio a Eulalia inclinada sobre las dalias en medio de un campo multicolor. Ella y sus hermanas estaban cortando flores y llenando con ellas unas canastas enormes. En aquella tierra arrendada por el tío Pedro, su padre Domingo trabajaba cultivando flores para entierros, bautizos, bodas, y toda suerte de eventos de la vida del cubano ordinario. Roberto ya había conocido La Habana, trabajado en mil trabajos mal pagados, rebajado pieles de cocodrilo para el señor Simón, vendido utensilios de limpieza para el hogar, conocido personalmente a una estrella de la televisión, boxeado por dinero y compartido tragos con el mismísimo Ernest Heminwgay. Él y sus tres hermanos vivían en un pequeño cuarto en el pueblo de San Francisco de Paula. Allí su fe religiosa de Adventista del Séptimo Día se había deshecho frente a las ideas progresistas que agitaban la capital.

Su hermano Yuyo se había unido a la lucha clandestina contra el presidente Batista y lo había contaminado con su entusiasmo. Ahora estaba de regreso en Falcón para hacerse olvidar un tiempo. Alguien los había denunciado, pero los hermanos eran populares en aquel barrio de las afueras y les avisaron para que tuvieran tiempo de escapar hacia la provincia. Nadie sospechaba todavía en Las Villas que eran agitadores revolucionarios.

Ahora tenía que trabajar para su padre, discutir con él, justificar por qué ya ni iba a la misa de los domingos, por qué Dios no satisfacía su corazón.

Daba igual. Eulalia lo hacía olvidar los tiempos convulsos, le daba confianza y lo arrastraba hacia una vida sencilla hecha de esperanza.

Roberto tenía los ojos verdes y una mirada felina que atemorizaba, pero su novia sabía que aquellos puños que sabían echar por tierra a un hombre se abrían tiernamente para acoger todo su cuerpo.

La Revolución los sorprendió abrazados, confusamente vivos al final de una tarde en el río. Después, todo había sido sobresaltos, gritos en las calles, familias divididas por la ideología, locales de negocios arrebatados a sus propietarios con cualquier excusa. Roberto vistió el uniforme de los nuevos milicianos, el rostro se le iluminó de esperanza y orgullo, pero ya veía cómo desaparecían todos aquellos lugares multicolores, de anuncios lumínicos, cafeteras cromadas con palancas interminables, con traganíqueles repletos de música americana que habían alegrado su juventud. Él creía en la igualdad que permitiría a todos los cubanos tener suficiente dinero para invitar a sus novias a una cerveza y a un baile popular. Ahora, un sentimiento de revancha contra la alegría pasada invadía los periódicos, las revistas, los discursos. La fe adventista de su familia española lo separaba de sus hermanas, de sus padres, de sus primos y tíos que hasta ayer él quería incondicionalmente. Roberto olvidaba las inéditas contradicciones de su conciencia en los brazos de Eulalia que eran ahora todo su mundo. Y de abrazo en abrazo habían tenido que escapar del qué dirán por culpa de un embarazo inoportuno.

Una Habana borracha de optimismo los recibió. Pero la pareja fue a parar a San Francisco de Paula. Los esperaba un pueblo sin Hemingway ni sus historias maravillosas de países lejanos y guerras y safaris. Ya no había olor a sudor y cuero en el *ring* del barrio... Nadie pelearía otra vez doce *rounds* por diez centavos.

Ahora sus antiguos camaradas de lucha habían tomado por asalto los puestos ministeriales y al verlo todavía tan lleno de ideales y con el mismo aspecto proletario se apiadaron de él y le propusieron ser el custodio de una gran hacienda confiscada por el Estado a un industrial judío que ahora vivía en los Estados Unidos y que nunca regresaría a recuperar sus propiedades.

Eulalia y Roberto vivieron solos unos meses en aquella mansión desmesurada con monos que saltaban por los corredores y robaban la comida de vez en cuando. Eulalia se bañaba en la piscina y ese detalle le hacía recordar el río lejano... De tiempo en tiempo, algún alto funcionario venía para llevarse un juego de cuarto, un sofá, un gran espejo francés, una lámpara de Baccarat, un juego de cubiertos, una vajilla de porcelana... Siempre argumentaban que era un regalo para un compañero que se casaba, o un premio para un trabajador ejemplar. En tres o cuatro meses no quedaba en la hacienda nada de valor. El lugar fue transformado en escuela de capacitación política y la pareja se fue a vivir a una casa de piedra donde Eulalia al fin dio a luz. Y entonces, al ver que Roberto pasaba más tiempo en las actividades revolucionarias que junto a ella, la guajira regresó al pueblo y Roberto no tuvo otra opción que seguirla.

Las familias de ambos los recibieron como si nada hubiera pasado. Ya hacía tiempo que el rapto habanero no era noticia y otros chismes ocupaban a la población. La pareja construyó una casita de tablas de palma en el crucero antes de llegar al pueblo, muy cerca del campo de dalias en el que se habían visto por primera vez.

Y entonces todo se enfermó de odio. Las iglesias y las escuelas religiosas cerraron sus puertas, el gobierno se apoderó de la finca del padre de Roberto. La familia aprovechó su origen español y se fue hacia Madrid abandonando las arboledas y la casa que fueron destruidas semanas más tarde. Roberto escondió en un saco de yute la Biblia de su madre y algunas fotos de su infancia y nadie pudo abrir ese saco durante treinta años.

Cinco hijos llenaron la pequeña casa y lo hicieron olvidar el dolor de tantas pérdidas, y luego el alcohol lo hizo olvidar el sacrificio de tantos años entregados a unos hombres irresponsables.

Ahora, el hijo menor había venido como siempre a revolcar la realidad. Él se había despertado de la primera borrachera del día y había visto a su mujer enterrando un bulto detrás del corral de los puercos. Él sabía que no había nada que comprender. Eulalia solo sabía actuar por amor. Eulalia era lo único puro que tenía en la vida.

EL MENSAJERO DE LOS DIOSES ESTATALES:

Justo a las cuatro de la tarde, la puerta de aluminio de la casa de Antonio pareció caerse bajo la fuerza de un puño enérgico. Su mujer fue a abrir enumerando las posibles malas noticias que venían a anunciarle; seguramente se trataba de una muerte violenta. El hombre diminuto, que apareció tras la puerta, vestido con una camisa a cuadros casi transparente por el uso, contrastaba con la energía de los toques que lo habían precedido. Habló con la gravísima urgencia de los seres serviles cuando se saben portavoces de los dioses. El texto tenía la sencillez de un epitafio. Así pronuncian sus recados los chivatos.

—Su cuñado tiene que presentarse a las siete de la noche en la casa de El Crucero. Los agentes de inmigración lo están esperando para hacerle una entrevista.

En la casa de El Crucero habían crecido los hermanos y hermanas corriendo en cueros, perseguidos siempre por los gritos de su madre Eulalia que no les perdía pie ni pisada. Vivir allí era codearse con peligros permanentes. Abajo se abría la herida húmeda y profunda del río. La colina sobre la cual se erguía la casa estaba rodeada de matas de mango que ofrecían incalculables escenarios dramáticos para una madre. Pero Eulalia había logrado que se hicieran hombres y mujeres de bien, que estudiaran, que se casaran y que vivieran de su trabajo.

El hombre se retiró sin adioses ni hastaluegos.

Antonio conocía muy bien los usos y costumbres de los militares y acompañó a Pepe. Un chivato que no estaba en la nómina del pueblo se les acercó y Antonio le dijo con asco:

—Tú vas por allá, que a mí no me gusta que los perros me sigan.

Pepe le hizo un gesto a Antonio para que no exagerara su valentía en semejantes circunstancias, pero el chivato se había alejado estratégicamente. La leyenda bélica que rodeaba a la figura de Antonio los protegía.

El interrogatorio

En los ojos de Pepe vibró un llanto de rabia que apenas quiso contener. Los labios se le estremecieron involuntariamente como la piel de los caballos al sacudirse las moscas y el verano. Ellos creyeron ver la manifestación de un gran terror. En sus rostros brillaba ese relámpago de satisfacción que anima a los verdugos.

Era el segundo interrogatorio y el artista comprendió la utilidad de esas lágrimas para la escena que se avecinaba. La memoria emotiva es la herramienta básica de un actor y él pensó en la humillante condición del poeta obligado a un diálogo imposible con la más ordinaria representación de la especie humana. Eso bastaba para que un sollozo le anudara la garganta. Todas sus respuestas a partir de ese momento tendrían un aspecto de verdad irrefutable.

—¿Sabe? Su familia aloja a un extranjero sin tener patente para hacerlo. Hemos sido tolerantes, se lo hemos permitido. Usted sabe que es una infracción a las leyes.

—Y ha estado filmando sin permiso una película que nadie sabe qué cuenta... y con actores que no sabemos de dónde salieron.

—Es una película que pondrá en alto la belleza de la cultura cubana, es una película sobre nuestra realidad social, para que el mundo entero sepa que los cubanos seguimos viviendo a pesar de todos los problemas —dijo Pepe antes de agregar—: Ese compañero es un artista alemán que ama a Cuba y ha venido de buena fe a participar de esta aventura. Ahora, gracias a ustedes, le dará razón a aquellos que cuentan que nuestro país es gobernado por una dictadura y que a cualquiera que piense distinto se le reserva el calabozo... ¿Qué quieren que haga ahora? Si le preguntan en París dirá que nos han detenido e interrogado cada vez que hemos salido a la calle con nuestra cámara... y que vivimos en un terror completo.

El jefe de la Seguridad sonrió con malicia y escribió un número en un pequeño cartón y se lo extendió a Pepe:

—Necesitamos gente como usted allá afuera. Gente que se codee con las altas esferas de la sociedad para saber qué planes tienen en contra de nuestra Revolución.

En el cartón estaba escrito el número directo del agente Vladimir.

En ese momento se desvanecieron todas las referencias que Pepe había construido en su imaginación sobre la manera de ser reclutado como espía. No había luz misteriosa, solo un bombillo incandescente oscilando en un cable cagado por las moscas. No había sonidos raros sino el habitual nerviosismo de las gallinas durmiendo en la mata de mangos justo al lado de la persiana. No había un hombre vestido con traje y corbata, ni un militar de alto rango con un uniforme entallado por un sastre de Hollywood. Lo rodeaban hombres con manos callosas por trabajos pasados y presentes, con rostros surcados por la amarga expresión del que cumple una orden sin derecho a discrepar.

Pepe había sido un alumno ejemplar, uno de esos niños preparados para ganar cualquier concurso patriótico de redacción, entrenado a responder con fechas y significados exactos a todas las preguntas sobre los símbolos de la patria... Por eso conocía la sintaxis política mejor que ellos. Él era quien dirigía los matutinos en su escuela primaria... Los hombres sentados frente a Pepe no conocían los secretos del estilo poético-estalinista que él había practicado... Ninguno había izado tantas veces la bandera en los actos cargados de énfasis gestual que habían sido sus primeras superproducciones artísticas. Pepe sabía hablar como y mejor que ellos y el interrogatorio se transformó en una reunión marxista.

En la casa de al lado, Tania, Eulalia, Roberto y Antonio se miraban silenciosos y esperaban el desenlace del interrogatorio. Una hora más tarde, los agentes de la Seguridad salieron convencidos de que aquel artista flaco y tembloroso con ínfulas de cineasta no se atrevería a meterse con el poder. Nadie comprende, ni los amantes, ni los familiares, ni los colegas, el idealismo temerario de un misionero de la estética. Pepe sentía aquella película como una misión, y no solo siguió filmando, sino que se aventuró a crear nuevas escenas y varios finales alternativos por si acaso nunca más podía regresar a Cuba. Se acostumbró a llevar el corazón en la mano por temor a que se le perdiera en un sobresalto.

Epílogo y estrenos

La férrea vigilancia que había sufrido por parte de los segurosos y los chivatos durante seis meses en Cuba había empujado a Pepe a una creatividad vertiginosa, a una improvisación ejemplar. Esos hombrecitos de la sombra habían puesto a pruebas su deseo de hacer cine, su necesidad de veracidad artística; involuntariamente, habían sido los productores de su primera obra cinematográfica. Gracias a ellos, cada escena era un plano secuencia para evitar cortes innecesarios que provocaran problemas de ajuste de sonido o que dejaran a medias la filmación. La urgencia hizo innecesario el guión escrito. Los diálogos fueron desapareciendo para dar entrada al lenguaje cotidiano, a los gestos reales, a frases cortas... a la desaparición del artificio.

Pepe y sus actores eran capaces de montar una escena en diez minutos en un lugar que acababan de descubrir...

Esa energía la conservó al llegar a Francia y gracias a ella logró encontrar a dos productores quienes, viendo la película casi terminada, ayudaron a su postproducción.

Ahora se inauguraba otra batalla mucho más sutil, casi invisible.

La película se había estrenado en varios cines de París una tarde de junio. A la mañana siguiente, Pepe fue a un estanquillo e hizo algo que siempre había soñado hacer: compró todos los periódicos del día y algunas revistas de cine. Entró a un lujoso hotel y subió en el ascensor hasta la terraza que dominaba la ciudad. Ya sentado a una de las mesas, encargó un desayuno en el que gastaría la mitad del presupuesto de la semana y se puso a leer las críticas sobre su ópera prima.

Los juicios variaban según la sensibilidad política de los editores. Unos lo trataban de burdo panfleto, otros de nuevo genio del cine latinoamericano. Pero Pepe suspiró aliviado, puesto que nadie lo comparó a otro cineasta ni criticó a los actores.

Cuando una película independiente se estrena en Francia, es habitual que los productores organicen una gira de presentaciones en los circuitos de cines de arte de todo el país. Así el público confidencial que consume estas historias sin estrellas de la televisión ni historias de amor que terminan bien, pueden tener la recompensa de conocer al realizador y también a algunos actores.

Gracias a esa gira, Pepe comprendió que no era un agente quien lo atendía sino toda una red de personajes sombríos de cualquier nacionalidad guiados por el ideal comunista. Al final de cada presentación, se hacía sentir la hostilidad de dos o tres individuos claramente presentes para desacreditarlo frente a los demás espectadores. Hubo una pareja de *hippies* coloridos que, como todo argumento contra la película, no hicieron otra cosa que cantar *La internacional* a voz en cuello, y así abandonaron el cine dejando al público boquiabierto. En la ciudad de Lyon se llevaron en andas a una chilena casi desmayada porque no toleraba la imagen brutal que de Cuba y de sus mujeres transmitía el cineasta.

Una señora muy maquillada que se presentó como funcionaria del ICAIC miró a Pepe y con tono grave le dijo que estaba abochornada por su película y por el tratamiento de sus personajes femeninos justamente en el Día Internacional de la Mujer…

Pepe comprendió que el planeta era un vasto campo de batalla, y que el arte era el arma que le había tocado en la lotería de la vida.

Ahora sabía que era libre, libre de su propia frivolidad, de su pasado, y que, como en las películas americanas, esas que terminan bien, solo podía contar con su familia.

Todo es fe, todo es ficción, todo es un dios imaginario.

La Garde, 24 de agosto de 2017

MICHAEL H. MIRANDA

LAS HIENAS DEL CAPITOLIO. ALGUNAS ESCENAS EN LA CAVERNA DE LOS HORRORES[*]

La escritura de estas líneas me toma en medio de la lectura de *Días malditos*, edición en español del diario que Iván Bunin llevó entre 1918 y 1919.

También, ya que estamos en 2017, por todos lados se encuentra uno con la idea de la conmemoración (para millones de personas sería repulsa) de los cien años de la irrupción del régimen bolchevique en Rusia.

Hay toda una biblioteca esperando para intentar explicar algo de todo esto, cómo nació y se gestó el terror comunista, en gran medida, en base a la articulación de una policía política de proporciones gigantescas en las sociedades modernas que tuvieron la desdicha de padecer regímenes de corte estalinista. Solo se necesita que reaparezca el interés por asomarse a esos (nunca) demasiados libros, sobre todo en tiempos en los que abundan, de nueva cuenta, la desconfianza y las críticas en torno al modelo capitalista y, por extensión, a la democracia como forma de gobierno.

Escribe Bunin, primero con ironía, casi con rabia luego:

> *¡Qué fantásticos cambios han tenido lugar desde entonces! El puerto, vacío y muerto. La ciudad, muerta y cubierta de lodo... Nuestros hijos y nietos no serán capaces de imaginar la Rusia en que nosotros alguna vez (ayer mismo) vivimos, una Rusia que no valoramos lo suficiente y a la que no comprendíamos: ni todo su poder, su complejidad, su riqueza, su felicidad...*

---

[*] Texto escrito especialmente para esta antología.

La primera escena podría ser en Ceuto y años ochenta.

Todo era absolutamente lógico, coherente, dadas las circunstancias.

Sentados una vez en un banco en Ceuto, al lado de la carretera que partía en dos el centro del pueblo. Paró un jeep militar a unos metros de nosotros. Alguien, un tipo joven, se bajó por la puerta trasera y se abalanzó sobre nosotros, nos desafió, nos increpó, porque pensó que nos reíamos de ellos. Una situación muy ridícula, la más absurda en mucho tiempo. ¿Una apuesta? Todos ellos borrachos, probablemente.

Fue la primera vez que vi el rostro violento de un poder paralelo, pero que en realidad es el rostro mismo del poder.

Ninguno de nosotros pasaba de los quince años municipales. No se me ocurre que hubiéramos podido responder a aquella violencia con nada. Debimos haber esbozado una torpe excusa, un «ustedes están locos», nos quedamos tiesos, fríos. Se montó en su jeep y se largaron, probablemente riéndose del susto que nos dieron.

La escena, vista a distancia, contenía una violencia en sordina.

La segunda ocurre a finales de los noventas o principios de los dos mil.

Ya me había graduado de Periodismo. Trabajaba en una editorial de provincia que publicaba libros de poesía, cuentos, ensayo, lo que fuera. Colaboraba con la radio en programas de música y libros. He aquí que organizamos un festival de rock por la Asociación Hermanos Saíz. Uno de los grupos invitados era la banda Porno para Ricardo.

Suena el teléfono de la oficina. Un tal coronel Cuenca de la Seguridad quería sostener un encuentro conmigo. ¿Tenía algún sentido preguntar por el motivo de aquel encuentro? El motivo nunca es revelado antes de estar encerrado entre las cuatro paredes de una fría oficina del director de una empresa en el centro de la ciudad de Holguín. Frente a mí, un oficial de la Seguridad, un tipo que sonríe todo el tiempo e intenta no parecer lo que es, no representar lo que representa. El objetivo del encuentro, a fin de cuentas, es una solicitud de colaboración. Colaborar con la Seguridad del Estado. Qué mayor/mejor muestra de lealtad a la sociedad que cooperar con ellos, Michel. Los funcionarios siempre dijeron Michel, la «a» se la volaban, yo no me permití corregirlos. Me niego a colaborar y me hacen firmar un papel donde más o menos recuerdo que digo eso, que preferiría no hacerlo. Sí, como Bartleby, pero yo no iba a mencionar ese nombre.

Al poco tiempo, nueva llamada telefónica, nueva solicitud de encuentro. Esta vez en la oficina de la directora de la biblioteca provincial. Me espera la jefa de todos los agentes, la coronela Dania, joven de hielo, pero más como el hielo blanco de las pescaderías. La conocía de mis años en la Vocacional de Holguín.

La acompañan dos agentes más. Era como una escena de hospital: un equipo de clínicos se alistan a tomar la decisión final que acorte o alargue la vida del otro. Pero no se trata de eso: era el poder y sus anillos de terror frente a mí.

Lo que hacen en concreto es retomar la propuesta de colaboración. Digo que no me interesa colaborar con ellos. La coronela dice que esa frase, «no me interesa», suena a negocio, a idioma que ellos no comprenden, que ellos me proponen otra cosa.

Aquí es cuando Chagall le contesta a Lunacharski: «que Marx, si es tan sabio, resucite y se lo explique».

Un estado de *shock* absoluto. Las palabras se tragan su propio sentido, me tragan, pero adquieren entonces cierta lógica que no podemos evaluar sin sufrir pulsiones cercanas al deseo inmediato de escapar, de borrarse, volar de allí.

Salgo de aquel lugar, lo diría Bunin, «como si acabaras de contraer una enfermedad grave», preguntándome con cuántos habrán hecho lo mismo, cuántos habrán accedido a colaborar y de qué se trata en realidad, en términos prácticos, esa colaboración, qué esperaban de mí. Y con la entera certeza de que hice lo correcto al no intentar ningún tipo de debate o diálogo con quienes se muestran resistentes a toda crítica, impermeables a toda muerte.

No sé si fui otro después de aquella reunión. Mi particular caverna de los horrores. Es probable que no.

Era como si la ciudad, igual que aquella Cartago de Cayo Graco, se hubiera ido llenando de un tipo de animal no necesariamente extraño, pero que no eran perros, los perros del Capitolio, sino hienas.

Sí sé que mi familia esperaba una salida por reunificación familiar desde 1995 que demoró doce años. En ese intervalo, mi hermano se fue en una balsa, mi padre enfermó de los riñones para vivir conectado a una máquina de hemodiálisis, me casé, nació mi hija y publiqué tres libros de poesía.

Ya yo estaba marcado por algunas lecturas tempranas. No tantas como hubiera deseado, pues no es mucho lo que se podía conseguir en el oriente de Cuba, pero sí algunas. Una de ellas era el libro de Stephen Koch, *El fin de la inocencia*. Era aterrador corroborar hasta dónde penetró en las mentes más libres un modo de pensar que los conducía a una autoaniquilación, a una mazmorra que ellos mismos ayudarían a construir: París, Hollywood, Nueva York, las élites artísticas londinenses en la figura de aquel crítico especialista en Poussin...

Qué sucede entonces cuando el escritor decide, no solo colaborar, sino asumir el papel del agente mismo.

De esos años recuerdo a Rolando B., un escritor y promotor cultural que vivía en un antiguo batey azucarero a media hora de la ciudad. Rolando B. confesó que él sí colaboraba con ellos porque en el fondo eran gente de buena fe a la que había que ayudar para que no juzgaran mal a los artistas. Hacía un esfuerzo tremendo Rolando B. por mostrar «el alma cristalina» —de nuevo Bunin— del captor, pero sin conseguir salirse de un esquema binario *avant la lettre*, y mostrar que el policía bueno no tiene por qué ser en el fondo y en lo esencial un ente malo. Hey, que podemos ser amigos. Como parte de toda aquella «lógica de la castración» de la vida en Cuba, asumo que creía que la «cultura» —el mayor, el más elevado de los conceptos operativos del castrismo, hasta en su nivel subconsciente— debía entenderse como lo intocado/intocable de todo el proceso y que más valía cooperar para mantener alejados a los perros del Emperador. Todo un galimatías, siempre a favor de un estatus cuyo *magnum opus* contemporáneo no serían los discursos del Comandante, sino una película, acaso ese bodrio mayúsculo, paduriano, tan sintomático, llamado *Regreso a Ítaca*.

> *Fue en el verano de 1917, en el mismo instante en que surgió entre nosotros, siguiendo la moda europea, la figura del «ministro de Correos y Telégrafos». Fue por aquel entonces que surgió también el «ministro del Trabajo» y ahí mismo toda Rusia dejó de trabajar. También el demonio de la ira cainita, así como la arbitrariedad y la ferocidad más salvajes se enseñorearon de Rusia en los mismos días en que se ensalzaba la instauración de los principios de fraternidad, igualdad y libertad.*

Supongo que en algún punto del trayecto, el reclutador se cansará de su labor de seducción y activará la fase combativa contra un nuevo elemento que se ha pasado al enemigo. Pura biopolítica, cuando el asunto de la posesión de un alma o un cuerpo culmina, toca ahora su erradicación. Fue más o menos lo que vino a suceder conmigo, una vez que fui radicalizando mi oposición al gobierno y colaborando más abiertamente con revistas del exilio, como *Encuentro* y su magacín digital *Encuentro en la Red*, así como por el proyecto de publicación independiente *Bifronte*, que realicé junto con el poeta Luis Felipe Rojas. Como consecuencia de ello, debí solicitar la salida de mi trabajo como editor en el Centro del Libro y fui vetado de todo tipo de colaboración con los medios de prensa, sobre todo la radio, que significaba un buen ingreso extra para la sobrevivencia diaria en la

Isla. Luego se activó el dispositivo adicional, el que jamás falta ni falla, la terrible EMFaCa, que en el idioma de lectura de Cabrera Infante se traduce como «Eficaz Máquina de Fabricar Calumnias»: hubo intento de asesinato de reputación, en forma de rumor barrial sobre sistemáticas infidelidades de mi pareja y violencia doméstica.

Es profusa la cantidad de bibliografía que ha ido apareciendo sobre la KGB, la Stasi y otros cuerpos represivos y de control policial en los antiguos países comunistas. En los libros de Alexander Solzhenitsin, Vasili Grossman, Varlam Shalámov, Víctor Serge, Milan Kundera, Evgenia Ginzburg, Nadiezhda Mandelstam, Joseph Brodsky, Danilo Kiš, Nina Berberova e Iván Klíma, entre muchos otros, en *Terror y utopía* de Karl Schlögel, en *Esclavos de la libertad* de Vitali Shentalinski, y películas como *La vida de los otros*, aparecen los agentes a distintos niveles. ¿Cómo se puede contar/problematizar una historia sin los agentes? Ya en el Bunin que en 1918 escribe un diario a la luz de un candil está el agente de la policía secreta. Cien años después de la revolución de los sóviets, seguimos extrañando la presencia de ese mismo agente u oficial de la seguridad en las obras cubanas, en libro, película o teatro.

Tomemos por ejemplo la serie *Cuatro estaciones en La Habana*, basada en las novelas de Leonardo Padura —un autor bastante modélico para explicar los comportamientos del intelectual/escritor bajo una dictadura—. Los personajes se comportan siempre refractarios a una represión sistémica que para el autor no existe porque es la articulación de las malas prácticas de un burócrata o un mezquino funcionario. Para colmo, su personaje fetiche es menos policía que detective descolgado del esquema represivo, que se emborracha, se enamora, quiere ser escritor, admira a Salinger y tiene un amigo que le dice que se largue de todo aquello. Los personajes de Padura son siempre gente que fracasó porque tenía que fracasar y que se lanza sus frustraciones a la cara como perreta de niño sin juguete.

En aquellas otras novelas policiales cubanas, las de los setenta, el policía cumplía el rol de guardián de las conquistas revolucionarias, asumía misiones de riesgo dentro y fuera del país, y seguía un esquema de ciudadano bastante próximo al modelo del hombre que aquella sociedad quería forjar. Los golpes de realidad que trajeron los contextos futuros barrieron con producción tan esmerada de entelequias, pero terminaron sirviendo en bandeja la desaparición del policía y el nacimiento del nuevo escritor domesticado, que no se mete en política, que reclama un premio por su buen comportamiento, que no denuncia la censura, que todavía cree que se puede reformar una sociedad regida por los mismos que la destruyeron.

¡Qué semejantes son todas estas revoluciones! También la Revolución francesa se ocupó de crear toda una plétora de órganos administrativos, derramó toda una catarata de decretos y circulares; creció el número de comisarios —siempre los mismos comisarios, vaya usted a saber por qué—; y en general, proliferó el número de todo tipo de autoridades, comités, uniones y partidos, crecidos como las setas, y, entretanto, todos se «devoraban entre sí»; además, crearon una nueva jerga, «en buena parte consistente en exclamaciones grandilocuentes mezcladas con los más barriobajeros insultos dedicados a los sucios vestigios de la derrotada tiranía...». Y todo eso se repite una y otra vez, puesto que entre los rasgos distintivos de las revoluciones están la sed de juego, la hipocresía, el gusto por las poses y la farsa. El mono que hay en cada hombre se despierta y asoma la cabeza.

Irme de Cuba significó para mí no solo evitar la cárcel, evadir la represión o la violencia asordinada de quien se baja de un *jeep* militar para obligarnos a subir a él, aspirar a una vida menos indigna para mí y mi familia, sino también la elección de no admitir más transacciones con el poder dictatorial, no ser Dania ni Cuenca, pero tampoco adoptar el modelo de intelectual que encarnan Rolando B. o Leonardo Padura.

Es muy probable que, en el terreno de la cultura, terminemos acogiendo a nuestro pesar el término «padurización» como etiqueta para los años finales del castrismo, esto es, la asimilación de un *status quo* donde prevalece la refracción de todo lo que un régimen ha tenido de represivo, totalitario y antidemocrático; la negación de esa faz convertida en antifaz. Así, el intento de normalización de Barack Obama encajaría a la perfección con esa posición del intelectual/escritor acomodado —el «*ketman* profesional» que describe Miłosz— que desde adentro clama por una reforma muy maquillada para esconder toda la vergüenza cómplice bajo el lema de «aquí no ha pasado nada».

POLINA MARTÍNEZ SHVIETSOVA

ESPACIO PROFUNDO*

La joven no sentía una forma de proceder. Se preguntó cómo escapar al consenso, cómo desvanecerse. Sus neuronas querían y deseaban pasar inadvertidas por el filtro del papel. Ella es poeta o hasta narradora, si la historia aparece.

Pero esta vez le resultó que la historia era, es y debía ser ese terrible momento de dar su consentimiento a algo que sabía iba más allá de su conciencia. Ella, la poeta peregrina, días atrás se había leído el Proyecto Valera, mientras esperaba la última guagua a su municipio de Provincia Habana. Ella había firmado virtualmente ese proyecto en otra dimensión y el resultado lo comentó con otro amigo.

Ella quería de todas maneras pasar inadvertida al llamado de la Patria. O, mejor dicho, de lo que otros consideraban la Patria, pero no logró ni siquiera desaparecer entre las metáforas que se construía a diario.

SÁBADO, 15 DE JUNIO DE 2002, EN LA MAÑANA

Es sábado en la mañana. Toda la cuadra ya ha dado su firma, la hija aún duerme después de un agotador viernes, y todo lo que vivió con sus amigos en la zona del Instituto Cubano del Libro. Pero la mamá la levanta y la tira de la cama para que vaya a cumplir su obligación con la Patria: argumenta que sí firmará para salvar la Nación —eso le dice a su hija. También habla de que le

---
* Texto perteneciente al libro inédito *Inxilio errante*.

335

pedirá al CDR una autorización especial para firmar, pues ella es extranjera y no tiene los mismos derechos que los cubanos habituales. Estampar su garabato ruso para ella significa la no pérdida de la identidad cubana.

Su identidad cubana es por solidaridad o por costumbre de sobrevivir más de 24 años en la isla soñada desde las frías estepas del río Volga. Pero la hija, poeta al fin, inventó un reducto para brincar lo impostergable. Un socio del barrio la llamó para fumarse un porro. Ya antes en casa se tomó varias cervezas rusas Báltica, se vistió de negro, con pantaloneta de seda y blusa de felpa, su piel relucía aún más blanca e inmaculada, vestida como un símbolo de anarquía. Antes de salir de casa oyó al grupo alemán Rammstein para coger impulso y se fue a plasmar su muerte clínica:

R/ ES LA FIRMA QUE SEMEJA UNA MUERTE CLÍNICA

Ya lo había decidido en el último suspiro del porro, en la última gota de *Báltica*, en la última nota de *Ich Will*. Ella, la artista de la cuadra, la intelectual del barrio, sin residencia única ni en Miramar ni en Buenavista. La señora que atiende, le dice:

—Algún día con tu firma podrás obtener Todo.

La joven poeta ríe. Ríe a carcajadas del trance y sobre todo de lo dicho por la respetable señora del CDR. Para no agravar su situación, psicológicamente desastrosa, se aleja, pensando que aún le falta otro camino por recorrer, aún tiene que acampar donde el trabajo la reclama. También recuerda que mañana será domingo, 16 de junio, el día que cumple 43 años Fernando Caluff, allá en Varadero.

SÁBADO, 15 DE JUNIO, EN LA NOCHE

El que no se imagina lo que significa viajar desde la capital a un municipio de Provincia Habana no sabe cuán estresante y agotador puede resultar un viaje de esa índole, más después de haber sobrevivido a la experiencia negativa de la firma ficticia y vivir en la aurora de su muerte clínica. La suerte es que también comparte esas tribulaciones con su amigo. Ellos viajan juntos y comparten la identidad híbrida, el desarrollo de la cultura en el municipio, así como tantas afinidades posibles.

Pero esa noche. Esa noche es particularmente nerviosa para ambos, nerviosa porque le cuenta a su amigo, en su casa y ya más relajados, todas las reflexiones recogidas desde antes y por el camino y cómo sobrevivió a ese instante.

—Cuando estuve en Varadero la semana pasada, ya este asunto venía y, por supuesto, compartí la preocupación con Caluff. Él argumenta que sí firmará, porque sabe lo que hace: hace juegos de cámaras indiscretas, algo así como filmar los momentos de debilidad de todos los involucrados, aparte de guardarse para sí esa grabación, y en eso no hay nada equivocado.

—También él me asignó una tarea —le comenta a Dmitri—: filmar y firmar, aunque sin recursos, esta vez el lente son mis ojos y todos mis sentidos. ¿Porque Caluff luego analizará nuestros resultados cuando yo tenga otro chance de irme a la República de Varadero? Aunque mi amor por él es tan metafísico que te puedo decir que, por esa simple complicidad, también lo hubiera firmado sin tanto reparo.

—En el camino al ICL, me encontré con A.M.: «Caballeros, hay que firmar esa condenación en haraquiri, porque hay muchas cosas que vivir y hacer. Hacer, sobre todo, de lo contrario somos muy jóvenes para ser mártires y a los mártires nadie los recuerda».

Ya afuera del Cibercafé, en la Plaza de Armas, me encontré con O.L.P.: «Para no morirnos en el hecho, hay que hacerlo de forma rápida y volcar el recuerdo a la memoria negativa, saber que lo que viviste no fue por tu propia decisión». Entonces se acerca P.M.A. y dice «que siente la humillación que le provoca el hecho en sí mismo y se debate en la acción del sí o el no, ser o no ser». Y piensa que como resultado final él podría ser un paria de la sociedad y todo para él estaría perdido.

En esos momentos nos acordamos de J.A.A.D., mi *teacher* del taller literario Onelio, que estará desaparecido en lo que dura este trance, pero igual en candela. Y con estas premoniciones nos despedimos hasta el día siguiente. Es domingo y hay Taller Literario, pero nadie sabe con este asunto de las firmas cómo estará la asistencia.

Domingo, 16 de junio de 2002

Sin un minuto de respiro, ya me estaban tumbando la puerta, llamándome por teléfono. Exigiendo de mí en Buenavista lo que con tanto trabajo había eludido en el CDR de Playa.

Mi papá se levantaba antes que yo, pues se iba con una delegación de eslovacos y dirigentes de la Termoeléctrica hacia un viaje de placer a Viñales: algo modesto, como *whisky*, vodka, caviar y langosta. Se dio algunos buches de ron antes de bajar las escaleras para ir a firmar. Deseaba desaparecer lo antes posible, pues de lo contrario no lo haría ni aunque lo torturaran. Se fue con sus amigos a Viñales a coger tremenda nota, a vivir su vida de cero agresivo.

Yo me fui al Taller Literario. Vinieron los de siempre: S. y R., A., A. el secretario, El Ch., M. y, claro, la novedad eran las firmas y el cómo se sintieron con eso. Leímos algunos textos nuevos, pero nos dábamos cuenta de que el día vislumbraba diferente, aunque cada cual lo irradiaba a su modo. Luego de las conclusiones, nos fuimos para mi casa. Hicimos una empaquetada en la cocina tradicional de ese tipo de apartamentos. Después nos tomamos unas cervezas *Bálticas* que yo había traído de Playa y comenzamos a mezclar café con alcohol de 90 grados. Para entonces ya habíamos decidido darnos un chapuzón en la costa.

Ya en la playa, bajo un sol insostenible, nos fuimos a nadar acompañados de una botella de ron que había aparecido en no sé qué momento. El caso fue que en el mar seguimos descargándole más fuerte. Yo aproveché para hacer mi ritual, que esta vez tenía un carácter especial, porque era el cumple 43 de Caluff. Me quité la pijamita que llevaba puesta, el blúmer, y me quedé desnuda con mis pensamientos. Sola y nadando, purificando alma y cuerpo: ese era mi regalo para Caluff, pero también mi resurrección después de la muerte clínica del día anterior. Y también la de los amigos y todas las personas y fantasmas que convivían en mi mente. También pensaba en cómo escribir un poema inspirado en el carácter tan provocativo y humillante que tuvo la naturaleza de esa acción nacional.

Lo que sucedió después se perdió en una laguna de amnesia histórica. Ahora solo me puedo acordar que ya de noche avanzábamos D. y yo despacio y con un carro patrullero detrás, después de habernos tomado todo lo posible y sin comer nada para olvidar, para enterrar en el espacio más profundo de la conciencia el deletreo de los nombres con sus firmas manifestando un destino invariable.

Ahora nadie nos puede distinguir. Ni las sombras, ni sus calles que fueron testigos de las lágrimas y paranoias, ni los gritos afónicos en la rockoteca que acababa con un día a la intemperie de los misterios. Ya me recogen casi dormitando entre las columnas. Mi amigo y yo nos alejamos con pasos de Katiuska con Guantanamera. Atrás de nosotros el techo de la Casa de la Cultura comienza a derrumbarse y no vemos mejor alternativa que diluirnos en un grito mántrico, dando al silencio el verdadero respeto que produce la desnudez y su libertad.

Recuerdo que todo esto lo había filmado con mis ojos, para después narrarlo. En blanco. Así:

FRANCIS SÁNCHEZ

EL EDIFICIO DE LAS LETRAS*

Aunque nunca saliéramos al exterior, podíamos intuir, atendiendo al tamaño de las habitaciones, y por el número de pisos y la infinidad de pasillos en que se dividía cada nivel y cada ala de apartamentos, que podría verse desde afuera probablemente como un rascacielos, y proyectar incluso, en la hora del crepúsculo, unas buenas millas de sombra.

Nadie tenía por qué buscar nada afuera de este edificio, aquí estaba todo lo básico que se necesitaba para sobrevivir: esta era la razón del nuevo tipo de arquitectura ecológica. Una comunidad construida no solo en un campo idílico que ofrecía la alternativa de un anillo de paisajes, sino armada usando los mismos bloques y recursos de la vida silvestre para crear espacios y distribuir las divisiones, mezclando y fundiendo recodos de cañadas, vistas de sembrados de girasoles, setos, nidos de codornices entre el pasto y trillos hechos por animales. Las paredes se mostraban firmes, revestidas con lugares moldeados a lo largo de siglos, y el piso sólido, con la tierra apisonada por generaciones. No se respiraba en su estructura, sin embargo, ese óxido natural de la intemperie. Solo las dosis de luz y temperatura necesarias llegaban hasta el interior de cada habitación.

En la primera planta, en una de las esquinas, existía el único lugar donde se podía tomar cerveza negra. Vine desde lejos, bajando por la estepa, como siempre, a tomarme mis buenas jarras negras en silencio frente a una ventana. No sé por qué, pero algo en la construcción de esta taberna me recordaba al pequeño y desaparecido pueblo donde nací. Quizás las made-

---

* Este texto pertenece al libro *Secretos equivocados* (Editorial Betania, 2016).

ras del mostrador y las mesas, o el artesonado del techo. Afuera los copos de nieve rasgaban suavemente los cristales de las ventanas y doblaban las hojas de los árboles.

Desde otra mesa, cerca de allí, y protegido detrás de su jarra, Mino, el Comisario, vigilaba el comportamiento de los que entraban y salían, mientras anotaba sus observaciones en una agenda con tapas de cuero. Se había instalado hacía muy poco en el cargo de atención a los escritores de provincias. Disimulaba que bebía con un deseo más allá de lo normal, irrefrenable, mientras rodeaba su jarra con los brazos y a veces estiraba el cuello, porque no quería perderse ningún detalle sobre la forma en que los escritores veíamos caer la nieve.

Los de las provincias, agotados, tensos, se dirigían siempre hacia este sitio y se conformaban por lo general con ocupar las mesas y pedir la especialidad local, una jarra de cerveza negra, espesa y espumosa. Muy raramente alguno exploraba más allá de esta primera planta. Se les reconocía por las marcas del clima, por la ropa raída y porque bebían el líquido frío como si fuese té negro caliente. Juntaban sus sillas, formaban grupos, brillaban emitiendo señales intermitentes de deseo, y siempre terminaban hablando sobre la calidad del paisaje.

Se conversaba en voz baja. El rumor de las conversaciones llenaba nuestra habitación igual que el dulce lamento de la leña quemándose en la estufa.

Observé que, de no ser por la presencia de Mino, todo dentro de esta escena sería perfecto para mí. Pero su mirada significaba una gota de amargura dentro de mi bebida.

Aprovechó, cuando la cerveza empezó a hacer estragos en los cuerpos enjutos y débiles de los viajeros, para infiltrarse en el grupo. Se comportaba como alguien que hubiera llegado también desde lejos. Yendo de una mesa a otra se mostraba comunicativo y amigable, de la única manera que sabía, describiendo y exagerando las vicisitudes de su profesión. Tal vez el diseño de su cargo llevaba, en efecto, el plan de moverse al aire libre, perseguir informaciones o pistas afuera, en las provincias, pero era obvio que tales obligaciones las sustituía con su estancia dentro de esta taberna, practicando el más cómodo espionaje de sobremesa.

Lamentaba, desahogándose entre extraños, las supuestas distancias recorridas y el tiempo que abandonaba su hogar y su familia para cumplir con las tareas del gobierno. Finalmente, después de dar mil vueltas, se sentó a mi lado. Nunca antes habíamos compartido una mesa. Pero conmigo sería distinto —pensé— porque nos conocíamos muy bien. Le pregunté por la salud de sus hijos para bajar un poco su entusiasmo. Conmigo, en esta ocasión, iba a sacar lo más creíble y auténtico de su espíritu miserable, aunque solo fuese para adornar con vagos sentimientos las mentiras que quizás seguiría repitiendo por inercia.

Deseaba ponerme al tanto, aparentemente, sobre la gravedad de los peligros que rondaban al país y cómo el trabajo intenso, después de muchos años, le estaba pasando factura a su salud. Tosió, se golpeó el pecho. Había cabalgado toda la noche —dijo— bajo la nieve.

Me enseñó un hombro. Su carne allí aparecía triturada por el roce de la correa de su cartera, con la que andaba siempre a cuestas, cruzada sobre el pecho, y un interesante verdugón pasaba incluso muy cerca de su tetilla. «¿Cómo se lo hizo?», pensé. ¿Será cierto? ¿Acaso trabajaría siempre doble jornada? Algún rumor existía a propósito, aunque yo lo achacaba a la propaganda que él mismo se hacía. ¿Que por las noches, en vez de dormir, cabalgaba a través de la llanura?

Entre nosotros aún sangraba, claramente abierta, una vieja herida de un castigo público que a él le correspondió aplicarme años atrás, cuando se me acusó de lo peor que pudiera culparse a una persona. Por sus méritos, esa vez, fue escogido para divulgar los borradores de mis versos, las tachaduras, los cálculos, y todas mis cuentas privadas, según las cuáles quedaría demostrada mi forma dubitativa de conducirme, y no solo yo, también mi esposa y mis hijos, aunque de estos últimos solo se encontraron algunos garabatos ilegibles. El hecho sirvió para aclarar que yo me movía por los furgones, por los bares y corredores más sombríos, más retirados, y, cuando empezaba a darle vueltas a alguna nueva idea, siempre me las arreglaba para terminar en una habitación de los límites exteriores, como en este mismo momento, frente a una ventana.

Mi familia, puesta en la picota, se derrumbó. Por más que lo intentamos, no soportamos vivir bajo tanta presión. Primero se entregó ella, después tuve que despedirme de los niños. Se mudaron, o lo que es lo mismo, los mudaron, a los aireados pisos superiores. Iban a descontaminarse de mi influencia y los vicios adquiridos mientras vivieron conmigo abajo, al nivel casi de las provincias.

Hablaba, aunque acaloradamente, a media voz. De vez en cuando colocaba su cartera sobre sus muslos y parecía que iba a abrirla para extraer algo muy serio, quizás una planilla.

Me rogó que me dejase ayudar. El personaje del inesperado compañero de mesa que se veía o quería verse tan de carne y hueso como yo, aseguró que me había tomado afecto, confiaba en mí, y deseaba ayudarme a recuperar a mi familia, claro, siempre y cuando yo colaborara.

Me encogí de hombros, lo que significaba un no sé qué puedo hacer para ello, aunque tampoco sé qué quieres.

La nieve era el problema. Se reiteraba demasiado en mi obra, sugerida, como símbolo, o en alusiones evidentes. Acabó por abrir su cartera y extrajo un legajo de textos y lo hojeó en busca de pruebas. Muchos de los poemas reunidos en aquella antología helada, eran de mi autoría. Dijo que, aunque él no lo hubiera querido así, una vez que ya yo le había dado conversación, iba a «tallerearme», aunque solo tomándome como un ejemplo, para referirse a un defecto generalizado entre todos aquellos que él «atendía» de buena voluntad. «Deben dejar de hacerlo», manifestó. Había marcado todas las palabras problemáticas con un plumón rojo, y uno de mis textos se veía, entre sus manos, como un enfermo de viruela, lleno de pintas. «La atraen», susurró.

En los últimos tiempos se incrementaban las especulaciones sobre los desastres de nevadas que caían adentro, es decir, en el país. Sucedía con más frecuencia en los pisos altos. A veces lograban contenerse esos rumores inquietantes y se conseguía transmitir la impresión de que nunca pasó de una granizada abundante que dejara un montón de gotas congeladas, o una neblina densa que causara cierto espejismo, la confusión con copos. Pero últimamente él había podido practicar comprobaciones alarmantes, verla y tocarla, y el peligro era cada vez más real, como se sabía, de una nevada completa, con grados de intensidad para los que nunca nos hallaríamos preparados ni biológica ni tecnológicamente.

Me encogí otra vez de hombros, lo que significaba que no sé qué relación hay entre los problemas de la poesía y los de la meteorología, aunque tampoco estoy seguro de que exista, entre nosotros, algún peligro «real».

Me haló por una mano para traerme a la realidad. «Sabes, es que a Él no le gusta».

Eso no admitía objeciones. Sin duda él conocía los gustos de Él. Y, claro, yo no era nadie para poner en entredicho que Él fuera muy real, aunque —a diferencia de él— nunca lo hubiera visto.

Últimamente, sin embargo, disminuía el índice de aprovechamiento por hectáreas sembradas y se reducían al mínimo las zafras azucareras, y no debido a los factores administrativos que Él reconocía a veces en público, sino por algo más fatal e inexorable. Era «algo» de lo que él buscaba pruebas y reunía informaciones a toda hora: nevadas contra natura, pero cada vez más frecuentes, que ocurrían de noche y dejaban a los campos de caña arrasados.

La nieve se trasladaba hacia adentro y tomaba el país con más fuerza, por influjo de la ley de atracción universal que funcionaba, entre otros imanes, con los más potentes de la poesía. Durante muchos años nos habíamos enviciado con invocar en versos, ante nuestro menor infortunio, la imagen delicada de la nieve. Demasiado se nos había permitido esa idealización de su lejanía y esos arranques nostálgicos en que clamábamos por conocer un verdadero invierno desde adentro.

Siempre Él, en su infinita bondad —según él— había querido mantenernos ignorantes sobre la tragedia, para ahorrarnos sufrimientos y una carga de culpas mayores que las que pudiéramos asimilar. El fracaso de la última zafra, por ejemplo, lo achacó a problemas organizativos, corrupción y falta de piezas de repuesto, solo para evitar que cundiera el pánico, aunque era evidente que el desastre se debía a la llegada de la nieve al interior.

Volvió a agarrarme por un codo, para hablarme con el corazón, dijo, como un amigo, sin terceras intenciones, lo que significaba que de alguna manera su simpatía hacia mí se originaba más allá de su propia voluntad, venía desde arriba, es decir, sus sentimientos estaban autorizados por Él en persona. «Queremos ayudarte, ¿dónde las escondiste?», murmuró. Rogaba y exigía al mismo tiempo, con una voz más tenue que los crujidos de la leña dentro de la estufa.

Desestimé hacerme el desentendido, responderle con otra pregunta, ¿para qué? Sin duda se refería a una hipotética cantidad de tachaduras que nunca fueron confiscadas y que yo oculté en algunos niveles más bajos entre las cloacas y los cuartos de desahogo.

—No sé —confesé, sin zafarme de su mano y sus ojos, porque ya era hora de que me creyera—, no me acuerdo.

La vida dentro de la taberna fluía, y los otros clientes, oriundos de las áridas provincias, pasaban por nuestro lado y nos miraban con la pasmosa tranquilidad con que se repara en una conversación de dos viejos amigos.

Me ofreció los poemas marcados con plumón rojo. Intentó meterlos él mismo dentro de mi camisa, manteniendo sus manos bajo la mesa, fuera de la vista de los demás. «Toma, vuelve allá».

Acabé aceptando el expediente delictivo, como él quería, y escondiéndolo bajo mi ropa.

Si es que yo venía entendiendo los códigos sutiles de su lenguaje, no me tocaba ahora irme por ahí tratando de desenterrar papeles viejos y olvidados, sino llevarme todos estos poemas que hablaban sobre la nieve y desaparecerlos también, hundirlos, olvidarlos dentro de agujeros donde perdieran su magnetismo y se descompusiesen. De la misma manera, podía intentar reescribirlos sustituyendo los efectos del frío por elementos más acordes con los planes agrícolas de producción nacional. «Allá», esa pequeña palabra, oída en su voz, lucía llena de energía y emoción, porque representaba un trozo íntimo y valioso del país, al que él llamó en confianza «el archipiélago de las cañas», donde ella y los niños habían empezado a prosperar sin sombra de culpa, sudando, purificándose, movilizados en la gran emulación colectiva de las zafras. Era la oportunidad de encontrarlos, pues, al empujar alguna puerta, dentro de aquella amplia geografía de la vida activa.

Quedaban solo unos tres dedos de cerveza dentro de mi jarra. Me preparé a marcharme.

Y cuando no parecía posible que él, un comisario instalado desde hacía muy poco tiempo en su cargo, pudiera colocarme más en el centro de una trama tensa, en una cuerda floja, dijo que traía una noticia de Él para mí.

Las noticias no eran iguales para todo el mundo.

Antes de oírlo desembuchar, debí prometer que guardaría silencio, y aceptar que, de romper el secreto, respondería con mi vida.

«Ha ordenado sacar del país, en piezas, los centrales azucareros», era la noticia. Planeaba, de esa forma, una vez que casi ya no existían sembrados, atraer sobre Él toda la culpa y todas las críticas, desviando la atención hacia las fábricas viejas, para que, entretanto, yo pudiese dedicarme a hacer mi trabajo sin interferencias y sin preocupación. Me puso la mano sobre el hombro, y sentí que quería traspasarme, sinceramente, a través del contacto físico, la máxima confianza. Ahora todo dependía de mí.

Los de las otras mesas, bebidos, empezaban a abrazarse y contar historias sin sentido, mientras cantaban y chocaban sus jarras, ajenos por completo a lo que ocurría en nuestro rincón y en la infinidad de habitaciones que me esperaban por delante. Al otro lado de la ventana, la nieve seguía sepultando el campo, y la miré, por un segundo, a mi pesar, para satisfacción de mi compañero de mesa, con una gota de miedo.

DANIEL DÍAZ MANTILLA

CÁLLATE YA, MUCHACHO[*]

¿Qué silencio aprendido nos preserva la vida?
¿Qué silencio oportuno nos convierte en prudentes?
¿Qué silencio asesino nos llena la barriga?
¿Cuántas veces al día merecemos la muerte?
Silvio Rodríguez

No corre el viento aquí, no pasa el tiempo. La ventana es un boquete estrecho y alto que solo deja ver un fragmento de pasillo techado; la puerta, un boquete tosco protegido con gruesos barrotes pintados de negro. Del lado de allá, otro pasillo estrecho conduce a cubiles semejantes: son pasillos burdos y húmedos, cubiles burdos y húmedos, una ciudadela laberíntica y asfixiante diseñada con el propósito de incomodar a quienes alberga. Como nacido de un profundo odio hacia cuanto de admirable hay —o puede haber— en lo humano, cada sitio donde se detiene la vista arroja un golpe, cada detalle es una ofensa, un vulgar escupitajo, y cada rostro —incluso el propio— se endurece y apaga hasta parecernos despreciable. Es un espacio vil, hijo de una arquitectura que en su perversión ha proscrito todo arte, toda belleza o habitabilidad. No corre el viento aquí, no pasa el tiempo, no llegan la luz del sol ni los sonidos del exterior. No hay exterior: ni claridad, ni armonía, ni horizonte; nada que venga desde afuera a expandir o gratificar el espíritu, nada que nos permita pensar que tales cosas —el exterior, el

---

[*] Texto perteneciente al libro *El salvaje placer de explorar* publicado por Letras Cubanas en 2015 y por Bokeh en 2016.

345

espíritu— existen. O, si acaso existen, nada que haga suponer que los merecemos. Como un pequeño adelanto del infierno en apenas tres por cuatro metros de penumbra y podredumbre, cada nicho ofrece lugar suficiente para seis bípedos acorralados.

Por suerte, esta noche solo somos cuatro. Quedan dos literas vacías, dos huecos en el aire que casi nos hacen sentir afortunados, como si por algún favor gozáramos de más oxígeno del que nos corresponde. Pero es una falsa sensación de amplitud, una ilusión que se desvanece con solo mirar en torno. Cada cual en su litera de cemento, mirando al techo o las paredes, intenta ignorar el mal olor de la letrina, la voracidad de los mosquitos o el corretear de las cucarachas por el piso. Cada cual se hunde en sí mismo, se reduce a su rincón e imagina el tiempo que transcurre afuera: un tiempo inmenso, un caudal de tiempo libre, casi paralelo a este, casi de otro universo, un tiempo que apenas ayer tuvimos y que en un segundo hemos perdido. Esa es la metafísica del encierro: tiempo y espacio se nos adhieren al cuerpo, nos comprimen y, aplastados por la solidez de nuestras circunstancias, saltamos a otra dimensión donde los muros caen, donde los barrotes se disuelven en paisajes de delirio. Es una metafísica precaria —lo sé—, un escape demasiado efímero, un desliz que de inmediato se corrige, porque la empecinada realidad, como un buitre sobre los despojos, se complace en regresar a cada instante: la pestilencia, el hacinamiento, la humedad rasgando la garganta, el peligro de ser víctimas o testigos de algún exabrupto repentino. Eso y los barrotes, eso y el pasillo estrecho que se nos vuelve a cada momento más largo, más inaccesible, menos cierto; esa es la realidad, la única realidad para quienes hemos sido reducidos a la simple condición de bípedos.

«El tiempo es una trampa —pienso—, un puñado de nada entre latido y latido, un castigo, una cárcel hecha de conciencia y malestar». Intento en vano serenarme, acomodo las nalgas a la superficie dura de la litera y miro al techo mientras recuerdo la maldición de Eliseo: «les dejo el tiempo, todo el tiempo». ¿Y qué otra cosa se puede hacer con el tiempo sino sufrirlo, palpar su paso a través nuestro sin alivio, condenados a una lucidez brutal? Eliseo con certeza lo sabía: el tiempo despojado de acontecer es la peor tortura, incrementa la atención y la enfebrece. No puedo medirlo, no logro calcularlo, no hay eventos que me ayuden a saber cuántas horas han transcurrido desde que estoy aquí. ¿Serán horas ya, o todavía minutos? Mi exigua carne se macera contra el cemento frío y desespero. Cambio de posición con demasiada frecuencia, no alcanzo a ocultar mi inquietud, no consigo hacer que el tiempo vuele.

Toda mi esperanza se reduce a esto: pasar de un minuto al siguiente sin problemas, resistir sin perder el control, sin caer en el abatimiento, sin rendirme a la ira o el dolor. Cualquier esperanza, sin embargo, puede ser una ilusión, un error fatal para quienes ahora, acorralados, aguardamos el próximo minuto. Es tan fácil caer en ese error: imaginar que amanece, que las rejas se abren y el mundo nos recibe; pero quién quita que amanezca y todo siga igual: la penumbra, los barrotes, la gente allá afuera ignorándote, viviendo sin ti, sin pensar jamás en ti, sin necesitarte. Y entonces, ¿qué hacer con la esperanza, cómo seguir aferrado a ella cuando el amanecer se haya ido y, lentamente, el día avance indiferente hacia otra noche de encierro? Es muy fácil caer en ese error para luego quebrarse los nervios al descubrir la realidad. Y la realidad es simple: estamos aquí, seguiremos aquí, rumiando angustias mudas, sorbiendo lágrimas invisibles y mirando al techo, quién sabe hasta cuándo. «Ustedes que entran —dijo Dante—, abandonad toda esperanza»; pero aún así, me aferro a mi esperanza hasta convertirla en certeza: «Voy a salir —me digo—, voy a salir de aquí». Y aguardo, miro al techo sin ver y aguardo el próximo minuto; pero el próximo minuto no llega o, si llega, se funde con el anterior en una sustancia amorfa, elástica, sin más acontecer que el flujo febril de las ideas, la rabia fulgurando en los ojos y una tensión que crece a cada instante. Es el sobresalto interminable de existir en un lapso al margen del mundo, retenido en un nicho hostil que alguien, lejos, guarecido en su confort, diseñó para despojarnos de toda cualidad humana.

Cerca de mí, muy cerca, los demás me observan curiosos. He sido el último en llegar, soy el nuevo que ha venido a romper su monotonía y, por otra parte, soy demasiado raro, demasiado distinto a ellos.

—Oiga, artista, ¿se siente bien?

Quieto en mi litera, miro en derredor sin comprender qué hago aquí. Y lo que veo no hace sino aumentar esta impresión de absurdo: los grafitis en la pared mal encalada, pictogramas básicos, fechas, nombres comunes, trazos subrepticios dando fe del desespero, de las carencias de siempre.

—Vamos, hombre —insiste esa voz sin rostro—, el tiempo no va a pasar más rápido en silencio.

—Cuéntenos al menos por qué lo arrestaron —propone otra voz; su tono es casi una súplica, como si mi relato pudiera ayudarlos a sortear el vacío de las horas, pero enseguida el tono cambia, se hace irónico—, y no nos vaya a decir que es inocente, porque aquí todos somos inocentes.

La súplica inicial termina en carcajada, una carcajada tan sórdida como el espacio que habitamos. Sonrío. Trato de encontrarle un rostro a esa voz y no lo logro. «Mientras sea una forma abstracta —pienso—, continuará siendo una sombra despreciable en su grisura, un ladrillo más del muro que lo encierra. Un simple nombre, un rostro, un dolor, lo acercarán a mí mismo». Tengo la vista fija en el bombillo incandescente: es un foco de luz amarillenta empotrado con torpeza en un hueco de la pared, cubierto de hollín y telarañas, protegido tras las cabillas de una pequeña jaula a la altura del techo. Es cruel esa luz, casi su propia antítesis. Ese es el rostro de aquella voz —me digo—, ese es el rostro de aquella carcajada triste que, al burlarse, ha dejado al desnudo su miseria, su desvergüenza, su desprecio por sí mismo.

Permanezco inmóvil, los ojos pegados al foco, ignorando la mugre que lo empaña y tratando de ignorar también la suciedad en torno a mí: la estrechez del calabozo, la estrechez de las almas que lo sufren. No quiero permitir que una carcajada semejante brote alguna vez de mi garganta, no voy a ceder al juego del odio y la impiedad, no voy a rendirme. «Solo mira a la luz —pienso—, solo mira a la luz». Y siento que las lágrimas comienzan a subir involuntarias a mis ojos. «No lo hagas, no te dejes vencer».

—Yo me llamo Luis Emilio —dice la voz a mi izquierda—. Mañana es mi santo. Voy a cumplir veintiocho años y llevo ya diez días aquí, sin bañarme, sin cambiarme de ropa. ¡Diez días tirado aquí como un perro! No sé nada de mi familia, ni de mis hijos. Mi mujer me estaba esperando para comer y mira tú, debe de estar volviéndose loca allá en la casa.

Escucho sin moverme. El tono es ahora resignado, casi apacible, y me cuesta admitir que esa voz que me habla sea la misma que un momento antes se burlaba. No sé si ha sido mi silencio o el eco de su propia carcajada innoble que, al rebotar contra su pecho, lo ha tocado. Tal vez su burla fuera solo una coraza, un parapeto final ante el asedio de estos muros, tal vez.

—¿Por qué estás aquí? —inquiero.

—Dicen que por sacrificio de ganado, pero yo solo compré la carne. Hay que comer —dice—, imagínese. La cosa está muy dura y son muchas bocas que alimentar.

—Yo soy Leandro —murmura otra voz—, soy del rancho Las Mercedes, de allá de la sierra, y estoy aquí porque maté a mi mujer. ¡La maté! —repite con fuerza y el eco resuena en el pasillo sin visos de arrepentimiento o pena—. La muy puta se lo merecía —añade, y la voz se raja en llanto, un sollozo que se va extinguiendo poco a poco—. Voy a podrirme aquí por culpa de esa puta.

Silencio. Pienso en mi casa distante, en mis amigos ajenos a este trozo de realidad tan inusual para ellos, para mí: somos mansos mis amigos y yo, gente buena que solo en televisión ha visto cárceles, y aunque a ratos nos sentimos enjaulados, nuestra jaula es siempre metafórica, muy distinta de este antro donde la humanidad perece como una llama sin aire.

—Mi nombre es Daniel —digo casi sin pensarlo—, soy escritor. Yo iba para El Valle. El ómnibus se detuvo en la terminal y bajé a estirar las piernas y comer algo. Me arrestaron justo en el estribo, sin poner un pie en tierra. Dicen que me iba del país.

—¿Y a qué va un escritor al Valle, si se puede saber? —pregunta una cuarta voz que hasta ahora no había escuchado. Viene de la litera del fondo, la más oscura, la más pegada a la letrina.

Decir «escritor» impone cierto respeto. Lo que escribes puede llegar lejos y eso es un arma. Si cuentas que trataron de intimidarte para que firmaras un acta de acusación absurda y que cuando te negaste te trajeron aquí, sin delito, sin derecho siquiera a una llamada telefónica; tal vez tu arma sea usada contra ti. Es fácil reducirte a un insignificante animal amordazado, muy fácil quizás. Por eso tal vez algún día, cuando salga, tantee temeroso el bolígrafo y desista de contarlo. Pero desistir es casi lo mismo que perder la esperanza: uno se adapta a sus circunstancias, acepta lo incontestable, traga y se acostumbra a ser tratado sin respeto; uno se va sometiendo, se va sofocando entre vejación y vejación, como una llama sin aire; uno va cediendo espacio y libertad mientras la barbarie engorda y los rufianes se adueñan de su mundo, hasta que un buen día descubre que la cárcel se hizo ubicua. Al final, uno termina arrinconado, vencido, demasiado débil ya para luchar, convertido en mero juguete a merced de los salvajes.

El teniente estaba parado junto a la puerta del ómnibus.

—Acompáñeme —dijo al verme bajar y me retuvo por el brazo.

Iba vestido de civil, así que me zafé bruscamente.

—¿Quién es usted? —pregunté.

—Yo soy el teniente Carlos de la Seguridad del Estado y usted tiene que acompañarme —insistió sin volver a tocarme.

—Identifíquese —exigí y lo miré a los ojos.

Él se levantó la camisa y dejó ver la empuñadura de una pistola. Yo iba a objetar que esa no era una identificación válida, pero dos policías de uniforme se apostaron a mi lado.

—¿Ustedes vienen con él? —pregunté y ellos asintieron.

La unidad quedaba a pocos metros de la terminal. Supuse que todo era un malentendido y que en minutos continuaría mi camino. Sin embargo, después de que los policías registraron mi equipaje, el teniente irrumpió en la habitación visiblemente acalorado.

—¿Y a qué ibas tú al Valle? —gritó.

—Supongo que a ver —respondí.

—¿Ah, sí... y a ver qué?

—A ver lo que hay, a conocer.

—¿Y a quién tú le pediste permiso para eso?

—¿Y desde cuándo tengo que pedirle permiso a alguien para andar por mi país? —protesté, molesto ya por su aspereza.

—Desde que me da la gana a mí —volvió a gritar, sacudiendo las manos muy cerca de mi rostro—. Para ir al Valle o a cualquier lugar en este municipio hay que pedirme permiso a mí. ¡A mí!

Lo miré en silencio. Era un hombre triste ese teniente, tan seguro en su cárcel, tan insolente con su pistola a la cintura y su vacío en el alma, prisionero de unas circunstancias que nunca alcanzaría a comprender. Si yo hubiese sido su hijo, también me habría gritado: «tienes que pedirme permiso a mí». Pero yo no era su hijo, ni su amigo, ni su subordinado. De modo que crucé los brazos, me encogí de hombros y lo miré fríamente, sin hablar. Ya era obvio que no saldría de allí tan rápido como había imaginado.

—Yo soy Julio —dice ahora la cuarta voz—, y lo que te voy a contar es para que lo escribas, si eres tan bravo como dices.

—Habla —le pido.

Julio tiene veintidós años y nació en El Valle, en uno de los edificios que construyeron para los antiguos pobladores de la península. Al casarse, se fue a vivir con su mujer al único apartamento vacío que quedaba en el edificio. Todos en el pueblo estuvieron de acuerdo con que ocuparan el apartamento, y allí les nació su hijo. Pero la policía vino y los desalojó.

—Esperaron a que yo no estuviera en la casa para venir a sacarme a la familia —murmura Julio—, amenazaron a Nena, le dijeron que no me iba a ver más la cara si no salía, y lo tiraron todo para afuera. Ahora dicen que fui yo el que amenazó al teniente.

—¿Y el apartamento? —pregunto.

—Lo cogieron ellos —responde—, dicen que para hacerle un calabozo a la gente del Valle.

—Cállate ya, muchacho —aconseja el celador allende los barrotes.

Abre la reja y me llama. Lo sigo de vuelta hasta el cuarto por donde me hicieron entrar. Me devuelve el cinturón, la cartera y los cordones de las botas, luego coloca mi mochila sobre la mesa y me pide que revise si está todo en orden. Yo termino de vestirme, agarro la mochila y salgo sin entender qué los hizo cambiar de actitud.

En la puerta el teniente me ofrece una disculpa:

—Todos los hombres se equivocan —murmura.

—Unos más que otros —le diría, pero no tiene caso: es un hombre triste, un prisionero de circunstancias que jamás alcanzará a comprender.

Afuera es ya la madrugada. El pueblo duerme resguardado de la frialdad de enero. La calle es dura bajo mis pies. La brisa vuelve a acariciar mi rostro y el olor de las flores nocturnas me embriaga mientras camino sin prisa hacia la terminal de ómnibus. Voy pensando en el reto de Julio, en la tenebrosa historia que recién me ha contado. Instintivamente apuro el paso: quiero llegar al Valle, quiero ver lo que hay, contarlo.

JORGE FERNÁNDEZ ERA

LENGUA*

El orador hace un paneo de izquierda a derecha y de derecha a izquierda. Sonríe gustoso ante el poder de convocatoria del que todavía goza. El sol de mediodía rompe sobre mil cabezas en día feriado que bien podía dedicarse al descanso en casa, así que hay que anotar un tanto a favor de los organizadores.

Comienza diciendo que los tiempos han cambiado. Algún distraído que salió sin sombrilla mira hacia el cielo entendiendo otra cosa, pero la mayoría se hace eco del planteamiento porque conoce que las autoridades se han propuesto sacar al país de la inercia con una política que incentive el debate.

Cita a continuación las múltiples iniciativas que apuntan a reformular viejos conceptos que sostienen que solo la economía estatal es compatible con los sueños de futuro. Para ello necesitamos sacudirnos de estereotipos, empaparnos de teorías desechadas en el pasado ante coyunturas que nada tienen que ver con el presente. Y escuchar a todos por igual, incluso a aquellos que se declaran opositores o esgrimen criterios que marchan sobre otra línea de pensamiento.

Mientras dice esto último ve allá atrás a uno que —juraría— le saca la lengua. Lo toma por espejismo y prosigue su discurso.

En este repuntar del continuo proceso de perfeccionamiento de la sociedad, es insoslayable reformular el papel de la prensa y los medios de comunicación. Hay que acabar para siempre con la farsa de un periodismo que

---

*   Texto tomado del libro *Cruentos de humor (Colección Guantanamera, Editorial Samarcanda, España, 2017).*

repite cual papagayo todo lo que opina el pensamiento oficial. Que la gente común vea su vida retratada en los periódicos. Que las próximas generaciones sientan en la letra impresa de años pretéritos el latir de una época.

No quedan dudas de que aquel tipo le saca la lengua. El muy degenerado pone sus manos a ambos lados de la boca a manera de bocina y camufla su burla en cada ovación de la concurrencia.

Por ello es necesario —se hace el tonto y continúa— desterrar los chismes de pasillo, la doble moral que nos lleva a pensar una cosa y decir otra, a cuestionar en casa lo que no expresamos en las tribunas por temor a la represalia directa o disimulada. Ese que nos cuestiona no es enemigo. Quien nos señala mezquindades merece respeto y media hora o más de nuestra agenda de trabajo.

Con el pretexto de pedirle un vaso de agua a su asistente, le ordena a este se fije en el hijo de puta que le está sacando la lengua junto a la valla del centro. Que averigüe urgente nombre, apellidos y, sobre todo, filiación política.

Culmina su arenga con un llamado a los compatriotas honestos que desean el bien de la nación a expresar sin ambages cuanto criterio a favor o en contra del proceso quieran poner sobre el tapete. Lograr una sociedad próspera es tarea de grandes, y los grandes se hacen grandes cuando tienen el valor de expresar sus ideas, no importa lo malintencionadas que puedan ser las respuestas que reciban.

Esta vez, aprovechando los aplausos y los vivas, el lengüilargo enriquece su escarnio con ambos dedos gordos apoyados sobre las mejillas y el resto de las manos en movimiento reiterado.

El ayudante, con disimulo, toma nota de las orientaciones del jefe: «Ingresenlo tres semanas, a ver si escarmienta. Si la prensa pregunta, le estamos realizando un chequeo. He notado su garganta un tanto irritada».

Jorge Olivera Castillo

GERMÁN NO ES UN FANTASMA[*]

Los nudillos chocaron levemente con la puerta de cedro.

El hombre miró al techo tras terminar la acción. Esperaba una respuesta del otro lado, pero no le quedó más remedio que elevar la fuerza de los contactos.

Parecía que el apartamento 17 estaba deshabitado.

Al oído de quien se proponía volver a tocar en un instante, solo llegaba el tono monocorde y lejano de un reloj despertador.

Pegó la oreja derecha a la plancha de madera de tres centímetros de grosor sin atrapar ningún sonido humano.

Acto seguido, ladeó la cabeza y frunció el ceño antes de volver a levantar el brazo con la intención de iniciar la tercera ronda de golpes.

Ahora, el movimiento pendular de la mano resultó un tanto mayor provocando que los cinco toques desgarraran el silencio de forma rotunda.

—Emilio, están tocando —manifestó Lidia susurrante y con el susto dibujado en el rostro.

—¿Qué? —respondió el aludido dando un brinco sobre la cama.

—Oye, baja la voz. ¿Será Germán? ¡Ay, Dios mío! —exclamó la mujer sin definir una vía para destrabar la situación—. Te lo dije, tú haciéndote el inteligente diciéndome que no habría más problemas y mira ahora en que lío nos hemos metido —añadió.

—Chica, no me vengas a echar la culpa. Tú estuviste de acuerdo en que me quedara. Además, no te precipites. A lo mejor no es él —señaló

---

[*]   Este texto pertenece al libro *Antes que amanezca y otros relatos* (Buenos Aires, 2010).

matizando las expresiones hacia lo bajo con el propósito de no delatar su presencia en el cuarto de aquella habitación dotada de sala-comedor, una pequeña cocina y el espacio donde se encontraba sin saber qué hacer.

&

—¡Auxilio! ¡auxilio! —Una voz de mujer pedía ayuda desesperadamente. Era Margarita, la vecina del apartamento ocho, situado dos pisos más abajo.

—Algo terrible debe de haber sucedido. ¿Se habrá muerto Vicentina? —especuló Lidia tras salir de la turbación que los gritos le provocaban.

Sintió un escalofrío que comenzó en la parte superior de la espalda y terminó en los calcañales.

Llegó a interesarse más por el enigmático drama de Margarita que por la posibilidad de encontrarse sin una coartada satisfactoria frente a quien imaginaba fuera Germán o algún otro personaje de la misma calaña.

—Ayer por la mañana me había dicho que su mamá estaba mejor del enfisema pulmonar —le explicó a Emilio.

—Olvídate de eso —respondió él con brusquedad, denotando una total falta de interés en lo que sucedía más allá de sus desgracias—. Va y a lo mejor ese escándalo nos pone a salvo —alegó con una media sonrisa.

—Chico no seas tan indiferente ante el dolor ajeno. Con los años te has puesto insensible —le dijo Lidia con un acento que revelaba la dimensión del enojo.

Las peticiones de socorro de Margarita permitían elevar el volumen de un diálogo que a pesar de todo se mantenía dentro del perímetro de la cautela.

Del otro lado de la puerta, el hombre echó a correr escaleras abajo.

Impulsado por los reverberantes pedidos sentía el deber de al menos averiguar qué sucedía.

Al llegar a la entrada del pasillo del segundo piso vaciló en tomar una iniciativa. En vez de asumir el papel de salvador sintió el típico abatimiento de la víctima.

Margarita corría hacia él encueros con los brazos en alto y los ojos desorbitados.

Pasó como un ciclón por su lado, lanzando manotazos a diestra y siniestra.

No sabía si ir tras ella o enfilar sus pasos en dirección a donde se había originado el problema.

Enseguida hubo una movilización dentro del edificio de cuatro plantas. Alrededor de 20 vecinos se personaron en las inmediaciones del lugar de los hechos.

Al tomar la avenida, Margarita despertó la curiosidad de un par de mendigos echados en los portales de una cafetería.

—Pancho, despierta, mira esto, ¿estaré viendo visiones? —expresó uno inmerso en un mar de dudas.

—¿Qué cosa es? —preguntó el otro con desgano sin abandonar su posición sobre el colchón de papel periódico.

—Tú te lo pierdes, esto es como para no dormir nunca —dijo mientras se incorporaba y emprendía una carrera tras la dama desnuda.

—¡Qué barbaridad! —exclamó espantada una señora desde uno de los balcones semicirculares de un edificio cercano.

Otras personas expresaban a voz en cuello su repulsa a un supuesto violador.

❦

La puerta del apartamento ocho estaba abierta de par en par. El hombre se asomó con discreción. Temía toparse con algo inesperado.

Desde el fondo de la habitación surgía un extraño murmullo. Entró con sumo cuidado hasta el lugar donde se originaba.

Vicentina levantó el brazo con un esfuerzo sobrehumano. Movió las pupilas en la dirección que apuntaba el dedo índice.

Sobre el sillón de ruedas y con la cabeza tumbada hacia un lado la escena se tornaba impresionante en medio de las penumbras.

Un fuerte aleteo provocó que la anciana hiciera el ademán de levantarse. El murciélago rozó levemente su cabeza. Ella se desmadejó en el acto.

Después de un par de giros, el animal escapó por la puerta como un bólido.

El susto de los inquilinos apostados en el pasillo fue unánime.

Las mujeres, como si se hubieran puesto de acuerdo, lanzaron un chillido casi idéntico a los despachados por Margarita al inicio de su estampida.

Algunos de los hombres pudieron ocultar a tiempo sus miedos. Otros tenían grabadas en sus facciones las marcas del desconcierto.

❦

—Casi estoy convencido que el que tocó a la puerta no era Germán —expresó Emilio.

356

—¡Dios te oiga!, pero no podemos seguir así. No es fácil vivir con el corazón en la boca cada vez que te quedas.

El murmullo en el pasillo decrecía a medida que algunos vecinos se retiraban a sus respectivos apartamentos mientras otros esperaban por los peritos. Vicentina había muerto y la suerte de Margarita se limitaba al intercambio de especulaciones.

El reloj marcaba las cinco y cuarenta de la madrugada.

Emilio pretendía estar a las seis en la habitación de Inés, la tía por vía paterna que le había brindado la oportunidad de anotarse en el registro de dirección.

Allí guardaba algunas ropas y las herramientas que usaba en su trabajo como electricista en una empresa del Ministerio de Transporte.

Una desvencijada cama personal, dos sillas, la cocina portátil de dos hornillas sobre un soporte de madera y un baúl que servía de almacén multipropósito no dejaban espacio disponible para nada más.

La casa de Emilio había colapsado una semana después de las intensas precipitaciones al final de la pasada primavera. Un año sin domicilio fijo le resultaba fatal.

—Dame un beso —le pidió a Lidia en señal de despedida. Los dos se abrazaron apasionadamente.

Con el primer golpe en la puerta se separaron bruscamente, el segundo provocó que ambos sintieran el deseo de transformarse en un alijo de sombras, un tercer toque bastó para que retrocedieran hasta el cuarto en cámara lenta y en puntillas.

Él llevaba puestos unos desgastados mocasines de suela fina, ella unas chancletas plásticas. Eso le garantizaba el anonimato.

Al llegar al cuarto no se atrevían a sentarse en la cama. Los muelles del colchón los delatarían con sus estridentes chirridos.

Emilio, ofuscado por la insistencia del visitante cuya verdadera identidad desconocía, olvidó las peculiaridades del colchón maltratado por el tiempo.

A escasos centímetros de dejar caer sus ochenta y cuatro kilogramos de peso sobre la pieza, venida a menos por el prolongado uso, Lidia pudo detenerlo con una expresión de alarma y la oportuna maniobra realizada con ambas manos.

Después de quince golpes de nudillo repartidos en tres tandas regresó el sosiego al cuerpo de la pareja. Estaban seguros de que el autor de los toques en la puerta había abandonado el lugar.

La paz nocturna volvió a dilatarse ahora con el martilleo de varios relojes.

Cerca de las seis se veían aún tenues los destellos del día. Con el lento avance del alba una pesadilla comenzaba en el apartamento diecisiete.

Emilio leía el manuscrito deslizado por debajo de la puerta. La letra era perfectamente legible.

Emilio, sé que estás ahí. Bien que te lo advertí. Debes presentarte en el tribunal a las 8:00 a.m, junto con Lidia. Los dos han violado en tres ocasiones la Ley 217. Ya te dicho que no puedes pernoctar en otra dirección que no sea la que tienes en el carnet de identidad. No lo digo yo, el decreto lo especifica con claridad. Puedes ir a la cárcel por el delito de desobediencia y Lidia podría ser despojada de su vivienda.
Teniente Germán.

El temblor de las manos se reflejaba en el papel. Los trámites del cambio de dirección se demoraban un año. Debía aguardar ocho meses para ponerse a tono con la ley.

Lidia suspiró hondo y comenzó a sollozar.

Él se desplomó sobre el colchón que gimió más de lo acostumbrado.

Pensó en la proverbial gentileza de la tía Inés y en el suicidio.

ALBERTO GARRIDO

EN EL PAÍS QUE DIOS QUIERA*

Uno nace en Cuba no bajo el signo de Piscis o Libra, sino bajo el de la sospecha. Por ejemplo, un trío no es una sesión sublimada o perversa de las vecindades del sexo y el placer, ni la armonía de tres voces bajo un fondo de cuerdas, sino la posibilidad de que el tercero sea ese tipo o esa tipa que nos atiende. Ellos no son el enemigo, sino nosotros: las ovejas negras del redil del Gran Hermano. Y hay un peso en el aire, ante la presunta disidencia, la presumible respuesta que se adelanta: el Gran Chivato nos vigila, pero quién será, quién será, quién será...

A pesar de lo que solemos pensar, el compañero que nos atiende no es el seguroso que claramente han puesto como macramé en las oficinas de Cultura, al que todos evitan con una sonrisita insensible, el que al llegar al grupo solo escucha la frase «y en el noveno *inning* Stevenson metió un gol», el que gana su salario deshonrosamente, pero con desfachatada sinceridad, en su función explícita de censor o de esbirro artístico. Generalmente, quien verdaderamente nos atiende vive en una eterna y diabólica fiesta de disfraces (conozco a uno que camaleónicamente pasó de cuentista contra los niños y premio Herodes de literatura infantil a ejercer los más disímiles oficios: actor de obras de tres por quilo, cochero, bujarrón de la terminal de trenes y decimista malversador hasta emerger, vestiglo de los mares, con su uniforme en una de las sesiones del taller literario para ponerle más verdor a la discusión). En su oficio de guachimán de la patria, debe dolerle que los protagonistas de esta historia seamos nosotros, aunque al final sea a él a

---

* Texto escrito especialmente para esta antología.

quien entierren con la bandera sobre el féretro y un grupo de pioneros que le rinden honores a quién coño es el muerto de la película. (El asunto del Himno y la Bandera merece diferente discusión, porque la Patria es otra cosa).

El tabárichi que nos atiende tiene rostros infinitos y esquivos: el famélico repartidor de cartas, el carnicero panzón, el apuntador de bolita que nunca atrapa la policía, el impenetrable jefe de la oficina, la secretaria (in)eficiente, el socio que aparecía con la botella de Huesoetigre, la puta que estudió inglés y se casó con el francés, el ama de casa que critica el picadillo con olor a mierda, el jodedor que se sabía los mil y un chistes de Pepito y de Fidel (el de los cuentos). Puede ser el joven escritor que venía a pedirte consejos o la muchacha de los escarceos eróticos en el mismo trabajo. Puede estar a tu izquierda o a tu derecha, comoquiera pedirá que te crucifiquen. Puede ser enemigo de tus enemigos o vivir en los oscuros pies del prójimo. O de tu amigo. Hubo esquizofrénicos días en los cuales pensamos que aparte de uno mismo, de ese que se observaba con suspicacia en el espejo, cualquiera podía ser el compañero que nos atiende.

Mal sujeto y peor predicado. Su oficio es el peor de todos, pues se vale de la apariencia y el engaño. No es ni será quien creemos que es. Es míster Camaleón.

Mi historia con el camarada que nos atiende puede haber comenzado el día de mi nacimiento... Pudo ser aquel médico que me haló del oscuro esplendor del vientre de mi madre y me trajo a la luz con una palmada, la primera señal de tortura. Quién sabe. Debió de haber uno o varios en aquella sala. Pero un niño no es un enemigo, especialmente si sus padres no son hostiles a la Revolución, ni religiosos (en el año 1966 no importaba si eras testigo, católico o protestante, todas eran formas de disidencia). Tampoco podían saber que aquel niño venía dotado con ADN de escritor, que es, para todo tipo/a que nos atiende otro sinónimo de disidencia. Por tanto, crecí en un hogar de padres revolucionarios, levanté mis manos para decir *Pioneros por el comunismo, seremos como el Che*, y vi a mis hermanos hacerse miembros, uno tras otro, de la Unión de Jóvenes Comunistas (Confieso que yo nunca pude, por lo que siempre fui visto como la oveja negra de la familia).

Algunos de mis mejores amigos del barrio, con los que jugué a la pelota, a los escondidos y a los policías y ladrones (y con los que aún hoy guardo una imborrable amistad) eran hijos de «gusanos». Un gusano era como una enfermedad (y a veces, para rematar, es el verdadero tipo que nos atiende). Un gusano era un traidor, un contrarrevolucionario, un lumpen, una escoria, un vendepatria que merecía que le cantaran *pin pon fuera*, *abajo la gusanera*: un gusano era un zerrrrr dezzzprezzziable. Sin embargo, ahora que lo pienso, mi madre, a pesar de haber dedicado sus esfuerzos de juventud a la causa del Partido Socialista Popular y a llevar medicinas a la Sierra, jamás me dijo que no podía juntarme con esos hijos de gusanos, que luego se irían como escoria y volverían para ser tratados como señores, que se iban como gusanos y que al final volverían (¿volveríamos, volveremos?) convertidos en mariposas. En realidad, tal vez por el cansancio de haber criado cuatro hijos antes de mi llegada, me dio mucha libertad para que eligiera por mí mismo entre ser un Tom Sawyer o un Huck Finn: por supuesto, elegí ser los dos. Y juntos mataperreábamos los hijos de los gusanos y el hijo de los revolucionarios en ese espacio de libertad que es la niñez, incluso en las dictaduras.

De ahí viene mi primer recuerdo del cófrade que nos atiende, aunque todavía no era a mí al que atenderían. Un hombre vino varias veces a casa. Siempre a la misma hora: a las tres de la tarde. Mi madre lo recibía en la sala, abría la puerta de la calle y respondía brevemente a sus preguntas. Desde la primera habitación, un día le escuché a ella decirle al hombre: «Esa gente no está haciendo nada, no son terroristas, solo que no les gusta ESTO» (el valor de los pronombres en Cuba necesita un estudio sociológico). El compañero no volvió, pero sentí que los padres de mis amigos eran los vigilados, aunque mamá nunca me dijo nada. No interrumpí las largas partidas de ajedrez con Alejandro, ni los juegos de bolas o de pelota con Pepe, ni deshicimos la pandilla de la Avenida que cada domingo se batía a los boliches con la de Madre Vieja.

Pasé de testigo involuntario a presumible víctima años más tarde. La enérgica resolución de Amir Valle (hoy en Berlín), y el tácito acuerdo con José Mariano Torralbas (*in* Miami *today*), José Manuel Poveda (¿Madrid, Londres?) y Marcos González (ohhh La Vana), formó el grupo literario Seis del Ochenta. Nos proponíamos tratar temas tabúes, o sea, hablar prácticamente de cualquier tema, pues entonces casi todo era tabú. Todavía no eran populares los balseros, y la guerra de Angola tenía puesta encima una bandera sacrosanta e intocable. Las putas cubanas eran las más ilustradas del mundo, y revolucionarias, incluso podían ser las compañeras que atendían a los turistas, y no solo las trotahombres furibundas que soñaban con un príncipe azul que las sacara de la cochina miseria. Pues bien, decir entre nosotros que íbamos a tocar temas tabúes no fue ningún problema porque ya lo estábamos escribiendo (en el año 1983, mi cuento «Regreso», un texto a lo Dalton Trumbo contra la guerra, resultó censurado en el Encuentro Debate Municipal de Talleres Literarios porque podía ser leído en otros niveles y me podía causar mucho, mucho daño, me dijo uno de los jurados, y se le otorgó una pírrica mención, y dejaron desierto el premio).

Amir Valle cuenta ese paseo que nos hicieron por la bahía de Santiago, y no lo volveré a contar. Solo que fue muy gracioso que a Poveda se le ocurriera decir: «Y si esta lancha no parara hasta Miami» o algo así, profetizando lo que apenas 10 años después se convertiría en éxodo masivo, bajo la consigna de «El último que apague el faro» pero que nos costó más de 5000 vidas. Y sí, nos fuimos, pero no en la lancha del tipo que nos atendía, sino a pedazos, año por año: Poveda, a la niebla de Londres, Torralbas a la Habana chiquita, Amir a Berlín, Marcos a La Vana, yo a Santo Domingo.

Me gradué en 1989 y me desterraron profesionalmente a cumplir el servicio social en Las Tunas, pueblo polvoriento de hermosas muchachas, grandes escritores y una pezuña histórica que no llega a ser casco por la vocación incendiaria de su caudillo Vicentico García. El profeta local, el loco Felicidades, ya había dicho de ella: «Oh Tunas, mi pueblo oscuro/ vivir en ti Dios me valga;/ si el mundo tuviera nalga/ tú fueras el ojoelculo». Pero aunque perdí tres años en los cuales no escribí una letra (enredado en la vorágine diurna de planes de trabajo y clases, y en el tsunami nocturno de estudiantes convertidas en montadoras frenéticas), más tarde logré escapar del sistema penitenciario educativo y entrar en la penitenciaría general del Período Especial, que ese sí es de perder. Trabajé como vendedor ambulante de dientes postizos y talco industrial disfrazado para uso de tocador, y como comprador de libros de uso y raros, como corrector y finalmente como editor de la editorial Sanlope (en la cual logramos burlar la censura de un libro con la artimaña feliz de solo cambiarle el título). La gente se volvía loca y se quedaba inválida por el beriberi de un día para otro, incluso los compañeros que nos atendían. Pero Las Tunas no era un pueblo cualquiera, era el sitio donde tan bien se está cuando eres muy pobre y muy feliz, porque lo vives en ese estado demencial en el cual te encuentras con muchos locos que abrazan las mismas cosas que tú abrazas, que construyen puentes y persiguen sueños.

Presenté mi libro *Nostalgia de septiembre* a un concurso y ganó. Así fue como en Cultura se enteraron de un tipo que escribía, que había venido de Santiago y había sido finalista del Casa de las Américas con 18 años. Enseguida, uno de los compañeros que nos atendía, quien ocupa un cargo vitalicio de control sobre los escritores y artistas, se me acercó y me dijo que me alejara de Guillermo Vidal, el cual no era una buena juntamenta. No le respondí que pensaba que Guillermo era el mejor escritor vivo que conocía, solo le dije que Vidal era mi amigo. Eso bastó para alejarlo momentáneamente. Por esos días, Guillermo estaba envuelto en un juicio ideológico que tenía como presumible raíz indisciplinas laborales, pero como causa real haber introducido entre sus estudiantes los textos idioticidas de Vargas Llosa. Increíblemente, en el juicio sumarísimo, el compañero que nos atendía, por órdenes de Abel Prieto, testificó a favor del Guille y la causa quedó enterrada para siempre.

Guille solía decir: «Si nos dividen, nos joden», y eso jamás pudieron hacerlo. Cada vez que alguien venía a hablarnos mal del otro, lo parábamos en seco. Sabíamos que eran compañeros que nos atendían, aunque se disfrazaran de lectores, amigos o escritores. Como dijo don Corleone: «El que venga a ofrecerte un trato con los Tattaglia, ese es el traidor». Y sin plegarnos a las políticas de ninguna de las dos orillas, porque la política es y seguirá siendo el ejercicio de la mentira o de la violencia, creímos y creamos, alentándonos contra viento y marea, mintiendo desde la página, que es la mejor manera nuestra de decir la verdad.

Nunca he contado esto: el compañero que nos atendía estaba de pie en la puerta de la UNEAC, esperando a que yo pasara por el parque (era mi camino habitual para ir de la Biblioteca al Centro del Libro, donde trabajaba). Me dijo que Alguien debía hablar conmigo un asunto urgente. Me llevó a una de las oficinas de Cultura y desapareció. Cuando entré, vi a dos tipos. Uno era Osvaldo, el seguroso que atendía a los artistas, quien solía hacerme preguntas sobre escritores famosos que nunca había leído. El otro, era el Alguien: y el Alguien era alguien que hubiera parecido familia mía (canoso, rosado, de ojos azules) si no hubiera tenido ese aire marcial, esa mueca prepotente, ese aspecto de hijodeputa consumado que a veces, solo a veces, no suelen tener los compañeros que nos atienden.

Interior. Tarde calurosa, oficina con cuadro de Fidel en el fondo.

SEGUROSO DE CULTURA. (*Delgado y descojonado, edad imprecisa*): Garrido, queríamos hablar contigo.
YO. (*Voz en off*) Coño.
EL ALGUIEN. (*Fornido, de unos cincuenta años, extremadamente aseado*): Sí, mucho gusto. Sabemos de su talento, y queríamos conocerlo.
YO. (*Voz en off*): Van a joderme.
YO. Gracias, el gusto es mío.
SEGUROSO DE CULTURA. Necesitábamos hablar contigo.
EL ALGUIEN. Más bien que hables con nosotros.
YO. (*V.O*): Ya, me jodieron.

SEGUROSO DE CULTURA. (*Bla, bla, bla, muela barata y empática*)...y sabemos que tus padres son revolucionarios, de la clase obrera, y que te dieron una educación de acuerdo a nuestros principios, y...

EL ALGUIEN. ¿Conoce a Carlos Alberto Montaner?

YO. ¿El cantante? (*Transición*) ¿No es Polo Montañez?

(*Seguroso de Cultura sonríe. El Alguien levanta una ceja*).

EL ALGUIEN. Carlos Alberto Montaner es un agente de la CIA y enemigo de la Revolución. El periodista. Nuestro agente en Madrid nos ha dicho que hay una operación coordinada con usted.

YO. Ni lo conozco ni he tenido contacto con él.

EL ALGUIEN. Sí, sabemos que todavía no lo han contactado.

YO. ¿Y cuál es la operación conmigo?

EL ALGUIEN. Según nuestro agente en España, convertirlo en agente de la CIA, en informante del estado de opinión de los artistas.

   Me echo a reír.

EL ALGUIEN. ¿Se ríe?

YO. Es una locura. ¿Yo agente de la CIA? Mis padres me matarían. Pero no se preocupen. Si alguien intenta contactarme ya sé para lo que es. Y para donde los voy a mandar.

EL ALGUIEN. ¿No entiende la trascendencia de esto?

SEGUROSO DE CULTURA. (*Sin vaselina*): Queremos que usted colabore con nosotros.

YO. (...)

SEGUROSO DE CULTURA. Como agente nuestro.

YO. (*Hago una mueca, mezcla del grito de Munch con la cara de Marlon Brando cuando le dicen de la muerte de Sonny Corleone*): No, no sirvo para eso, ni me interesa.

EL ALGUIEN. Esas gentes son muy poderosas. Usted está publicando en Europa, en Estados Unidos, en Latinoamérica. Y ellos pueden hacer que no lo publiquen más.

YO. ¿Sabe? Yo siempre me he guiado por Stendhal (*Breve pero didáctica explicación de quién era Stendhal*). Él decía que lo leerían en otro siglo. Y pienso igual; a mí no me vuelve loco publicar. Pero sí hay algo de lo que estoy seguro es de que NUNCA sería agente: ni de la CIA, ni del G-2.

EL ALGUIEN. (*Transformado en Alien, golpea con un puño el buró y se pone de pie*): ¡Le hemos dado información clasificada!

YO. No se la pedí.

El Alguien se pasea con pasos rápidos por toda la oficina.

EL ALGUIEN. Esta información podría ser usada por el Enemigo.

YO. Mire, no se preocupe por mí y por lo que quieran hacerme. Escribo por necesidad. Y eso nadie en ningún lugar me lo va a impedir. Pero si mis libros tienen algún valor serán publicados en este siglo o en otro, en el país que Dios quiera, por encima de la cabeza de quien sea.

FIN DEL ACTO

Cuando me alejé, sentí un frío que se me metía en el cuerpo. Imaginé que un carro se detendría y me meterían a empujones, me pondrían una capucha y me encerrarían en una celda, un refugio o un búnker. No ocurrió. Cuando vine a darme cuenta estaba en casa de Guillermo, contándole. Me tranquilizó con una frase: «Eso nos lo han propuesto a todos. Todo hemos pasado por algo parecido». Y me contó. Y yo, ladrón de historias, escribí esquirlas de esos recuerdos, en el capítulo 9 de mi novela *La fe y los condenados*.

De cuántas listas de viaje fuimos borrados, de cuántos eventos, no sé. Eso deberíamos preguntarles a los que nos atienden y agradecer su titánica y tiránica labor de censura, *mon amour*. De los dos castigos más frecuentes (la hostilidad abierta o el ejercicio del olvido) escogieron el segundo. Hasta que los libros y los premios comenzaron a romper la cáscara, el cerco provinciano del compañero que nos atiende: Guillermo se ganó el Casa de Teatro de novela (1998) y yo el Casa de las Américas, en cuento (1999).

Como por arte de magia se apareció en mi casa un mulato que se identificó como líder de un movimiento opositor. Dijo que sabía cómo yo pensaba del gobielno (sic) y pidió mi colaboración con la causa. «¿Sabes lo que pienso?, le dije: Que tú eres de la Seguridad». No sé si hice mal en expulsarlo *ipso facto*. Le dije que estaba harto. Y que a mí solo me interesaba escribir, lo cual ya no era tan cierto. ¿Por qué lo hice? No creía en ningún movimiento opositor de afuera o de adentro, convencido de que todos están creados, sostenidos o infiltrados por el Gran Simulador. ¿Acaso no era así? ¿No habían ocupado importantes cargos en Radio y Tele Martí, y en los grupos de periodistas «disidentes»? Años después, frente a una página de Internet, la historia los absorbería, mostrando que los 27 cabecillas regados por todo el país eran dobles agentes del tío Sam y de Jotávich.

Ganar el Casa cambió algunas cosas. La institución Casa de las Américas me ignoró olímpicamente y durante los diez años posteriores no fui invitado

---

* Inédita.

ni como jurado, ni siquiera a la presentación del libro. Mi conclusión fue que el premio (orquestado para ganar intelectuales latinoamericanos alrededor de la Revolución cubana) se les había escapado de las manos y el jurado había premiado el libro que les pareció mejor. Pero a los funcionarios (recuerdo que Retamar ni siquiera me dio la mano en la ceremonia del Premio, lo cual lamenté, pues admiraba algunos de sus poemas y ensayos) debió molestarles que un escritor cubano, y peor, de provincias, y aún peor, cristiano, le arrebatara ese premio a algún intelectual de izquierdas con sueños o pesadillas de redención social para sus patrias necias y con plusvalía.

En Las Tunas, sin embargo, fui querido y poco censurado, tal vez porque mi lenguaje elíptico y mi vida de lobo estepario no les molestaban, o porque había un movimiento cultural emergente y poderoso de escritores, trovadores, pintores y periodistas que nos cuidábamos unos a otros. No sé. El momento era bueno, y sobre nosotros parecía escucharse el *jazz* de los vencedores.

Sin embargo, otras hambres, otras experiencias se encarnaban con más poder que la literatura. En 1995 había conocido a Cristo, a través de una experiencia poderosa de su presencia sobre mi vida. Sentí que realmente todos mis pecados eran borrados y que nacía a una nueva vida en Él.

Si traigo esto a colación, en un texto dedicado al socíbiri que nos atiende no es para hacer labor proselitista (ahora tal vez miento descaradamente). Lo cierto es que en una de las misiones que plantamos fuera de la ciudad, en medio de un bosque de plátanos, fuimos sometidos a la persecución brutal del Gran Demonio. Nos destruyeron el templo construido con las ofrendas de los hermanos. Nos tuvimos que reunir bajo un tamarindo durante tres meses, al sol y al sereno. Y la iglesita —que está formada por personas, no por ladrillos— creció. Y los milagros. Y la fe. En medio de estas circunstancias se me acercó un hermano, un viejo guajiro con callos en las manos cuya hija había sido sanada.

El campesino tenía lágrimas en los ojos. Me dijo que necesitaba decirme algo. Que Dios no lo dejaba dormir. Me pidió perdón. Dijo que era miembro de la Seguridad del Estado, y que había ido a la iglesia para vigilarme, escuchar mis mensajes para ver si yo hablaba en contra de la Revolución y rendir informes sobre mi vida y mi ministerio. Dijo que en esa condición había sentido el llamado de Dios al arrepentimiento y que su pecado más grande era precisamente vigilar al hombre que le había mostrado al Salvador de su vida, a Cristo. Que eso no lo dejaba dormir y necesitaba que yo lo perdonara.

Le di un abrazo. Sentí que Dios lo amaba y le dije: Sigue dando tu informe. Ni siquiera digas que has hablado conmigo. Pero aclárales que solo se habla de Cristo. Que aquí no se habla de falsos dioses.

Ese mismo año, el lejano 2009, entregamos la iglesia a la Convención Bautista. El ministerio Oasis me había abierto las puertas en Santo Domingo. Y hacía cuatro años había ganado el premio internacional Casa de Teatro de novela. Antes de irme, pensé en cómo recibiría mi madre que su hijo menor viviría para siempre fuera del país. Pero si hay una metáfora de lo que verdaderamente es la Revolución para el pueblo, la recibí en ese momento. Estaba en Santiago de Cuba, y el motivo de mi visita era decirle a mamá que partiría a vivir en Santo Domingo. Pero no sabía cómo hacerlo. Y de pronto, mientras la ayudaba en no sé qué en la cocina, ella se volvió, me pasó esa sopa con elfos que nadie sabe hacer como ella, y con la voz más dulce de la tierra me dijo: «Mijito, ¿por qué no te quedas en República Dominicana?».

Mi madre, la mejor revolucionaria que jamás he conocido, que en su juventud fue miembro del Partido Socialista Popular, la joven temeraria que escondió medicinas bajo sus ropas para llevarlas a los rebeldes en la Sierra, que desafió a los esbirros de Batista en la Clínica de los Ángeles curando a sus víctimas, la fiel creyente de Fidel durante los años feroces de Girón, la crisis de octubre, las movilizaciones y las marchas, me decía que me quedara fuera de la patria, de la Revolución y el socialismo.

Obedecí a la sabiduría secreta de las madres, de mi madre.

Iba a Cuba una vez al año. Mi hijo aún se encontraba allá, así como mi madre y mis hermanos. Cada vez que volvía, la sensación era la misma: parecía haberse detenido el tiempo, como si en vez de once meses solo hubiera transcurrido una noche sobre las mismas paredes sin pintar, sobre la canícula, sobre los rostros sin esperanza. La belleza eterna de mi madre, los abrazos de los hermanos, los chistes de los amigos y la sensación de las pequeñas manos de mi hijo eran mi patria.

Alguien me contó que el compañero que nos atiende la llamó a la oficina. Le dijo que yo debía cuidarme mucho. Que TODO lo que decía en República Dominicana, en la iglesia, se sabía en Cuba. Sí, el peso de lo que dice el compañero que nos atiende puede quitarle el sueño a cualquiera. Y el mío era sacar a mi hijo sobre todas las cosas.

El Facebook, ese asesino de amistades políticas y el mejor material novelesco con el que puede contar un escritor, ha sido el culpable de mis últimos encuentros cercanos del tercer tipo o con el tercer tipo, el compañero que nos atiende. Contaré solo dos historias. Hace un par de años, en medio de los primeros conflictos de la dictadura de Nicolás Maduro, escribí en el Facebook: «Un gobierno que golpea a sus mujeres y mata estudiantes, ¿qué es?». Algo así. Fue un momento de rabia por los primeros crímenes públicos de ese régimen. Inmediatamente, recibí un mensaje de chat de un escritor que estaba en Venezuela de «misión cultural». Lo conocía hacía muchos años, vivía en un municipio de Las Tunas y solía aterrizar en mi casa en los horarios de almuerzo cada vez que visitaba la ciudad. Yo lo recibía diciendo siempre: «Llegó el compañero que me atiende por la Seguridad, denle almuerzo para que tenga fuerzas para escribir un buen informe». Él sonreía con su voz ronca, me hacía el último chiste bueno o malo sobre Fidel y comía como un endemoniado.

Ahora, el endemoniado hambriento parecía verdaderamente un muñeco poseído en el chat. Me hablaba de los logros de la Revolución, que no le hiciera caso a lo que la oposición estaba diciendo sobre las protestas. Me dijo que la CIA me debía de estar pagando muy bien por servir a los intereses del imperio y otras mierdas que no vale la pena mencionar. Mi respuesta fue simple: «Tengo un amigo con el mismo nombre que usas en tu Facebook, con ese amigo hablé durante mucho tiempo de literatura y compartí el alimento de mis hijos. Como creo que estás *hackeando* su cuenta, y por respeto a la memoria de mi amistad con ese amigo de los viejos tiempos, te voy a bloquear». Hoy sigue bloqueado. Meses después, leí en el Internet una noticia de los cubanos que intentaban llegar a Estados Unidos y que estaban varados en la selva de Colombia. En la foto aparecía un primer plano, con gorra bolchevique y todo, del endemoniado comilón antiimperialista, ahora convertido en gusano con dientes, esperanzado de una vida mejor, o aspirante a convertirse en el sexto héroe del Imperio.

Termino estos recuerdos con la última obra de sus trabajos de amor por una causa perdida. Cuando murió Fidel, yo, tan escueto en mis planteamientos de índole política publiqué algo. Fueron apenas dos frases. La primera, reticente, decía: «Y en eso murió Fidel». La segunda, notable, suscribía: «Cuando desperté, el tiranosaurio ya no estaba allí». Duró dos días. Alguien me escribió, una hermana de la iglesia. Me reprendió con amor, diciéndome que yo siempre les había enseñado que debíamos amar a nuestros enemigos, y que le parecía inadecuada mi burla. Le dije que por amor a ella, quitaría mi publicación. Y lo hice. Pensé que no tendría mayor trascendencia.

Pero… Un mes más tarde, alguien me comentó que yo había cometido un terrible error. Alguien (que no es el Alguien) le había dicho a Mengano que Zutano le había dicho que yo había escrito lo que había borrado. El compañero que nos atiende (sí, el mismo, el implacable, el que no pasó) pidió a su titiritero autorización para tomar cartas en el asunto. Pero Abel Prieto no era el niño aquel de los viejos tiempos. Su período de sátrapa personal de Raúl y su ascenso al grado de General Peludo parece, ojalá me equivoque, haberlo convertido en el John Wayne de la nueva ola de represión cultural en la isla. Por supuesto, le dio luz verde al títere de provincias. Y comenzó la función.

Medida número cero del muñequito del guiñol: Fantasmal expulsión de la UNEAC e ingreso en las filas de los escritores sin patria pero sin amo. Mis amigos escucharon que un escritor había dejado de pertenecer a esa institución, por bla bla bla (estruendo y furia). No se dijo mi nombre. Me convirtieron en el Innombrable.

Medida número uno del polichinela: Censura de mi antología poética *Carnes de mi carne*, a pesar de ser un poemario de temática amorosa de principio a fin, sin tiranosaurios ni titiriteros. La nueva directora de la editorial, retirada de las FAR, se estrenó también como censora literaria, la pobre, y su respuesta por correo fue de lo más escueta y simpática: «Su libro no es de interés de nuestra editorial». ¡A pesar de que se había aprobado un año atrás, pagado los derechos de autor y de que la cubierta ya estaba impresa en cuatricromía, abonada en pesos convertibles: pesos y portadas que se convirtieron en pulpa, esa materia con la que nunca amasaremos una estrella!

Medida número dos del director de Los Yoyos: Chivatazo ejemplar a la university *kubinski* que me iba a otorgar una Maestría por excepcionalidad, a causa de mis méritos literarios, manchados por este demérito político *post mortem* (mi culpa es clara: decir que el tiranosaurio era un tiranosaurio, o que había cantado el manisero, no sé). Por supuesto, la respuesta de la universidad fue, por excepcionalidad y una-nimiedad, sepultar mi Maestría en la gaveta del olvido. Por esta acción, el compañero que me atiende, escritor necrófilo en temáticas y necrótico en estilo, aspira a un doctorado en chivatología internacional. Se lo merece.

Para el beneficio de la duda, a veces pienso que el trabajo de los compañeros que nos atienden no siempre es por el amor ridículo a la tierra; creo que hay otros intereses tan mezquinos pero más personales: la envidia, el que hayan jugado a juegos prohibidos con su mujer, la ambición de ascenso en la escala socialista y hasta gustos dietéticos más que estéticos. A veces, solo a veces, es la historia del hermano que mata al hermano que debía de guardar, proteger, atender, y cuya sangre, la nuestra (sangre hecha de exilio, censura, persecución, muerte y olvido), manchará sus manos o su conciencia para siempre.

No sé ahora mismo si podré regresar a mi querida isla de los enmarañamientos. No sé si me retendrán en el aeropuerto para que no entre o para que no salga. Todavía quedan pedazos de mi patria en ella. Y muchos lectores amados que son privados de uno de mis libros, gracias a la labor del compañero que nos atiende. Sin embargo, otros textos burlan la censura. Y llegan a los lectores en el país que Dios quiera. Como Dios quiera, por encima de la ingratitud y la traición de los abnegados compañeros que nos atienden. Del resto puedo decir como Roque Dalton: «País mío, no existes. Solo eres una mala silueta mía, una palabra que le creí al enemigo».

A ti, compañero Caín, y a todos los que son como tú, oscuro prójimo, tan parecido a mí, con la diferencia de haber escogido la manzana del mal, la máscara, la aquiescencia y el peor de los crímenes: perseguir la verdad, te doy el tributo merecido. Y te recuerdo que, a pesar del llanto de Heredia y los informes contra uno mismo de tantos, mi diáspora es el inicio de una nueva e incesante rama del árbol de la vida, carne de mi literatura.

CARLOS MICHEL FUENTES

EL INFORME GINGER*

FILE 001- EL PIERCING

Soy Jesús Soler Ruiz, tengo 54 años. Soy Virgo. De Vereda Nueva, un pueblecito cercano a San Antonio de los Baños. Hace poco que vivo aquí en
Madrid, en junio ya van a hacer dos años, el tiempo vuela. Vine por trabajo
y me quedé. No tengo amigos, algún que otro conocido, pero lo que se
dice amigo, ninguno. Ni aquí ni en Cuba. Es difícil hacer amigos en esta
profesión tan malagradecida. Soy un oficial de la Seguridad del Estado. Un
seguroso. Soltero. Sin hijos. He vivido infiltrado entre artistas y escritores
fingiendo ser un simple funcionario del Ministerio de Cultura, un pro-
gramador de eventos. Así constaba en mi nómina y por eso cobraba. Qui-
nientos noventa y ocho pesos cubanos, unos 25 CUC, pero en realidad me
la he pasado redactando informes sobre esto o aquello, sobre este o aquel,
participando en fiestas, inauguraciones, visitando los estudios de los artistas, escuchando rock, asistiendo a recitales de poesía y tomando té negro.
En agosto de 1997 me hice colocar un aretico en la oreja para fortalecer un
poco mi *leyenda*, un piercing como le llaman ahora, menos mal que el viejo
murió antes. Era un hombre muy íntegro, muy recto, un comunista real.
Nunca lo hubiese aceptado. Murió susurrando mi nombre sobre una cama
coja de La Dependiente. Era el único que me llamaba Jesús. Todos me conocen por mi seudónimo, por mi nombre de guerra: Richard. Yo creo que
ni la vieja me dice Jesús. Richard o Ricardito.

---

* Texto hasta ahora inédito.

Siempre quise ser espía. Ser otro. Suplantarme a mí mismo. Ha sido algo vocacional. Jugaba en el barrio con los demás niños, asistía a la escuela, aparentaba ser un muchacho normal, pero siempre pensé que fingir ser quien no era me libraría de cargar con el peso de mi propia existencia y me ayudaría a comprender y a desentrañar la falsedad del mundo. La vida era para mí una avalancha de caótica información, que debía organizar y almacenar hasta la llegada del momento oportuno, de una hora y de un minuto bíblico donde salvaría al resto de la humanidad con mi cuaderno de notas, convirtiéndome así, en medio de la soledad que nace del anonimato, en un verdadero héroe.

Para muchos esta doble vida que he llevado significaría un sacrificio enorme. No para mí. Mis años entre artistas, el hecho de haber estado tan cerca de sus obras, el haber seguido cuerpo a cuerpo la concepción de sus poéticas, han terminado dándome la razón. Al final, nada es lo que parece ser. Todo es un engendro, un capricho, tautológicos demonios de la Ilustración habanera. Se pregona y se presume de lo que se carece, como dice el refrán. Anónimo por cierto.

Todos los humanos mentimos, a nuestros vecinos o a nosotros mismos, conscientes o inconscientemente. ¿Qué más da? Poco importa el *cómo* en esta tierra de *quiénes*.

El espiarnos parece ser nuestra razón de ser, pero solo la agudeza en la observación de los detalles, la mirada imparcial e iluminada sobre ellos, convierte a un simple observador en un espía. Un espía se diferencia consustancialmente de un impostor. El mundo está repleto de impostores, de engañadores. Gente que aparenta. Falsas copias. Imitaciones de imitaciones. Un espía es un profesional del camuflaje. Yo he sido instruido, formado. Por psicólogos y por otros prestigiosos agentes. Compañeros de afuera comprometidos con nuestros principios de adentro. He templado mi carácter y he aprendido a controlar mis emociones más salvajes. Conozco a Stanislavski, a Artaud y a Grotowski. Nunca me quejé de nada. Nunca gocé de privilegios, nunca amé a nadie, jamás me preocupó la muerte, no sentí dolor. Yo, al fin y al cabo, no era yo. Fui despojándome de mis herencias mientras me instalaba en el otro gradualmente. Los heterónimos sufren pero no sangran.

Mi trabajo era más bien local. De índole nacional. Nunca viajaba al extranjero. Tampoco me importaba mucho, me gusta La Habana: sus gentes representándose a sí mismas, La Habana caricaturizada con torpeza, estigmatizada, indefensa y desparpajante. Mi trabajo era más bien local. De índole nacional. Nunca viajaba al extranjero. Tampoco me importaba mucho, me gusta La Habana: sus gentes representándose a sí mismas, La Habana caricaturizada con torpeza, estigmatizada, indefensa y desparpajante.

Muchas veces, cuando aparecía algún viaje —y como si de un puñado de arroz con gorgojos se tratara— me vi obligado a escoger a los artistas más íntegros, a separar al desafecto, a desterrar a los advenedizos. Quién regresaría de documenta, quién tenía familiares residiendo en Miami, quién viejos amores en Guadalajara o amistades en Estambul, quién se lo merecía, quién se lo había ganado. Viajar era un premio. Alejarse del paraíso, al menos por unos instantes, una oportunidad que no alcanzaba para todos. Mi opinión contaba.

FILE 002- EISENSTEIN

Hoy, la mayoría de los artistas de mi generación se han marchado. Los que permanecen en Cuba corren como gacelas ciegas tras el olor del dinero, sin oponerse a nada, sin crear problemas, solo se tumban y flotan sobre el nuevo río a merced de las viejas corrientes. Antes no era así. Richard y Jesús. Ambos. Decapitados por el hacha afilada de la nostalgia, atravesados por la flecha de la nostalgia y del gorrión. Las lágrimas sin sal por la Castellana. Totíes y brujerías a los pies del Retiro.

Con nostalgia también recuerdo mis visitas a casa de Katia sobre la Galería de Línea, mis conversaciones con Rubén Torres Llorca, mis discusiones con Abdel dentro del Lada, bajo el álamo de la calle seis. A Cuenca. ¿Qué será de la vida de Brey? Alejandro López con su brigada del intelecto. Los atendí a casi todos. A Carlos Cárdenas, a Tomás Esson, a Joaquín Clerch. Recuerdo el famoso cuadro de Joel Rojas y su expulsión del ISA. Yo estaba en el terreno el día del Juego de Pelota. Yo sentí del Ángel, el tufo de su hez. Fueron tiempos gloriosos para todos. Se obraba por obrar. Por amor al arte y al amor más puro. La gente disentía sin ser llamados disidentes y las Damas de Blanco eran solamente obedientes soldados de la Regla de Osha-Ifá.

A mediados del 2015, me encomendaron acompañar a *Rumores del Hórmigo* a una presentación acá en Madrid y decidí no regresar a Cuba. Me sentía inútil. Vacío. Como una flauta sepultada por un hato de ropa sucia. Como una radio sin pilas. Como un loro disecado y polvoriento. Cuando acabó la gira, recogí mis cosas y escapé del hotel. Lo improvisé todo sobre la marcha. A la hora de abordar el avión me encontraba yo sentado en un bar tomándome una tónica y caía la tarde en La Latina. Era el día de San

Eliseo y un siglo atrás, la tripulación del Potemkin amotinada, en un acto de contagiosa rebeldía, fusilaba a su comandante y escapaba a Constanza. En un plasma que colgaba en la pared, un concursante que intentaba conseguir un bote acumulado de 500.000 euros, debía responder a una serie de preguntas relacionadas con el *boom* latinoamericano.

Aquí dejo un enlace a la *Wikipedia* redactado por mí acerca de este fenómeno literario y sociológico: https://es.wikipedia.org/wiki/Boom_latinoamericano

Barajé entonces la posibilidad de presentarme a un concurso similar. Debía ganarme los frijoles, o los garbanzos. Estaba completamente solo. A solas con mi nombre en un mundo desconocido, pero ¿quién era yo realmente? ¿A cuál de mis personalidades debería apostar? ¿Quién tendría más opciones de sobrevivir en España? ¿Jesús o Richard?

Unas semanas más tarde, en el metro, me encontré con Larisa, una muchacha muy delgada que vivía en El Vedado —este mundo es un pañuelo. Me reconoció enseguida a pesar de los años que llevábamos sin vernos. Fue ella quien me recomendó la pensión Patria en la calle Fúcar, en donde aún vivo y en donde conocí a Josué, un escultor matancero de Jovellanos que hizo dinero a finales de los noventa falsificando pasaportes. Se jactaba, y aún lo hace, de haber colado en los Estados Unidos al menos a un millar de personas, en su mayoría cubanos. Josué sufre ataques de gota y le han extirpado la tiroides, por lo que en ayunas y a diario se toma una pastillita de tiroxina de 125 miligramos para compensar su falta. No debería beber, pero bebe. Sobre todo en las noches. Lleva veinte años en España pero no parece que haya valido la pena. Vive una vida apagada. Tiene un hijo de doce años: Orlando Luis, tan rebelde como el epicúreo poeta lawtino, y guarda una pistola cargada en un viejo *chiforrober*. Fue él quien, notando mi imposibilidad de encontrar un trabajo decente, me habló de las estatuas humanas por primera vez; él me llevó a verlas a Sol y me convenció de probar suerte. Solo debería fingir, permanecer inmóvil, aparentar. Después de todo, contaba con sobrada experiencia. Mi carne se había petrificado hacía ya años, solo tenía que ablandarla nuevamente al sol de Sol, construir mi tela de araña y esperar a que cayeran las monedas.

Seguí su consejo y me convertí en estatua.

FILE 003- KELVIS

No fue tan sencillo como parecía. Tuve que crearme un personaje, demostrar un talento inconfesable. Conseguir las licencias. Yo, ya era una estatua.

374

Bajo la pintura y la rigidez de las telas, oculto, el actor debutante y decadente. Ahora era a mí a quien juzgaban, a quien escudriñaban los paseantes y los niños. La vida me invitaba a pasar a través del reflejo de un espejo en otro espejo. ¿Lo tomas o lo dejas?, me susurraba un conejo moribundo en las noches de Fúcar. Me pintaba de color rojo del pelo a los zapatos y simulaba leer un libro también rojo; cuando sonaba el dinero en la lata de galletas pasaba una hoja del libro, soltaba una carcajada, un alarido y al final una lágrima, que arrastraba la pintura y descubría el verdadero color de mi piel. Funcionaba. Mi competencia eran motoristas que levitaban imposibles en el aire y payasos trompeteros. No me iba mal. Estaba ganándome la vida sin tener que fingir, sin engañar a nadie.

File 004- El momento real

Mientras permanecía inmóvil, mi mente me llevaba de un lado para otro en mis recuerdos. Recordaba a menudo ciertos libros: *Matar al último venado*, un librillo de poemas de Osvaldo Sánchez y un poema muy corto en su interior:

Salvavidas

> *Estoy sentado en el borde de tu cuerpo mirándote,*
> *con un miedo terrible a saltar.*

Recordaba el inicio de *El bebedor de vino de palma*, de Amos Tutuola:

> *«He sido un bebedor de vino de palma desde que tenía diez años. No he hecho otra cosa en mi vida que beber vino de palma. En aquellos tiempos, el único dinero que conocíamos eran los caracoles, así que todo era muy barato y mi padre era el hombre más rico del pueblo. Mi padre tenía ocho hijos y yo era el mayor. Todos los otros trabajaban muy duro, pero yo era un maestro bebiendo vino de palma. Bebía vino desde por la mañana hasta por la noche y desde por la noche hasta por la mañana. Ya en aquellos tiempos no podía beber agua corriente, sino vino».*

Recordaba a Belkis Ayón, las circunstancias de su suicidio. Aquel juego de palabras creado por Lanner:

No es lo mismo el papá de Belkis Ayón
que el papayón de Belkis.

Encadenados llegaban los recuerdos de Pedro Álvarez, de Rotella, de Luben, del Plátano retratándolo todo: a muertos y a locos.

Siempre me pareció mucho más decente cobrar por permanecer inmóvil, que por pasar absurdamente la página de un libro que no leía, así que poco a poco fui moviéndome cada vez menos, en mi eterno dilema de mentir y de no hacerlo, de obrar y de no obrar, de tener y de no tener. Poco a poco dejé de moverme.

Al instante de perplejidad que se creaba desde el momento en que sonaban las monedas y que el transeúnte abatido, desilusionado, estafado y rendido —esperando al gesto revelador y humano—, daba la espalda y se marchaba, lo llamé *el momento real.*

FILE 005- VIDA

Soy el primero en llegar a Sol. Antes del amanecer. Los del Ayuntamiento remojan la plaza y vuelven las inglesas descalzas a sus *hostels.* He terminado por construir una estatua de mí mismo, a quien suplanto al empezar el día. Sobre el mismo pedestal que me soportaba, coloco la estatua verdadera. El parecido es tal que no levanta la menor de las sospechas. Lo falso se hace real al sol de Sol. La estatua de la estatua cobra vida en la muerte y yo puedo deambular por ahí, entrar a los museos, tomarme una caña. Ver Madrid. Ganar tiempo. ¡Vivir un poco!

FILE 006- EL DINERO COMO MERCANCÍA

Escribo estas notas desde el Reina Sofía. Vengo aquí a diario. De Fúcar voy andando hasta Sol cargando con mi réplica, me toma unos quince minutos, la dejo donde siempre y, a sus pies, la lata con algunas monedas de señuelo. Desayuno en un barcito en la calle Carretas, tostadas con aceite y café con leche. Al terminar, me fumo un cigarro. Ducados, negro. Siempre. Soy un hombre de rutinas. Luego en metro hasta Atocha. Otro cigarro y entro al museo. Paso las horas en sus salas. Frente al *Guernica* de Picasso. Me siento en este banco y escribo estas notas sin sentido. Mi estatua trabaja por mí. Como ven, me voy adaptando cada vez mejor al capitalismo más salvaje. La explotación del hombre por el hombre. Así me siento. Acá se valoran las ideas. Las ideas pagan. No echo de menos a La Habana. Tengo ahorrados setecientos cuarenta y dos euros.

FILE 007- THE GINGER

Imaginaba al *Guernica* más pequeño. Es un cuadro tremendo. Descomunal. El horror de la guerra no hace mella alguna en la belleza de esta obra, más bien todo lo contrario. Lo conozco palmo a palmo. Entro en él, quito y pongo personajes, dispongo de los grises a mi antojo. Me recuerda a *La Jungla*, a Guayasamín, a ciertos grabados de Matta. ¿Y la paloma que iba a mandar Picasso? Yo empuño una espada rota, agonizando entre las patas de un caballo destripado. Soy como un enano en una guagua llena. El anciano del puente. Un héroe en un laboratorio. Aquí en este banco, frente al *Guernica* de Picasso, paso mis horas.

El vigilante de la sala es pelirrojo, de piel muy blanca. Descansa los jueves. Cuando entro a la sala pulsa el contador y me mira, seco, amenazante. Quiero decirle que no miente, que nunca soy el mismo, que no existo, que soy una escultura, un vaciado de carne, cera perdida entre sus sombras. Un hombre en terracota fundido en las arenas de la boca más ciega y más sorda. Sin miedo ni esperanzas. El banco es de haya y está teñido de caoba. Las paredes son blancas y en cada esquina pende una cámara del tamaño de una cafetera observando al *Guernica* como yo.

En los días de la primera Bienal de La Habana ya hubo un pelirrojo misterioso. Nos citaron de correcorre en el Ministerio y nos pusieron sobre la mesa un montón de fotografías; una minuciosa crónica de todos los encuentros en talleres, actos oficiales y exposiciones colaterales al evento. En cada una de ellas reconocimos a los artistas, a los estudiantes de arte, a los profesores y a los invitados, pero no a un muchacho pelirrojo con un maletín de cuero. Entrevistamos a cada uno de los que aparecían en las fotografías cerca de él, pero nadie recordaba al pelirrojo, nadie lo conocía. Se investigó a fondo, pero nada arrojaron las pesquisas. Se archivó el caso finalmente. Aparecía entre el tumulto de la gente, junto a Le Parc, muerto de risa. Con una mano en el hombro de Sandú Darié, en la Casa de la Cultura Checoslovaca. En el centro de AIRE, la obra de Cuenca en el Museo Nacional. En el Pabellón Cuba, recostado a una palma. En el taller de grabado de La Catedral, en una clase magistral de Chocolate. En Paseo, en la entrada de *El Caimán Barbudo* con Bladimir Zamora. Con una guayabera a dos pasos de Fina García Marruz, en una conferencia en el Centro de Estudios Martianos. En primera fila en una puesta en escena de *La cuarta pared*. Se pensó entonces que se trataba de un agente de la CIA infiltrado entre los artistas y escritores, pero nunca se supo, o al menos nunca se nos volvió a hablar, del extraño pelirrojo.

FILE 008- SIEMPRE NOS QUEDARÁ MADRID

A nadie se le ocurriría falsificar este cuadro ni a *La Gioconda* de Leonardo o a *La Ronda Nocturna*. Sería absurdo además. Una copia siempre será una copia. Nunca vacilará el impostor ante el lienzo en blanco, nunca temblará de miedo o de placer ante la duda. No respirará sobre la tela, ni sentirá el vacío mortal de los mortales. Pero la copia en sí es verdadera, es la imagen que emerge en el espejo empañado y ahí queda, fiel al tacto de los catadores de bienes materiales. Hoy, al regresar a Sol, no encontré mi estatua, ni la lata ni el libro, en su lugar solo encontré este informe, caligrafiado a mano imitando mi letra y una piedra blanca, como un huevo sobre él.

Soy Jesús Soler Ruiz, tengo 54 años. Sin señales distintivas ni tatuajes.

GLEYVIS CORO MONTANET

UN OTRO GETSEMANÍ[*]

> *A Norma Téllez, que me abrazó*
> *y a Teresa Pérez, que lloró*
> *mientras el tribunal sexual me condenaba.*

Con lo diverso que era
el repertorio sexual
de mis vecinos y colegas,
con la de formas amorfas,
groseras y hasta penosas
con que unos y otros
se mezclaban, perforándose…
Con la de coito sádico
y provisional y adúltero,
con la de nulo empate
que había tenido lugar
hasta esa cruda fecha
del año dos cero cero nueve…
y que me prohibieran amar
y ser amada, escrupulosamente,
por una chica emblemática.

---

[*] El poema pertenece al cuaderno inédito *Memoria del éxodo*.

A ver, partida de jenízaros,
¿cuánta llovizna de sexo miserable
no había caído ya
sobre todos ustedes?

Sé que el largo, pero estrecho
territorio nacional
corregirá, sin prisas,
lo que nos hicieron.
Pero, caramba, compatriotas,
hijos y nietos de compatriotas,
vecinos y colegas
de mis antepasados,
parientes míos:
¿por qué me dejaron sola
con tanto que perdonarles?

JORGE BACALLAO GUERRA

UNIVERSOS PARALELOS*

Al hombre lo habían traído allí hacía cosa de tres horas. Todo había sido bastante extraño: no lo habían maltratado, ni le hablaron en mala forma, solo tocaron a la puerta, y cuando atendió, le pidieron gentilmente, pero con un tono que descartaba cualquier negativa, que los acompañara. Quince minutos en carro hasta un edificio que no había visto nunca. Una vez allí, lo llevaron directo a aquella habitación, que tenía por todo mobiliario una mesa con dos sillas, todo de confección bastante burda. Y allí estaba, con los codos en la mesa, cuando la puerta se abrió y entró un tipo chiquito de bigote, agarró la silla desocupada, la movió un poco hasta alcanzar la posición deseada y se sentó frente a él.

El recién llegado sacó una edición de bolsillo de *Jane Eyre* y después de husmear un poco entre sus hojas, carraspeó y habló.

—No hay nada como revisar un par de pasajes de mi libro favorito antes de hacer una entrevista de estas. No lo tome a mal. Es que son tan aburridas y monótonas que lo ponen a uno de mal carácter. Yo lo que hago es leer un poco a Charlotte Brontë para despejar. Mmmm... usted es Reinaldo Gutiérrez Leiva, ¿no?

—No, yo soy Jorge Mena y no tengo la menor idea de por qué me han traído aquí.

—Ahhhh, cierto —dijo pasando un par de páginas como si no le interesara la respuesta que acababa de oír—. Jorge Mena Arteaga.

—No, Jorge Mena Valdéz, y le repito que no sé por qué estoy aquí.

* Este texto pertenece al libro *La palabra* (Editorial José Martí, 2015).

El hombrecillo de bigote pareció no oírlo.

—Y dígame, Jorge —dijo despacio, sin levantar la vista del libro—. ¿Es cierto que hace unos años usted fue detenido por la policía a altas horas de la noche con dos gallinas debajo del brazo?

—Eso se aclaró en su momento —protestó Jorge—; eran para un caldo que necesitaba mi mamá, que estaba enferma.

—Claro, claro, eso dice usted. Pero bueno, yo le creo. Si usted lo dice, yo le creo. Venga acá, Jorge, ¿qué me dice de esta foto? —dijo el hombrecillo sacando de entre las páginas del libro una foto—. Es en el zoológico de 26. ¿Usted va mucho allí?

Las preguntas eran retóricas. Las maneras esquivas y acuciantes del funcionario le estaban provocando a Jorge una comezón muy desagradable. Apretó los puños. No tenía idea de a dónde quería llegar aquel hombre, pero estaba virtualmente seguro de que el destino no iba a ser nada agradable.

—Si no me equivoco, este que aparece en la foto es usted, con más pelo, por cierto. Verdad que el tiempo lo destimbala a uno. —Siguió mirando la foto atentamente, con una expresión casi divertida en el rostro—. Sí, sí, es usted, no hay duda. Mírese para que vea —dijo sin hacer todavía ademán de acercarle la fotografía—. Lo que no queda bien claro en esta foto. —Hizo una pausa y enarcó las cejas. De pronto, a Jorge le pareció ver una tormenta formarse cerca de la frente del hombrecillo, como si una idea terrible se tornara corpórea—, son sus intenciones al acariciar los genitales de este rinoceronte.

—¿Que qué? ¡Usted está loco! —gritó Jorge abalanzándose sobre el hombre y arrebatándole la foto de las manos. El hombre sonrió por lo bajo y no se molestó, como si hubiera vivido un millar de veces la escena anterior—. ¡Esto es una vulgar calumnia! ¡Han manipulado esta foto! Eso es un montaje. Yo jamás he tocado un rinoceronte en mi vida, ni chiquito ni grande, y menos… ahí, en esa zona.

—Relájese, Jorge, no es el fin del mundo. A usted lo que le hace falta es leer un poco a las hermanas Brontë. Le dejara este ejemplar de *Jane Eyre*, pero es un original autografiado por la autora. Cuando terminemos la entrevista, si quiere le presto un ejemplar que tengo ahí de *Cumbres borrascosas*. Mire, coincido con usted, lo tengo por gente seria. También es verdad que puede ser una foto trucada, pero sus vecinos, sus compañeros de trabajo, ¿qué van a pensar si la ven? Hay mucha gente que no sabe lo que es el Photoshop, gente para la que vista hace fe.

Jorge volvió a su asiento, se agarró la cabeza entre las manos y apoyó los codos en los muslos. Estuvo así por dos minutos, durante los cuales la habitación se sumió en un silencio espeso y pegajoso. Poco a poco levantó la cabeza, con una actitud resuelta que revelaba el gobierno momentáneo de la compostura.

—¿Qué quieren de mí?

El hombrecillo del bigote se echó hacia adelante hasta casi tocar con su frente la frente de Jorge. Entonces dijo:

—Ahí, a ese punto exacto, es a donde queríamos llegar.

A esa altura de la conversación, Jorge Mena tenía toda la seguridad del mundo de que esas personas, quien quiera que fuesen, sabían mucho sobre él. Debían de haberlo estado siguiendo por mucho tiempo. ¿Qué querían? Pensó que algo importante debía de ser, para dedicar tanto tiempo y recursos.

—El otro día usted hizo alarde, después de darse unos tragos, por cierto, de que usted era capaz de hacer que los Juegos Olímpicos, que se van a celebrar en Londres dentro de poco tiempo, se celebren en La Habana. —Hizo una pausa—. Si bien es cierto que usted estaba bastante borracho, y que no se pudieron escuchar sus últimas palabras porque usted vomitó, tenemos razones para pensar que algo de verdad hay en sus afirmaciones. Así que ahora me gustaría escuchar detenidamente lo que tiene que contar. No se apure, que tenemos todo el tiempo del mundo. Ya le mandé a buscar pan con perro de diez pesos.

—Muy bien, voy a contarle, pero le advierto que esta historia no está hecha para policías. Esto tiene detrás un basamento matemático muy fuerte. No lo entenderían… Bueno, ¿qué más da? Mire, yo soy físico teórico, y además soy espiritista.

—Ah, muy bien, pero ¿eso que tiene que ver con los Juegos Olímpicos?

—Déjeme terminar. Por un problema de formación, cuando yo tengo contacto con el mundo de los espíritus, usualmente conecto con físicos famosos, ya fallecidos, y tengo con ellos largas conversaciones. Me cuentan de su vida, de sus problemas y de sus investigaciones.

—¿Cómo funciona eso? —interrumpió el hombre—. Me imagino que con esa gracia usted esté robando ancho de banda a las dos manos.

—No, no tiene nada que ver con eso, y la explicación de cómo funciona sería muy larga. Además, usted tiene tipo de policía, no lo va a entender, la teoría de esto es para científicos. Y coño, no interrumpa más. El hecho es que uno de estos famosos científicos me ha dado datos sobre el trabajo que hacía antes de morir. Estaba tratando de huirle a su esposa, y el único lugar donde ella no lo encontraría era en un universo paralelo. No tuvo mucha suerte porque, cuando estaba terminando su investigación, ella lo mató a golpes con el destupidor del baño. Fue un caso de asesinato sonadísimo.

—Usted me subestima, Jorge. Hasta ahora lo entiendo todo. ¿Qué es eso de universo paralelo?

—Un universo paralelo. Existe la teoría, y no solo la teoría, yo he comprobado que es verdad, de que en otras dimensiones existen universos paralelos al nuestro, infinidad de universos paralelos. En muchos de ellos las cosas ocurren de manera casi exacta a como están ocurriendo aquí, en nuestro universo.

—Oiga, Jorge, deje ver si lo voy comprendiendo. ¿Cuántos universos de esos dice usted que hay?

—Infinitos, tantos como posibilidades hay en la vida humana. De hecho, hay muchos de esos universos que son idénticos al nuestro, que se diferencian solo en algún mínimo detalle.

—Usted está queriendo decir que, por ejemplo, ahora mismo, ¿nosotros estamos teniendo esta misma conversación en miles de universos paralelos?

—Sí, ha captado usted la idea. ¿Seguro que usted es policía?

—Es decir —interrumpió el otro—, que existe un universo donde todo es como aquí, pero donde usted sí abusó sexualmente del rinoceronte.

—Bueno, sí, coño, pero qué ejemplo más cabrón escoge usted.

—Muy bien, muy bien, es para que no se olvide que tenemos información y estamos dispuestos a utilizarla. Puede continuar.

—No hay mucho más que decir. La cosa es simple, si se cumplen varias condiciones indispensables, puedo hacer que todo nuestro universo salte sobre uno paralelo, idéntico al nuestro, pero en donde las Olimpíadas se celebran en Cuba.

—Bueno, eso es exactamente lo queremos, así que empiece a hacerlo ya. En cuanto termine, le doy su foto con el rinoceronte y asunto resuelto.

—No es tan fácil, tengo que comunicarme primero con el científico que me enseñó a hacerlo y además, son necesarias varias condiciones histórico-concretas, que son cosas complicadas. No sé si usted esté en condiciones, o tenga suficiente poder para lograrlas.

—No se preocupe, diga todo lo que necesita. No vamos a escatimar recursos para conseguir la sede de las Olimpíadas.

—Muy bien, la primera cosa: el asunto de la ambigüedad es fatal; por ejemplo: ¿cómo se llama La Habana campo? ¿Habana? ¿Habana Campo? ¿Provincia Habana? Ves, ese tipo de incertidumbre es muy peligrosa. El menor fallo y caemos en otro universo que no es el que queremos. Ese es el primer problema que hay que resolver. Separen La Habana en dos provincias, en dos pedazos. A una, por ejemplo, póngale de nombre Artemisa y a la otra, no sé, pónganle un nombre indio, por ejemplo, Mayabeque…

Cuando estuvieron hechos todos los preparativos, a Jorge Mena todavía le parecía un sueño lo que estaba ocurriendo. No cualquier sueño. Uno de los buenos, de esos que suceden cada muchísimo tiempo. Alguien le iba a crear todas las condiciones para que realizara un experimento que, de otra forma, ni se hubiera atrevido a imaginarse. Lo estaban obligando a hacer algo que él haría con muchísimo gusto por el mero placer de experimentar y llegar a donde ningún hombre había llegado antes. Controló sus nervios y posó las manos sobre el teclado de la computadora conectada a la caja de metal opaco, que zumbaba amenazante sobre la mesa.

Aunque se sentía eufórico, no había olvidado la humillación recibida. A dos metros de él, el hombrecillo del bigote lo vigilaba. Aquel bichejo despreciable se había convertido en su sombra. Tenía pensado transportar el mundo a otro universo, casi idéntico al de siempre. Pero la diferencia no sería la sede de las Olimpíadas. No, las Olimpíadas se celebrarían en Londres, como estaba establecido. Los cambios, que no serían muchos, estarían relacionados con la vida de cierto hombrecillo sinvergüenza. Ah, y por supuesto que en el nuevo universo cierta foto que lo involucraba sexualmente con un rinoceronte no existiría. Relajó los hombros, inspiró y apretó la tecla *Enter*.

El hombrecillo despertó dos horas después. Se había babeado sobre la mesa y parte de la saliva había alcanzado el libro. Al percatarse, lo retiró de un tirón y comprobó minuciosamente su estado. No era grave. Aun así, le sentía algo extraño. Era como si pesara más, y se veía un poco más descolorido de lo que recordaba. Entonces vio el fenómeno: los nombres Jane Eyre y Charlotte Brontë habían cambiado su posición sobre la carátula del libro.

Quince días después, todavía no le encontraba explicación a aquello. Había recorrido diecisiete bibliotecas y en todas lo mismo: todo el mundo decía que la escritora del libro se llamaba Jane Eyre y el personaje Charlotte Brontë. Sentía la cabeza a punto de reventar. Pensó en varias explicaciones, desde cámaras ocultas hasta posibles pruebas del mando superior. Poco a poco, fue descartando cada una de las explicaciones. Un buen día no resistió más. Llamó por teléfono a una exmujer psicóloga y la citó en un parque. Ella llegó con media hora de retraso, como siempre. Se saludaron y después que ella le hubo dicho que lo encontraba hecho tierra, él la invitó a un café.

—Sí, he envejecido como diez años, la verdad. Me lo siento en el cuerpo. Pero no estoy enfermo, por lo menos, eso me parece. Mira, la cosa empezó hace dos semanas. Yo estaba interrogando a un tipo y me quedé dormido. Eso a mí nunca me ha pasado, yo mi trabajo lo cojo en serio —dijo, y tragó un buche de café.

—Cualquiera se duerme en el trabajo, yo misma me he dormido oyendo hablar a los pacientes. Hasta una amiga mía, domadora de leones, a veces se duerme en medio de la jornada laboral. Es normal. No te angusties por eso.

—No, pero la cosa es más complicada. Nadie se acuerda de ese hombre en la oficina.

—¿De qué hombre?

—Del que yo estaba interrogando. Cuando me desperté, creí que me había cambiado un libro. Lo busqué en las actas y nada, la gente dice que yo estaba solo en la sala de interrogatorios. Es extraño, porque ya sabes que lo llevamos todo por escrito.

—¿Qué libro dices que te robó? —preguntó ella terminando el café. Más que interesada por la conversación, parecía aliviada de haber ultimado aquel líquido prieto.

—No me lo robó. Es difícil de explicar. Me imagino que cuando te diga lo que pasa con el libro, vas a reaccionar como el resto de la gente, que me dicen que estoy loco. Pero bueno, no tengo nada que perder. Mira, este es el libro. —Y lo puso encima de la mesa—. No me lo robó, me lo cambió. El original, el que yo tenía, era *Jane Eyre*, escrito por Charlote Brontë.

—Bueno, yo de literatura extranjera no sé nada, tú sabes que lo mío son los autores nacionales. ¿Qué es lo extraño?

—¡Coño, que me ha pasado como en un cuento de Eduardo del Llano, en que se trocan los nombres de Jane Eyre y Charlotte Brontë! Es como si siempre la autora hubiese sido Jane Eyre y el personaje Charlote Brontë. Fíjate que hasta busqué a la hermana, que también era escritora y resulta que la que tiene una hermana es Jane Eyre, Emily Eyre se llama. Me estoy volviendo loco.

Ella estiró la cara en una expresión de asombro. Cuando habló, lo hizo suavemente, como quien ha captado una broma

—Así que Eduardo del Llano, ¿no? No sé qué chiste es este, o qué jodedera estás planeando, pero sabes que Eduardo del Llano es el personaje fetiche de mi escritor cubano favorito, Nicanor O'Donnell.

El hombrecillo puso los ojos en blanco y se desmadejó, mientras su exmujer psicóloga daba gritos y trataba de levantarlo del suelo. Acudieron un camarero y un tipo que pasaba, y entre los dos lo sentaron y llamaron a un médico.

Algunos meses después comenzaron las Olimpíadas en Londres. El hombrecillo del bigote apagó el televisor en cuanto empezó la ceremonia de inauguración. Nada de esfuerzo, le había dicho el doctor que lo trataba. Mucho trabajo, le había diagnosticado, y su último caso había tenido que ver con las Olimpíadas. El hombrecillo se sentía mejor, mucho mejor. Se acomodó la frazada sobre los pies y tomó el libro de la mesita cercana. Nada como una aventura sencilla para relajarse, pensó. Algo simple, donde no hubiera que devanarse los sesos ni pensar demasiado. Sí, aquella novela era perfecta. La iba a estirar, para que le durara por lo menos siete días. Una semana entera disfrutando de las peripecias del famoso aventurero Emilio Salgari, creación del genial escritor que se hacía llamar El Corsario Negro.

JORGE ENRIQUE LAGE

ARCHIVO*

1. A principios del año 2009, recogí de la basura un ejemplar del periódico *Juventud Rebelde* y recorté media página: las Reflexiones del Compañero Fidel.

Eran los tiempos en que Fidel Castro colaboraba regularmente con la prensa (el sucedáneo de prensa nacional). Eran los tiempos en que yo siempre estaba recogiendo y recortando, recogiendo y recortando.

Guardando.

Todo tipo de cosas.

Nunca supe bien por qué o para qué lo hacía. Siempre confié en averiguarlo en el proceso. Había algo desesperado ahí. Pero no era tanto la desesperación de vivir anclado en La Habana como de vivir en el interior de una memoria portátil.

2. Dos cosas para empezar, me dijo. Un par de precisiones.

Uno, puedes llamarme Agente, así de sencillo y claro y directo. Se sobreentiende que Agente es: Agente de la Seguridad del Estado. Nada de claves ni de nombrecitos falsos.

Dos, me dijo, la escritura es *low profile*. Autoficción. Autismo. Interesa más el arte contemporáneo cubano, a lo Tania Bruguera. Cuando le preguntaron: ¿es posible hacer arte contemporáneo en Cuba?, Tania Bruguera respondió: es una de las pocas cosas que se pueden hacer.

Tenía razón, dijo el Agente.

---

* Fragmento inicial de la novela *Archivo* (Editorial Hypermedia, 2015)

3. «Conspirar era un arte para Martí. Esa labor la hizo con la misma pasión y amor que puso en su obra literaria» (*MinInt hoy*, boletín interno del Ministerio del Interior, enero-marzo 2009).

4. Ahora imagina una *performance*, dijo el Agente.

Se le pide al público que se exprese con total libertad, por escrito, durante un minuto. El tiempo limitado se traduce en espacio limitado sobre el papel, pero dentro de esos límites, los participantes pueden escribir realmente lo que les da la gana. Luego, el pedacito que han escrito, sea lo que sea, se publica en un periódico de alcance nacional, por ejemplo, el *Juventud Rebelde*, y se distribuye por todo el país. Según el número de participantes, tantas versiones del periódico: ejemplares que difieren únicamente en el texto extraño. Eso es arte. O pudiera serlo. Ahora bien, con tantos ejemplares dispersos, esas variaciones son imposibles de cotejar, algunos leyeron una cosa y otros leyeron otra, nadie sabe con exactitud qué era lo que había o no había que leer, los periódicos se desvanecen en los quioscos, van a parar a la basura, algunos servirán para envolver comida y otros para limpiar espejos, al día siguiente aparecen los nuevos periódicos, puntuales, uniformes, sin rarezas conceptuales en un solo milímetro de sus páginas.

No sé si entiendes lo que quiero decir, dijo el Agente.

5. «Así era el arte de conspirar del más grande de los cubanos. Para alcanzar la independencia y enfrentar a los enemigos de Cuba, Martí advirtió a sus compatriotas tener presentes las siguientes palabras, que aparecen con frecuencia en sus escritos y discursos: silencio, vigilancia, discreción, desconfianza, reserva, desinformar, fingir, cuidado, sigilo, cautela, invisible, sombra, persecución, redes, acecho, clave, secreto y tinieblas». (*MinInt hoy*, boletín interno del Ministerio del Interior, enero-marzo 2009).

6. Para empezar, queremos que conozcas a otros agentes, dijo el Agente. Y me entregó una carpeta que decía: quemar.

Queremos que escuches algunas cosas que te sonarán a ficción, y a veces a ciencia-ficción. Como te gusta a ti, dijo el Agente.

No preguntes por qué, dijo. No hay un por qué, no hay un para qué. Lo que hay es un *a cambio*.

(Sea lo que sea, me dije a mí mismo, no lo vayas a hacer).

(Haz otra cosa).

7. Sí, yo soy de la Seguridad, me dijo el Meteorólogo. Te puedo hablar, por ejemplo, de la operación Llamadas Telefónicas. Hace muchos años. Núme-

ros que se marcaban al azar. Por la mañana, bien temprano. La gente salía al teléfono medio dormida. Decíamos: «Buenos días, para dar el parte». La mayoría reaccionaba: «No, está equivocado», y colgaban sin más. Algunos preguntaban: «¿A qué teléfono usted llama?», y cuando escuchaban sus números, dígito por dígito, replicaban: «Sí, el número está bien, pero debe de haber un error...», etcétera. Algunos hacían la pregunta clave: «¿El parte de qué?». «El parte del tiempo». Entonces colgaban, invariablemente, después de soltar insultos, malas palabras. Y aunque era al azar, había números que se repetían; en una lista aleatoria emergen patrones precisos. Nosotros sabemos de eso. Día tras día, despertando con la llamada, hasta la rendición final. Siempre encontrábamos a alguien (sí, ese *alguien*) que levantaba el teléfono y decía con la voz exhausta: «El parte del tiempo... sí, ya sé... dígame». Y entonces, luego de un breve silencio por nuestro lado, lo que decíamos a continuación era: «No. Dígame usted».

LEGNA RODRÍGUEZ IGLESIAS

MONSTRUO·

En todo caso, mi caso sería el primero de una lista de casos excepcionales a los que no había que prestar mucho caso, siendo una excepción, aunque multiplicada, mal, o bien, de minoría.

A la hora y el lugar exactos, mi solicitud, a título de organismo, debería ser oficialmente aceptada por un guardia de seguridad que se aseguraría de mirarme a los ojos y hacer coincidir esa expresión con su homóloga en un documento de identidad que dos segundos antes habría sido depositado por mí en sus manos. Asimismo, otros detrás y delante de mí actuarían de manera idéntica.

Avancé durante una cuadra hasta el próximo guardia de seguridad, que, como el anterior, pidió mi carné y el de los demás, fijándose de nuevo en mi apariencia así como en la apariencia del resto, todos al teléfono. Yo deslicé la mano en mi bolso y apagué mi teléfono sin que el guardia percibiera un movimiento. ¿Alguien trae teléfono?, preguntó, entonces levanté, tímida, la misma mano que unos segundos antes había deslizado en mi bolso. El guardia sonrió. Cruza la calle, me dijo, y guárdalo en *esa casa*. No entendí. Calculé rápidamente cuánto me había costado el teléfono, entre el precio del teléfono y la cuota para iniciar una línea sumaban en total ciento sesenta, lo mismo que entregaría antes de ser cuestionada, dentro de cortos instantes. No se puede entrar con teléfono, ordenó el guardia, ni encendido ni apagado, ningún teléfono. Crucé la calle y me detuve frente a la casa. De la casa salió una mujer que estiró la mano para que yo le entregara el

·   Texto perteneciente al libro *Mi novia preferida fue un bulldog francés* (Editorial Alfaguara, 2017).

teléfono, mi teléfono, con confianza. A cambio de mi teléfono me dio una chapa. Número veinte, que no se pierda, advirtió la mujer. Que no se pierda el teléfono, pensé mientras me metía la chapa en el bolsillo. Una chapa sucia, de madera, de pino, con el número veinte casi imperceptible. Di media vuelta apurada, previendo no separarme de mi sección de organismo. No cruces, exclamó el guardia, debes volver a la esquina, reportarte en la garita y avanzar despacio hacia aquí, no se permite correr.

Un parque a dos cuadras de la Oficina sirve de sala de espera a la población corriente. En el parque abundan las cámaras, sobre los postes del tendido eléctrico, oficiales vestidos de civil se despliegan entre la población e informan a la Oficina de cualquier gesto o rumor que se desencadene. La mayoría de las personas congregadas en el parque comienza a sentarse en la acera cuando ve que el tiempo pasa y aún no ha sido llamada. Las piedras grandes también sirven de asiento. Los adultos mayores se desesperan y algunos sufren ataques, les baja o les sube la presión, lloran. A los jóvenes que les entra hambre, se les ofrece la opción de comprar, en alguna cafetería vecina, sándwich de queso, de jamón, o de jamón y queso.

En el parque no corre el viento; sin embargo, a medida que te acercas, una brisa de agua comienza a levantarse, a lo lejos el mar embiste contra la orilla, el cielo se hace gris, la brisa se transforma en ráfaga, quieres darle la mano a alguien, apoyarte en alguien, un individuo, un ciudadano, de preferencia a título de organismo.

Entramos. Una mujer revisó mi bolso, encontrando en él objetos desaprobados por la Oficina para portar durante la entrevista. (Lapiceros, gel de aloe para manos, gel hidratante para cicatrices, hilo dental Oral-B, Lipstick Rouge, sombra de ojos, máscara de pestañas, lima de uñas, pinza de cejas, mentol chino Tjing Liang Yu, memorias *flash*, teofilina de 200 mg y termómetro. Todo lo que una mujer necesita). Otra chapa me fue dada y otras pertenencias me fueron retenidas frente a miradas reprochadoras de mis iguales. Ojalá que no se pierdan, pensé mientras me metía la chapa en el bolsillo, sintiendo el roce de las chapas contra el muslo. Dígame su nombre, pidió la mujer, y yo se lo dije. Aquí no se pierde nada, soltó la mujer antes de que subiéramos la escalera y desapareciéramos en el interior por una pesada puerta de hierro que se abría electrónicamente y se cerraba detrás de ti como una pared definitiva.

Adentro no fue peor. Muchas personas en fila. Cinco ventanas encristaladas con un agujero en el centro a través del cual depositaríamos nuestras indemnizaciones. Algunas personas, como yo, a título de organismo, depositaban ciento sesenta. Pero no todo el mundo depositaba lo mismo: las tarifas ascendían de acuerdo a los motivos de la audiencia. A una niña de dos años se le trabó la pierna en un hueco y empezó a llorar. La pierna no salía y el llanto continuaba. Las personas querían ver a la niña desde sus puestos, inclinaban los cuellos, las cabezas, pero la niña era muy pequeña, solo se oía su llanto, la angustia. Le dije que no la soltara, dijo un guardia a la encargada de la niña, tratando de sacar la pierna. La expresión del guardia no alivió a la niña ni consoló a su encargada, más bien alteró a las dos, agravando el accidente. La pierna no salió. Las personas lo olvidaron. El guardia hizo mutis. Después de pagar, otra pesada puerta de hierro y otra pared. El interior de un lugar desconocido en el que cada vez más parecíamos desaparecer.

Sillas de madera pintadas de amarillo dispuestas frente a una pantalla que no decía nada, números rojos, insignificantes. Sentadas en las sillas, alrededor de cincuenta personas, tal vez el doble. Perdía facultades.

En el mismo orden que llegamos nos sentamos. Al llamado de una voz que decía nuestros nombres nos levantábamos de uno en uno para que nos tomaran las huellas. Primero índice, anular, del medio y meñique derechos. Luego índice, anular, del medio y meñique izquierdos. Luego pulgares. Había que esforzarse. No era fácil pegar las yemas perfectamente. Para ello una mujer servía de ayudante, empujando con sus manos nuestras manos. Diez huellas digitales por cabeza sumarían quinientas huellas cada media hora, más o menos, sin contar las huellas a título de organismo. Llamó mi atención el escáner, una lámina transparente que iluminaba mi mano si la acercaba a la luz. Por fin algo agradable. Agradable también el diálogo acontecido entre los que como yo pertenecían a un organismo. A diferencia de las personas que venían a solicitar permiso de manera individual, nosotros, los de organismo, teníamos plena confianza en que nuestros permisos no serían rechazados, por razones obvias. Y a nosotros, los de organismo, se nos veía en el rostro la tranquilidad que ofrece estar seguro de sí. Estuve esperando mi turno tres horas, sentada al lado de pintores, artistas de cine, profesores titulares, doctores, científicos, empresarios, ingenieros. Nuestros organismos nos favorecían. Lo que amparaba la comunidad de nuestros organismos era el Ministerio. Al Ministerio el agradecimiento infinito, y el deseo de que continuara, incansablemente, mejorando el mundo.

Las conversaciones de los hombres de organismo giraban en torno a temas de tipo académico. Un hombre a mi lado se fijó en mis muslos, desnudos y pálidos, cubiertos de vellos sin afeitar. Fue cuando me di cuenta de que a una entrevista se debe asistir en pantalón o vestido, jamás en prendas semejantes a mi *short*. Las chapas en mi bolsillo derecho me rozaron el muslo, tintineantes y frías. Hace frío aquí, expresé. Crucé las piernas. Me mordí un labio. Me rasqué un seno. Sonreí. Le pregunté al hombre en qué trabajaba y me contestó, en el Ministerio.

No pregunté su nombre porque con que trabajara en el Ministerio era suficiente. Un Ministerio sustenta a un país. Lo fortalece. Lo constituye. Levanté mis brazos al cielo y di gracias por mi familia y mi pueblo, por mí, de estar sentada al lado de un hombre tan relevante, alguien que me honrara con su presencia, su sino.

Cerca de nosotros, solicitantes a título de organismo, había por lo menos tres ventanas, encristaladas y con sus respectivos agujeros en el centro, por donde se oía la voz de quien interrogaba detrás. Las interrogantes, aparentemente ingenuas, giraban en torno a asuntos personales, casi íntimos, de familia o trabajo. Los permisos solicitados eran en su mayoría denegados. El ciudadano hacía una mueca, derramaba algunas lágrimas y avanzaba hacia la puerta al límite del colapso. Buenas tardes tenga usted, le decía la voz del otro lado, pase el próximo. Y volvía a producirse una escena parecida. No debíamos tener dudas respecto a nuestras solicitudes, la certeza del otorgamiento casi conquistaba nuestros ánimos, el organismo al que pertenecíamos había dado ya su opinión sobre nosotros. Sin embargo, el terror asomaba a nuestros ojos, las pupilas querían dilatarse. El aire acondicionado, tan agradable al principio, había cobrado un valor invernal, me quité los espejuelos.

Uno por uno, los de organismo fueron pasando. Entrevistas cortas o largas, frívolas o constantes, transcurrieron durante un tiempo de más o menos tres horas. Mi turno llegó al cabo, fui llamada por mi primer apellido, luego por mi nombre. Buenas tardes, señora, alcancé a oír, cómo está. Muy bien, ¿y usted?, respondí. ¿A qué va exactamente?, fue la primera pregunta. Es un evento internacional, fue mi respuesta. ¿Usted qué es?, preguntó la voz de nuevo.

A esa pregunta dudé un momento. Yo era yo en todo mi ser, pertenecía a un organismo que pertenecía a un Ministerio que pertenecía a un país, y estaba orgullosa de ello, muy orgullosa. ¿Tiene familia allá?, fue la tercera pregunta. No, nadie. ¿Le gustaría quedarse allá? No, no me gustaría. Entonces, sin que pudiera secarme el sudor, escuché la frase tan conocida, buenas tardes tenga usted, ha sido un placer, pase el próximo.

En caso de ser aceptada, a esa frase antecedía otra, donde le informaban al solicitante el día y la hora en que debía recoger su permiso. Y en caso de pertenecer a organismo, le informaban el día y la hora en que debía recogerlo en el Ministerio. Para mí no hubo esa frase, en su lugar lo siguiente: su caso hay que investigarlo en el Ministerio, el Ministerio le informará.

Al final me fue entregado el documento llamado Confirmación, en el cual se confirma la entrega de una solicitud para salir temporalmente. Tal documento consta de dos páginas.

En la primera página aparece un resumen de los datos concernientes al pasaporte, y debajo una nota que aclara: El envío electrónico de su solicitud es el PRIMER PASO del proceso de solicitud de permiso. El siguiente paso es leer la página de Internet en donde usted planea solicitar su permiso. La mayoría de los solicitantes tendrá que programar una entrevista para ello, aunque algunos solicitantes pueden reunir los requisitos de renovación de permiso. La información puede contener instrucciones específicas del lugar en cuanto a la programación de entrevistas, presentar su solicitud de permiso y otras preguntas frecuentes. Usted debe presentar (lleve consigo) la página de confirmación y los siguientes documentos durante todo el trámite. Usted podrá también proporcionar documentos adicionales que considere importantes como apoyo a su entrevista.

En la segunda página se explica lo que *usted* debe presentar. Nada más y nada menos que esta misma página de confirmación con un código de barras legible en el momento de la entrevista. Si no tiene acceso a una impresora en este momento, escoja la opción de enviar su confirmación por correo electrónico a una dirección electrónica. Usted puede imprimir o enviar su solicitud por correo electrónico para sus propios registros. NO NECESITA presentar la solicitud en el momento de la entrevista. Tome en cuenta que se le podrá requerir proporcionar prueba de que ha pagado su cuota para el trámite y/u otras tarifas relacionadas con el trámite. Le pedimos verificar la Tabla de Reciprocidad de su país para conocer otros pagos que tenga pendientes. Si tiene preguntas adicionales o necesita saber cómo ponerse en contacto con nuestra oficina, por favor diríjase a.

En esta misma página, la segunda, otra nota aclaratoria: A menos que quede exento de entrevista, se le pedirá firmar personalmente su propia solicitud de manera biométrica. Al proporcionar este tipo específico de firma usted certifica, bajo protesta de decir verdad, que ha leído y entendido las preguntas de su solicitud, y que además todas sus declaraciones las ha hecho usted mismo manifestando la verdad y realizadas a su mejor entender y convicción. (Repetidos el entender y la convicción un par de veces más en el mismo párrafo).

Y termina diciendo: La información que ha proporcionado en esta solicitud podrá ser accesible para otras agencias con autoridad legal y estatutaria para usar dicha información, incluyendo propósitos de ejecución de leyes y de otra índole. La fotografía que nos ha brindado en la solicitud puede ser utilizada para verificar sus datos.

Asimismo, adjuntada a esta Confirmación, me fue devuelta una carta que enviara el Ministerio desde su Centro de Trámites, a la Sección de Intereses, el veinte de marzo. En la carta pude leer que el Ministerio saludaba a la Honorable Sección, apreciando su cooperación en relación con la solicitud dispuesta a mi favor, titular del ordinario B908863. Luego explicaba el motivo de mi solicitud, el tiempo de estancia, la salida y la entrada. El Ministerio se valía de esta oportunidad para reiterar a la Sección el testimonio de su consideración. Por último, el cuño del Ministerio, sin firma.

Al salir de la Oficina fui directo a mi organismo, antes recogí mi bolso, después mi teléfono, no logré fingir sonrisa, necesitaba una explicación. No debiste presentarte de esa forma, me dijeron. Tonterías, riposté, a través de la ventana solo podían verme la cara, tal vez los hombros y el busto. Por supuesto que no, desde que vas por la esquina te están mirando, en el parque, te están mirando, si conversas con alguien, o te sientas, o compras un sándwich de queso, o abres tu sombrilla, te están mirando. Ellos lo ven todo. Inocente.

Esperé una semana, dos semanas, tres, alguna señal, una llamada del Ministerio que me informara sobre mi caso. Si se había esclarecido, si mi solicitud sería aceptada, no ahora, inmediatamente, tal vez en el futuro. Sobre el teléfono se creaba una lámina de polvo que yo sacudía todas las noches, antes de cocinar.

Muchas veces deseé volver a ver a aquel hombre que tomó asiento en la Oficina junto a mí y con el cual me sentí tan a gusto. A menudo lo confundía al pasar, o creía verlo en el ómnibus, o en algún reportaje televisivo sobre los cambios llevados a cabo por el Ministerio en el país. La Oficina nunca sale por televisión. A veces los locutores hacen lectura oficial de las leyes novedosas respecto a la Oficina. El pueblo se trastorna. La jornada laboral se ve afectada. Los organismos tratan de activar la disciplina.

También me hice preguntas que luego recriminaba, tildándome de ingrata e inconforme, preguntas que nadie respondería, a menos que fuera un ingrato, o un inconforme.

Supe de varios conocidos que, como yo, corrieron la misma suerte, y de otros que, a título de organismo, se presentaron en la Oficina con solicitudes como la mía, dando fe de sus asuntos, y fueron aceptados, y otorgados sus permisos, y salieron. A esos no los extraño porque solo los veía en las reuniones, o en las conmemoraciones.

RAÚL FLORES IRIARTE

EXCLUSORIA[*]

Una mañana a principios del mes de julio, los de la oficina militar me dejaron una citación. Sin explicación ninguna que la acompañara, solo que acudiera urgente hasta el Comité Militar de mi zona. Mis padres recogieron el documento y me pidieron que acudiera a la cita, no fuera a ser que me metieran en prisión por no ir. Al parecer, en tiempos pasados esa era una opción para los que elegían no acudir (o deseaban ignorar) el llamado de la patria.

Bajo el sol del mediodía caminé hasta el Comité, para enterarme de la razón de por qué iban a mi casa a entregarle a alguien que se dedica a las letras (*make love, not war*) una citación para «a las armas, valientes, corred».

Después de esperar un tiempo a que la encargada de las citaciones terminara de almorzar, me enteré de que todo respondía a una movilización militar (o semimilitar). Tenía que ver con la eterna campaña de fumigación cubana.

La amenaza del zika (no sé por qué, no se mencionó el dengue esta vez) fue blandida para dar a entender que debíamos confraternizarnos y ayudar al país (aunque la frase que usaron fue Consejo de Estado, como si este fuera sinónimo de país, patria, nación) en la campaña para erradicar esa enfermedad.

¿No sabe cómo está la cosa con el zika, compañero?, me preguntó una mujer vestida de militar. Lo sé, le dije, aunque a decir verdad no lo sabía. Ese tipo de cosas (epidemias, derrumbes, todo lo que se oponga a la imagen de una Cuba floreciente) no se mencionan en la prensa, en la televisión o en los medios digitales.

---

[*]   Texto escrito especialmente para esta antología.

Me enteré entonces: veinte días de movilización con cero tiempo de notificación previa. A partir de la mañana del día siguiente debía de ponerme a disposición del Estado, blandir un aparato de fumigación desde las ocho hasta las cinco de la tarde y llenar una equis cantidad de viviendas con el humo cargado de petróleo que (supuestamente) liquidaría a mosquitos y criaturas afines.

Por supuesto, yo tenía planes para esos días, compromisos previos. Estaba en medio de la gira de presentación de un libro y eso involucraba varias provincias. Ya había estado en Guantánamo presentando mi más reciente premio UNEAC de cuento, un volumen titulado *Las dispersiones*. Se rumoraba que las próximas presentaciones serían en Granma, en fecha cercana pero aún no establecida. No podía dejarlo todo y correr al combate como bayamés en el instante en que al Consejo de Estado se le ocurriera que debía hacerlo.

En lo que se lo explicaba a la mujer y al militar de dos estrellas en la charretera que estaba a su lado fue sumándose público; todos altamente críticos de alguien que dudara en acudir al llamado de la patria e incluso dudosos de mi palabra (¿sería yo un verdadero escritor? ¿no sería más bien un vago sin vinculación laboral, una escoria, un lumpen?).

El militar de las dos estrellas cuestionó mi verdadera afiliación con la Unión de Artistas y Escritores de Cuba. ¿Por qué no trajiste el carnet de la UNEAC y una carta diciendo que has escrito de verdad todos los libros que dices haber escrito?, me dijo. (Gracias a él, ya sé que la próxima vez que vaya a una citación del Comité Militar debo ir con todos mis libros guardados en el bolso).

Seguidamente, comenzó un largo discurso dirigido a nadie en particular, pero refiriéndose claramente a los que intentaban evadir movilizaciones, diciendo que todos los cubanos debían cumplir el compromiso; más de sesenta años de revolución no eran por gusto y un escritor (cualquier artista) también tenía que seguir la norma. Si no, que mirara a José Martí, con más libros que yo y, por supuesto, mucho más patriota.

La situación me recordó una anterior movilización en la cual sí había estado presente: julio del 2008, cuando nos internaron a un grupo de jóvenes de San Miguel del Padrón en una unidad militar situada en los recovecos de un barrio llamado Caballo Blanco. Treinta días de perder el tiempo en los cuales se sucedían prácticas de tiro, clases teóricas e interminables marchas. En aquellos días me había negado a disparar debido a la miopía y al astigmatismo y lo habían achacado a simple temor (miedo, según las palabras de uno de los reclutas. Imagino que un objetor de conciencia o un pacifista lo hubiera pasado bastante mal en aquella unidad militar).

Debíamos estar allá a las siete de la mañana para el pase de lista. Yo llegaba siempre tarde (ocho y media o nueve) y, cuando inquirieron la razón, dije lo sucedido: me quitaban la mayor parte del día para poder escribir, entonces debía crear mi obra en las mañanas.

En una reunión con el político de la Unidad me dijeron que eso no podía seguir así. ¿Qué vale más entonces?, les pregunté en el momento y cité una frase de Fidel Castro: ¿trincheras de ideas o trincheras de piedra? El político argumentó que detrás de esa frase elegían ocultarse muchas personas. Yo amenacé con irme y no regresar a la movilización y él amenazó con hablar con el Partido Provincial quienes a su vez hablarían con el Ministro de Cultura para asegurarse de que no volviera a publicar un libro en Cuba.

Como no faltaba mucho para el fin de la movilización, decidí permanecer a ver en qué terminaba todo. También estaba escribiendo una serie de viñetas del día-a-día en la unidad con las que pensaba armar un libro más tarde.

Ya cerca del final, nos enteramos de que formábamos parte de un pelotón de reserva, destinado a reprimir posibles manifestaciones del pueblo. (No se preocupen por tener que darle golpes a algún familiar o amigo, había dicho el capitán a cargo, A ustedes, si la cosa se pone mala, los mandamos al municipio Playa, bastante lejos de San Miguel).

Para eso nos habían enseñado técnicas antidisturbios, cordones humanos y defensa personal.

Para eso nos habían enseñado a disparar.

Pasaron años y ahora estaba yo otra vez en el Comité Militar.

Esta vez para fumigar.

Firma este papel, me dijo la mujer a cargo de la movilización. Comencé a firmarlo y le recordé que no iba a poder estar todo el tiempo que ellos pedían. Tal vez me fuera posible permanecer cinco días; tal vez tres, quizá siete u ocho, pero nunca veinte.

Ella se quedó dubitativa y dijo que así no podía ser. Era o todo o nada. Como las consignas que aprendimos desde pequeños. Patria o Muerte; Será mejor hundirnos en el mar antes que traicionar la gloria que se ha vivido, y otras por el estilo.

Lemas de exclusión.

Blanco y negro, sin tonos grises por medio.

Les dije que de un día para otro poco podía yo hacer, ya tenía planes hechos para la semana siguiente. ¿Por qué no me avisaron con tiempo de antelación? Porque el Consejo de Estado no avisa, respondieron.

¿Y ustedes me van a reponer el dinero que voy a perder mientras dejo de escribir y trabajo para ustedes?, les pregunté y buscaron a la Económica, quién dijo que, como no tenía vinculación con ningún centro laboral, me sería asignada la tarifa básica otorgada a los desvinculados.

Para ella (para ellos) escritor independiente equivalía al sustantivo desvinculado.

¿Pero cómo gana él dinero?, preguntó uno de los militares y la mujer procedió a explicarle que yo era como todos los aficionados, veía un concurso e iba para allá a coger la paga. Así supuestamente hacen los escritores, y yo decía que había escrito libros (ella solo manejaba el término escribir, nunca publicar).

Los militares se veían muy divertidos y, a la vez, molestos. Uno de ellos indicó que hasta ahora yo era el único en poner trabas a una movilización de 256 personas. Solo se me ocurrió contestarle que era muy bueno que tuvieran 255 reservistas más, ya que yo no podría estar presente. (Recuerdo haberme preguntado la razón de por qué el país, la patria, la nación, el Consejo de Estado, debía pagarles una miseria a reservistas militares en vez de crear plazas de trabajo y remunerarlas acorde a la labor realizada).

Otro de ellos preguntó si yo conocía las Palabras a los intelectuales de Fidel Castro y le contesté que sí (¿cómo no recordar «dentro de la Revolución, todo; fuera de la Revolución, nada.»). Entonces aprovechó para hacerme ver que había salido un artículo en el Granma (diario de distribución nacional) sobre ellas. Vi un artículo firmado por Elier Ramírez Cañedo y titulado «Volver a *Palabras a los intelectuales*» en las páginas del periódico. Pude leer una cita original de Fidel: «La Revolución no puede pretender asfixiar el arte o la cultura cuando una de las metas y uno de los propósitos fundamentales de la Revolución es desarrollar el arte y la cultura, precisamente para que el arte y la cultura lleguen a ser un patrimonio real del pueblo».

Una de aquellas mujeres le dijo a alguna secretaria: Escríbele en la citación que el compañero se niega a movilizarse. No quiere ayudar a la campaña de fumigación. Ponle Negado. Anótale bien la dirección para que los del Partido Provincial se ocupen del caso y vayan a visitarlo.

¿Y que van a hacer los del Partido?, les pregunté, y me respondieron con lo que, al parecer, mejor les funciona con los escritores: Como mínimo, se encargarán de que no puedas volver a publicar un libro en Cuba.

Pude haberles hecho notar la incongruencia de su discurso. Según lo que decían, el Partido en Cuba funciona como una maquinita de represión, o de censura en el mejor de los casos. Una maquinita amenazadora, exclusoria, encargada de que determinadas personas puedan (o no) publicar.

O escribir.

O pensar.

Pude habérselos hecho notar, pero no deseaba más confrontaciones (*make love, not war*); simplemente hice el comentario de lo bueno que sería que los del Partido me fueran a visitar ya que nunca lo habían hecho en toda su vida. Después me fui porque me quedaban (me quedan) aún unos cuantos libros por escribir.

Y por publicar, supongo.

Damaris Calderón Campos

LA ISOLETTA[*]

Ella sí sabía qué era eso: actos fallidos, definitivamente.

El rubito (la calvita), había sido un ingenuo al pensar en la posibilidad de El Regreso. Había querido travestirse, mimetizarse, desesperadamente, pertenecer. Ella, en cambio, era de allá (había sido de allá), conocía las costumbres y las rudas maneras, el modo de acercarse, de injuriar, hablaba rápido, seguido, golpeado, no como el rubito (la calvita) que tartamudeaba.

Ella no solo había vivido en edificios de apartamentos con pianistas sin piano, cantantes sin voz, boxeadores sin puños, sino que se había convertido en su propio instrumento sin cuerdas, en un boxeador sin nada que golpear. También, como el rubito (la calvita), había querido meter la cabeza en el horno de gas. Pero ella sí sabía que no había regreso, que el viaje a la *isoletta* era solo un tránsito y estaría pronto de vuelta.

Echó unas pocas cosas en el bolso de mano: regalos para la familia, *souvenires* y una guía de las islas griegas, como si emprendiera el viaje en otra dirección. Como si repetirse Ionia, Naxos, Rodas, Pafos, Zakinthos, la confortara.

En la aduana del aeropuerto el perro que la reconoció no fue amigable, no guardaba memoria. La olió, husmeó en su maletín, decepcionado, siguió a otra parte.

A la salida no vio ningún rostro conocido pero se le acercaron dos hombres, le dijeron que habían venido a esperarla, tenían el auto fuera y todo estaría bien. Se acomodó entre ellos y empezó a hablarles en el mismo dialecto.

---

[*] Este texto pertenece a un libro en preparación.

Los hombres le dijeron que la llevarían a una casa de descanso (porque ella estaba cansada y los hombres se lo estaban haciendo notar, con cierta rudeza, pero ya conocía ella las costumbres). Luego, después de que descansara (no importaba el tiempo que tomara), llegaría la familia.

Con el rubito (la calvita), se habían fingido amables. Pero con ella no había necesidad, era de aquí.

La casa de descanso quedaba a las afueras de la ciudad, rodeada de plátanos y de una vegetación exuberante que había olvidado. Había olvidado los olores, los sonidos, los ruidos de aquel país, que ahora le entraban por los ojos, por los oídos, por la boca, como en un acto de violación.

Los hombres le trajeron un plato de comida, que se llevaron, diciéndole que aún no tenía bastante hambre. Volverían y repetirían el ceremonial hasta que ella comenzara a recordar, a desear y recuperara la memoria: el hambre.

Preguntó por la familia. Le dijeron que ya llegaría.

Cuando estuvo lista, la sacaron al mar.

A diferencia del rubito, no tuvieron que aplicarle electrodos.

Por sí misma, se dejó caer sobre el roquerío.

Los cangrejos desgarraron otra vez los labios delicados, los mismos ojos miopes.

Santiago de Chile, (la otra isoletta).

LUIS FELIPE ROJAS

«ROLDÁN» ES UN NOMBRE DE CABRÓN[*]

¿Cómo se llama tu sombra? ¿Qué nombre de malparido lleva el tipo que te
«atiende»? Yo estaba escribiendo mi segunda novela cuando al lado mío se
aparece una sombra con el nombre ficticio del Roldán. Lo vi, se llama Roldán y a todo el mundo le dice compañero. Pero el compañero Roldán está
desmemoriado a los cuarenta años y escupe y tiene un tic nervioso que le
hace cerrar un ojo cada veinticinco milésimas de segundo, digo yo. No las
puedo contar. No se puede acordar de mí por más que haya hurgado en los
archivos cancerosos de la Seguridad del Estado. Es de tarde en Cuba, es una
tarde linda. Estoy saliendo desde la ciudad para mi pueblo a unos treinta y
ocho kilómetros de terraplén y es Roldán que como un caballero del medioevo se me aparece, abre la puerta de auto Lada, ruso, de los años 90. Al
lado de los otros carros, el cacharro de Roldán es un Ferrari. Que suba, me
dice amable, y no lo quiero contrariar. No lo reconocí a la primera ojeada,
pero enseguida caí en la cuenta de que es aquel muchacho tímido que dejá-
bamos botado en medio del campo de naranjas, y me sirve para la novela
que estoy escribiendo donde un muchacho tímido pide ayuda porque no
quiere fajarse en la beca, no se tira pedos en la noche, no le gusta mentar
madres ni pajearse cuando las muchachas pasan por debajo de nuestro piso
y les miramos las pocas tetas que ahora enseñan. Roldán se ruboriza y me
pide el único libro sobre las estadísticas de la pelota que hay en la escuela,
lo tengo yo. Me lo robé de la biblioteca y ahora alardeo de las marcas de
Miñoso, Dihigo, el General Sagua y las bolas rompecostillas que lanzaba

---

[*]   Texto escrito especialmente para esta antología.

404

Braudilio Vinent, El Meteoro de La Maya. Le presto el libro, Roldán asiente y se aleja de nosotros, los pajizos de la beca. Roldán, el pobre, Roldán el rico. En algún lugar de la memoria los dejé a los dos: al chico y al libro. Pero casi veinte años después lo vi uniformado, con grados de capitán y monograma negro bordado sobre el bolsillo verdeolivo que decía Ministerio del Interior. Este tipo tiene que ser el tipo de la beca, le dije a uno de mis personajes. Pero no me creyeron y el tipo al que le perdí el nombre se apareció entonces con que se llama Roldán. Un tipo pobre que escupe y parpadea incesantemente y en la unidad policial en donde vamos a buscar al Pony le preguntamos a la mujer de la recepción y nos dice que lo van a soltar con una multa, que lo aconsejemos porque es muy joven para estar hablando esas mierdas del gobierno revolucionario y cuando la rubia tetona nos está dando el final del discurso, cuando parece que el uniforme azul le va a estallar sobre las tetas pulposas, se aparece Roldán y nos dice compañeros a todos y nos explica. Lo que dice nos entra por un oído y nos sale por el otro. Que ya estamos grandecitos, que esta vez es una multa y la próxima le vamos a partir los cojones y nos pregunta si escuchamos bien y decimos que sí. Todo el mundo dice que sí cuando un oficial se te para delante y te pregunta. Tú dices que sí, yo digo que sí, nos decimos todos. Nos parten los cojones, Pony, nos parten los cojones, Alberto, nos parten los cojones, María, nos parten los cojones a todos antes de que suelten al enano cabezón. Y sueltan al Pony, estrujado, con la boca partida, el pulóver de Pink Floyd hecho mierda, enviado desde New Jersey por su hermano mayor. Y nos vamos y entonces pasan como diez años y a mí me da tiempo a hacerme el escritor, o el comemierda y ponerme a publicar libros y a que me lo crean y no veo más a Roldán, o al que dice ser Roldán y abrir la puerta del auto y ofrecerme un aventón y virar en U en la carretera y parquear cerca de una zanja y prender un cigarro y hacerse entonces el tipo de la película, el que te recuerda a cada instante que te van a partir los cojones, en Cuba no te sancionan, eso no existe. En esta isla de mierda o te parten los cojones o te parten el culo, pero la justicia es tan cabrona que no necesita demostrar nada más allá de que tú eres el culpable. Lo hacen así: aprietan un botón, la maquinita echa a andar poco a poco, renqueante, hasta que se estabiliza y te piden que pongas el primer testículo, y ¡zas!, te lo aplastan. Te piden el segundo y... ¡zas!, te aplastan el otro, así debiera ser como te parten los cojones, pero lo hacen de otra forma. Se habrá creído Roldán que es el tipo de una novela de Milan Kundera y que yo soy el escritor de la novela que no terminé de leerme. Y me pregunta por qué me metí en esto de decir mentiras contra el gobierno. De primera y pata pienso que habla de mis libros y me enfrío. Algún soplón fue con el chisme de mi libro que está en la sala de ediciones ya y han descubierto una línea, una oración, un capítulo donde le paso cuentas a la sarta de mentiras que dicen en tv y se me arruina la impresión, la tirada fenomenal, la presentación de mi novela. Se me jodió la habitación del hotel donde me hospedaría para el evento de presentación de mi novela. Un escritor de provincias es un semidiós por setenta y dos horas, donde puede beber algo de alcohol, comer a gusto en el restaurante de tercera categoría y pescar una jevita, una de las advenedizas que siempre caen por los conciertos de rock, las tertulias literarias o las obras de teatro, siempre al salir del teatro y decir buenas y me gustó tu obra y terminar enredados antes de que concluyan las setenta y dos horas de morbo literario, de provincia rancia sobre las letras. Roldán me saca del letargo y me dice que me estoy entregando al enemigo y menciona la bandera de las barras y las estrellas y me pide nombres. Me pide que le diga quién va a subvencionar la obra que intento poner en un local clandestino, cuándo la empecé a escribir, qué editorial extranjera me la va a publicar. Deja caer que lo sabe todo. Lo sabe todo y escupe y parpadea como un niño atrofiado, pero no me pregunta por la novela que me encargaron y tenía trabada como en la página ciento setenta, y no sabe que es él la bujía que echó a andar esta maquinaria de escupir oraciones inconexas. Yo necesitaba un personaje que fuera más necio que los inventados por mí, que dijera otras sandeces para reírme hasta que apareció esta caricatura de oficial del G-2 vestido de civil, con camisa a cuadros, *jean* desgastado y un carné que blande como un sable. Saca el carné, al vuelo leo las letras DSE que aluden al órgano represivo que más miedo ha metido entre los cubanos y a mí, por primera vez, no me da nada. No siento nada, estoy como el pollito del cuento que se metió una raya de cocaína y empezó a decir que no sentía nada. A estas alturas del interrogatorio no siento ni las piernas, ni el corazón ni el salto en el estómago, yo no siento nada. El tipo que me interroga es un imbécil. El tipo que escribe es un imbécil, el lector que fui de Gustave Le Bon y su *Psicología de las multitudes...* también es un imbécil. Escribo esta novela bajo la idea tonta de que el chico que se perdió en Roldán no era un imbécil sino un resentido y tengo ganas de gritarle que soy yo, como si él no lo supiera o le hubieran extraviado mis señas personales en los archivos desguazados de la Seguridad del Estado. Entonces le hablo de Miñoso, le hablo de aquel jonrón de Lázaro Junco en el Latino. Le pregunto si no recuerda cuando Cuevas jugaba y La Habana quedaba muda. Pero el tipo que se robó mi libro de estadísticas está con la mente en blanco, intentando hacerme las preguntas que algún sesudo le dictó en las oficinas y no puede responderme ahora hasta que yo no responda las suyas. El dominó se traba, le digo que me abra la puerta del Lada ruso, que me estoy ahogando, que tengo ganas de vomitar, de cagar o de aplaudir o de las tres cosas a la vez y el tipo entonces me ruega que le diga algo. Se desploma, se desarma como personaje, pero se repone de su imagen de manos sudorosas, temblorosas, de su peste a grajo, reacciona, se recompone y ya es otro. Me grita, escupe por la ventana del automóvil, el escupitajo cae sobre la yerba calcinada por el mes de agosto. Y me doy cuenta de que Roldán sigue siendo aquel niño nervioso que hacía unas preguntas para no responderse otras. Yo estoy terminando mi novela y ningún editor me espera. Ya las muchachas no me esperan para que les firme libros y desnudarse, como una ofrenda a la mala literatura, a la mala vida que produce este país. Ese maldito cuerpo policial se ha inventado un agente con el nombre de Roldán, un tipo triste que ha perdido la memoria de los batazos y los *strikes* en los mejores estadios de la isla. Hace preguntas que nadie quiere responderle por temor o por ningunearlo y mejorarle la vida, y que se parezca más al tonto que nos gusta en la novela que al hijo de vecino que se pone un uniforme para meterle miedo a sus vecinos. Me bajo del auto y veo la carretera larga, como una cinta brillante donde se pierde el auto del personaje literario, un tipo triste que ha perdido la memoria haciendo las preguntas de un imbécil.

AHMEL ECHEVARRÍA

DESAYUNO[*]

Sonaron las campanadas de la medianoche en el alto reloj de madera y cristal. Parecían martillazos, el edificio estaba en silencio.

Cuando escuchó el ronroneo del motor del automóvil y los portazos, habían transcurrido poco más de diez minutos. A pesar del aviso —los esperaba, incluso sabía que la medianoche era la hora escogida por ellos para las visitas—, permanecía sentado. Sus dedos presionaban levemente las teclas de la vieja Remington.

En la máquina de escribir había un párrafo a medio terminar; sobre el escritorio, el resto del manuscrito —casi un centenar de cuartillas—; en la gaveta, su correspondencia.

Demorarían.

Algo demorarían, eran cuatro pisos; quizá despierten al encargado del edificio —puede que no sea necesario arrancarlo de su sueño, a fin de cuentas son profesionales; quien lo alertó de la visita, tras besarle los labios dijo: «siempre vamos preparados, un trabajo nunca es igual a otro, a veces conviene que nos vean, pero solo a veces».

En ese instante recordó aquel beso y su fresco aroma —*after shave* Nivea—, también el rostro, en la memoria la tibia y suave piel de las mejillas luego del rasurado...

Sí, incumpliría la promesa de llevarle a su esposa el desayuno a la cama y tomarlo juntos. «No será nada del otro mundo, mi galleguita —le dijo: café con leche, mantequilla, galletas, una taza de café».

---

[*] El texto pertenece al libro *Insomnio -the fight club (Letras Cubanas, 2015)*

¿Al menos tendría la oportunidad de volvérselo a prometer?

Se quitó la camisa.

Hizo un bulto con el manuscrito.

Y fue a la cocina.

Valoró cada rincón. Pensó utilizar la lata de galletas, o el estante, quizá el horno. Pero fue a la sala, hacia el alto reloj.

Creyó escuchar unos pasos, quizá la tos de alguien —eran ellos, a veces no tomaban demasiadas precauciones en las visitas; que los vieran o escucharan podía ser la variante de esta noche.

Cerró la portezuela que cubría los mecanismos del reloj.

Llamaron a la puerta.

Tosieron —sí, alguien había tosido en el pasillo—. Luego escuchó el susurro.

Regresó al cuarto. Su esposa dormía.

Escogió una camisa y se anudó los zapatos. Al girar el picaporte sintió el aroma del *after shave* Nivea.

ORLANDO LUIS PARDO LAZO

NADA DE «COMPAÑEROS»·

No son compañeros.

Y no nos atienden.

Esos «compañeros», que durante 25 años «atendieron» a Oswaldo Payá, por ejemplo, fueron los mismos que el 22 de julio de 2012, en una carretera remota de Cuba, cumplieron con la orden de asesinarlo a sangre fría, en un atentado concebido como una operación militar y de inteligencia, necesariamente autorizada al máximo nivel. Es decir, por Fidel Castro, Raúl Castro, y la jerarquía del Ministerio del Interior cubano (probablemente también por la del Ministerio de las Fuerzas Armadas Revolucionarias, pues hay indicios de que se usó un helicóptero militar para desplazar al cadáver de Payá desde el sitio real de su asesinato hacia el sitio del falso accidente de la versión oficial).

No sería de extrañar que para matar a Oswaldo Payá ese domingo, los verdugos que, justo hasta ese instante eran solo los «compañeros que lo atendían», usaran únicamente sus manos. Le partieron la nuca, acaso tras leerle su sentencia secreta de muerte, firmada en nombre de la dirección de la Revolución. Si Payá imploró indignamente por su vida, o si murió como un mártir más del comunismo mundial, es poco probable que lo sepamos nunca. Sus verdugos ya pueden, a su vez, haber sido ejecutados por otros compañeros que se dedican a atender a esos compañeros que nos atienden.

Así es que no son «compañeros». Nunca lo han sido.

Y mucho menos nos «atienden».

· Texto escrito especialmente para esta antología.

410

Nosotros para ellos no tenemos la menor importancia. Ni siquiera nos prestan mucha atención. Para ellos, nosotros somos apenas unos muertos que aún caminan.

El escritor cubano exiliado, Norberto Fuentes, lo relata tal cual en uno de los libros más repugnantes de la historia de la humanidad, *Dulces guerreros cubanos*. Norberto Fuentes le pregunta al coronel cubano (y asesino en serie paramilitar) Tony de la Guardia: «¿Qué sientes de una persona antes de ajusticiarla?». Y Tony de la Guardia le contesta, muy parco: «Que ya está muerto». Entonces Norberto Fuentes, que probablemente también sea cómplice de varios asesinatos políticos en Cuba y en el exilio cubano, parece desconcertarse ante la total falta de humanidad de su amigo Tony de la Guardia, y trata de que el coronel (y asesino en serie paramilitar) se explique mejor: «No, tú no me entiendes. Quiero saber qué piensas de lo que tienes que hacer, sobre este o aquel hombre en específico antes de ajusticiarlo». Pero Tony de la Guardia es un hombre de pocas palabras y muchos crímenes, como las Parcas: «Que ya están muertos».

Por eso mismo, en julio de 1989, los compañeros que atendían al compañero Tony de la Guardia decidieron fusilarlo a tiempo, para que sus muchos crímenes nunca fueran a convertirse en testimonio. Tony de la Guardia, también (por suerte para sus futuras víctimas que nunca lo fueron), ya estaba muerto mientras mataba a sus muertos caminantes.

Como muerto estaba yo antes en Cuba.

Como muertos estamos todos ahora en el exilio cubano.

El martes 24 de marzo de 2009 recibí la Citación Oficial, con sello y cuño del Ministerio del Interior de la República de Cuba. A la hora de la telenovela, sobre las diez y un poco de la noche hueca de Lawton, mi barrio natal en las afueras de La Habana, a donde nunca más volveré mientras me quede vida. Es una decisión personal, testamentaria.

La Citación era un pedacito de papelito barato, impreso con una impresora de cinta de las más antiguas, supongo. Mientras más despótico, más precario es el poder. En Cuba tampoco hacen falta grandes demostraciones de poderío: la gente sabe y siente dónde radica el mal, aunque lo ignoren.

Creo recordar que ni siquiera se trataba de la Citación original, sino de una segunda o tercera copia de papel carbón. La trajo un chiquillo en motocicleta. Dijo llamarse «Reinaldito». Desde el inicio estábamos, pues, en familia. La cosa quedaría así entre cubanos. Y aquí no ha pasado nada, compañeros. Se trataba apenas de un gesto, otro gesto más, de atención hacia mí. Los intelectuales cubanos de la Isla en ese sentido son muy privilegiados. Fuera de Cuba nadie les presta demasiada atención. Por eso se quejan tanto a cada rato. Por eso a cada rato les da un ataque de falta de protagonismo y entonces venden hasta el alma, con tal de que el Estado cubano les vuelva a prestar aunque sea un poquito de atención. Todos son a la postre tan repugnantes como dulces guerreros cubanos.

Reinaldito nos dijo a mi madre y a mí que no nos preocupáramos, que seguro se trataba de algún malentendido menor. Una cosa de rutina, con suerte. El horror en la Cuba de Castro siempre lo es: un error, una casualidad sin mala intención. Algo que «se les va de las manos» a «los compañeros que nos atienden». Por lo que, en consecuencia, ni ellos ni nadie tienen por qué sentirse culpables de la represión. Es más, si tú eres un académico norteamericano fascinado con Cuba, mucho menos tienes por qué sentir ningún dilema moral. ¡Aplaude y bien! Ay, y si eres de «origen cubano» (como dice el régimen de los Castros), por favor: ¿qué esperas para hacerte tu *selfie* sonriente en Casa de las Américas, el CENESEX, el ICAIC, la UPEC o la UNEAC?).

A todos los efectos, Reinaldito es un santo inocente, y lo digo sin ironías. A su edad es probable que desconozca de los encarcelamientos de manera arbitraria. O de las expatriaciones forzosas de cubanos. O de la muerte que se nos impone con absoluta impunidad. Ese no saber lo humaniza. A mí, ese sí saber me deshumanizó. Porque el daño que te desnuca la existencia es un daño anónimo, un daño casi apócrifo. Un daño que te haces tú mismo a ti, como al descuido. El daño (y espero que ningún intelectual cubano se atreva a estas alturas a contradecirme) nunca te lo hace la Revolución. Eres tú. Es el compañero que eres tú y que no sabe ni cómo atenderse a sí mismo. Te dañas. Pero ya irás aprendiendo a sanar, gracias a los Reinalditos que irán por ti. Hasta tu casa.

Y a los Arieles.

Porque el mío dijo llamarse Ariel. Supongo que por el clásico ensayo *Ariel* de José Enrique Rodó. Cuestiones de táctica a la hora del operativo. No usaba uniforme, pero dijo poseer los grados de mayor en la inteligencia militar cubana. No sé de qué carajos hablaba ese Ariel. Todavía hoy lo ignoro. Ariel García Pérez, si tomamos en cuenta los datos de la Citación para «ser entrevistado» que Reinaldito me llevó en su Suzuki de estreno la noche anterior. Hasta mi casa.

Fue al día siguiente. El miércoles 25 de marzo de 2009, a las tres de la tarde. En la estación policial de la calle Aguilera, en mi propio barrio de Lawton. No voy a hacer una transcripción de lo que hablamos esa tarde tremenda. En cualquier caso, hablamos demasiado. Con la muerte no se dialoga, pero eso lo aprendí unos meses más tarde, cuando los compañeros

412

que atienden la muerte fueron matando a los activistas de derechos humanos Orlando Zapata Tamayo (febrero 2010), Juan Wilfredo Soto García (mayo 2011), Laura Pollán Toledo (octubre 2011), Wilmar Villar Mendoza (enero 2012), Harold Cepero Escalante (julio 2012), y Oswaldo Payá Sardiñas (julio 2012). También al empresario chileno Roberto Baudrand Valdés (abril 2010). Esa es solo mi cronología personal. Hay muchos más en estos últimos años. No por gusto el padre (ex diplomático cubano) de la artista del *performance* Tania Bruguera así se lo advirtió en su momento: «Raúl no es Fidel; Raúl mata y después te avisa». (Me pregunto si el hecho de avisarte antes de matar hacía mejor o peor a Fidel).

Yo tenía miedo, sí, pero creo que fui valiente de sobra ante mi Ariel (un blancón trigueño de bigotico) y ante otra compañera que dijo llamarse Alina, una pelirroja pecosa que sí vestía el uniforme verde olivo del MININT, muy entallado, con su blusa de botones abiertos en el escote para que sus senos se asomaran a mí. No dejé de mirárselos nunca. Usé ese punto de mira como mi único punto fuerte durante la sesión. Ellos eran unos violadores. Y yo también era un violador. Seguíamos, pues, en familia.

No me retracté de nada durante el interrogatorio. No era una entrevista, para nada. Fui interrogado con todas las de la ley (al margen de toda ley). Fui dejado solo en una oficina, durante más de una hora. Y fui interrogado otra vez. Ariel no paraba de usar su celular (un modelo viejo). Tal vez me estaba grabando. Yo no pude entrar el mío a la estación policial. Tampoco lo hubiera entrado: era un iPhone con una tarjeta clandestina de Swisscom (regalo de la muchacha más linda de los cantones del mundo).

En un momento dado, por un detalle que Ariel y Alina deslizaron como al azar, me di cuenta de que habían entrado a mi correo Gmail. Lo habían leído todo. Incluso mi vocación de pornógrafo. No es que yo hubiera sido demasiado sagaz. Es que ellos me dieron la pista precisa, a ver si yo me daba cuenta de que habían entrado a mi correo Gmail. A ver cómo yo reaccionaba de saber que, en ese preciso instante, ellos todavía estaban metidos allí, leyendo a sus anchas.

Ariel y Alina se dieron cuenta de que yo me había dado cuenta. Notaron enseguida que estaban lidiando con un tipo inteligente. Lo cual fue mucho peor. Pues la inteligencia cubana siempre trata de captar la inteligencia de los cubanos. Y si no puede, entonces tiene el deber de destruir la inteligencia de ese cubano. Y si no puede, entonces tiene el deber de destruir a ese cubano.

Yo pasaría después por todas esas fases de la «atención», entre marzo del 2009 y marzo del 2013, cuando salí de Cuba para nunca volver (al menos mientras me alcance la vida para no volver).

A las cinco horas, me dio fatiga. Me trajeron agua. Me dio miedo beberla. No la bebí. Trataron de obligarme a firmar un Acta de Advertencia Oficial, en la cual yo mismo debía de incriminarme de estar en un estado de «peligrosidad predelictiva». Dicha Acta constituye, por cierto, un agravante a la hora de cualquier asunto penal. No la firmé. No por una cuestión de principios, sino porque a partir de cierto momento ya todo me daba igual. Me presionaron. Me paré para irme. Ariel me zarandeó con fuerzas y me tiró de vuelta a mi silla, a mi pupitre de pionero, a mi cepo.

Sentí ganas de llorar. Pero no lloré. En ese momento me dio por dejar de hablarles. Y, aunque fui arrestado después tres veces (noviembre 2009, marzo 2012, septiembre 2012), ya nunca les volví a dirigir la palabra a ninguno de esos tipos que están ante ti acaso para calibrar la fuerza que tendrán que hacer un día para desnucarte.

Entonces Ariel trajo a dos policías para que firmaran, como testigos, mi Acta de Advertencia Oficial. Dos negros descomunales. Los dos sonreían. Eran pasadas las ocho de la noche. Estábamos prácticamente a oscuras en el segundo piso de la estación de Aguilera. Sentí una soledad ancestral. Entendí que nadie podría hacer nada por mí en Cuba, ni en ninguna parte. Entendí que los cubanos estamos todos a la mala de Dios y la buena del Estado, en manos de esa compañía de criminales atentos: carroñeros que nos atienden y nos tienden trampas, hasta que un día quien se tiende entonces es nuestro cadáver, tendido en una funeraria sobre las cucarachas de ocasión y bajo la inevitable banderona cubana (ese «buitre cínico y odioso que exhibe las carroñas de su ruina», al decir del poeta José Manuel Poveda).

Ariel se calmó. Igual ya tenía lo suyo. Había cumplido bien con su primera misión respecto al caso de Orlando Luis Pardo Lazo, yo. En presencia de Alina y de los dos policías entonces me dijo, casi me susurró (tal como imagino a Tony de la Guardia respondiéndole a Norberto Fuentes): «No sé si dejarte en el calabozo esta noche. Contigo está pendiente otra conversación».

Trabajaba contra mi esperanza. O eso pensé. Yo ya me veía yéndome. Y de pronto él aún ponderaba si debía o no debía dejarme partir. Dependía de él, y de la cadena de mando de sus superiores. Para eso me atendían. Para eso nos atienden a todos, uno a uno, aunque tú te resistas a creerlo así.

Ariel se lo pensó mejor. Tuvo piedad de mí, como buen compañero al fin y al cabo. Ariel me miró. Me dijo: «Mírame». Levanté la vista del entreseno de Alina. Ella respiró aliviada (mi pequeña victoria de violador). Ariel me confesó, ya en familia: «¿Sabes lo que pasa? Que seguro tú no trajiste condones, así que mejor no te dejo dormir aquí».

Un mayor de la inteligencia militar cubana me estaba amenazando con una violación. Permítanme repetirlo tal como lo pensé en aquella oficinita en penumbras. Un mayor de la inteligencia militar cubana me estaba amenazando con partirme y bien partido mi culo.

Entendí entonces exactamente de qué había estado hablando durante cinco horas mi Ariel (Alina apenas asentía y tomaba notas, igual podía ser una estudiante en entrenamiento: mis disculpas, compañera). Ariel García Pérez, según su nombre completo consta en la Citación Oficial, me estaba haciendo partícipe de un privilegio: saber la verdad, ver la verdad, vivir en la verdad, que siempre será una especie de secreto de secta, un susurro exclusivamente entre los iniciados. Ahora yo era de ellos, uno más de la cofradía del terror cubano como una cosa natural, para nada orwelliana. De hecho, no hay nada más natural que el sexo anal, siendo la idea de que existe un sexo contranatura lo verdaderamente contranatural. De pequeño violador de Alina, yo pasé a ser el gran violado de Ariel. Calibán por culo. Como quien te pone de espaldas en cuatro patas pero enseguida se la piensa mejor. Y decide entonces partirte bien partida tu nuca.

Antes de esa escena de semen y misericordia, como la mayoría de mis colegas, yo sufría de infantilismo intelectual. De no ser por ese momento maravilloso donde la muerte emerge y se extingue hasta la última traza de idiotez idiomática, todavía yo les estaría diciendo al «compañero que me atiende» el «compañero que me atiende». Pero, por suerte, ya no más. Ni son compañeros. Ni nos atienden.

Solo los muertos que ya estamos muertos, podemos decirlo ahora de corazón:

Gracias, Ariel.

Gracias, Tony de la Guardia.

Yoss

MI COMISARIO DEL OTRO MAÑANA*

Para los 3 ó 4 esforzados agentes del «Aparato»
que desde finales de los 80
han intentado tenazmente reclutarme como informador.
Pero en especial para aquellos
que analizaron la idea y la desecharon como improcedente.
Muchas gracias, de todo corazón, por su realismo.

Lo primero que debo hacer es advertirte: esto no tienes que creértelo.

Y por tres buenas razones.

Primero: se dice que todos los cubanos mentimos. Que consideramos que la realidad es solo materia prima para inventar toda clase de historias interesantes en las que acabamos siendo personajes, ya protagónicos, ya secundarios, ya héroes, ya víctimas.

Segundo: se dice que todos los escritores también mentimos... solo que lo llamamos fabular. Y con eso nos ganamos la vida, además. O al menos nos morimos de hambre con cierta dignidad, que no es lo mismo ni se sufre igual.

Ya a estas alturas, por mi uso ¿sutil? del plural de la primera persona, habrás deducido que soy cubano y escritor. O sea: doblemente experto en meter tupes, en pocas palabras.

Pero aún hay un tercero: soy más bien triplemente experto. Porque escribo ciencia ficción. No te voy a poner aquí mi currículum... digamos que

---

* Este texto «fue escrito especialmente para esta antología, aunque previamente ya el autor llevaba algunos meses dándole vueltas a la idea».

he publicado dentro y fuera del país, que he ganado algunos premios y que soy más o menos conocido con mi seudónimo. Este, este mismo sí; Yoss.

Y si me vas a replicar que debe de ser porque no tengo mucha competencia, te recordaré que incluso ser el mejor timbalero polaco o el primer jugador de dominó de Papúa Nueva Guinea tiene su mérito...

Ah, y el que escriba a menudo de monstruos, imperios galácticos y crononautas no quiere en absoluto decir que me visite semanalmente Alien ni los marcianos, viaje en OVNI en vez de en almendrón ni pueda predecir el futuro, que conste.

Tampoco me han abducido nunca los hombrecitos grises ni soy capaz de viajar en el tiempo, valga la aclaración. Lamentablemente necesaria, me temo. Porque si a los autores de narrativa policiaca no les suelen preguntar (no en público, al menos) si ha robado algún diamante o matado a alguien recientemente, a los del fantástico sí que nos hacen a cada rato las interrogantes equivalentes...

Bueno, está hecho: ya te avisé ¿no? Y guerra avisada no mata soldado... error, no matará jefe, porque los soldados mueren igual. Avisados o no. Que para eso son soldados.

Pero no quiero irme por las ramas. No tan pronto, al menos.

El caso es que, ahora, si quieres, pero ya con conocimiento de causa, puedes seguir leyendo. El cuento en sí, que ya casi empiezo.

Porque, no lo olvides, esto es solo un cuento ¿no? Pura ficción. Que, ya sabes... no te debes tomar demasiado en serio. ¿OK?

En fin... está claro que todo el tiempo conté conque no ibas a hacerme caso y pasar a otra cosa, así que allá vamos.

&.

Primero, un poco de antecedentes y puesta en situación.

Todo empieza con... no, no te asustes, no voy a retrotraerme a la caída del muro de Berlín, al triunfo de la Revolución ni mucho menos al descubrimiento de Cuba ni al mucho más remoto Big Bang. No hace falta ir tan atrás. Que, además, deprime...

Por cierto: aunque lo de partir del triunfo de la Revolución podría tener posibilidades interesantes en este cuento en concreto, también sería muy largo. Así que solo necesitaré retrotraerme hasta el mes pasado.

Un jueves por la tarde, cuando acababa de terminar la primera versión de un artículo sobre ese tema ahora mismo tan polémico. El de si el uso de la bandera cubana y otros símbolos patrios por los ciudadanos de a pie, en ropa, videoclips y etc. es una falta de respeto a la Nación o no.

Me había quedado rebelde e iconoclasta el articulito, modestia aparte. En líneas generales, mi punto de vista era que la bandera, el himno, el escudo y hasta el tocororo y la mariposa nos pertenecen a todos los cubanos por igual, y que si algunos se sentían tan orgullosos de ellos como para lucirlos, por mí estaba bien. ¿No hacen lo mismo los británicos, los chinos, los norteamericanos y tanta gente de tantos países y nadie protesta tanto? Aunque yo mismo no me pondría ni muerto un *t-shirt* con una bandera, por cierto...

Lo que me parecía hasta más meritorio, incluso: ¿No es el de «No estoy de acuerdo con lo que haces o dices, pero defendería hasta la muerte tu derecho a hacerlo o decirlo» uno de los principios más claros de la democracia? Es palabra tan conflictiva en Cuba desde 1959...

Y de ahí ¡gran salto dialéctico! pasaba a alertar contra los falsos patriotas, que habían secuestrado símbolos como Martí, la bandera, el himno, y ahora pretendían negar su derecho a usarlos a todos los que no pensaran como ellos. Lo cual, claramente, era ya dictadura, al menos ideológicamene hablando...

Bueno, el caso es que, releyendo esa parte, me quedé un momentico pensando si no estaría apretando más de la cuenta. Y apuntando demasiado claramente el dedo hacia... ya saben. No se hagan los inocentes. Que cuando en Cuba se habla de dictadura, y ahora, todo el mundo sabe de cuál es... y no la de Batista ni la de Machado.

Reflexioné acto seguido si ser tan directo no sería a fin de cuentas un poco contraproducente. Como aquí se puede jugar con la cadena, pero sin tocar al mono... va y con ese dedo tan específicamente apuntado no me querrían publicar el trabajo (que sigo pensando que valía la pena, conste) no ya en *Juventud Rebelde* o *Granma* ¡ni soñar con que mi irreverente nombre apareciera en tan ortodoxamente oficialistas páginas! sino ni siquiera en *Cuba On, La Jiribilla* u otros sitios *web* presuntamente más abiertos al debate... al menos a ciertos debates muy controlados.

Así que, con dolor de mi alma, ya estaba marcando ese párrafo con el cursor para borrarlo cuando oí que me decían al lado del oído, bien clarito:

—No, Yoss, déjalo... si justo para eso vine a verte.

Carajo, qué susto.

Sería exagerado decir que me rajé el cráneo contra el techo del salto que metí. Pero solo porque aquí en el apartamentico de mi esposa, aunque esté bajito porque arriba está la barbacoa con los dos cuartos, lo que tenemos es un falso techo... así que lo que rajé fue una de las losetas de pladur que lo forman.

Shhh... mi mujer nunca lo supo. Al día siguiente de los hechos, como buen marido, fui a la ferretería y compré otra. Carísima, por supuesto. Pero puedo decir que tuve suerte: había del mismo tipo, y solo era una.

Pero no quiero perder el hilo, y eso fue luego, así que olviden esto también, que tampoco es tan importante.

Lo que de verdad cuenta es que ahí estaba yo, todo erizado y temblando de la impresión, en *short* y chancletas, sin camisa, con el pelo recogido en un moño... y frente a mí, aquel muchacho.

Sí, porque no tendría ni treinta años.

Dos detalles me llamaron la atención en él, además de su edad.

El primero, obviamente, era ¿qué coño estaba haciendo ahí?, ¿cómo había entrado?

Mi esposa, su hijo y yo vivimos en la calle Concordia. No, no se confundan, todavía es Plaza y El Vedado. Aunque ya sea zona fronteriza con Centro Habana. La entrada del edificio está junto a la de servicio del restaurante *El Biky*, ese complejo cooperativo que abrieron hace un par de años y que ya le da más dinero a los dueños que una mina de diamantes en el patio, aunque la comida no sea nada del otro mundo. Y aunque las de la panadería-dulcería atiendan a los clientes a la velocidad de un cobo cojo.

A nuestro apartamentico los socios le llaman La Torre, porque está en un tercer piso de puntal alto... no, más exactamente aaaaalto. Lo que equivale como a 5 plantas. Sin ascensor. Y como si fuera poco que la escalada, a quien no está acostumbrado, suele sacarle el bofe, tenemos dos rejas: una en la escalera, con puerta con llavín, y la otra arriba, con candado. No es tan fácil llegar, no.

Bueno, de acuerdo, cuando estoy en casa suelo dejar la de arriba sin candado. Pero, de todos modos, ¿cómo había logrado colarse aquel sujeto a través de la otra, la de la escalera? Mira que suena ese Yale cuando se abre y se cierra... uno de estos días voy a tener que aceitarlo. O no. Que a falta de alarma antirrobos...

A no ser (miré por la ventana) que el misterioso intruso fuera uno de los albañiles–alpinistas de la brigada de Sam el Rasta, que justo en estos días nos están resanando la fachada y cobrando por tal reparación una obscena cantidad de CUC...

Pero no; desde que el jueves pasado uno de los escaladores tocara por error con la punta de la bota los dos bornes del transformador de alta tensión y fuera a dar a Terapia Intensiva del Calixto García con quemaduras de tercer grado, Sam y los suyos no han vuelto por acá. Lo constaté con la miradita a ventanatraviesa: las cuerdas que usan para trabajar ni siquiera colgaban de las poleas y anclajes en la azotea.

¿Quién era el socito este, entonces? ¿Un ninja graduado por correspondencia o el primo tercero de Spiderman en el Caribe?

Aunque lo segundo que me llamó la atención fue que no vestía de negro con capucha ni tampoco con mallas de licra de colores, estilo Marvel o DC.

La ropa que llevaba no podía ser más normal: camisita de cuadros, o como las llamaba mi difunta abuela «de guinga». Muy común, de esas «tos tenemos». Por fuera del *jean* corte recto, ni tubo como los que usan los rockeros (usamos, aclaro ¡heavy metal forever!) ni de tiro largo y perneras cortas como los que sufren los reguetoneros. Para rematar, unos botines corte bajo con zíperes laterales bastante traqueteados.

Y ahí sí que se me salió la sonrisa, y por raro que parezca, me tranquilicé de golpe. Porque entre aquel casi uniforme que pretendía pasar por ropa de civil (fracasando miserablemente en el intento, ni qué decirse tiene), el peladito sin guara, medio militar, sin *mohawks* ni mechones de colores raros como se usan ahora, y la agenda negra que se pasaba nervioso de mano en mano, la verdad es que su imagen era prácticamente perfecta.

Seguro que hasta cinto llevaba, debajo de la camisa por fuera. Sin olvidarse de la Makárov reglamentaria metida en la cinturilla del pantalón, a la altura de los riñones. Y el carnet en el bolsillo, por supuesto.

¡Era un *cosplay* de seguroso! ¿Cómo no me había dado cuenta al primer vistazo?

Coño, eso sí era ser original… no veía un disfraz tan bueno desde que mi socio Alberto, que en paz descanse, se vistió aquella vez completico de gris y a todo el que le preguntaba le respondía que era un lunes…

Bah, tanto aguaje y tanta paranoia mía ¿para qué?… seguro que había dejado abierta la reja, abajo. Sí, eso debía de ser… y me había sacado la veta completica.

—Te la comiste con ese *cosplay*, chama —lo felicité, aunque con la voz todavía un poco temblorosa—. Disculpa el brinco, pero es que no te sentí llegar.

—¿*Cosplay*? No entiendo —me respondió él, mirando un tanto nervioso ora a su ropa, ora a la mía—. Cogí estas del almacén, se supone que no son anacrónicas. —Al fin clavó la vista en mi *short* y palideció de súbito—: ¡No me digas que ya se derritieron los polos! ¿No estamos en el 2017, entonces? El error no debía de ser de más de dos semanas…

—No entiendo ni papa de lo que dices, chama… pero siéntate, que debes de estar cansado de la subida —lo interrumpí—. Siéntate ahí en el sofá… no, hacia la otra esquina, ahí hay un muelle salido, tengo que traer a la gente que arregla colchones para que lo cambien, pero no es fácil que suban aquí, te imaginas ¿Quieres agua? —le ofrecí, hospitalario—. El refrigerador no enfría muy bien, pero tengo un pomo bien frío en el congelador...

—¿Agua? ¿Está potabilizada? —me preguntó él, y al ver mi expresión de desconcierto, agregó al punto—. ¿O por lo menos hervida? Si no, no, muchas gracias... no sé si mi flora intestinal y mis anticuerpos puedan lidiar con el agua de ustedes...

Vaya si estaba hablando raro. Ahí sí que le eché la primera mirada detenida. Pero detenida de verdad.

Y me di cuenta (lo que me preocupó un poco de nuevo, aunque no tanto como antes) de que sus ropas y calzado solo SE PARECÍAN a los del Seguroso Arquetípico.

El *jean*, por ejemplo, tenía un brillito negro metálico que decía claro que la tela de la que estaba hecho no era precisamente algodón. Y la camisa, aunque el estampado de cuadros fuera bastante normalito, también tenía ciertos bolsillos, hebillitas y detallitos así, fuera de pico. Sí, decía clarito YUMURÍ en el bolsillo derecho. Pero ya quisiera la Yumurí haber hecho camisas así, en sus mejores tiempos.

Y, para acabar, los botines... sí, eran como los de la fiana de los 80... pero tenían un brillito verdoso, de buen cuero, del que aquellos definitivamente carecían.

—Bueno, se ve que ya no es tan fácil conseguir ciertas prendas —pensé en voz alta, más para tranquilizarme y autoconvencerme que para que me oyera— pero igual el conjunto está bastante bien... en fin, ya mi nombre lo conoces, pero a ti ¿cómo te puedo decir, *bróder*?

—Yoss, lo siento, pero no puedo revelarte ese dato —me respondió, muy serio. E interiormente lo felicité por meterse tanto en su personaje ¡ese *cosplay* iba a causar sensación en el próximo encuentro de *otakus*! —. Pero puedes llamarme... Alejandro.

Ahí sí solté la carcajada.

—Mira, socio... bueno es lo bueno, pero no lo demasiado. Un consejo: ni Alejandro ni David ni Ernesto, ni siquiera Fernando ¿me captas? Todos esos ya están muy gastados. Ponte... no sé, podría ser Reinier, Rubén...

—Reinier, entonces —sonrió él—. Me gusta como suena. Oficial Reinier. Y qué bien que *En silencio ha tenido que ser* siga siendo tan popular... no tenía ese dato.

—Ni te lo creas; es que yo tengo memoria de elefante —repuse, aunque decidido a seguirle el juego—. Bien, entonces... comisario... agente... digo, oficial Reinier ¿a qué debo su visita? ¿En qué puedo ayudar a la Revolución?

Él casi resplandeció de puro satisfecho. De hecho, creo que hasta se le humedecieron los ojos. Tartamudeó, emocionado:

—Yo… muchas gracias… en el Centro me decían todos, empezando por mis superiores, que esta misión no tenía sentido, que sería un gasto inútil de energía, porque nadie me creería. Y que si me creían nadie se mostraría cooperativo… me alegra ver que no te juzgué mal… siempre dije que tenías que ser diferente de los demás… que tu ciencia ficción no era lo que parecía…

—¿El Centro? —inquirí, interesado, a la vez que bastante halagado por lo «diferente a los demás» ¡no voy a negarlo!—. Eh… ¿tú quieres decir Villa Marista?

-El-Cen-tro —repitió él las dos palabras, recalcando serio cada sílaba y mirándome a los ojos—, simplemente el Centro.

—Ok, Reinier… que sea el Centro simplemente, pues —me encogí de hombros—. Pero conste que ese misterio anónimo me parece tan estúpido como llamar a un perro, perro. O a nuestros aborígenes, que hasta el otro día eran siboneyes y taínos, cazadores-recolectores y agroalfareros. ¿Les dicen en México, Guatemala y Belice a los mayas «sacrificadores constructores de pirámides y comedores de maíz», acaso? No, ¿verdad? Entonces, creo que…

—Por favor, Yoss… no nos dispersemos —me interrumpió él, muy decidido—. No tenemos tiempo para eso…

—¿Qué? ¿Quieres un autógrafo, Reinier? —lo interrumpí yo a su vez, porque ya la situación empezaba a ponerse ligeramente incómoda—. Haber empezado por ahí… Todavía me quedan en alguna parte unos ejemplares de…

—No —dijo, con repentina decisión, pero tragando en seco como si resistiera a una gran tentación—. Gracias, pero no hace falta. Lo que quiero, lo que necesitamos, es que no quites ese párrafo… para empezar.

Eso sí me cogió desprevenido. Así que pregunté, como un pinareño:

—¿Qué párrafo?

—No te hagas el bobo, Yoss… que no te queda —dijo él, muy ufano, con la exacta actitud de perdonavidas típica de algunos oficiales de la Seguridad—. Ese que ibas a eliminar del artículo sobre el uso y abuso de los símbolos patrios que estabas escribiendo. Donde hablas de dictadura y falsos patriotas. Menos mal que llegué a tiempo…

La boca por poco me aplasta los dedos de los pies, de puro asombro… pero, de algún modo, logré contenerme y encontrar suficiente ánimo como para seguirle el juego. Con una sonrisa, y fingiéndome a la vez contrito y ofendido, es decir, exactamente como correspondía, pude articular:

—Lo siento, oficial… pero yo le garantizo que mis intenciones no eran dañar al proceso ni resultar ofensivo, solo provocar un poco…

—Y lo sabemos, Yoss, no te preocupes —me detuvo él, condescendiente—, hemos estudiado tu caso. Estamos conscientes de que crees sinceramente que un poco de debate es sano para la Revolución y su imagen, y que tu propósito solo era generar un sano intercambio de opiniones diversas. No en balde nunca has abandonado el país ¡aunque te han sobrado oportunidades en tus viajes! ni aceptado dinero o encargos de ninguna organización disidente. —Me miró a los ojos, como tratando de leer mis pensamientos—. Sí, te monitoreamos de cerca, y hace tiempo. Pero no te preocupes; no voy a ofrecerte unirte a nosotros. No esta vez y no de nuevo. Ya sabemos que no te interesa y respetamos tu decisión. Después de todo, quizás lo mejor sea que cada uno permanezca en su propia trinchera; la nuestra, la de las ideas; la tuya, la de las palabras.

Admito que aquel parlamento me impresionó. Se veía que había estudiado el papel a fondo. Dominaba perfectamente la jerga, la gestualidad, todo. En cualquier festival de *cosplays* todos los jueces le darían, sin dudarlo, el máximo de los puntos por interpretación... si solo hubiera un *anime* en el que apareciera gente de la Seguridad como personajes, aunque no fueran protagónicos...

Un momento ¿no hubo una temporada del manga *Golgo 13* en la que se insinuaba que el famoso asesino a sueldo internacional se había entrenado en los campos secretos del MININT, cerca de La Habana? O incluso que su nación de origen, siempre un misterio, no era otra que la mismísima Cuba...

—De todos modos, entiendo que te sorprenda mi visita —continuó Reinier, evidentemente confundiendo mi reflexión de *mangaka* con puro desconcierto—. Así que hablaré claro: necesitamos que sigas manteniendo ese tono de crítica juguetona, de señalamiento burlesco, que tan bien te queda, en tus escritos. Que no te dé ahora por tratar de congraciarte con la Revolución para publicar más...

—Igual nadie me lo iba a creer, a estas alturas, y con mi trayectoria —rezongué, sin entender muy bien por dónde venía ni cómo estaba enterado de lo que pensaba borrar de mi artículo sobre los símbolos patrios.

¿Llevaría mucho rato en la habitación, y lo habría leído por encima del hombro? Era la única posibilidad...

—Solo pensé que... bueno, podría aligerarle un poco el veneno —agregué, vacilante—. Para hacerlo de más fácil circulación. Aprovechar los órganos de difusión oficiales y todo eso, ya sabes...

—Mal, Yoss —me reconvino—, muy mal. ¿Y sabes por qué? Porque ya tenemos demasiados de esos corifeos políticamente correctos, que solo obedecen órdenes, hasta que ni ellos mismos creen en lo que publican...

—Sí, claro... —y pensé en *Cuba Sí*, en *La Pupila Insomne* y otros sitios y blogs por el estilo, independientes... en teoría—. Entonces ¿por qué los siguen publicando? —pregunté, realmente interesado por a dónde quería llegar con su razonamiento. Que me parecía, como mínimo, bastante enrevesado y paradójico.

—Ruido de fondo, sobre todo. Y porque tenemos que dar la impresión de que son una mayoría. —Se encogió de hombros él, a su vez—. O al menos eso creo... —Respiró profundamente y me miró a los ojos—. Pero el caso es que... no hay unanimidad en esa política. A muchos nos parece obsoleta, agotada. Incluso contraproducente. Así que estamos buscamos alternativas. Por eso una pequeña facción... unos cuantos dentro del Centro... creemos de corazón que más que 20 que tecleen exactamente lo que queremos, necesitamos dos o tres que escriban lo que piensan... siempre que no sean obviamente nuestros enemigos.

—O sea, que no publiquen con *El Nuevo Herald* ni reciban ayuda económica de la Embajada y la Fundación Cubano Americana como aguinaldo —pensé en voz alta.

—Ni estén con Yoani Sánchez, las Damas de Blanco ni El Sexto —añadió él, muy serio (¡qué clase de actor!)—. O sea... gente como tú. Independientes, quizás hasta algo incómodos, no voy a negarlo... pero... pero no...

—Pero no... abiertamente antagónicos —completé la idea, pensativo.

La verdad es que aquello, de pronto, se estaba poniendo serio. Muy serio. Incómoda y sospechosamente serio, incluso.

—Exacto, ¿ves cómo nos entendemos, Yoss? —aprobó mi visitante, muy orondo—. Tú eres un hombre inteligente. Nos hacen falta otros como tú: gente que a lo mejor no está de acuerdo con todo lo que hacemos, pero igual permanece aquí tratando de cambiar esto para mejor, aunque no sepa cómo. Porque todavía tienen fe en la Idea. Gente que, para citarte tus propias palabras, crean todavía que el socialismo es un buen guión, solo que nadie ha podido hacer una película a su altura teórica. Y no un enorme error histórico y un anacronismo del que Cuba debería deshacerse lo antes posible, como dicen los decepcionados. Gente que está convencida de que lo de por todos y para el bien de todos es, más que una simple cita martiana, un proyecto social con sentido verdadero. Que hay algo intrínsecamente injusto en que unos pocos lo tengan casi todo mientras que muchos apenas si tienen nada. Que no creen que lo mejor que podría pasarle a esta isla nuestra es convertirse en el estado 51 del ávido vecino del norte...

Y cada vez cogía más impulso; no sé por qué, me recordó a aquel dirigente de la FEU a principios de siglo, Hassan, al que algunos llamaban Metralleta y otros Talibán. Qué suerte que ya no se habla de él, por cierto...

Sí, ya tanta retórica me estaba llenando un poco la cachimba, así que decidí tirarlo a bonche de una vez y por todas:

—Entiendo… —fingí cavilar—. Criticar duro, pero sin saña. Señalar las manchas en el sol, pero sin cuestionar la existencia misma de la estrella. Creyendo que, si superamos esos pequeños defectos… llamémosles de dentición, el futuro nos pertenecerá definitivamente…

—¡A eso iba! —Los ojos de Reinier estaban nuevamente húmedos cuando me interrumpió de nuevo—. Yoss, no me has defraudado; sabía que no tardarías mucho en comprenderlo… a fin de cuentas, es lógico, porque tú escribes ciencia ficción. La literatura del mañana, ¿no? Y es precisamente eso lo que te hace distinto, especial, más valioso para nosotros…

—Espera, espera, que me perdí ese capítulo de la serie —lo atajé, ya un poco incómodo de tanta guataquería con lo de especial—. ¿Comprender qué cosa?

Me miró, emocionado, y se puso de pie lleno de teatralidad. Sí, ya se estaba pasando un poco, definitivamente… ¿qué vendría ahora?

—Lo siento —dijo, orgulloso—. Es culpa mía si no te lo dije antes… Yoss, mereces saberlo, claro, pero me dejé llevar un poco por mi entusiasmo. Pensé que ya habrías atado cabos, pero comprendo que incluso para ti debe de ser algo difícil de asimilar, que trasciende toda tu experiencia cotidiana. —Respiró profundo y me soltó de un tirón—. Soy del futuro. Exactamente del 2039. Acabamos de celebrar el 80 aniversario de la Revolución… más invicta y más victoriosa que nunca.

Coooñó. Esa sí que no me la esperaba. 80 aniversario de la Revolución, y la historia aún congelada en la mayor de las Antillas. Me estaba dando una dosis de mi propia medicina: viajes en el tiempo, distopías socialistas y todo.

Por supuesto, decidí seguirle el juego.

—Pues qué bueno saberlo —sonreí con fingido entusiasmo—. Y, si se puede preguntar: ¿Cómo va la economía? ¿La Libreta de Abastecimientos… ya es historia antigua? ¿Quitaron el bloqueo, otra vez tenemos ferris diarios Miami-Habana y todo eso? ¿Y también empezamos a pagar por las películas y series que pasábamos gratis por la TV, supongo? Porque no hay mal que por bien no venga, ya se sabe… ni solución a la que nosotros los cubanos no le encontremos un nuevo problema… es nuestra cruz desde el 59, imagino que ni ustedes lo negarán.

—Bueno, no puedo darte demasiados detalles, ya sabes, para no violar las leyes de la causalidad y todo eso. —Se hizo el importante, aunque los ojos le brillaban de pura ansiedad por decirme algo. Y no se aguantó—: Yo no te dije esto, Yoss, pero… entre los nuevos yacimientos de petróleo en la plataforma insular, el turismo norteamericano, que aumentó explosivamente desde Obama, y la economía de servicios, con alquiler de médicos y maestros a otros países... digamos que la cosa va bien. Incluso hemos empezado a modernizar el ejército, ¿te imaginas?

—Con tecnología rusa, supongo... —traté de sonsacarlo.

Y él asintió, encogiéndose de hombros como para quitarle importancia al asunto:

—Obvio... aunque ahora pagamos, como Venezuela. Incluso se está analizando eliminar el Servicio Militar Obligatorio... la verdad es que ya funcionaba más como fuerza de trabajo barata no especializada que otra cosa, y que la guerra moderna requiere soldados especialistas con una preparación y un nivel técnicos imposibles de adquirir en el breve plazo de dos años de un llamado o conscripción... creo que veremos a las FAR convertirse en ejército profesional antes de que termine la próxima década.

—Bien —aprobé su imaginación; de veras notable. Tremendo *worldbuilding*: petróleo, claro, como Venezuela. Y también fuerzas armadas profesionales, turismo yanqui al por mayor...

Lástima que no me lo creyera del todo: como decía el viejo chiste soviético, la Revolución podría triunfar incluso en el Sahara... solo que entonces pronto empezarían a importar arena.

La verdad es que el socialismo se mostró muy eficiente (bueno, es un decir; tampoco exageremos) a la hora de repartir la riqueza creada por el capitalismo que le precedió... pero pésimo a la hora de crear riqueza nueva.

Pero eso eran problemas de fondo. De hecho, me estaban entrando tremendas ganas de escribir un cuento, ¡quizás hasta una novela! con un tema similar: una Cuba con el socialismo recuperado, bien entrado el siglo XXI... tal vez con algo más de capitalismo y cuentapropistas, pero, definitivamente, unipartidista, con el PCC aún potente y hasta renovado en su membresía, no tan Geriatric Park como ahora, siempre frenando cualquier intento de elecciones realmente democráticas... algo así como *El torreón del cosmonauta*, del escocés Ken McLeod; o *Habana Underguater*, de mi socio y coterráneo Erick Mota. Ucronías ambas en la que la URSS ganaba la Guerra Fría, y llenas de... ¿cómo es que le dicen los alemanes a eso? *Ostalgy*; de *ost*, este, y nostalgia. Como el mundo que el personaje de Daniel Brühl trata de hacerle creer a su madre ultracomunista convaleciente del infarto en el filme *Goodbye, Lenin*, para que no le diera otro...

—Ya, entiendo que lo mejor es que no sepa demasiado sobre el futuro —asentí, pensativo—. Pero tengo otra duda... bueno, en realidad, se trata de la gran duda. ¿De verdad yo, mi persona, es tan importante para ese futuro?

426

—Mucho más de lo que crees, Yoss —me dijo Reinier, muy serio—, solo puedo revelarte esto: sin tus artículos, sin el desafío que representará tu particular visión crítica, nuestro Centro... no habría existido nunca —suspiró—. Porque nunca es más oscuro que antes del amanecer. Con el caos del calentamiento global, los años 20 fueron especialmente difíciles... cuando dejó de venir temporalmente el turismo se perdió casi toda la épica, la gente se metalizó, muchos de nuestros operativos incluso se pasaron al creciente sector cuentapropista... si hasta se llegó a hablar de disolvernos. ¡Imagínate, habría sido como disolver la KGB o la GRU, que catástrofe! Solo tus escritos nos mantuvieron en pie, nos dieron un motivo para seguir existiendo y luchando, como siempre lo hemos hecho, en la sombra...

—...y es que en silencio ha tenido que ser, porque hay cosas que para lograrlas han de andar ocultas —recité, casi solemne—. Bueno... puedo hacerlo, supongo —continué—. Eso de mantener alta y ardiendo la antorcha de la crítica constructiva, digo. Pero, y perdona si parezco un poco mercenario... resulta que la cosa, como bien sabrás si has estudiado un poquito la década, está mala de verdad en estos días... todo sigue subiendo de precio, aunque cada vez hay más ofertas, eso sí... Así que ¿qué es lo que gano yo con esto?

—Me decepcionas, Yoss —Reinier meneó la cabeza, pero sonriendo—, aunque debo admitir que no me sorprendes —suspiró—. No te mentiré; esperábamos que no fuese necesario, pero tomamos las disposiciones correspondientes para esto... después de todo, la entrega a la causa tiene sus límites: hasta Kim Philby pidió que le depositaran sus buenas decenas de miles de libras esterlinas en un banco suizo.

—Sí, la Orden de la Bandera Roja es muy honrosa y todo eso —ironicé, para demostrarle que conocía bien el caso del famoso agente doble del MI6 inglés— pero siempre hay que comer. Y en esta Cuba de hoy, con lo peor de ambos sistemas, salarios socialistas y precios capitalistas, los frijoles son carísimos. Por no mencionar la carne y los vegetales...

—De acuerdo, no se hable más, Judas... digo, Yoss —se burló él, jovial, sacando la billetera del bolsillo trasero de su *jean*—. Toma tus 30 denarios... para empezar. Dinero válido, de ahora. Y habrá 5 más de estos cada mes, si haces lo tuyo. —Me tendió el quinteto de billetes.

Los acepté, muy en mi personaje y... me les quedé mirando, estupefacto.

Los billetes eran de 5000 pesos. Dorados, y con el inconfundible busto del general venezolano Narciso López, con su uniforme deslumbrante de entorchados y chistera con marcial penacho. Y detrás, de fondo, la bandera. Nuestra bandera cubana oficial, la misma que él confeccionó junto a

Miguel Teurbe Tolón, Cirilo Villaverde, varios de los Iznaga y otros anexionistas para ondear sobre su intentona ¿anexionista? ¿libertadora? de la isla, en 1850.

Tenían presupuesto, estos jodedores. La farsa estaba bien pensada y mejor preparada, desde luego. Le sobraba lógica a que, en una Cuba en buenas relaciones a la vez con Estados Unidos y Venezuela, y con la galopante inflación que ni siquiera la doble moneda ha logrado paliar, el billete de mayor denominación lo exornara justamente la efigie del Gran Pirata, que incluso inspiró al yanqui William Walker su también fallida aventura en Nicaragua.

Pero lo que ya estaba más allá de toda lógica era la increíblemente detallada terminación de los billetes. Alcé uno, con manos temblorosas, para mirarlo al trasluz: Era perfecto… salvo por el hecho de que no debía existir. Tenía todo lo que un verdadero billete del Banco Central de Cuba: la marca de agua con la cara de Celia Sánchez, el hilo metálico, casi como…

… casi como si fuera auténtico. Como los otros cuatro.

Pero no podía ser. NO PODÍA. No podían, en 2017, por muy convincentes que parecieran, ser auténticos 5 billetes de 5000 pesos con la fecha de impresión 2014. No cuando el billete de más alta denominación que actualmente circula es el 1000, con la cara de Julio Antonio Mella. Aunque casi nunca se vea, claro…

Solté la carcajada. Se habían gastado su buen dinero con la bromita, tenía que admitirlo. De hecho, por un momento casi me habían convencido de que todo aquello…

—¡Bien, muy bien! —pude articular al fin, entre risas, palmeándole el hombro con confianza al atónito «oficial Reinier»—. Por poquito caigo ¿sabes? No estuvo nada mal, enredar al enredador… tiene mérito, sí. Oye ¿y dónde les imprimieron estos…? no sé sí si llamarlos facsímiles o cómo, porque, desde luego, no son falsificaciones, como no lo sería un billete de 6 dólares: ¡no puede falsificarse lo que no existe! Tremendo trabajito. Y bien pensado, de verdad que por unos segundos me lo creí… claro, si hubieran tenido la cara del difunto Comandante en Jefe, habría sido muy evidente. O hasta la de Hugo Chávez…

—¿Hugo Chávez Frías? ¿El presidente vitalicio de la hermana República Bolivariana de Venezuela? —Reinier me miró, atónito—. Y ¿el Comandante en Jefe? ¿Te refieres a… Fidel? Imposible, no se pueden poner en los billetes rostros de mandatarios vivos…

Hasta el final en su papel. Digno de elogio. Tuve que admirarlo.

Pero, todavía riendo, lo llevé hasta la computadora, cliqueé en mi versión *crackeada* de la Wikipedia 2017 y tecleé primero «Hugo Rafael Chávez Frías» y, acto seguido, «Fidel Alejandro Castro Ruz», comentando:

—Por cierto, qué ironía su muerte ¿no? Pasarse la vida luchando contra el capitalismo y morirse el *Black Friday*, que empiezan las rebajas de Navidad, el día más comercial del calendario entero...

Qué actor se perdió con el tal Reinier. Con dedos trémulos, manipuló el *mouse* para pasar rápido, primero, la biografía de Fidel, luego, la de su amigo Chávez, deteniéndose al fin solo para leer cuidadosamente todo lo relativo a sus muertes, como si tuviera noticia de ambos magnos fallecimientos por primera vez.

Al fin se levantó, demudado. Abrió y cerró la boca varias veces, como si quisiera decir algo, pero cada vez lo pensara mejor... hasta que al fin dio un puñetazo en la pared y estalló.

—¡Cojones, qué desastre... me cago en estos chinos! ¡Ni para hacer bien una máquina del tiempo se puede confiar en ellos! ¡Fidel muerto antes de cumplir los 120! ¡Y Chávez también! ¡Está claro que es un devenir alternativo... y vete ahora a encontrar el punto jombar en un verdadero cronoflujo caótico no evenemencial! ¡Me resingo en los putísimos clavos de...

Y sin terminar la frase, desapareció.

Sí, así mismo: desapareció.

No, no estoy exagerando, no soy narrativamente impreciso. No bajó corriendo las escaleras, no se tiró por la ventana, ni siquiera atravesó la pared o se fue volviendo transparente o esfumándose hasta dejar de estar en cuestión de segundos.

Y además, sin destello luminoso ni pop de aire desplazándose súbitamente para ocupar el espacio vacío, ni azufre como en las teleportaciones del X-men Nightwalker; sin ninguno de todos esos efectos espectaculares.

Simplemente, en un momento estaba ahí, y al siguiente ya no.

De hecho, como truco, en un filme de ciencia ficción, habría distado bastante de ser espectacular.

Pero igual yo me caí de culo. Literalmente.

❧

Así ocurrieron las cosas. O al menos así creo que sucedieron.

Han pasado semanas desde aquello, y ya no sé ni qué pensar.

Por supuesto, sé muy bien lo que es un punto jombar. Después de todo, escribo ciencia ficción ¿no?

Se trata del acontecimiento clave a partir del que divergen dos líneas temporales. Hay mil ejemplos: Julio Cesar no acude al Senado, no lo matan a puñaladas y se convierte en dictador vitalicio y Roma tampoco cae ante los godos. El kamikaze no sopla ni hunde a la flota invasora mongola de Kublai Khan y no hay medioevo samurái en Japón. Lenin muere antes de tomar el famoso vagón blindado hacia San Petersburgo y no hay Revolución de Octubre. Los nazis impiden el reembarque de Dunkerque, y con la mitad del ejército británico fuera de combate, poco después invaden Inglaterra en la famosa Operación León Marino. O nunca atacan a la URSS y se reparten el resto del mundo como hicieron con Polonia. Kennedy no se pone de acuerdo con Jruschov y la guerra atómica acaba con la civilización en octubre del 62…

Pero tampoco es tan sencillo, me temo: Reinier… o fuese el que fuera su verdadero nombre, dijo también muy claro «verdadero cronoflujo caótico no evenemencial». O sea que, al menos según lo entiendo yo, se trata de una historia no basada en acontecimientos clave de personajes destacados, que con ser cambiados ya cambiarían todo lo demás. Más parecida a la inexorabilidad histórica marxista, en fin.

Y antes también hablo de un devenir alternativo.

Así que ¿saben qué? tengo una teoría.

Loca y absurda, no podía ser de otro modo. Después de todo, escribo ciencia ficción ¿no? Tómenla o déjenla. Y si se les ocurre otra mejor, me escriben.

Mi teoría es que Reinier vino realmente del futuro. Aunque no de nuestro futuro, por cierto.

Vino de otro mañana. Ese en el que Fidel cumple los 120 años al frente de Cuba y Chávez sigue vivo en 2039, como presidente vitalicio de Venezuela. El futuro de una línea temporal en la que en 2014 se pusieron de veras en circulación billetes de 5000 pesos cubanos con el retrato de Narciso López.

Un devenir alternativo, en fin. ¿Lo captan?

Desde entonces, varias veces he pensado que lo soñé o inventé todo. Pero ahí mismo busco los 5 billetes de 5000 pesos que tengo dentro del volumen 1 de la novela *La compañía blanca*, de Arthur Conan Doyle, los miro, los toco… y dudo.

¿Y si no estoy tan loco como a veces creen? ¿Si todo ocurrió realmente? ¿Y si ese mundo donde el Comandante en Jefe aún gobierna con siglo y un quinto de edad, donde los entusiastas oficiales del Centro pueden viajar al pasado para estimular a los autores que escriben críticas mordaces contra el sistema, pero no malintencionadas ni disidentes… si todo eso existe de veras?

¿Será un sitio mejor o peor que este?

No quiero ni pensarlo. Aunque la Cuba de hoy está tan jodida que hasta me cuesta trabajo imaginar cómo podría ponerse peor, la verdad es que esa de la que con tanta habilidad Reinier me dejó adivinar ¿o inventarme? detalles tampoco parece precisamente el Paraíso Terrenal.

No, gracias.

Porque, ya sabemos… mejor malo conocido, ¿no?

De momento, conservo los 5 billetes dorados de Narciso López. 25000 pesos… 1000 cuc al cambio actual.

Por cierto, ¿por qué no me dio billetes cuc, el cabrón de Reinier?

¿Si será que ya en su 2014 habían unificado la moneda, librándose de los chavitos, carnavalitos o cupones, formas todas en que los hemos llamado burlonamente en estos años? Eso sí sería digno de verse…

Pero mejor ni especular. No tiene sentido.

Tampoco sé si volveré a ver a Reinier alguna vez. Pero me temo que no.

En cualquier caso, le deseo de todo corazón que haya conseguido regresar a su propio cronoflujo, en vez de quedarse atascado en algún devenir alternativo incluso más raro y desagradable que este. Que debe de haberlos.

No le guardo rencor. Me parece que creía sinceramente en lo que decía. En la Idea, la patria y todo eso, ya saben. Y que sus intenciones eran las mejores.

Aunque de buenas intenciones están empedrados los caminos del infierno, ya se sabe. Por lo que instituciones como la NKVD, la KGB y nuestro propio y abnegado G-2 deben de haber asfaltado, como mínimo, cientos de millas de red vial en los dominios del diablo.

Dicen que los cubanos somos únicos haciendo de la necesidad virtud, convirtiendo el revés en victoria. Al menos, de su visita me queda esta historia que ahora ofrezco a tu consideración.

Un cuento más. Que, ya sabes, como te advertí al principio, es pura ficción. Más aún, ciencia ficción, de la más vulgar y apenas literaria.

Así que no te la creas.

Pero, por si acaso… si notas que el calor aumenta de golpe, y oyes decir que los hielos del Ártico y la Antártida empiezan a derretirse… si te enteras de que van a poner en circulación billetes de 5000 pesos, avísame.

Después de todo, puede que sean dorados y con la cara de Narciso López, ¿no?

¡Soñar no cuesta nada, a fin de cuentas!

29 de mayo de 2017

Jorge Ferrer

EL CO. QUE ME ATIENDE[*]

Lo vio cuando volvía a su asiento en primera clase, avanzando despacio desde la cola del avión para estirar las piernas en el vuelo de Moscú a La Habana. En el 24C, anotó mentalmente, aunque sus muchachos podrían extraer ese dato de los archivos de los supervisores de la seguridad aérea sin demasiado esfuerzo. Habría que darle un buen escarmiento al insolente activista que se había atrevido a protestar la presencia de Víctor en el congreso. ¡Un congreso que pagaba de su propio bolsillo, coño! Conseguir su perfil genético. Pasarlo a los muchachos para que lo estudien con celo y le pongan un cerco que se vaya estrechando hasta conducirlo a la demencia o la muerte. «Hacer caer sobre él todo el peso de la ley», como solía decir su abuelo, medio en serio, medio en broma, cuando algún enfermero del sanatorio cometía una falta, por leve que esta fuera.

Una azafata de Aeroflot, tan monas ellas en sus trajes ceñidos —chaqueta con solapas finiseculares y falda de tubo, la hoz y el martillo primorosamente bordados en las mangas con hilo tan dorado como el futuro que nunca llegó—, lo invitó a sentarse. «Hay turbulencias», le explicó sin pestañear por encima de una sonrisa perfecta. Víctor pensó que parecía humana. «Al menos espero que el capitán no lo sea», se dijo.

La butaca reclinable tapizada con piel de toro, el cansancio acumulado en dos jornadas extenuantes en Moscú —el congreso; los negocios— y el generoso trago de güisqui que le sirvió la azafata, ya el segundo, lo noquearon. Con suerte, dormiría las cinco horas que demoraba el viaje sobre el océano.

---

[*] Texto escrito expresamente para esta antología

432

El empresario que había amasado una fortuna inmensa con la biotecnología y la reprogenética, el adalid de la robótica más puntera, el «zar de la vigilancia», como le llamaban admiradores y detractores, merecía un descanso.

La noche anterior Víctor había recibido la llamada que llevaba tiempo temiendo y cuya inminencia, que cada nueva visita a su abuelo prometía más urgente, intentaba ignorar como el reo ignora el verdadero peso de su condena, si quiere sobrevivir a la angustia y el calendario. Pero la llamada había llegado, su abuelo se moría y Víctor debía correr de vuelta a casa si quería ver al viejo con vida, porque su longevo cuerpo, cuya existencia habían prolongado terapias genéticas y trasplantes sucesivos hasta el límite que conocía la biomedicina en la cuarta década del siglo XXI, se rendía ya sin remedio.

El abuelo lo había sido todo para él. La temprana desaparición de su padre, muerto en una cacería cuando Víctor apenas contaba seis años, los dejó a su madre y a él en manos del hombre fuerte de la familia. Se mudaron a la residencia en las alturas de Kohly, una casona llena de guardias en la que su abuelo, vestido siempre de uniforme y con los galones que fueron sumando barras y estrellas hasta los de general, infundía un respeto reverencial. Una severidad que contrastaba con la enorme fragilidad de su madre y la acentuaba a los ojos del pequeño Víctor. La convivencia no se prolongó demasiado y tras uno de los ataques de nervios de la joven viuda, el abuelo la internó en Mazorra, donde el pequeño Víctor la visitaba siguiendo un estricto calendario estipulado por el general. Pero las visitas se fueron espaciando con el paso del tiempo hasta que un día le dijeron que ya no habría más. Víctor tenía un recuerdo bastante vago de aquella conversación, si es que llegó a merecer ese nombre: un par de frases admonitorias, un bofetón cuando las primeras lágrimas asomaron a sus ojos y las espaldas de su abuelo alejándose. Ya no volvió a ver a su madre jamás. Se perdió en el olvido, como sus perros y la bicicleta de carreras traída de Holanda que un año, al volver de las vacaciones, ya no estaba. Y nadie supo decir qué se hizo de ella. Ni importó demasiado. Su madre, lo mismo.

Fue su abuelo quien guió sus pasos por los derroteros profesionales de la vigilancia y el control, la biotecnología y la ciberseguridad. Todo ocurrió en forma tan natural como si Víctor hubiera estado predestinado para ello. Primero, los estudios de Ingeniería genética y Biotecnología en la Ciudad Universitaria de Pinar del Río; después, posgrados y sendas maestrías en Robótica y Poshumanidad aplicada en Shanghái y Bangalore. Allá se sintió atraído por la teoría de la *singularity* y el *big data*. El resto se lo regalaron la historia y su abuelo. La historia de su abuelo.

La conversión de Cuba en una nación más del Gran Caribe tras el generoso abandono del poder por la segunda generación de los Castro abrió el país a la normalidad anhelada durante siglos por unos pocos cubanos. La sucesión que se dio entonces de presidentes que se querían y parecían vitalicios hasta que dejaban de serlo pocos años después sumió al país en un caos controlado por las antiguas elites del Ejército y la Seguridad del Estado. Un caos que empobreció a muchos, pero hizo a otros inmensamente ricos. El abuelo de Víctor, ya entonces un hombre mayor pero en excelente forma física y mental, a la vez que dueño de todos los hilos del poder, no se achantó, ni tenía por qué.

El avión aterrizó a las seis de la mañana. Amanecía sobre La Habana, pero las cadenas de montaje de Calabazar, el polígono industrial ubicado junto al aeropuerto, trabajaban a pleno rendimiento. La producción de la nueva generación de androides para los batallones antimotines de todo el sur del continente americano avanzaba a pleno rendimiento. «Sabrosón V», el nuevo modelo, era una sofisticada joya represiva. Los rusos acababan de comprometerse a adquirir decenas de miles de unidades con las que enfrentar la invasión china de Siberia.

La avenida de Rancho Boyeros cruzaba las amplias zonas donde se hacinaban los obreros centroamericanos llegados en las primeras décadas del Nuevo Régimen, durante los años del caos. Expandidos por El Palmar y demás barrios al fondo de La Lisa, habían librado duros combates con los inmigrantes llegados del Oriente de la isla hasta repartirse los territorios en el mar de ciudadelas que rodeaba la capital, lejos de los barrios prósperos habitados por habaneros y expatriados venidos de medio mundo. Víctor conocía bien la situación de esos barrios, porque su compañía se había ocupado de instalar los sistemas de vigilancia en el muro que dividía los diferentes sectores de la ciudad: una compleja trama de cámaras, láseres, centros de control y monitorización y pelotones de rutilantes guardias encargados de la captura y el exterminio de los llamados DESAF, una terminología aportada por su abuelo. «Los desafectos», decía.

Víctor había pensado ir directamente al hospital desde el aeropuerto, pero cuando reparó en que el chofer había tomado el desvío que conducía a su casa en la urbanización Havana Forest, no se molestó en corregir el rumbo. Después del vuelo le sentaría bien una ducha.

El solícito androide que guardaba la entrada al complejo de lujo franqueó el paso al coche después de escanear el iris del chofer y percibir la presencia de Víctor, a quien no se atrevió a molestar con el trámite. Dos criadas esperaban al señor en la puerta de la residencia, un palacete de estilo neocriollo rodeado de frondosa vegetación. En la planta baja, una miríada de colibríes volaban entre cuadros de Tomás Sánchez, su debilidad de coleccionista, que cubrían los muros. Un mensaje de la Dra. Rocasolano hizo vibrar el teléfono, mientras subía la escalera: «El general ha recuperado la consciencia y pregunta por usted». «Dígale al abuelo que ya llego», ordenó Víctor a la nieta de la legendaria Siri.

En otros tiempos, Víctor no habría tenido que soportar estos momentos en soledad. Antes, la inminencia de la muerte del general habría atraído a miles de partidarios del Antiguo Régimen, a cientos de personas agradecidas, entre ellas a la mitad del gobierno, a prestarle apoyo y consuelo. En otros tiempos, desde Palacio estarían ofreciendo un funeral de Estado, la prensa estaría siguiendo al minuto la agonía del general.

Pero los tiempos habían cambiado. Y no sin la intervención del propio Víctor, por cierto. Fue en ocasión del centenario de su abuelo, cuando Víctor le preguntó qué quería de regalo y le propuso todo un rosario de golosas opciones. El general no se detuvo a sopesarlas, aun cuando un viaje a la Luna, algo que había dicho anhelar más de una vez, era una de ellas y Víctor había hecho todos los arreglos para que partiera sin dilación.

—Quiero que olviden, ese será mi presente —le pidió el general y Víctor no supo si el regalo era para él o para los otros. Y añadió—: Que lo olviden todo, que se crean que son algo distinto de lo que son, que fueron algo distinto de lo que fuimos…

Y Víctor los hizo olvidar. La inserción de recuerdos creados, de una memoria construida que modificara la relación de la gente con el pasado, fue fácil y trajo alivio, el dulce alivio que regala el olvido. Pero hubo un hombre que no se benefició. Uno solo. Él. Para Víctor, el proceso de administración del olvido al país entero significó la toma de consciencia de quién era su abuelo, el conocimiento del pasado del general, que era también su propio pasado.

Víctor salió de la ducha relajado y hambriento. La urgencia con que se sentía impelido al sanatorio había dado paso a una extraña paz, como si ya todo hubiera pasado, también la despedida. Aceptó el desayuno, mascó sin prisas unos brotes de caña de azúcar a la que décadas de afanes transgénicos habían coloreado de rojo y dotado de un intenso sabor a remolacha y se bebió un café mientras los huidizos colibríes se disputaban las migas de pan.

La relación de Víctor y su abuelo había ido cambiando con los años. La extraordinaria posición en la que Víctor se vio al terminar sus estudios, el despegue espectacular de sus empresas ayudado por contratos que parecían caídos del cielo y patentes arrancadas a la competencia como por arte de magia, lo ocuparon totalmente. Su escasa vida sentimental incluyó algunos amoríos de oficina, pero nunca pasaron de ahí. Víctor se reprochaba algunas veces no haber tenido descendencia. «¿De qué sirven los hijos y los nietos?», solía responder el general a sus lamentos, una reacción que a Víctor le resultaba tan graciosa como desconcertante. El general, por su parte, había ido replegándose año tras año. Ocupado en dos pasiones aparentemente excluyentes, la caza y la ganadería, parecía haber renunciado de una vez por todas a interesarse por la suerte del país.

Para un observador poco avisado, pues, el alejamiento se había producido de manera natural: Víctor absorbido por sus empresas y sus viajes; el general absorto en sus aficiones y protegido por un eficaz cortafuegos de criados y asistentes. Con todo, el nieto nunca dejó de tener un ojo encima de su abuelo. De preocuparse por su salud y su bienestar, de interesarse por su estado de ánimo y el entorno del que se rodeaba en la finca del Escambray. De interrogarlo sobre su día a día, vigilar sus rutinas, seguir sus comunicaciones con los médicos, controlar sus movimientos, reprender sus excesos en la comida o la caza, perseguir su estabilidad.

El sanatorio Nuevo San Junipero se alzaba en los antiguos terrenos de Playa Tarará, a veinticinco kilómetros de La Habana. El coche avanzó por la Vía Blanca entre los elegantes condominios de Alamar, alineados junto a la costa, y la moderna penitenciaría de Combinado del Este, cuya espectacular transformación fue uno de los primeros proyectos de Víctor. Fue esa, la cárcel más grande del mundo, que se extendía por las Colinas de Villarreal con un mar de torretas de vigilancia y una sucesión de inmensos panópticos, la que le granjeó el título de «zar de la vigilancia», que tantas puertas le abrió después.

Como siempre que pasaba por allí de camino a visitar a su abuelo, Víctor recordaba el día de su graduación, cuando el viejo le entregó un cofrecito con las simbólicas llaves de la penitenciaría gigante. «Esta será la piedra sobre la que se alzará tu iglesia», le dijo entre risas palmeándole la espalda y rodeado de sonrientes coroneles. Y añadió: «Es como si te diera las llaves de Cuba».

Víctor reconoció en la recepcionista del sanatorio a la hermana gemela de la azafata de Aeroflot. La Dra. Rocasolano, atildada y con gesto siempre afable, acudió enseguida a recibirlo y lo acompañó por el corredor acristalado mientras le daba el parte. Víctor le agradeció sus cuidados, prometió pasar a verla más tarde para arreglar los últimos detalles y avanzó solo hasta el apartamento que ocupaba el general al final del ala norte de las sofisticadas instalaciones.

Aun se detuvo un instante al final del pasillo para admirar la imagen que le devolvía el espejo. Pensó que su traje, hecho a medida en la mejor sastrería de la calle Muralla, iba muy a juego con el decorado retrofuturista del pasillo. Buscaba distraer su mente del momento que le esperaba vivir. Se preguntaba si la despedida de su abuelo significaría una liberación. Desde la celebración del centenario del general y su peculiar petición, ya Víctor no pudo volver a mirarlo de la misma manera. Ni a él, ni a sí mismo. Ahora sabía que su vida había sido siempre una reproducción de la vida del general, que había vivido siempre emulándolo sin saber qué emulaba exactamente, reproduciéndolo, perpetuándolo, sin saber qué reproducía, qué perpetuaba. Y aun sabiéndolo moribundo, su abuelo no dejaba de inspirarle el miedo de siempre y la aprensión que nació del conocimiento de su historia, de las fotografías, los testimonios, las acusaciones, las pruebas que fueron acumulándose en su mesa cuando se asomó al pasado para borrarlo en los demás. Le avergonzaba ser nieto del general, nieto del hombre que, como descubrió un día con horror, también fue conocido antaño como «zar de la vigilancia».

Allí, a un paso de entrar, oyó a la enfermera preguntar al anciano moribundo:

—¿Es su nieto quien viene a verlo?

Y también oyó la respuesta del viejo:

—No es mi nieto ya. Desde hace mucho tiempo, él es solo el compañero que me atiende.

Rafael Almanza

CONTROVERSIA CON EL COMPAÑERO QUE NOS ATIENDE[*]

El año 1987 yo cumplía treinta años, y lo celebré rompiendo con el socialismo: abandoné mi empleo en una mediocrísima Estación de Investigaciones de la Caña de Azúcar en Florida, Camagüey, donde intentaba fungir como economista investigador, en mi postrer esfuerzo por salvar a la economía nacional de la irracionalidad y el absurdo. Ya para esa fecha, la ingenuidad de mis ambiciones estaba más que confirmada, como también para el grupo de profesionales con los que me reunía. Pero pasarían otros tres años para que la limpieza mental fuera bastante. Jóvenes de fe natural, habíamos sido criados en un oscurantismo que calificaba el más mínimo ejercicio de la razón como traición a la patria que amábamos, incluso partiendo de la misma doctrina marxista, única de la cual teníamos un verdadero conocimiento por entonces. Yo tenía una ventaja con respecto a mis compañeros: me empleaba en la poesía. Y ellos me oían leer, estrofa tras estrofa, en cualquier calle, casa, ciudad de la provincia, esos versitos con los que parodiaba la poesía coloquial, estilo que en otras latitudes era cívico y que en Cuba se había convertido en la expresión oportuna, cómoda y cabal del totalitarismo, y con los que enjuiciaba nuestra realidad inmediata con despiadado humor. No tenía otra pretensión con esas estrofas sueltas, aparentemente inconexas, que darle salida a mi irritación y liberarme del miedo ambiente. Mis amigos me solicitaban una y otra vez la lectura, y se liberaban también.

A mí me molestaba un poco, y me sigue ocurriendo, que unos versos que para mí no contaban como literatura resultaran más interesantes para mis ca-

---

[*] Texto escrito especialmente para esta antología.

maradas que lo que yo creía, y aún creo, que es lo mejor que escribo. Pero finalmente decidí poner en limpio esos pedazos de papel que llevaba en la billetera para leerlos en cualquier parte. Por el año 90, cuando arreciaron las palizas contra los escritores y artistas que estaban haciendo lo suyo en todas partes del país, me decidí a estudiar kárate, sin la menor ilusión de poder enfrentar a esas bestias, pero al menos, decía yo, parar con un bloqueo digno el primer golpe. No aprendí nada, pero *Kempo, el camino del puño,* fue el título con que organicé las estrofas. Hubo que poner también unas notas a pie de página, para que algunos de mis compañeros entendieran mejor el poema, con lo que el texto se volvió intertextual, óptimo también para el consumo de los literatos. Como para la fecha el grupo de profesionales con los que me reunía —el poeta Carlos Sotuyo, profesor de Química en el Instituto Superior de Ciencias Agrícolas de Ciego de Ávila, los ingenieros Antonio Domínguez y Reynaldo Chinea, el ecologista Eudel Cepero y el economista José Luis Varona, entre otros en Camagüey y Ciego—, nos encontrábamos ya estrechamente vigilados y perseguidos, el día que supimos del golpe de estado contra Gorbachov en agosto de 1991, me introduje de noche en la filial camagüeyana de la Empresa Nacional de Proyectos Agropecuarios (ENPA), donde ahora trabajaba como informático, y transcribí en la computadora estatal, desde luego sin permiso, el *Kempo,* y además imprimí una copia que coloqué en el maletín que usaba por entonces. Al día siguiente, el narrador Daniel Morales entró en mi patio donde yo estaba quemando los originales del poema y me dijo que eso era inútil, pues yo era una celebridad y conmigo la Seguridad del Estado no se iba a meter.

El 9 de octubre de 1991 por la tarde, Daniel Morales fue detenido por la Seguridad del Estado, después de haber intentado liarse a golpes en la puerta de mi casa con el compañero que nos había atendido mucho, como protesta por el hecho de que me estaban metiendo en la patrullera y me llevaban detenido, después de un registro domiciliario de más de una hora. A eso de las diez de la mañana habían entrado en mi departamento de la ENPA, donde yo conversaba contra el gobierno con mi jefe Eudel, el compañero que nos atendía, Fredy Ruiz Estévez, siempre de civil, y un soldado con su indumentaria característica, justo en el momento —y habrá que creerme porque soy malo como narrador, pero está claro que nunca pondría semejante coincidencia ni en el peor melodrama—, en que la impresora mecánica sacaba la última página de mi poemario *El gran camino de la vida,* que incluía al *Kempo* en su mismísimo centro, pero como una página que decía: *Autocensurado.* Quise, en efecto, acompañar de inmediato a esos militares, pues mi maletín estaba además sobre el buró. Fredy miró el maletín y me sacó aprisa del departamento. A partir de ese momento empecé al fin a considerar al compañero que me atendía como uno de los míos, y mientras más pasa el tiempo y comprendo sus razones, más hermanado me siento a él, y más culpable por su destino, y si ustedes suponen que sigo a mis sesenta con un ánimo burlón, sepan que no se equivocan, pero por favor sigan leyendo.

Había tomado conciencia de la omnipresencia del compañero que ya nos atendía una tarde verano de 1988, cuando un amigo me arrastró a una fiestecita en la sede de la UNEAC en Camagüey. Yo no pertenecía a eso ni entonces ni después, pero el amigo, a quien yo trataba cariñosamente con el mote de Chambelán de la Corte, pues le pagaban por escribir libros áulicos que ni siquiera se publicaban, decía admirarme mucho y me cocinaba espaguetis con ese mismo dinero, de manera que accedí, a pesar de que la causa de la invitación era que el Presidente de la UNEAC, un violinista sin corchea, quería conocerme. Ya reían las lumbreras del local en sus sesiones de alcoholismo pagadas por el pueblo cuando me senté con el padre del amigo, que me dijo que yo sí era un poeta, pero que él, con sus décimas populares, no era sino un poetastro. Usted es un poeta astro, repliqué, piadoso. Inmediatamente alguien me puso la mano sobre el hombro y el violinista lo presentó como el compañero que los atendía. Cuántos elogios para mi libro *En torno al pensamiento económico de José Martí*, que había sido sacado de la editorial de Ciencias Sociales por el general Abrantes, Ministro del Interior, y no se sabía si iba a ser publicado. El compañero Fredy estaba en contra de su general pues afirmaba que el libro era un fenómeno y me iba a hacer muy famoso. Cómo es posible que yo no te conozca, repetía, convencido de tener el control total del enemigo, y que me tengan que informar desde arriba que existes. A partir de ese momento, Fredy me sometió al mismo gardeo a presión que a Daniel y a otros ciudadanos que no informábamos de nuestra existencia a la Seguridad, pero sí de lo que pensábamos a nuestros conciudadanos. Los detalles me los ahorro porque son comunes: abrazos en la calle, visita a domicilio con abrazos, saludos a la familia, abrazos, interrogatorios cada vez más punzantes, abrazos, advertencias, gestiones para ayudarte porque te han botado del trabajo, abrazos, firma para que puedas estudiar kárate en la Sociedad de Educación Patriótico Militar (con una sonrisa irónica adjunta), abrazos. Pero también, y esto no sé si es corriente, confesiones. Con otros se confesaba más, cierto. Que el hijo se había suicidado en el servicio militar, nunca me lo mencionó. Un día saliendo de mi casa, en la puerta, me espetó sin venir a cuento: te voy a decir una décima mía. Y la dijo. Yo hice un silencio, pero él ya sabía interpretar mi rostro. *Creíste que iba a ser muy mala, eh.* La décima no era poesía pero estaba bien construida. Sería un seguroso, pero yo respeto al poeta astro aunque no lo sea, si es popular. Mi silencio le encantó, y se fue.

Es así que el decimista ignoró el maletín. Sabía que yo andaba con el poema encima, porque se lo había informado a su tropa una aspirante a escritora avileña, en cuya casa yo ingenuamente había leído, a petición de ella, uno de los papelitos. Esta información (y mucha más que dejaba convertida a unos cuantos intelectuales camagüeyanos y avileños en una piara de chivatones) tuvieron que regalármela mientras estuve detenido, cuando me interrogaron sobre el *Kempo*. La escribidora mayorcita nos invitaba a Sotuyo y a mí a los hoteles, y pagaba ella, es decir, su amante de la Seguridad, según ella misma me vomitó. Conmigo su fantasía de Mata Hari socialista fue decisiva, pero ¿alguien me dará crédito si lo cuento todo? No, el asunto es que los segurosos avileños —pues las denuncias en mi contra venían más bien de La Habana y de Ciego, no de mi propia ciudad— lo sabían todo de nosotros en buena medida gracias a esta dama, y mientras perseguían a Carlos —que fue víctima de un mitin de repudio en la puerta de su casa poco tiempo después—, gritaban contra el agramontino que iba de visita a leerles unos versos escandalosos. Cuando, ya detenido en Villa María Luisa, el Centro de Operaciones de la Seguridad en Camagüey, saqué la billetera para entregarle el carnet de identidad al oficial detrás del buró, vi palidecer al compañero que hubiese querido en ese momento estar atendiendo a otro. Puse incluso la billetera sobre el buró, puesto que ya no había allí lo que buscaban. Pero Fredy, que sabía que yo era tan tonto como para leer un poema subversivo y gritar lo indebido en una habitación del hotel Camagüey delante de una prostituta, probablemente pensaba que yo estaba tan desesperado que había adquirido un ánimo suicida. Y eso no le convenía a él.

Pues no piense el lector que estoy armando la habitual narrativa UNEAC, según la cual los compañeros que nos atienden a los escritores y artistas son tan comprensivos y considerados porque se los escogen gays. Fredy era un cincuentón caucásico, rígido como todos los de su oficio, enérgico, hiperquinético. Nunca pude determinar si se movía tanto porque tenía muchas tareas extraordinarias y urgentes por cumplir, o si estaba huyendo de algo. Su dinamismo simulaba amenaza. No me consta que abusara de nadie, pero su oficio mismo era, y es, intolerable para cualquiera que tenga una idea del culto de los cubanos a la dignidad plena del hombre. Eso no se hace, simplemente. Y todo el que hace eso es caca, si no es un criminal. Fredy, como otros muchos revolucionarios, había sido capturado por una idea heroica de la vida, que le quedaba enorme, no solo porque no tenía mente de héroe, (pero sí sensibilidad de decimista), sino porque por su mismo oficio y orientación política no podía serlo. Su función era subordinarse a héroes violentísimos que no admitían competencia, no ser héroe él. Eso sí: su propia idea de la hombría limitaba su obediencia. Alguna vez nos pasó por enfrente un tipo de civil que lo saludó, y me dijo: *miren a mi compañero abstemio con esa camisa y con una botella: a mí no me gusta la actuación.* No se disfrazaba, y a veces casi parecía de mi bando. *Tú estás contra la Revolución, pero pase lo que pase yo siempre te voy a respetar. Porque los otros me mienten, mientras que tú me hablas claro.* Sí, paradójicamente, yo lo ayudaba con mi franqueza. La tropa de Abrantes había navegado en la calma chicha de los petrodólares soviéticos, con una situación interna que les permitía confesar, como le dijo uno de ellos a Sotuyo: *en otra época hemos cometido muchos excesos.* Estos acomodados moderados que pretendían, como me dijo Fredy textualmente, *superar el ojo seguroso*, no para controlar menos sino para controlar más fácil y mejor, llegaron a pensar y a actuar de una manera inteligente e impropia y fueron eliminados después del fusilamiento del contrabandista Ochoa, cuando los petrodólares se habían agotado definitivamente. Pero era difícil botar a Fredy. Lo habían elegido vanguardia, y hasta lo habían llevado de vacaciones a Hungría, por presumir de que la situación de la cultura camagüeyana era la de una total mansedumbre burocrática, de una inanidad dulcísima, la de los sumisos de la UNEAC, mientras en La Habana estallaba la insurrección de los artistas plásticos. Daniel y yo les habíamos perturbado el azul de la piscina. En 1990 incluso intentamos hacer, junto a otros intelectuales que ahora son Personajes de la Situación, una revista literaria independiente, que fue acusada de pornografía y desobediencia. Y de Ciego venía la insistente denuncia de un poetastro que leía horrores por las esquinas y manipulaba a sus amigos. Yo había leído además en 1990 mi poema «La Ceiba de la República», dedicado a Sotuyo, en el único recital que he hecho hasta el presente en un establecimiento público. A Fredy no le convenía que el *Kempo* fuese capturado. Pudo sorprenderme en cualquier lectura en privado o en la calle. Lo de «La Ceiba…» no le había gustado. Él quería tranquilidad para sobrevivir como Mayor: vivía con pobreza, lo que me consta porque sus inolvidables visitas me animaron a averiguar el edificio multifamiliar donde habitaba con su esposa en el reparto Jayamá y personarme ahí. No tenía rango para piscina, era evidente. Siempre dijo que había estado en contra de mi detención, lo que sonaba bien en los oídos UNEAC, pero estoy seguro de que en este caso decía la verdad, entre otras razones porque había llegado a conocerme y sabía que con esas finuras me perdían sin remedio, y se complicaba él. Y a mi juicio, los que ordenaron mi detención no se proponían otra cosa que asustarme (al día siguiente se inauguraba el Congreso del Partido, y detuvieron a muchísima gente). Si me dejaron encerrado tres días —los del Congreso— fue tal vez porque yo me conduje de una manera humorística e insultante —como si estuviese leyéndoles el *Kempo*—, y me negué a firmar el Acta de Advertencia con el arrepentimiento que me solicitaban. En 1993 y 1996 firmaría además sendas actas sin arrepentimiento alguno. Tres actas equivalían a Peligrosidad, y esto a tres años de cárcel sin juicio. Pero el escándalo de la detención tenía sus riesgos, y uno de ellos era que Fredy se había mostrado incapaz de contener una protesta interprovincial de profesionales respetados y carismáticos, que exhibían además todo el arco político de la izquierda a la derecha en un clima de diálogo, debate y colaboración. Aunque nunca nos reunimos todos formalmente, imitábamos la Asamblea de Guáimaro. Demasiada realidad para estos represores de la realidad. Había que botar el sofá. Un sobreviviente de la época Abrantes estaba a punto de ser lanzado al *nowhere*.

Mientras en Villa María Luisa el compañero que me atendía se inquietaba con un interrogatorio de cinco horas que podía costarle más caro a él que a mí, como hijos de Guáimaro mis hermanos se lanzaron a salvar el *Kempo*. Eudel notó de inmediato el peligro del maletín. Relata Antonio Domínguez, a quien he consultado ahora: *Entre Chinea y Eudel, y probablemente José Luis Varona también, recogieron todos los papeles de Almanza de la oficina. Nosotros sabíamos que el poema* Kempo *estaba allí, porque Almanza estaba haciéndole una revisión, estaba en uno de los discos y también en papel*. Tony dirigía el Joven Club de Computación de Camagüey, a donde íbamos todos por falta de máquinas, incluyendo Chinea, compañero nuestro en la ENPA y gran amigo de Tony. El *Kempo* podía ser el cuerpo del delito de Propaganda Enemiga por el que estaba detenido. *Eudel fue al club donde yo trabajaba y me avisó de que Almanza estaba preso en la Seguridad del Estado. Si no recuerdo mal fue en la tarde. Eudel le entregó todos los documentos y los discos a Chinea y luego Chinea y yo fuimos a ver al viejito Abel, el sereno del Club, en quien teníamos toda confianza, Abel se llevó todo a su casa y lo conservó durante todo el tiempo que necesitamos.* Como sacado de la narrativa de Daniel Morales, un Abel, a quien conocí como persona exquisita pero que solo ahora sé que fue quien escondió mis textos, no solo el *Kempo* sino hasta mis diarios de adolescencia, nos ayudó en el momento que nuestros compatriotas se comportaban como caínes. Téngase en cuenta que a nuestro amigo el poeta avileño Reynaldo Hernández Soto le habían quitado sus textos y no se los devolvieron jamás. Y no había otras copias del *Kempo* sino las que estaban en el maletín, en papel y en discos. Nunca hubiera podido reconstruir un poema tan extenso y complicado. *Cuando soltaron a Almanza fuimos a verlo y medio que en clave le dijimos que* Kempo *estaba a salvo y en buenas manos. Él no supo quién fue la persona que lo guardó. Hasta en casa de Almanza hablamos con cuidado en esos días por si habían puesto micrófonos.* Sí, nos soltaron a Daniel y a mí y luego me llevaron ante el Consejo de Dirección de la ENPA, en donde Fredy, siempre acompañado por otro oficial, me gritó: *si sigues hablando mierda te vamos a destruir*. Los miembros del Consejo estaban espantados; yo miraba con más lástima que temor al Fredy, a quien por primera vez veía en un *performance* y de veras con escasa capacidad histriónica. Unos días después me lo encontré en la Avenida de la Caridad, y aunque me negué a conversar con él tuvo tiempo de decirme que él había estado en contra de mi detención. Hablaba firme como de costumbre pero estaba desencajado. Recordé que me había dicho que tenía problemas renales. Yo siempre he sido hipertenso, pero entonces estaba atlético. Aún, gracias a Dios, estoy vivo. Mi hermana vio años después a Fredy en una cola del pan en Jayamá, aislado de todos, cabizbajo, destruido.

Y ahí es donde comienza la leyenda del compañero que nos atendía. No lo vimos más. Otros personajes le sustituyeron. Para nada quiero dar a entender que el asunto con Daniel y conmigo fue la causa de su desaparición. De todas maneras lo iban a tronar, el nuevo grupo necesitaba su propia gente. Por otro lado, el país se hundía en la desesperación del llamado Período Especial y los jóvenes de la plástica citadina empezaban a sublevarse y hasta amenazaron ir con carteles a Villa María Luisa si no nos soltaban. El hecho es que no vimos más a Fredy y comenzaron las evaluaciones populares. Nunca manifesté odio contra esta persona. Caucásico como yo, lo veía como un hijo de guajiros como yo, que debía andar cantando décimas por los montes, en compañía de Samuel Feijóo y de Rafael Almanza, y no participando de la represión de las libertades de Guáimaro, que le hubieran permitido vivir su propia vida y cantar lo que le diera la gana, en aras de un proyecto político que lo había condenado a la pobreza, a perder a su hijo por suicidio y a ganarse el repudio de sus mejores conciudadanos. Ahora me duele no haber hablado por última vez con él en la Caridad, pero me negué por honor y porque lo vi como un cobarde, incapaz de oponerse a un abuso que yo sabía que su concepto masculino de la vida no podía tolerar. ¿O sí se opuso, pero solo ante sus colegas? Me queda la duda. La leyenda incluye el rumor de que fue finalmente expulsado de la Seguridad cuando lo encontraron blanqueando expedientes de los opositores. Al parecer, eliminaba documentos, pruebas, cuando ya sabía que le quedaba poco. Es muy improbable que alguna vez sepamos si es la verdad o no, aunque deberíamos averiguarla, y hasta es posible que sea el invento de alguien que quiere mejorar su imagen o se niega a considerar que era un hombre bajo, o lo jubilaron por enfermedad o por incapacidad para reprimir, pero lo interesante de esta leyenda es que resulta creíble para aquellas personas a las que molestó. Cuando en la escuela me decían que Cristo no era sino una leyenda, yo pensaba: el problema es que es una leyenda. Una hilera interminable de mártires cristianos durante dos milenios mantiene la increíble leyenda. Creemos en el Bien. Creemos que

Fredy pudo haberles dicho que detener a Almanza y a Morales era una estupidez, y *una mariconá*. Creemos que blanqueó los expedientes creados por él mismo, para que su sustituto no usara sus posibles maldades o investigaciones certeras en contra de esas personas a las que no odiaba. Creemos todo eso porque nunca le tuvimos odio y porque algo en esa persona era valioso, el escritor de las décimas se imponía al soldado, por mucho que él se esforzara en reprimirlas. Él no lograba reprimir con eficacia porque él mismo reprimía lo mejor de sí, las décimas y las críticas que le acudían a la garganta, y tal vez ya se había dado cuenta, demasiado tarde, que había perdido lo mejor de sí mismo. Hace unos años caminaba yo por el estadio de béisbol y se me adelantó un joven que me dijo: ¿No me conoce? Me puse en guardia pues esta es una frase típica: hay que conocerlos para temerlos. *Yo fui de allá*. Y señaló hacia Villa María Luisa. *Esa gente es una mierda*. Y siguió a toda velocidad. Nunca más lo he visto. ¿Cuántos oficiales de la Seguridad no se encuentran en un caso similar? ¿Cuántos de ellos no escuchan los argumentos de los opositores, con plena conciencia de que eso mismo es lo que ellos les dicen bajito a sus mujeres en la cama, o lo que murmuran en el baño? ¿Cuánta gente puede salvarse, como este joven, de la traición al culto de los cubanos a la dignidad plena del hombre, en la que están eliminando para siempre su propia dignidad personal, y comprometiendo su futuro y el de sus familias con juicios y castigos que saben inevitables? ¿Será posible, Cristo, que esto continúe por décadas y décadas, como si la patria de Varela y de Martí no fuese, como me decía hace poco un cubano de dieciséis años que regresaba a Alemania, no otra basura que el País del Diablo?

Doy gracias a Dios que Fredy no haya agarrado el maletín, por nosotros y por él. Doy gracias a Dios por mis compañeros de toda la vida, el Grupo Homagno, que me mantiene como un hombre pobre pero libre entre cederistas, y ha creado la editorial que ha impreso mis poemas en libro, incluyendo el *Kempo*. Narra Domínguez en la misma carta: *algunos años después y viviendo yo en Miami, adonde fui con mi familia, trabajamos Sotuyo y yo en la edición del libro de poesías que lleva ese nombre de* El gran camino de la vida, *y en la sección que correspondía al* Kempo, *Almanza había puesto un título que decía «Autocensurado», por acá comprendimos y respetamos esa decisión de Almanza pues él es el que queda en Cuba y puede ser muy peligroso para él publicar el poema. Probablemente fue después de una conversación de Almanza con Sotuyo que Almanza decidió poner el poema completo sin censura en el libro. Y el libro perfecto con el poema.* Sí, la editorial Homagno había publicado el libro íntegro, como puede verse en nuestra página web www.homagno.com. Pero yo no lo tenía. Viajó Sotuyo de Miami a Camagüey, y en el aeropuerto otro compañero que nos atiende lo dejó para el final de la cola y lo interrogó y registró con exhaustividad. Bueno, no tanto. Obvió un bolsillo de una mochila, en donde estaban dos ejemplares de *El gran camino de la vida*. Luego el poema ha continuado teniendo una utilidad para las nuevas generaciones. El poeta José Rey Echenique, ahora en el exilio, escribió un comentario muy elogioso hace unos años. El documentalista Eliecer Jiménez ha defendido con pasión este poema en Cuba y en los Estados Unidos, y me pidió grabar el final del texto en mi propia voz para terminar su *Persona*, uno de los documentales más importantes de la cinematografía nacional. Ya sé que el socialismo va a desaparecer y con él la utilidad del poema, pero la literatura existe para servir, a veces en forma permanente, pero a menudo de manera puntual; y lo que puede darle algo más a este texto, trascendiendo su valor testimonial o de arqueología literaria, es precisamente la fábula que mis hermanos han creado defendiéndolo. A todos les estoy agradecido; pero esta aguerrida comunión de mis compatriotas en torno de la verdad y de la poesía es mucho más que un motivo de agradecimiento, es la certeza de que Cuba vive, aunque no se la vea, de que seguimos juntos luchando con nuestros Poderes de Dios para que nuestra patria alcance la dignidad de Guáimaro y de Dos Ríos en todos los tiempos. Ese abrazo alcanza a Fredy, mi hermano, donde esté:

> *Yo soy Fredy Ruiz Estévez*
> *Decimista popular:*
> *Almanza quiere salvar*
> *Mis octosílabos leves.*
> *¡Mira bien, que si te atreves*
> *A ser libre y soberano*
> *Por el fuero ciudadano*
> *De la dignidad y el canto,*
> *Nunca he tenido quebranto:*
> *Yo soy, también, un cubano!*

A petición de Eliecer Jiménez y Enrique Del Risco, Camagüey, junio de 2017.

NESTOR DÍAZ DE VILLEGAS

CARGARÉ CON LA CRUZ DEL COMPAÑERO[*]

1.

Hace muchísimos años que dejé atrás al compañero que me atendió. Lo vi una última vez en una terminal de ómnibus, cinco años después de que me interrogara en su despacho subterráneo de la Seguridad del Estado, y creo que le dije entonces que me iba de Cuba. Me felicitó, y apretó el paso, encaminándose a la puerta de salida. Era un guajiro rubicundo, de ojos claros, típico paisano de mi región, lo que en Estados Unidos se llama un *redneck*.

Lo contemplé de lejos: avanzaba con andar torpe, iba cerrado de verde en el sofocante verano cienfueguero. Era joven, afable y fumaba *Vegueros*. Varias veces, durante los interrogatorios, me ofreció uno, quizás con la esperanza de estimular mi confesión. Yo no tenía nada que confesar, pero su trabajo exigía que me extrajera un secreto. Se lo repetí hasta la náusea: nada que confesar. Estábamos, ambos, atrapados en una ratonera con aire frío, su despacho en los sótanos del G-2.

Éramos iguales. Mi padre, el militante, había luchado —sin saberlo, desgraciadamente— por *este* igualitarismo. ¡Menuda sorpresa! Ahora estábamos todos presos: mi padre, él y yo. Fumábamos *Vegueros*. Yo llevaba un overol amarillo, y el compañero que me atendía, igual que mi padre, un uniforme verdeolivo profusamente almidonado. Mucho después de que yo saliera de sus sótanos y continuara mi rumbo por cárceles y vivaques, él tendría que regresar a su celda, cada día.

---

[*] Texto escrito especialmente para esta antología.

Transcurrieron cinco años.

Ahora nos tropezábamos otra vez: el compañero corría a alcanzar el ómnibus de Santa Clara, que lo llevaría (quedó sobreentendido) a la carretera de Camajuaní, donde estaba la sede del G-2; yo, de vuelta a mi casa luego de una semana de trámites migratorios en la capital, a punto de largarme del país. No recuerdo su nombre. No creo que fuera mala gente. Sé que nunca sentí odio por él. Le conté lo de mi salida para joderlo. ¡Para que viera las vueltas que...!

2.

Según he envejecido, así ha avejentado el compañero que me atiende. Me siguió dondequiera que fui. Viaja conmigo siempre. El profe que está sentado del otro lado de una mesa del comedor de una universidad americana, sonríe. Tiene la misma expresión inquisitiva.

Hela aquí, otra vez, la certeza inconmovible, la convicción cuasirreligiosa. Su ropa cuenta la consabida historia de falsa modestia, de recato militante (¿no es cualquier uniforme la expresión de la entrega a la causa de moda?), también una historia de rebajas, no comerciales, sino espirituales, el deseo de ser menos, de creerse menos —y hacérselo creer a los otros.

Tenía que estar en lo cierto, pues, durante generaciones, las de sus antepasados rusos arribados a Ellis Island con un atado de ropa y una copia del *Manifiesto*, la lucha de clases, el destino del pueblo, la conciencia del proletariado habían sido las constantes de su medio. Sindicalistas, estajanovistas, humanistas, filántropos, progresistas, fundadores de gremios, de cátedras, de uniones obreras. Orgullosos de su misión, de su tarea.

Estaba enfrentado a mi enemigo, y era un hombre bueno.

Me quedé callado. Resultaba peligroso debatirlo, podía denunciarme, embarrar mi imagen en este *college* donde yo había venido a pasar una temporada. Por aquel entonces, no comprendía la existencia de un personaje como él, atrincherado en el sistema de permanencia docente, encuevado en su despacho, esas mazmorras para alimañas de biblioteca.

¿Quién era yo? Un simple obrero, un cargador de cajas en los almacenes del este de Hialeah, un empleado de quincalla en el Miami de los 80, un operario de montacargas, jornalero en las maquiladoras de Vernon, un empalmador de cabillas en el bachiplán de Ariza, un hombre de acción venido al mundo en el crepúsculo del socialismo. Uno que creía estar de vuelta de todo.

«¡Yo soy el materialismo histórico encarnado, so imbécil! —quería gritarle—. ¡Atrévete a tocarme, y tus argumentos se desvanecerán en el aire!».

Había un método en su ignorancia, pero mi iluminación era contrasistemática. Personas como él, no muy distintas a él, salidas de las cloacas, de los oscuros rincones de la ciudad, de aulas, cenáculos, bufetes colectivos y rectorías, eran los responsables de la desgracia que le había caído a mi país. Del gran derrumbe. En cuanto a mí: era el porvenir. Podía mirarlo a él, a toda su calaña, en una bola de cristal. Sabía lo que venía. Pero mis razones sonaban cada vez más a metafísica barata.

Veo que no me cree, y prosigo. Alguien como él, algún día, en ese porvenir luminoso, vendría por él. Se ríe de mis metáforas. ¿Qué puedo saber yo de este país, de sus tradiciones, de su política? ¡Esas cosas no pueden suceder aquí! No me atrevo a anunciarle que toda su dedicación, todo su esfuerzo, no estaban encaminados al triunfo, ni siquiera al más enclenque mejoramiento humano, sino al desastre, la ruina y la decepción. ¡Yo era un experto en victorias!

Y aunque no lo supiera aún, sus padres, sus tíos, sus abuelos trotskistas, y la puñetera madre rusa que lo parió no habían sido más que oscurantistas, brujeros, retrógrados, reaccionarios. ¡Yo era la luz del mundo! Estaba entre ellos, entre los doctores, pero no me reconocían.

Sonaba como un iluminado, porque lo era.

Se me quedó mirando. Supe que nuestra charla sería reportada a las autoridades, al preboste, al oficial de corrección política. Ya lo dijo el hereje: «En cualquier sitio y época en que hagas o en que sufras la Historia, siempre estará acechándote...» No un poema peligroso, Heberto, no un poema cualquiera... ¡este poema! ¡Este idilio!

Todo está dicho ya, insisto, y el comedor se vuelve de pronto una mazmorra. El rostro del compañero que me atiende cambia, se retuerce, da muestras de fatiga o de espanto, como si hubiera descubierto de pronto quién era yo *realmente*. Unas llamitas se enroscan en mis piernas, lamen mis botas, un fuego fatuo, antiguo. Ha tardado siglos en apagarse, aunque quizás nunca... Los inquisidores comenzaron por atenazar la lengua de Bruno y meterla en una jaula. En la expresión facial que tengo delante de mí, en el escándalo y la santa ira, veo desfilar los rostros antiguos del director Rolando Cuartero, de Marianela Ferriol, de la doctora Curbelo, de Oscar Álvarez, los compañeros que me atendieron y me denunciaron en 1974. Me mira con lástima mi rubicundo inquisidor. El olor de la leña es de *Vegueros*.

Llevaba entonces, en aquel día remoto de mi detención, un ingenuo tratado «Contra los CDR» oculto en la maleta, como mismo llevo hoy *Against Method*, de Paul Feyerabend, en la mochila. Ese Feyerabend que fuera oficial del Servicio de Trabajo del Tercer Reich y teniente del Frente Oriental, el que superó el nazismo y la Segunda Guerra, y fue a carenar, en tiempos de paz y amor, a la Universidad de California, en el sóviet de Berkeley.

El profesor se levanta de la mesa. Lo veo cruzar los salones del claustro, (que quizás sea una terminal de guarandingas del futuro). Saco el libro y paso los ojos por las palabras de mi subrayado teniente:

> *«Es muy difícil, tal vez completamente imposible, combatir con argumentos los efectos del lavado de cerebro. Aun el más puritano racionalista se verá forzado, entonces, a dejar de razonar y a usar la propaganda y la coerción, no porque sus razones hayan dejado de ser válidas, sino porque las condiciones psicológicas que las hacen efectivas y aptas para influir en otros, han desaparecido. ¿Y cuál es el uso de un argumento que deja impávidos a los demás?»*

Lo leo para joder al compañero que no me entiende, que está ya fuera de mi alcance, pero no del alcance de un pensador germano condecorado con la Cruz de Hierro. Como yo, con mi cruz de mierda.

20 de abril de 2017

LOS AUTORES

Juan Abreu (La Habana, 1952). Pintor y escritor. Ha publicado, entre otras obras *Garbageland* (Mondadori, 2001); *Gimnasio* (Poliedro, 2002); *Orlán Veinticinco* (Mondadori, 2003); *Cinco cervezas* (Poliedro, 2005); *Diosa* (Tusquets, 2007); *Una educación sexual*, (Linkgua, 2012); *A la sombra del mar* (Editores Argentinos, 2016); *Debajo de la mesa. Memorias* (Editores Argentinos, 2016); *El pájaro* (Bokeh, 2017) y *De sexo* (Hypermedia, 2017). Su obra ha sido traducida al alemán, francés, italiano y catalán. Reside en Barcelona.

Raúl Aguiar (La Habana, 1962). Escritor. Licenciado en Geografía por la Universidad de la Habana. Ha publicado, entre otros, los libros *La hora fantasma de cada cual*, (novela), Premio David 1989 (Editorial Unión, 1994), *Realidad virtual y cultura ciberpunk*, (Editorial Abril, 1995), *La estrella bocarriba*, novela, (Editorial Letras Cubanas, 2001), *Figuras*, cuento, Premio Iberoamericano de Cuento Julio Cortázar 2003 (Editorial Letras Cubanas, 2003) y *Alter Cuba*, novela corta, (Hypermedia Ediciones, 2016). Ha editado las siguientes antologías: *Escritos con guitarra: cuentos cubanos sobre rock*, selección y prólogo en coautoría con José Miguel Sánchez (Yoss) (Ediciones Unión, 2005); *Qubit. Antología de la nueva ciencia ficción latinoamericana*, (Editorial Casa de las Américas, 2011), *Sexbot. Antología cubana de cuentos eróticos de ciencia ficción* (Efory Atocha Ediciones, 2013, España). *Deuda temporal: antología de narradoras cubanas de ciencia ficción* (UNEAC, 2015). Es editor de las revistas digitales *Qubit* (dedicada a la literatura cyberpunk y la ciencia ficción latinoamericana) y *Korad* (revista del grupo literario Espacio Abierto). Actualmente trabaja como profesor de técnicas narrativas para jóvenes escritores en el Centro de Formación Literaria Onelio Jorge Cardoso.

Carlos A. Aguilera (La Habana, 1970). Escritor. De 1997 a 2002 codirigió en Cuba la revista de literatura y política *Diáspora(s)*, una de las más importantes en los últimos años en la isla. En 2015 ganó la Beca Cintas en Miami. Sus últimos libros son: *Luis Cruz Azaceta. No exit*, monografía, (España, 2016), *Matadero seis*, relato, (España, 2016), *Lorenzo García Vega. Apuntes para la construcción de una no-poética*, ensayo, (España, 2015) y *El imperio Oblómov*, novela, (España, 2014). Recientemente se ha compilado toda su poesía en *Asia Menor* (Leiden, 2016). Ha sido traducido al alemán, checo, croata, inglés, portugués, holandés, esloveno y francés. El relato que aparece en esta antología forma parte de un libro en preparación.

Cesar Reynel Aguilera (La Habana, 1963). Es médico de formación, tiene un máster en Bioquímica Clínica y durante más de diez años trabajó como científico en Cuba y en Montreal, ciudad en la que reside desde 1995. En el año 2001 decidió dedicarse a escribir. Ha publicado dos libros de ficción: *Monólogo de un tirano con Maquiavelo* y *Ruy*. En estos momentos acaba de terminar *Razones de Angola*, una historia de la revolución cubana contada a partir de las profundas y secretas relaciones entre el viejo partido comunista de Cuba y el castrismo.

Rafael Almanza Alonso (Camagüey, 1957). Escritor, editor, promotor cultural, curador de arte, periodista independiente, videasta. Maestro. Ha publicado: *En torno al pensamiento económico de José Martí* (Ciencias Sociales, La Habana 1990); *El octavo día*, cuentos, (Editorial Oriente, Santiago de Cuba, 1998); *Hombre y tecnología en José Martí,* (Editorial Oriente, Santiago de Cuba, 2001); *Libro de Jóveno*, poesía, (Editorial Homagno, Miami, 2003); *Vida del padre Olallo*, (Barcelona, 2005); *Los hechos del Apóstol*, (Vitral, Pinar del Río, 2005); *El gran camino de la vida*, poesía, (Editorial Homagno, Miami, 2005); *Elíseo DiEgo: el juEgo de DiEs?*, ensayo, (Letras Cubanas, La Habana, 2008). Colaborador de publicaciones cubanas y extranjeras.

Odette Alonso (Santiago de Cuba, 1964). Reside en México desde 1992. Su cuaderno *Insomnios en la noche del espejo* obtuvo el Premio Internacional de Poesía Nicolás Guillén en 1999 y con *Old Music Island* acaba de ganar el Premio Nacional de Poesía LGBTTTI Zacatecas 2017. Autora de doce poemarios, de la novela *Espejo de tres cuerpos* (2009) y los libros de relatos *Con la boca abierta* (2006) y *Hotel Pánico* (2013). Sus dos décadas de quehacer poético fueron reunidas en *Manuscrito hallado en alta mar* (2011) y *Bajo esa luna extraña* (2011). Compiladora de la *Antología de la poesía cubana del exilio* (2011).

Ricardo Arrieta (Santiago de Cuba, 1967). Cursó estudios de física e historia del arte en la Universidad de La Habana en Cuba y de gráfica e informática en el City College de San Francisco en California. Escritos suyos han sido publicados en revistas, antologías y otros proyectos, en países de América y Europa. En 1990 obtuvo el Premio David de cuentos con el cuaderno *Alguien se va lamiendo todo* y en el 2000, el premio Dador de narrativa con la colección de cuentos *María y la virgen*. Ambos libros fueron publicados por Ediciones Unión en 1997 y 2007 respectivamente. Tiene también en su haber la novela inédita *Club de sonámbulos*, desafortunadamente extraviada durante una travesía semiclandestina en la época de los CDs. En el 2010 cubrió la columna cultural del fin de semana para el periódico *El Argentino* en Buenos Aires, con el cual mantuvo colaboración por un tiempo después de su regreso a los Estados Unidos. Actualmente reside en Nueva York.

Jorge Bacallao Guerra (La Habana, 1979). Profesor de Matemática de la Universidad de La Habana. Graduado del IX Curso de Técnicas Narrativas del Centro de Formación Literaria Onelio Jorge Cardoso. Narrador y humorista, ha publicado cuentos en la revista *El Cuentero* y en varias antologías de literatura fantástica y de ciencia ficción. Ha obtenido varios premios en concursos de literatura humorística, como el Primer Premio en dos ediciones del Concurso Juan Ángel Cardi, y Premio en la modalidad de Libro de Cuentos en el Festival Nacional del Humor Aquelarre 2010, 2011 y 2012. Obtuvo además un premio colateral en el Concurso Internacional de Minicuentos El Dinosaurio 2006 y Primer Premio en el Concurso de Minicuentos La Pereza 2012. Se ha presentado como actor en escenarios teatrales, además de ser conductor y guionista en diversos programas humorísticos de la televisión cubana. En el 2015 publicó su libro de cuentos *La palabra*. Sus guiones han sido escenificados por destacados humoristas cubanos y extranjeros.

Manuel Ballagas (La Habana, 1948). Publicó su primer relato a los 15 años, en la revista Casa de las Américas. Obtuvo primera mención en el Premio David de 1967 con el libro *Lástima que no sea el verano*. Trabajó como crítico de cine en la radio cubana hasta su arresto por razones políticas en 1973, que lo llevó a pasar cuatro años en la cárcel. Reside desde 1980 en Estados Unidos, país del cual es ciudadano y donde ha ejercido el periodismo en medios como *The Wall Street Journal*, *The Miami Herald* y *The Tampa Tribune*. Fundó y codirigió entre 1981 y 1984 la revista literaria *Término*. Entre 2000 y 2003 fue consultor editorial de la revista *Foreign Affairs* en español. Ha publicado relatos, reseñas y poemas, además, en las revistas *Gaceta de Cuba*, *Escandalar*, *Mariel*, *Linden Lane Magazine*, *Contratiempo*, *Sinalefa* y *Revista Hispano Cubana*. Es autor de dos novelas, un libro de relatos y un libro de memorias (*Newcomer*, memorias, 2010; *Descansa cuando te mueras*, novela, 2010; *Pájaro de cuenta*, novela, 2011; *Malas lenguas*, relatos, 2012). Reside actualmente en Miami. Obras suyas han sido traducidas al inglés, francés, alemán y polaco. Actualmente se desempeña como consultor de medios, traductor y relacionista público. Es hijo del poeta cubano Emilio Ballagas.

Mariela Brito (Matanzas, 1968). Actriz y teatróloga, graduada del Instituto Superior de Arte en 1991. Es fundadora del grupo de teatro El Ciervo Encantado donde trabaja desde 1996.

Atilio Caballero (Cienfuegos, 1959). Narrador, poeta y dramaturgo. Director del grupo Teatro de La Fortaleza. Ha publicado las novelas *Naturaleza muerta con abejas* (Olalla Ediciones, Madrid 1997; Letras Cubanas, 1999), *La última playa*, Premio Opera Prima Madrid 2000 (Akal, 2001; Hypermedia, Madrid, 2016) y Premio de Novela de la Unión de Escritores de Cuba 1999, *La máquina de Bukowski* (Letras Cubanas, 2004) y *Luz de gas* (Editorial Bokeh, Holanda, 2016), así como los libros de relatos *Las canciones recuerdan lo mismo* (1993), *El azar y la cuerda* (1996), *Tarántula* (1999) y los poemarios *El sabor del agua* (1987) y *La arena de las plazas* (Premio Calendario, 2001), *Cuarteto*, teatro, (Letras Cubanas, 2014), y *Escribir el teatro*, ensayo, (Graffein Ediciones, Barcelona, 1998 y Ediciones Mecenas 2007). Traductor de literatura italiana, ha traducido, entre otros, a Claudio Magris (*Utopía y desencanto),* Eugenio Montale (*Cuaderno de cuatro años*), Andrea Zanzotto (*Geló*), Mario Luzi (*En el magma*), etc. Recibió el Premio Alejo Carpentier de Cuento 2013 por su libro *Rosso Lombardo*, y recientemente, los premios Ilse Erythropel de Poesía, otorgado por la *Gaceta de Cuba*, 2016, y el Premio Milanés de Teatro 2016 por la obra *Zona*.

Damaris Calderón Campos (La Habana, 1967). Poeta, narradora, pintora y ensayista. Ha publicado más de catorce libros en varios países entre los que se cuentan Cuba, Chile y México. Entre ellos: *Sílabas. Ecce Homo, El remoto país imposible, Duro de roer, Los amores del mal, Parloteo de Sombra* y *Las pulsaciones de la derrota*. Ha participado en festivales de poesía internacionales en Holanda, Francia, Uruguay, Argentina, Perú y México, entre otros países. Parte de su obra ha sido traducida al inglés, al holandés, al francés, al alemán, al noruego y al servo-croata e incluida en numerosas antologías de poesía cubana y latinoamericana actual, entre ellas: *Otra Cuba secreta, Antología de poetas cubanas del XIX y del XX* (Editorial Verbum); *La poesía del siglo XX en Cuba* (Colección Visor), *Cuerpo plural, antología de la poesía hispanoamericana contemporánea* (Editorial Pre-textos, España); *Poesía cubana del siglo XX* (Tierra Firme. Fondo de Cultura Económica, México) y *Jinetes de aire, Poesía contemporánea de Latinoamérica y el Caribe* (Ril Editores, Chile). En 2011 obtuvo la beca Simon Guggenheim. En 2014 le fue otorgado el Premio Altazor a las Artes, en el género de poesía, en Chile y el Premio a la mejor obra publicada por el Consejo Nacional del Libro y la Lectura. Actualmente se la puede ver en Isla Negra, caminando con su perro y su sombra, ligera de equipaje.

Joel Cano (Santa Clara, 1966). Dramaturgo, cineasta, novelista, compositor. En 1989 obtiene la licenciatura en Teatrología y dramaturgia en la facultad de Artes Escénicas del Instituto Superior de Arte de La Habana con la obra *Timeball*. Ha sido fundador y director de los grupos Teatro de la Villa, Tres Tristes Teatristas, y del Teatro de la Luna. Entre sus obras dramáticas más conocidas se encuentran: *Fábula de un país de cera, Fábula de nunca acabar, Fábula del insomnio* y *Los aretes que le faltan a la luna*. Desde 1994 reside en Francia, país donde ha publicado novelas (*El maquillador de estrellas, La isla de los quizás*) y cuentos en las editoriales Gallimard, Christian Bourgois, Éditions Métailié, Éditions Théâtrales, Editorial Suhrkamp y Ediciones Siruela. También ha realizado dos filmes de ficción: *Siete días, siete noches* y *Adiós*, que forman parte de una trilogía sobre Cuba. Ha obtenido varios reconocimientos como el gran premio al mejor director y mejor película en el Festival Cinéma Tout Écran en Ginebra, premio Globo de Oro a la mejor película en el Festival de Cine de los Tres Continentes en Nantes, premio de dramaturgia Diego Sánchez de Badajoz por su obra *Se vende*, premio Juan Rulfo de Radio France Internacional por su cuento «Fallen Angels». También ha compuesto un gran repertorio de canciones para sus películas y obras de teatro.

Lien Carrazana Lau (La Habana, 1980). Graduada de Bellas Artes en la Academia San Alejandro y egresada del Centro de Formación Literaria Onelio Jorge Cardoso en Cuba. Allí obtuvo, entre otros reconocimientos, mención en el Premio UNEAC y en el Premio David de 2007, así como el Premio Nacional de Narrativa Francisco (Paco) Mir ese mismo año. Cuentos suyos han aparecido en antologías como *Vida laboral y otros minicuentos* (Caja China, La Habana, 2006), *Generation Zero. An Anthology of New Cuban Fiction* (Sampsonia Way, Pittsburgh, 2014), *Cuba in Splinters. Eleven Stories from the New Cuba* (OR Books, Nueva York, 2014) y *Alamar, te* *amo. Antología erótica* (La Palma, Madrid, 2017). Tiene publicado el libro de cuentos *Faithless* (Habitación 69 Ediciones, México DF, 2011/The Write Deal, Nueva York, 2013) y *33 segundos sobre un tobogán* (El Abra, Nueva Gerona, 2010). Actualmente forma parte de la redacción de *Diario de Cuba* y vive en Madrid.

Gleyvis Coro Montanet (Pinar del Río, 1974). Reside en Madrid desde 2009. Ha publicados los poemarios *Aguardando al guardabosque* (Ediciones Loynaz, Pinar del Río, 2006) y *Jaulas* (Letras Cubanas, La Habana, 2010), así como la novela *La burbuja* (Unión, La Habana, 2007). Ganó el Premio UNEAC de Novela 2006 y el Premio Nacional de la Crítica (2007), en Cuba. Ha recibido varios premios de narrativa y poesía internacionales. Poesías, cuentos y textos suyos han sido incluidos en antologías y revistas cubanas y españolas.

Miguel Correa Mujica (Placetas, Las Villas, 1956). Estudió Lengua y Literatura rusa en la Universidad de La Habana. De Cuba salió a bordo de uno de los tantos barcos que atravesaron el estrecho de la Florida en el año 1980, como parte del conocido éxodo del Mariel. Miembro de la llamada Generación de Mariel, colaboró en la revista *Mariel*. Profesor asociado en la City University of New York. En 2002 se doctoró en literatura española e hispanoamericana con una tesis sobre Reinaldo Arenas. Ha publicado los libros *Al norte del infierno* (1984) y *Furia del discurso humano* (2005). Publica crítica literaria en diversas revistas hispanoamericanas. Actualmente vive en Weehawken, no muy lejos del mar, cerca de Manhattan, su otra isla.

María Elena Cruz Varela (Colón, Cuba, 1953). Periodista, poeta y novelista cubana. Líder del grupo disidente cubano Criterio Alternativo. Condenada por un tribunal cubano, después de un juicio sumarísimo, a dos años de cárcel. Abandonó Cuba en 1994 y vivió un tiempo en España, antes de trasladarse a Estados Unidos. Ha publicado entre otros poemarios *Afuera está lloviendo* (1987), *Hija de Eva* (1991), Premio Julián del Casal de 1989 y *La voz de Adán y yo* (2001) y las novelas *Juana de Arco: el corazón del verdugo* (2003), Premio de Novela Histórica Alfonso X El Sabio, 2003 y *La hija de Cuba* (2006). Ha recibido además el Premio Hellman-Hammett por la Libertad de Expresión de 1992, el Premio Internacional Libertad otorgado por la Internacional Liberal, 1992, el Premio Mariano de Cavia de la prensa española, 1995 y la Medalla Avellaneda otorgada por el Centro Cultural Cubano de Nueva York, Estados Unidos, 2012.

Mabel Cuesta. Ensayista, poeta y narradora. Graduada de Licenciatura en Letras Hispánicas por la Universidad de La Habana y Doctora en Literatura Hispánica por la Universidad de la Ciudad de Nueva York. Ha publicado *In Via. In Patria* (Literal Publishing, Rice University, 2016) *Bajo el cielo de Dublín* (Ediciones Vigía, 2013); *Cuba post-soviética: un cuerpo narrado en clave de mujer* (Cuarto Propio, 2012); *Inscrita bajo sospecha* (Betania, 2010); *Cuaderno de la fiancée* (Ediciones Vigía, 2005), y *Confesiones on line* (Aldabón, 2003). Sus cuentos aparecen en *Las musas inquietantes* (Ediciones Unión, 2003); *La hora 0* (Ediciones Matanzas, 2005); *Havana Noir* (Akashic Books, 2007); *Two Shores: Voices in Lesbian Narratives* (Grup Elles, 2008); *Nosotras dos* (Ediciones Unión, 2011); así como en las revistas *Words Without Borders, Conexos* y *Surco Sur*. Poemas suyos han sido recogidos en *Antología de la poesía cubana del exilio* (Aduana Vieja, 2011) y en las revistas *Linden Lane Magazine, Literal* y *Ars*. Sus trabajos de crítica literaria pueden leerse en publicaciones especializadas de Cuba, Estados Unidos, México, Honduras, Canadá, Brasil, Colombia y España. Es profesora de Lengua y Literatura Hispanocaribeñas en la Universidad de Houston.

Nestor Díaz de Villegas (Cumanayagua, 1956). Poeta y ensayista. Poemas suyos han aparecido en las revistas *Sugar Mule, Golden Handcuffs, Lateral, Plav, Lichtungen, Zunái, Letras Libres* y *Scientific American*. Entre sus libros recientes se encuentran *Che en Miami* (Aduana Vieja, Valencia, 2012) y *Palavras à tribo/Palabras a la tribu* (Lumme Editor, São Paulo, 2014). El sello Bokeh ha recogido su poesía en un volumen, *Buscar la lengua. Poesía reunida 1975-2015* (Leiden, 2015), y su prosa en el tomo *Cubano, demasiado cubano* (2015). Reside en Los Ángeles, California.

Daniel Díaz Mantilla (La Habana, 1970). ha publicado *Las palmeras domésticas* (narrativa, Premio Calendario 1996), *en•trance* (narrativa, Premio Abril 1997), *Templos y turbulencias* (poesía, 2004), *Regreso a Utopía* (novela, 2007), *Los senderos despiertos* (poesía, Premio Fundación de la Ciudad de Matanzas 2007) y *El salvaje placer de explorar* (cuentos, Premio Alejo Carpentier 2014 y Premio de la Crítica 2015). Sus textos aparecen con regularidad en las publicaciones culturales cubanas y se incluyen en antologías editadas en varios países de América y Europa.

Manuel Díaz Martínez (Santa Clara, 1936). Poeta, narrador, ensayista y periodista. Entre los libros de poemas que ha publicado figuran *Vivir es eso* (1967, Premio Julián del Casal, de la Unión de Escritores y Artistas de

Cuba) y *Memorias para el invierno* (1995, Premio Ciudad de Las Palmas de Gran Canaria). Su poesía completa fue publicada en 2011 con el título de *Objetos personales (1961-2011)*. Es autor de una edición comentada de las *Rimas* de Gustavo Adolfo Bécquer (1993), de la antología *Poemas cubanos del siglo XX* (2002), del libro de memorias *Solo un leve rasguño en la solapa* (2002) —al cual pertenece el texto incluido en la presente compilación— y del libro de ensayos, artículos y conferencias *Oficio de opinar* (2008). Reside en Las Palmas de Gran Canaria.

Ahmel Echevarría Peré (La Habana, 1974). Narrador. Graduado de Ingeniería Mecánica en el Instituto Superior Politécnico José Antonio Echeverría. Miembro de la Unión Nacional de Escritores y Artistas de Cuba (UNEAC) y de *Latin American Studies Association* (LASA). Ha publicado los libros *Inventario* (Premio David 2004, cuento, Ediciones Unión, 2007), *Esquirlas* (Premio Pinos Nuevos 2005, novela, Letras Cubanas, 2006), *Días de entrenamiento* (Premio Franz Kafka de Novelas de Gaveta 2010, Fra, República Checa, 2012), *Búfalos camino al matadero* (Premio José Soler Puig 2012, novela, Oriente, 2013) y *La noria* (Premio de Novela Ítalo Calvino, 2012, UNION, 2013) galardonada con el Premio de la Crítica Literaria de 2013, y el libro *Insomnio -the fight club-* (Letras Cubanas, 2015). Con la novela *Caballo con arzones*, en 2017 obtuvo el Premio Alejo Carpentier de Novela convocado por la Editorial Letras Cubanas (en proceso editorial). Textos críticos aparecen publicados en diversas revistas y sitios web; colabora mensualmente con *Hypermedia Magazine* (www.hypermediamagazine.com). Actualmente trabaja como editor del sitio web Centronelio (www.centronelio.cult.cu).

Norge Espinosa Mendoza (Santa Clara, 1971). Poeta, crítico y dramaturgo. Ha publicado libros de poesía, ensayo y piezas teatrales. Editor de la revista *Extramuros* y del boletín de la escena teatral cubana, *Entretelones*. Asesor de Teatro El Público, compañía con la cual ha estrenado numerosas piezas, tanto originales como adaptaciones de clásicos. Entre sus libros se destacan *Las estrategias del páramo* (poesía), *Escenarios que arden* (crítica y ensayo), *Cuerpos de un deseo diferente* (notas sobre activismo gay en Cuba) y el tomo *Ícaros y otras piezas míticas*. Ha estrenado sus obras en Cuba, España, México, Estados Unidos y Francia. Fue Secretario Ejecutivo de la Comisión por el Centenario de Virgilio Piñera y coordinador de la multimedia *Todos los Piñera*. Actualmente prepara un tomo de homenaje a José Rodríguez Feo.

Jorge Fernández Era (La Habana, 1962). Licenciado en Periodismo, Universidad de La Habana, 1991. Fue miembro del grupo humorístico Nos y Otros. Trabaja como editor para varias publicaciones y editoriales cubanas. Tiene publicados los libros *Cincuenta cuentos de nuestro Era* (Editorial Pablo de la Torriente Brau, 1990), *Obra inconclusa* (Editorial José Martí, 1994), *Cada cual a lo mío. Humor en bruto para gente no tan bruta* (Editorial José Martí, 2013) y *Cruentos de humor* (Colección Guantanamera, Editorial Samarcanda, España, 2017). Varios de sus cuentos están incluidos en antologías en Cuba, España, México e Italia. Ha obtenido una veintena de premios en concursos literarios y periodísticos, entre los que se destacan diez premios Aquelarre de literatura humorística y el primer premio del Concurso Internacional de Minicuentos El Dinosaurio 2006.

Gerardo Fernández Fe (La Habana, 1971). Ha publicado dos novelas, *La Falacia* (La Habana, 1999; Amberes, 2012) y *El último día del estornino* (Madrid, 2011); y dos de ensayo, *Cuerpo a Diario* (Buenos Aires, 2007; Madrid, 2014) y *Notas al Total* (Leiden, Holanda, 2015). Toda su poesía ha sido compilada en 2017 con el título *Tibisial,* por Rialta Ediciones (Querétaro, México). Es habitual colaborador de la revista *Cuadernos Hispanoamericanos* (Madrid) y de *El Nuevo Herald* (Miami).

Abel Fernández-Larrea (La Habana, 1978). Narrador, editor y traductor. Tiene publicados los libros de cuentos *Absolut Röntgen* (Caja China, 2009), *Berlineses* (Ediciones Matanzas, 2013; Casa Vacía, 2016), *Los héroes de la clase obrera* (Unión, 2013), *Trilogía sucia de Manhattan* (Abril, 2015) y *Los macabeos* (La Luz, 2015); y las novelas *Buenos días, Sarajevo* (Bokeh, 2015), *El fin de la inocencia* (Bokeh, 2015) y *Shlemiel* (Fra, 2016).

José M. Fernández Pequeño (Bayamo, 1953). Escritor y editor cubano. Ha publicado dieciséis libros en géneros como la crítica literaria, la narrativa, el ensayo y la literatura infantil. Estuvo entre los fundadores del Festival del Caribe, la Casa del Caribe y la revista *Del Caribe*, todos en Santiago de Cuba. En 1998 se trasladó a la República Dominicana. Sus últimos títulos son: *El arma secreta* (cuentos, 2014), *Memorias del equilibrio* (cuentos, 2016) y *Bredo, el pez* (novela para niños, 2017). Los últimos premios que ha recibido son Premio Nacional de Cuento 2013 en la República Dominicana; Medalla de Oro en los Florida Book Awards al mejor libro en español publicado por un residente en ese estado durante 2014; y Premio Nacional de Literatura Infanto-Juvenil 2016 en la República Dominicana. Actualmente vive en Miami y edita el blog de escritor *Palabras del que no está* (www.palabrasdelquenoesta.blogspot.com).

461

Jorge Ferrer (Playa Baracoa, La Habana, 1967). Es escritor, editor y traductor. Es autor de la novela *Minimal Bildung* (Catalejo; Bokeh). Ha traducido a Aleksiévich, Leskov, Kurayev, Grossman, Herzen, Ehrenburg y Bunin.

Raúl Flores Iriarte (La Habana, 1977). Ha publicado *El lado oscuro de la luna* (Editorial Extramuros, 2000); *El hombre que vendió el mundo* (Editorial Letras Cubanas, 2001); *Bronceado de luna* (Editorial Extramuros, 2003); *Días de lluvia* (Editorial Unicornio, 2004); *Rayo de luz* (Casa Editora Abril, 2005); *Balada de Jeannette* (Ediciones Loynaz 2007, Premio Cirilo Villaverde de Novela); *La carne luminosa de los gigantes* (Casa Editora Abril, 2008); *Paperback writer* (Ediciones Matanzas, 2010 y Editorial Hypermedia, 2016); *La chica más hermosa del mundo* (Ediciones Matanzas, 2014); *Esperando por el sol* (Ediciones Matanzas, Premio de la Crítica 2015) *Extras* (Ediciones Loynaz, 2016); *Las dispersiones* (Ediciones Unión, 2017); *Efectos secundarios* (Editorial Guantanamera, 2017). Cuentos y artículos suyos han sido publicados en revistas y antologías en Cuba, España, Estados Unidos, República Dominicana, Francia, Italia, México, Ecuador y Brasil. Realizó la revista independiente de literatura *33 y 1 tercio* desde 2005 hasta 2010.

Carlos Michel Fuentes (La Habana, 1968). Artista plástico y escritor. Ha publicado *Anabah*, 2012 (Novela) y *Maldita seas tristeza*, 2013 (relatos), ambos bajo el sello de la Editorial Contrabando de Valencia.

Francisco García González (La Habana, 1963). Licenciado en Historia de América de la Universidad de La Habana y Máster en Estudios Hispánicos, Universidad de Concordia, Montreal, Canadá. Narrador y guionista. Ha publicado los volúmenes de cuentos *Juegos Permitidos*, 1994; *Color local*, 2000; *¿Qué quieren las mujeres?*, 2003; *Historia sexual de la nación*, 2006; *Leve historia de Cuba*, 2007; *La cosa humana*, 2010; *Todos los cuentos de amor*, 2010; *The Walking Immigrant*, 2015 y *El año del cerdo*, 2017. También ha publicado *Antes de la aurora*, 2012, novela. Cuentos suyos aparecen en antologías y revistas en España, Estados Unidos, Reino Unido, República Dominicana, México y Canadá. También han sido traducidos al inglés y han aparecido en revistas y antologías en Estados Unidos, Reino Unido y Canadá. Ha sido guionista de las películas *Lisanka,* del director Daniel Díaz Torres, *Boleto al paraíso* y *La cosa humana*, ambas de Gerardo Chijona; y del cortometraje *Efecto dominó*, del director francés Gabriel Gauchet. Reside en Canadá desde 2010.

María Elena Hernández Caballero (La Habana, 1967). Ha publicado los poemarios *El oscuro navegante* (Editorial Matanzas, Cuba), *Donde se dice que el mundo es una esfera que Dios hace bailar sobre un pingüino ebrio* (Premio David de la Unión de Escritores y Artistas de Cuba, 1989), *Elogio de la sal* (Cuarto Propio, Chile, 1996), *Electroshock-palabras* (La Bohemia, Argentina, 2001), *La rama se parte* (Torremozas, Madrid, 2013) y *Yo iba tranquila dentro de una bala* (Verbum, Madrid, 2016); además de la novela *Libro de la derrota* (Azud Ediciones, Argentina, 2010; Hypermedia 2015). Poemas suyos aparecen incluidos en antologías sobre poesía cubana actual, como *Retrato de grupo* (Letras Cubanas); *Un grupo avanza silencioso* (UNAM, México); *Otra Cuba Secreta* (Verbum, Madrid), entre otras. Además colabora con diarios y revistas literarias latinoamericanas, españolas y de Estados Unidos. Reside en Miami desde octubre de 2016.

Orestes Hurtado (La Habana, 1972). Narrador, poeta y ensayista. Licenciado en Periodismo por la Universidad de La Habana. Ha publicado los libros *Cuentos de salir* (Verbum, 2009) y *El placer y el sereno* (Bokeh, 2016). Reside en Madrid desde 1995.

Jorge Enrique Lage (La Habana, 1979). Narrador y editor. Licenciado en Bioquímica por la Universidad de La Habana en 2003, carrera que nunca ejerció. Ha publicado los libros de cuentos *El color de la sangre diluida* (Letras Cubanas, 2008) y *Vultureffect* (Ediciones Unión, Cuba, 2011; Bokeh, Holanda, 2015); así como las novelas: *Carbono 14. Una novela de culto* (Altazor, Perú, 2010; Letras Cubanas, 2012), *La autopista: the movie* (Ediciones Caja China, La Habana, 2014; Sudaquia Editores, 2016) y *Archivo* (Hypermedia, Madrid, 2015).

Polina Martínez Shvietsova (Camagüey, 1976). Poeta, narradora, investigadora, periodista y fotógrafa. Graduada de Técnico Medio en Bibliotecología e ICTB, 1999 y del 4to curso de Formación Literaria Onelio Jorge Cardoso, 2002. Ha publicado los poemarios *Gotas de fuego* (2004) y *Tao del azar* (2005), en Ediciones Unicornio, La Habana, *Skizein (Decálogo del año cero) y otros cuentos* (Letras Cubanas, 2008) y *Hechos con Metallica* (Ediciones Unicornio, 2008). Ha obtenido entre otros los premios La Gaceta de Cuba en el género de cuento, 2006 con el relato «17 abstractos de una agenda» y el Premio Iberoamericano de Cuento Julio Cortázar, 2008, con «Skizein (Decálogo del año cero)». Su obra aparece en más de una docena de antologías literarias.

Ronaldo Menéndez (La Habana, 1970). Fundador de la escuela de escritura *Billar de Letras*, en Madrid, ciudad donde reside desde hace una década. Su obra más reciente, la novela *La casa y la isla* (AdN/Alianza de Novelas) ha tenido un gran éxito de crítica y público. Ha publicado los libros de técnicas de narrativas: *Contar las huellas, claves para narrar tu viaje*, y *Cinco golpes de genio, técnicas fundamentales en el arte de escribir cuentos*. Además, el libro de viajes: *Rojo aceituna, viaje a la sombra del comunismo*. Ha publicado más de una decena de libros, entre ellos, las novelas: *La piel de Inesa* (Premio internacional de novela Lengua de Trapo), *Las bestias*, y *Río Quibú*, la novela juvenil *El agujero de Walpurgis y* los libros de relatos: *El derecho al pataleo de los ahorcados* (Premio internacional Casa de las Américas), *De modo que esto es la muerte, Covers, en soledad y compañía*. Formó parte del grupo Bogotá 39, que reunió a los 39 escritores hispanoamericanos menores de cuarenta años cuya trayectoria se presenta como más destacada. Algunas de sus obras han sido traducidas al italiano, portugués y francés. Ha colaborado con diversos medios periodísticos, revistas de viaje, crónicas y perfiles en Europa, Estados Unidos e Hispanoamérica, entre ellas: *Squire, Etiqueta Negra, SoHo, Nouvelle Revue Francaise, Letras libres, Osamayor, Quimera, Cuadernos Hispanoamericanos, Eñe, Zoetrope*, y con el diario *El País*.

Michael H. Miranda (Cueto, 1974). Escritor. Estudió Periodismo en la Universidad de Oriente, de Santiago de Cuba, y obtuvo un doctorado en Estudios Hispánicos en la Texas A&M University, College Station, Texas. Ha publicado varios volúmenes de poesía. Su último libro es *Diario de Olympia Heights* (Casa Vacía, 2017). Colabora asiduamente con revistas digitales como *Hypermedia Magazine* y *Diario de Cuba*. Reside en Fayetteville, Arkansas, donde se desempeña como profesor en University of Arkansas.

Idalia Morejón Arnaiz (Santa Clara, 1965). Reside en Brasil, donde es profesora de literatura hispanoamericana de la Universidad de São Paulo y dirige el sello editorial Malha Fina Cartonera. Es autora de *Cartas a un cazador de pájaros* (La Habana, 2000), *Política y Polémica en América Latina* (México, 2010), *Una artista del hombre* (Barcelona, 2012) *La reina blindada* (Tenerife, 2014) y *Cuaderno de vías paralelas* (Richmond, 2017).

Jorge Olivera Castillo (La Habana, 1961). Poeta, narrador, editor de televisión y periodista. Tiene publicados los poemarios *Confesiones antes del crepúsculo* (Miami, 2005), *En cuerpo y alma* (Praga, 2008), *Cenizas alumbra-*

das (Varsovia, 2010), *Sobrevivir en la boca del lobo* (Madrid, 2012), *Tatuajes en la memoria* (Praga, 2013), *Quemar las naves* (Miami, 2015) además de los libros de cuentos *Huésped del Infierno* (Cádiz, 2007) y *Antes que amanezca y otros relatos* (Buenos Aires, 2010). Parte de su obra se ha traducido a los idiomas checo, polaco, inglés, italiano y francés. Trabajó como editor de la televisión oficial desde 1983 a 1993. Hace más de dos décadas que pasó a las filas de la disidencia. Estuvo en prisión durante 22 meses por ejercer el derecho a la libertad de expresión al margen de las instituciones del Estado. Fue uno de los 75 disidentes encarcelados en la primavera de 2003. Recibió una condena de 18 años de privación de libertad. En ese momento era el director de la agencia de prensa independiente Habana Press. Actualmente se encuentra bajo una Licencia Extrapenal por motivos de salud, que lo mantiene técnicamente preso. En el 2009 le fue otorgada una beca en la Universidad de Harvard como parte del programa *Writers at Risk*. El lunes 22 de febrero de 2016, el gobierno lo autorizó, de manera excepcional, a salir del país por una sola vez. Desde el 13 de agosto de 2016 se encuentra en Harvard. Es miembro de honor del PEN Inglés, el PEN Checo, PEN Suecia y PEN América. Es el presidente y uno de los fundadores del Club de Escritores Independientes de Cuba, fundado en mayo de 2007.

Orlando Luis Pardo Lazo (La Habana, 1971). Escritor y bloguero. Autor del libro de cuentos censurado en Cuba *Boring Home* y de la colección de crónicas periodísticas *Del clarín escuchad el silencio*. Tras ser un becario de ICORN en Islandia, actualmente realiza su doctorado en Literatura Comparada en Washington University de Saint Louis, Missouri.

Verónica Pérez Kónina (Moscú, 1968). De padre cubano y madre rusa, vivió los primeros dos años de su vida en la capital de Rusia. Desde 1970 vivió en la capital de Cuba, La Habana. Estudió 4 años en la Universidad de La Habana, en la Facultad de Periodismo. En 1988 ganó el Premio David con su libro de relatos *Adolesciendo*, publicado en 1989. En 1989 dejó la Universidad de La Habana y viajó a Moscú, donde cursó estudios en el Instituto de Literatura Gorki. En 1994 se graduó de licenciada en filología rusa. Los cuentos de *Adolesciendo* entraron en las antologías cubanas *Escritos con guitarra* y *Estatuas de sal*. En 2007 publicó el ensayo «Moriré en Moscú con aguacero» en la antología *The Portable Island: Cubans at Home in the World*. Tiene una novela inédita, *El niño Iván y yo*. Desde 2003 imparte clases de español en el Instituto Cervantes de Moscú. Verónica trabaja además como periodista en la agencia de noticias RIA Novosti.

Jorge Ángel Pérez (Encrucijada, Villa Clara, 1963). Reside en la Habana. Es autor del libro de cuentos *Lapsus calami*, que obtuvo el Pemio David. En el año 2000, su novela *El paseante cándido* fue distinguida con el premio Cirilo Villaverde de la UNEAC, y luego recibiría el Grinzane Cavour en Italia, y sería publicada por la editorial Rizzoli. *Fumando espero* resultó primera finalista del Rómulo Gallegos. La pieza *En una estrofa de agua* ganó el Premio Iberoamericano de Cuento Julio Cortázar. *En La Habana no son tan elegantes*, recibió el Premio Alejo Carpentier 2009 y el Premio de la Crítica 2010.

Antonio José Ponte (Matanzas, 1964). Ha publicado, entre otros títulos, *Las comidas profundas* (Deleatur, Angers, 1997), *Asiento en las ruinas* (Renacimiento, Sevilla, 2005), *In the Cold of the Malecón & Other Stories* (City Lights Books, San Francisco, 2000), *Cuentos de todas partes del Imperio* (Deleatur, Angers, 2000), *Un seguidor de Montaigne mira La Habana/ Las comidas profundas* (Verbum, Madrid, 2001), *Contrabando de sombras* (Mondadori, Barcelona, 2002), *El libro perdido de los origenistas* (Renacimiento, Sevilla, 2004), *Un arte de hacer ruinas y otros cuentos* (Fondo de Cultura Económica, México D.F., 2005), *La fiesta vigilada* (Anagrama, Barcelona, 2007) y *Villa Marista en plata. Artes, política, nuevas tecnologías* (Colibrí, Madrid, 2010). Reside en Madrid, donde vicedirige el digital *Diario de Cuba*.

Legna Rodríguez Iglesias (Camagüey, 1984). Obtuvo el Premio Iberoamericano de Cuentos Julio Cortázar, 2011; y es ganadora del Premio Casa de Las Américas, teatro, 2016. Es autora, además, de varios libros como *Chupar la piedra*, poesía, (Casa Editora Abril, 2012); *Tregua Fecunda*, poesía, (Ediciones Unión, 2012); *Hilo+Hilo*, poesía, (Editorial Bokeh, Leiden, 2015); *Las analfabetas*, novela, (Editorial Bokeh, Leiden, 2015); *No sabe/no contesta*, cuento, (Colección G, Editorial Caja China y Ediciones La Palma, 2015); *Mayonesa bien brillante*, novela, (Hypermedia Ediciones, 2015); *Dame Spray*, poesía, (Hypermedia Ediciones, 2016); *Todo sobre papá*, poesía para niños, (Puerto Rico, 2016); *Transtucé*, (Editorial Casa Vacía, Estados Unidos, 2017). Su último libro publicado en Cuba es *Chicle (ahora es cuando)*, poesía, edición bilingüe (Editorial Letras Cubanas, 2016). Con el libro de poesía *Miami Century Fox* recibió el Paz Prize que otorga The National Poetry Series, Estados Unidos, 2016. La Editorial Alfaguara acaba de publicar *Mi novia preferida fue un bulldog francés,* narrativa, 2017. Tenía la misma cantidad de tatuajes que de años, ahora ya no.

Luis Felipe Rojas Rosabal (Holguín, 1971). Periodista, narrador, poeta y realizador audiovisual. Trabaja en Radio Martí y es fotógrafo *freelancer*. Tiene publicados los poemarios *Secretos del monje Louis* (2001), *Animal de Alcantarilla* (2005), *Cantos del malvivir* (2005), *Anverso de la bestia amada* (2006), *Para dar de comer al perro de pelea* (2013) y *Máquina para borrar humanidades* (2015). Relatos suyos aparecen en diversas revistas literarias. Es autor del blog *Cruzar las alambradas*.

Alexis Romay es autor de dos novelas —*La apertura cubana* y *Salidas de emergencia*—, un libro de sonetos —*Los culpables*— y *Diversionismo ideológico*, una compilación de décimas satíricas. Sus ensayos han sido incluidos en publicaciones en Italia, Estados Unidos, España y México, en *Encuentro de la Cultura Cubana*, *Caleta*, *Replicante*, *Review Magazine*, *NBC News*, *The Montclair Times* y *Letras Libres*. Escribe y traduce libros de literatura infantil y juvenil.

Francis Sánchez (Ciego de Ávila, 1970). Poeta, narrador, ensayista y poeta visual. Máster en Cultura Latinoamericana. Ha publicado los poemarios *Revelaciones atado al mástil* (Ed. Ávila, 1996), *Antología cósmica de Francis Sánchez* (Frente de Afirmación Hispanista, México, 2000), *El ángel discierne ante la futura estatua de David* (Premio América Bobia 1999, Ed. Vigía, Matanzas, 2000 / Ed. Beda, México, 2002), *Música de trasfondo* (Premio Poesía de Primavera, 2000. Ed. Ávila, 2001), *Luces de la ausencia mía* (Premio Miguel de Cervantes, 2000. Col. Arabuleila, España, 2001 / Ed. Ávila, 2003), *Nuez sobre nuez* (Ed. Sed de Belleza, 2004), *Un pez sobre la roca* (Premio Regino Eladio Botti, 1996, Ed. El Mar y la Montaña, 2004), *Extraño niño que dormía sobre un lobo* (Ed. Letras Cubanas, 2006), *Caja negra* (Ed. Unión, 2006), *Epitafios de nadie* (Ed. Oriente, 2008), *Textos muertos* (Premio Eliseo Diego, 2015. Ed. Ávila, 2015). En ensayo, es autor de *Dualidad de la penumbra* (Ed. Ávila, 2009); y ha publicado en coautoría con Ileana Álvarez: *Dulce María Loynaz. La agonía de un mito* (Premio Juan Marinello 2000, Centro Juan Marinello, La Habana, 2001 / Ed. Benchomo, Tenerife, España, 2002), *Liturgia de lo real* (Premio Fernandina de Jagua, Ed. Mecenas, Cienfuegos, 2011). Sus libros de cuentos son: *Reserva federal* (Ed. Ávila, 2002), *Cadena perfecta* (Premio Cirilo Villaverde 2002, Ed. Hermanos Loynaz, 2004), *Secretos equivocados* (Ed. Betania, Madrid, 2016). Ha realizado exposiciones de poesía visual en Cuba y otros países.

Rolando Sánchez Mejías (Holguín, Cuba, 1959). Escritor. Estudió química industrial en Cuba. Cultiva la prosa de creación literaria y ensayística y la poesía, y ejerce de profesor de creación literaria. Premio Nacional de la Crítica de Cuba 1993 y 1994. Reside en Barcelona desde 1997. Ha vivido durante algunos períodos en Francia y Alemania. Imparte cursos y conferencias en numerosos países. Fundador, en 1993, en La Habana, del grupo *Diáspora(s)*, así como de la revista del mismo nombre. Ha publicado libros de narrativa *La noche profunda del mundo* (Letras Cubanas, 1993), *Escrituras* (Letras Cubanas, 1994), *Historias de Olmo* (Siruela, Madrid, 2001) y *Cuaderno de Feldafing* (Siruela, Madrid). Entre sus libros de poesía se encuentran *Derivas* (Letras Cubanas, 1994), *Cuaderno blanco* (Linkgua, Barcelona, 2006) y *Mecánica celeste. Cálculo de lindes.1986-2015* (Bokeh, Leiden, 2016). Algunos de sus relatos, ensayos y poemas han sido antologados y/o traducidos al inglés, alemán, francés, checo y portugués.

Ernesto Santana (Las Tunas, 1958). Ha publicado los libros de cuentos *Nudos en el pañuelo, Bestiario pánico, Mariposas nocturnas, Cuando cruces los blancos archipiélagos* y *La venenosa flor del arzadú*, y el poemario *Escorpión en el mapa*. Premio Alejo Carpentier de novela (Cuba, 2002) con *Ave y nada*, y Premio Franz Kafka Novelas de Gaveta (República Checa, 2010) con *El carnaval y los muertos*.

Ángel Santiesteban Prats (La Habana, 1966). Ha publicado *Sueño de un día de verano*, premio UNEAC 1995; *Los hijos que nadie quiso*, Premio Alejo Carpentier 2001; *Dichosos los que lloran*, Premio Casa de las Américas 2006 y la novela *El verano en que Dios dormía*, Premio Frank Kafka 2013. Recientemente ha obtenido el premio Reinaldo Arenas con el conjunto de relatos *El regreso de Mambrú*. Le fue otorgado el Premio de Literatura Independiente de Miami 2016. Por su intensa labor como bloguero opositor, la Seguridad del Estado del régimen castrista lo sentenció a cinco años, gracias a un juicio amañado. Fue elegido entre los cien periodistas más importantes del mundo en 2014 por Reporteros Sin Fronteras.

Manuel Sosa (Meneses, Las Villas, 1967). Poeta y ensayista. Ha publicado los poemarios *Utopías del Reino* (1992), *Saga del tiempo inasible* (1995), *Canon* (2000), *Todo eco fue voz* (2007) y *Una doctrina de la invisibilidad* (2008); y los libros de ensayos *Contra Gentiles* (2011) y *Arte de horadar* (2017). Reside en Atlanta, Georgia, Estados Unidos, desde 1999, donde se desempeña como trabajador social.

Karla Suárez (La Habana, 1969). Ha publicado las novelas *El hijo del héroe*, *La Habana año cero* (Premio Carbet de la Caraïbe et du Tout-monde, Francia, 2012; Gran Premio del Libro Insular Francia, 2012), *La viajera* y *Silencios* (Premio Lengua de Trapo, España, 1999), así como los libros de cuentos *Carroza para actores* y *Espuma*. Además, ha publicado *Roma, más allá de los caminos* y *Cuba los caminos del azar* libros hechos en colaboración con el fotógrafo Francesco Gattoni y *Grietas en las paredes* con el también fotógrafo Yvon Lambert. Sus novelas han sido traducidas a varios idiomas. Muchos de sus relatos han aparecido en antologías y revistas publicadas en diversos países. En 2007 fue seleccionada entre los 39 escritores jóvenes más representativos de América Latina. Después de vivir unos años en Roma y otros en París, actualmente reside en Lisboa donde coordina el club de Lectura del Instituto Cervantes, además es profesora de la Escuela de Escritores de Madrid.

Roberto de Jesús Uría Hernández (La Habana, 1959). Graduado de Filología Hispánica por la Universidad de La Habana. Premio 13 de Marzo de la Universidad de La Habana, 1986, con el libro de cuentos *¿Por qué llora Leslie Caron?*, Mención Especial del Concurso Literario David de la UNEAC 1987, con el libro de cuentos *Infórmese, por favor*. Premio Nacional Mirta Aguirre de Crítica Literaria, 1990, con el ensayo *Un bromista colosal muere de luz y de orden*, sobre el escritor Virgilio Piñera. Trabajó como asesor literario del Municipio de Cultura de La Lisa, en La Habana (1983-1988), y como editor y redactor de la revista *Casa de las Américas* (1988-1991). En 1995 llegó a Estados Unidos como refugiado político. En Miami, ha sido conductor del programa radial *Transición*; editor y escritor de las publicaciones *Vogue, Travel & Leisure, Men's Health, Newsweek, Cosmopolitan* y *Harper's Bazaar*; profesor de Español en Miami Southridge Senior High School; y productor y escritor de noticias para los canales de televisión Univisión y Mundo Max 8. Sus textos han sido publicados en revistas, como *Artes y Letras, Casa de las Américas, Revolución y Cultura, Encuentro de la Cultura Cubana* y *La zorra y el cuervo*, así como en antologías del cuento cubano (*Los últimos serán los primeros, Instrucciones para cruzar el espejo, The Voice of the Turtle, Columbus' Egg, Nuevos narradores cubanos*), y en el blog *Guitáfora*.

Amir Valle (Guantánamo, 1967). Escritor y periodista. Saltó al reconocimiento internacional por el éxito en Europa de su serie de novela negra El descenso a los infiernos, sobre la vida actual en Centro Habana, integrada por *Las puertas de la noche* (2001), *Si Cristo te desnuda* (2002), *Entre el miedo y las sombras* (2003), *Últimas noticias del infierno*

(2004), *Santuario de sombras* (2006) y *Largas noches con Flavia* (2008). Su libro *Jineteras*, publicado por Planeta, obtuvo el Premio Internacional Rodolfo Walsh 2007, a la mejor obra de no ficción publicada en lengua española durante el 2006. Entre otros premios internacionales en el 2006 resultó ganador del Premio Internacional de Novela Mario Vargas Llosa con su novela histórica *Las palabras y los muertos* (Seix Barral, 2006). Sus libros más recientes son una historia novelada sobre la capital cubana, *La Habana. Puerta de las Américas* (alMED Ediciones, España, 2009), una biografía novelada, *Bajo la piel del hombre* (Aguilar, 2013) y una novela, *Nunca dejes que te vean llorar* (Grijalbo, 2015). Actualmente reside en Berlín, desde donde dirige *Otro Lunes. Revista Hispanoamericana de Cultura*.

Félix Luis Viera (Santa Clara, 1945). Ha publicado los libros de poemas: *Una melodía sin ton ni son bajo la lluvia* (Premio David de Poesía de la UNEAC 1976, Ediciones Unión); *Prefiero los que cantan* (1988, Ediciones Unión); *Cada día muero 24 horas* (Editorial Letras Cubanas, 1990); *Y me han dolido los cuchillos* (Editorial Capiro, 1991); *Poemas de amor y de olvido* (Editorial Capiro, 1994), *La que se fue* (Red de los Poetas Salvajes, México, 2008), y *La patria es una naranja* (Ediciones Iduna, Miami, 2010; Edizioni Il Foglio, Italia, 2011 —Premio Latina in Versi—; Alexandria Library, Miami, 2013). Los libros de cuentos: *Las llamas en el cielo* (Ediciones Unión, Cuba, 1983); *En el nombre del hijo* (Premio de la Crítica 1983, Editorial Letras Cubanas, reedición 1988) y *Precio del amor* (Editorial Letras Cubanas, 1990; Alexandria Library, Miami, 2015). Las novelas *Con tu vestido blanco* (Premio Nacional de Novela de la UNEAC, 1987, Premio de la Crítica 1988, Ediciones Unión, Cuba), *Serás comunista, pero te quiero* (Ediciones Unión, Cuba, 1995); *Un ciervo herido* (Editorial Plaza Mayor, Puerto Rico, 2003; Edizoni Cargo, Italia, 2005; Editorial Eriginal Books, Miami, 2012; y Editorial Verbum, España, 2015); *El corazón del rey* (México, 2010), y la novela corta *Inglaterra Hernández* (Ediciones Universidad Veracruzana, 1997).

YOSS (José Miguel Sánchez Gómez) (La Habana, 1969). Licenciado en Biología, cinturón negro en judo y kárate. Cantante del grupo de *heavy metal Tenaz* del 2007 al 2016. Toca la armónica. Miembro de la Unión de Escritores y Artistas de Cuba desde 1994. Ensayista, investigador y narrador, de realismo sucio pero sobre todo de los géneros fantásticos, de los que es considerado el más importante cultivador cubano en la actualidad. Ha publicado más de 30 títulos, en la isla y el extranjero, entre novelas, colecciones de cuentos, libros de ensayo y divulgación científica. Ha coordinado y prologado 8 antologías de cuentos con diversas temáticas (predominantemente, ciencia ficción) y sido invitado a varios eventos y congresos internacionales del género fantástico. En Estados Unidos ha publicado con Restless Books las novelas de ciencia ficción *A Planet for Rent* y *Super Extra Grande*, esta última nominada al premio Philip K. Dick 2016.

ÍNDICE

Prólogo   9
1959-1979   29
  Félix Luis Viera, *Impala*   31
  Juan Abreu, *Prólogos*   35
  Gerardo Fernández Fe,
    Edwards, Padilla, los micrófonos y los camarones principescos   41
  Manuel Ballagas, *La confesión*   57
  José Fernández Pequeño, *De vez en cuando la vida*   59
Los ochenta   67
  Mariela Brito, *Departures* (fragmento)   69
  Miguel Correa, *Una mujer decente*   73
  Roberto Uría Hernández, *Infórmese, por favor*   76
  Ronaldo Menéndez, *La isla de Pascali*   79
  Raúl Aguiar, *Concierto*   96
  Verónica Pérez Kónina, *Carta de agradecimiento a los censores* 105
  Alexis Romay, *Diario (o esporádico) de apuntes*   125
  Atilio Caballero, *Honecker en la campiña*   133
  Francisco García González, *Rubén*   157
  Carlos A. Aguilera,
    Nuevas revelaciones sobre la muerte de mi padre   167
  Antonio José Ponte, *El verano en una barbería*   176
Los noventa   189
  Manuel Díaz Martínez, *La Carta de los Diez*   191
  María Elena Cruz Varela, *La teniente y los libros*   201
  Rolando Sánchez Mejías, *Hasta que la delación te alcance*   206
  María Elena Hernández, *El poema de Toni Miret*   207
  Amir Valle,
    Seres ridículamente enigmáticos con nombres simplones   210
  Orestes Hurtado, *El cabrón rampante*   219
  Karla Suárez, *Ganas de volar*   222

Abel Fernández-Larrea,
    Un día en la vida de Daniel Horowitz   232
Mabel Cuesta, *El apellido*   247
Idalia Morejón Arnaiz,
    Nueva arquitectura con filosofía (in)segura   250
Manuel Sosa, *Interrogatorio con música de fondo*   256
Odette Alonso, *Posconceptual*   261
Cesar Reynel Aguilera, *Mississippi tres*   264
Ernesto Santana, *Opuscero*   270
Después del dos mil   277
    Ángel Santiesteban, *Los hombres de Richelieu*   279
    Jorge Ángel Pérez,   288
        Cuando el miedo hace luchar por la esclavitud   288
    Ricardo Arrieta, *Tan lejos como puedas ver*   291
    Norge Espinosa, *Memoria de un teléfono descolgado*   302
    Lien Carrazana Lau, *Con medallas en los ojos*   309
    Joel Cano, *El agente Vladimir*   311
    Michael H. Miranda,   329
        Las hienas del Capitolio. Algunas escenas en la caverna de los horrores   329
    Polina Martínez Shvietsova, *Espacio profundo*   335
    Francis Sánchez, *El edificio de las letras*   339
    Daniel Díaz Mantilla, *Cállate ya, muchacho*   345
    Jorge Fernández Era, *Lengua*   352
    Jorge Olivera Castillo, *Germán no es un fantasma*   354
    Alberto Garrido, *En el país que Dios quiera*   359
    Carlos Michel Fuentes, *El informe Ginger*   371
    Gleyvis Coro Montanet, *Un otro Getsemaní*   379
    Jorge Bacallao Guerra, *Universos paralelos*   381
    Jorge Enrique Lage, *Archivo*   388
    Legna Rodríguez Iglesias, *Monstruo*   391
    Raúl Flores Iriarte, *Exclusoria*   397
    Damaris Calderón Campos, *La isoletta*   402
    Luis Felipe Rojas, *«Roldán» es un nombre de cabrón*   404
    Ahmel Echevarría, *Desayuno*   408
    Orlando Luis Pardo Lazo, *Nada de «compañeros»*   410
    Yoss, *Mi comisario del otro mañana*   416
    Jorge Ferrer, *El co. que me atiende*   432
    Rafael Almanza, *Controversia con el compañero que nos atiende*   438
    Nestor Díaz De Villegas, *Cargaré con la cruz del compañero*   447
Los autores   451

www.ingramcontent.com/pod-product-compliance
Lightning Source LLC
Chambersburg PA
CBHW020600270326
41927CB00005B/111